# 韓國史學의 성과와 전망

# 韓國史學의 성과와 전망

閔賢九

고려대학교출판부
KOREA UNIVERSITY PRESS

이 책은 2006년도 BK21 고려대학교 한국사학교육연구단 참여교수
출판지원금에 의하여 간행되었음

## 책머리에

이 책은 현대 韓國史學에 대한 작은 省察을 담은 것이다. 지난날 韓國史學史에 관련된 글 몇 편을 쓴 적이 있고, 고려사를 중심으로 硏究史的 검토를 한 바 있으며, 그동안 가끔씩 발표한 書評 가운데에도 눈여겨볼 대목이 없지 않다고 여겨져 이것들을 다듬어 책으로 엮어 본 것인데, 소박하게나마 韓國史學의 발전 과정과 연구 성과의 一面을 一瞥할 수 있으리라 여겨진다. 책의 제목에 비해 내용이 미흡하다고 여겨져 이 책의 출간을 너무 서두른 게 아닌가 하는 생각도 들었지만, 한국사학에 대한 올바른 이해의 공감대 확산이 시급하다는 판단 아래 감히 上梓케 했다.

근래 나는 한국사학이 소중한 스스로의 전통에 대해 沒覺하거나 誤解하는 경향이 크다고 우려해 왔다. 잠시 되돌아보면, 한국은 19세기 말부터 日帝 제국주의의 침입을 받아 끝내 植民地로 전락하였고, 1945년에 해방을 맞이하였으나 다시금 남북 분단을 피할 수 없었으며, 남쪽에서나마 자유민주체제의 大韓民國을 세웠지만 진정한 민주화를 위해 많은 희생을 치러야 했는데, 이처럼 순탄치 못하고 때로는 수치와 탄식과 분노를 느끼게 하는 역사 과정 속에서 한국사학은 새롭게 태어나고 성장하였던 것이다.

일제 식민지 지배 아래에서 한국사학은 일면 그들의 韓國史·韓國文化

말살정책과 맞서고, 다른 면에서는 그들로부터 연구방법을 배우면서 근대적 학문의 기틀을 잡았다. 해방·분단·건국의 소용돌이를 맞아서는 이념의 대립과 정치적 격동으로 연구가 제약을 받는 가운데 순수한 학문적 자세를 견지하고 연구기반 구축에 진력함으로써 현대 한국사학으로 거듭날 수 있었고, 군부독재체제 아래에서는 民族主義를 매개로 정권에 타협하여 지원을 받는 한편 민주주의의 가치를 둘러싸고서는 그와 대립하면서 성장 발전을 이룩하였다.

이처럼 현대 한국사학의 성립과 발전의 과정에 개재하는 兩面性과 한계점이 뒷날 많은 고민과 문제점을 야기한 것은 숨길 수 없는 사실이다. 그러나 오늘날 대한민국이 역사 속의 오욕과 시련을 딛고 세계가 주목하는 존재로 우뚝 설 수 있었던 점에 비추어, 현대 한국사학도 많은 어려움을 극복하며 일정한 학문적 수준에 도달하여 장차 또 다른 진전을 바라보는 스스로의 참모습을 직시하고 자부심을 갖는 동시에, 지난날의 전통을 겸허하고 소중하게 받아들여야 할 것이다. 충분한 검토를 거치지 않은 채 소중한 한국사학의 전통을 沒覺이나 誤解의 방향으로 끌고 갈 때, 그것은 곧 역사의 왜곡으로 이어질 위험성이 크다고 여겨진다. 그러한 점에서 이 책이 미흡하나마 한국사학의 올바른 이해에 다소라도 도움이 되기를 바란다.

이 책의 구성은 크게 세 부분으로 나눌 수 있다. 첫째로, I부와 II부는 한국사학에 대한 史學史的 고찰로서, 현대 한국사학의 성립과 발전 과정을 훑어보고, 前史로서 震檀學會의 설립에 주목하였으며, 그것과 표리관계에 있는 주요 歷史學者들의 학술활동과 연구업적을 살폈다. 한정된 검토이지만, 한국사학 발전의 중요한 한 줄기는 더듬어 볼 수 있을 것이다. 둘째로, III부와 IV부는 한국사학의 硏究史的 검토라고 할 수 있다. 韓國史 특정시기의 연구 상황을 단편적으로 살피고, 高麗史 분야에 대해서는 포괄적으로 다루면서 특정 분야에 주목해 보기도 했다. 고려사에 치중하여 한국사 연구 상황의 일면을 구체적으로 보여 줄 것이다. 셋째로, V부는 書評을 모은 것인데, 한국사 전체와 연관되거나 학문적 비평이 가해진 것들을 골라 실었다. 한국사학이 고민하며 성장하는 가운데 연구 성과를 축적해 가는 모습을 엿볼 수 있을 것이다. 덧붙여 VI부에서 마무리 지으며 간략히 한국사학의 장래를 전망해 보았다.

나는 여러 해 전에 《20세기 韓國의 歷史學과 歷史家》라는 책을 쓰고 싶다는 생각을 해본 적이 있는데, 이번에 이 책을 내면서 그 일을 꼭 성사시켜야 하겠다는 마음을 굳히게 되었다. 그 주제가 매력 있고 중요할 뿐 아니라, 이 책의 미흡하고 부족한 점을 근본적으로 해결하는 길이 거기에 있다고 여겨졌기 때문이다. 상당한 기간이 경과한 뒤일 터이지만, 그 책을 통해 독자들과 다시 만날 일을 기대하고자 한다.

이 책을 내면서, 먼저 기꺼이 출판을 허락해 준 고려대학교출판부장 金在爀 교수께 감사드리고, 아담하고 짜임새 있게 책을 꾸며 준 출판부 편집실 관계자 여러분에게도 謝意를 표하고 싶다. 그리고 오래된 원고를 재정리하여 출판에 부칠 수 있게 하면서 교정과 찾아보기 작성에도 많은 노력과 시간을 할애해 준 고려대학교 대학원생 李在勳·金美玉·鄭多函·朴眞·崔儒姝에게 고마운 뜻을 전하고자 한다.

2006년 8월
著者

차례

## IV. 高麗史 연구의 성과



## V. 書評을 통해 본 韓國史學의 모습

## VI. 韓國史學의 전망

# 이 책에 수록된 글들의 發表誌 및 時期(발표순)

- 유럽에 등장한 첫 韓國史 概說書, 《歷史學報》 42, 1969.7.
  (《韓國史*Histoire de la Corée*》 書評)
- 高麗史 연구, 1969-1970, 《歷史學報》 49, 1971.3
- 古代史 연구, 1971-1972, 《歷史學報》 60, 1973.12.
- 高麗 土地制度史 연구의 성과, 《韓國史論》 2, 1977.12.
- 한국사학의 方法的 기초, 《文學과知性》 35, 1979.3.
  (《韓國史學의 方向》 書評)
- 創意的 硏究, 철저한 考證, 《文學과知性》 37, 1979.10.
  (《近世朝鮮史硏究》 書評)
- 조선시대 史學史 연구의 개척, 《亞細亞硏究》 24-2, 1981.7.
  (《朝鮮前期史學史硏究》 書評)
- 발전적인 韓國史像의 확립, 《政經文化》 1984.1.
  (《韓國史新論》 書評)
- 高麗 科擧制度史의 體系化, 《社會科學論評》 5, 1985.9.
  (《高麗科擧制度史硏究》 書評)
- 高麗史 연구, 1984-1986, 《歷史學報》 116, 1987.12.
- 震檀學會의 성립과 활동, 1934-1994, 《震檀學會 六十年誌》, 1994.5.
- 한국사의 三分法的 시대구분론에 대한 철저한 비판, 《서평문화》 19, 1995.9.
  (《韓國史時代區分論》 書評)
- 高麗史硏究의 回顧와 反省, 1945-1995,
  《光復50周年 國學의 成果》, 1996.8. (개고 : 2006.7)
- 總說—韓國史 연구, 1993-1995, 《歷史學報》 152, 1996.12.
- 《李基白韓國史學論集》—民族的 관심과 歷史的 진리의 탐구,
  《歷史學報》 156, 1997.12. (보충 : 2006.7)
- 현대 韓國史學의 泰斗로서의 李丙燾, 《한국사시민강좌》 24, 1999.2.
- 21세기 韓國史學의 知的 話頭, 《출판저널》, 2001.1.
- 해방 이후 韓國史學의 발전,
  《1945년 이후 韓日 兩國에서의 歷史硏究動向》, 2002.2.
- 韓沽劤—實證史學의 극복을 지향한 실증사학의 大家,
  《한국사시민강좌》 38, 2006.2.
- 韓國史學의 전통과 과제, 新稿.

# I. 韓國史學의 궤적

# 해방 이후 韓國史學의 발전

## 발전적인 韓國史像의 추구와 새로운 研究方法의 모색

### 1. 머리말

1945년 이후 2000년까지 50여 년간 한국의 歷史學은 크게 성장하였고, 특히 한국사 분야의 연구는 여러 부문에서 주목할 만한 성과를 축적할 수 있었다. 그동안 한국에서는 다른 어떤 학문 분야보다도 한국사가 自國史로서 크게 주목받았던 만큼, 그것은 당연한 일로 간주될 수도 있다. 그러나 한국사학은 險路를 헤치며 지금의 수준에 이르렀고, 앞으로도 해결해야 할 많은 난제를 지니고 있다 하겠다.

이와 같은 한국사학의 해방 이후 半世紀餘에 걸친 연구 동향과 성과를 체계적으로 정리하는 것은 결코 쉬운 일이 아니다.[1] 그동안 한국 사회의 격동과

---

1) 근래 해방 이후 韓國史學의 研究動向을 정리한 글들이 여러 篇 발표되었는데, 중요한 것들을 들면 다음과 같다. 이 글은 그것들을 많이 참조하였다.
李基白, 〈現代의 韓國史學〉(《韓國學報》 41, 1985 ; 《韓國史像의 再構成》, 1991에 재수록). 盧泰敦·洪承基·李賢惠·李基白·李基東, 《現代 韓國史學과 史觀》, 一朝

더불어 한국사학 자체가 복잡한 변혁과 시련의 과정을 겪었고, 그러한 가운데 축적된 각 시대 각 부문의 연구 성과가 매우 多樣多岐하기 때문이다. 장차 치밀한 연구사 검토를 바탕으로 현대 한국사학사 정리 작업이 본격적으로 추진되어야 할 것이다.

이 글에서는 1945년 이후 한국사학의 전개과정을 간단히 일별한다는 입장에서 개략적으로 특징적인 면을 살피고자 한다. 먼저, 역사의 격랑 속에서 한국사학이 제자리를 잡으며 발전해 온 과정을 3시기로 나누어 간략히 살피고, 다음으로 해방 이후 1979년까지 제1기와 제2기가 합쳐진 시기의 연구 성과는 발전적 歷史像의 구축이라는 점에 초점을 맞추어 훑어보고, 1980년 이후 2000년까지의 제3기는 연구의 방향, 역사관을 둘러싼 학계의 변화와 갈등을 새로운 연구 방법의 모색이라는 시점에서 고찰하려고 한다. 매우 편의적인 방법이지만, 한국사학의 발전 과정에 대하여 一端을 알려줄 수 있으리라 생각한다.

우리가 역사를 통해 과거와 현재를 알고 미래 전망의 발판을 마련할 수 있듯이, 한국사학이 걸어 온 길과 그 성과를 살피고 연구방법상의 고민을 털어놓는 것도 마찬가지 의미를 지닌다고 할 수 있다. 여기에서는 한국사학의 학문적 객관성을 중시하는 입장에서 진솔하게 문제에 접근하게 될 것이다.

---

閣, 1991. 朴贊勝, 〈분단시대 남한의 한국사학〉(《한국의 역사가와 역사학》 下, 창작과비평사, 1994). 尹炳奭, 〈韓國史硏究의 成果〉(《光復 50周年 國學의 成果》, 韓國精神文化硏究院, 1995). 그 밖에 歷史學會가 1968년부터 《歷史學報》를 통해 정리해 오고 있는 〈韓國史學界의 回顧와 展望〉의 '韓國史, 總說' 부문도 도움을 주는 것들이다.

## 2. 역사의 격동 속에 성장한 韓國史學

1945년 이후 韓國史學은 정치적 사회적 격동 속에서 성장의 길을 걸었다. 역사적 현실이 한국사학의 여건과 향방에 커다란 영향을 미쳤던 것이다. 복잡한 반세기의 한국사가 현대 한국사학의 특이하고 미묘한 성격을 형성하는 데 큰 작용을 하였은즉, 오늘날의 한국사학은 실로 험난한 역사 과정의 소산이라고 하겠다.

해방 이후 2000년에 이르기까지 한국사학이 걸어온 과정은 3시기로 구분지어 살필 수 있다. 제1기는 해방 이후부터 1960년 4·19혁명 이전까지인데, 변혁과 진통 속에서 새로이 현대 한국사학이 형성되는 초창기라 하겠다. 제2기는 4·19혁명 이후부터 1979년 유신체제가 붕괴되기까지로서, 많은 제약 속에서도 민족주의적 분위기에 고무되어 한국사학이 크게 성장하는 발전기라고 할 수 있다. 제3기는 1980년 신군부의 정권 장악 이후부터 현재까지인데, 대체로 2000년 남북정상회담으로 남북한의 화해 무드가 크게 진전되는 때를 하한으로 잡아 살필 때, 급격한 내외 정세의 변화를 겪으며 민중과 민중 논의가 浮上되는 가운데 한국사학이 혼란, 변화와 갈등 속에서 새로운 발전을 추구하는 또 다른 모색기라고 부를 수 있을 것이다.[2)]

1945년 8월의 해방은 한국이 일제의 식민지로부터 벗어나 자유와 독립을 되찾을 수 있게 해줌으로써 한국사에 새로운 획을 긋게 하였다. 그러나 새로

---

2) 저자는 해방 이후 高麗史의 硏究를 개관하며, ① 硏究의 出發(1945-1961), ② 硏究의 定着(1961-1978), ③ 硏究의 擴張·分化(1978-1995)의 3時期로 나눈 바 있는데(〈高麗史硏究의 回顧와 反省 1945-1995〉, 《光復 50周年 國學의 成果》, 韓國精神文化硏究院, 1995 및 本書 수록), 本稿와 약간의 차이를 보일 뿐 大同小異하다 하겠다.

형성된 세계질서의 냉전적 대립 구도 속에서 한국은 남북으로 분단되고, 이어서 비극적인 6·25동란을 겪어야 했다. 이어서, 남북한은 분단된 상황이 굳어지는 가운데 적대관계를 지속시켜 나갔다. 그러므로 이 시기는 한국인에게 희망과 좌절을 함께 안겨 준 시련기였다. 그럼에도 불구하고, 남한에서 대한민국의 국가적 독립이 이루어지고, 자유민주체제를 지향하게 되었다는 점에서 이 시기는 현대 한국사학의 형성 발전에 뜻 깊은 출발점으로서의 의미를 지닌다고 하겠다.

해방과 더불어 그 무렵 일제의 탄압으로 인해 빈사상태에 빠져 있던 한국사학은 새로운 활력을 얻을 수 있었다.[3] 19세기 말엽 舊韓末 시기에 근대 한국사학이 출발하여, 그것이 일제 시기를 통해 民族主義史學, 社會經濟史學, 實證史學의 세 갈래로 발전하면서 日帝 植民主義史學과 맞섰던 것인데, 일제 말 민족말살정책에 따라 존립기반을 거의 상실한 상태에까지 이르렀었다. 해방은 민족의 정체성을 뜻하는 한국어, 한국사에 대한 국민적 관심을 고조시켰고, 그것이 한국사학의 새로운 출발을 크게 북돋아 주었다. 교육·연구기관의 주체로 한국인 학자가 등장하여 연구를 재개하였는데, 종전에 이룩된 연구 성과들이 저서의 형태로 출간되었고, 한국사를 가르칠 교사 양성을 위해 일부 학자들은 동분서주해야 했다. 앞에서 제시한 세 갈래의 한국사학이 그대로 되살아났고, 그것을 종합·지양하는 新民族主義史學이 새로 모색되기도 하였다.

---

3) 해방 이후 韓國史學界의 動向에 대하여, 저자는 震檀學會를 다루면서 그 一端을 살핀 바 있다(〈震檀學會六十年略史〉, 《震檀學會六十年誌》, 震檀學會, 1994 ; 〈震檀學會의 성립과 활동, 1934-1994〉로 改題하여 本書에 수록).

그러나 격렬한 좌우대립을 거쳐 남북 분단, 6·25동란을 겪으며 한국사학의 판도는 크게 바뀌었고, 대한민국의 학계는 실증사학 계열의 학자들만이 연구와 교육에 종사하는 변모 위축된 형세를 이루게 되었다. 많은 학자들이 월북, 또는 납북으로 한국을 떠났는데, 전 세계를 얼어붙게 한 냉전체제하에서 이념대립의 전초와도 같았던 남북한의 적대관계가 자유로운 역사관과 역사 연구를 용납하지 않았던 것이다. 그러나 실증사학 계열의 학자들은 근대적 대학교육을 받았고, 순수한 학문적 연구의 자세를 견지하였기 때문에 해방 직후부터 대학 강단을 계속 지켜올 수 있었다.

이처럼 제1기의 한국사학은 커다란 격동과 파란을 겪으며 일면 위축된 모습을 보이지만, 그 자체가 현대 한국사학의 형성을 말해 주는 의미심장한 것이었다. 각 대학에 史學科가 신설되어 연구의 바탕이 마련되고, 학자 양성의 기틀이 잡혔다. 震檀學會가 復設되고(1945), 歷史學會가 창설되는 것(1952)을 비롯하여 몇몇 학회가 조직되어 학술지를 출간함으로써 한국사학의 연구 활동이 촉진되고, 그 성과가 국내외에 널리 알려지게 되었다. 복잡하고 힘든 상황 아래에서도 연구 활동이 이루어졌고, 국민 대중을 위한 개설서가 저술되었는데, 1959년에 처음 출간되는 진단학회 편찬의 《韓國史》(7책)는 일제 시기 이래의 연구 성과를 망라한 한국사의 집대성이었다.[4] 요컨대 한국사학은 험난

4) 이 책은 ① 金載元·李丙燾, 《韓國史》(古代篇), 1959, ② 李丙燾, 《韓國史》(中世篇), 1962, ③ 李相佰, 《韓國史》(近世前期篇), 1962, ④ 李相佰, 《韓國史》(近世後期篇), 1965, ⑤ 李瑄根, 《韓國史》(最近世篇), 1961, ⑥ 李瑄根, 《韓國史》(現代篇), 1963, ⑦《韓國史》(年表), 1959의 7책(모두 乙酉文化社 발행)인데, 著者들의 硏究活動時期를 고려하여 편의상 모두 제1기의 成果로 포함시켰다.

한 여건 아래 새로운 출발을 하지만, 자유민주체제의 신봉과 실증사학의 학풍이 밑바탕을 이루었다.

1960년의 4·19학생혁명은 한국현대사에 또 하나의 획을 긋는 대사건이었다. 자유민주체제에 어긋나는 불법과 불의를 감행한 李承晩 독재정권이 시민의 호응을 등에 업은 학생 세력에 의해 붕괴됨으로써 한국 민주주의 발전에 큰 진전을 이룩했던 것이다. 그러나 그로부터 1년 뒤 5·16군사쿠데타에 의해 정세는 반전되었고, 수년 후 민정이양과 합헌 절차에 따라 민주정치가 되살아나기도 했지만, 1972년의 유신체제가 출범함으로써 실제로는 쿠데타의 주역 朴正熙 중심의 軍部獨裁가 20년 가까이 지속되었다. 이 시기의 한국은 최고통치자가 내세운 '祖國近代化'와 '經濟第一主義'의 슬로건 아래 높은 경제성장을 이룩함으로써 신흥공업국으로 부상하여 세계의 주목을 받게 되었다는 점이 특징적이라 말할 수 있다.

이 시기의 지배적 사조는 민족주의였다. 4·19혁명과 5·16쿠데타는 민주화라는 대목에서는 상반되는 것이었으나 강력한 민족주의를 지향한다는 점에서는 공통성을 지니기 때문에, 이 시기에 한국은 정치·사회적으로 소강상태를 유지하면서 강력한 정책을 펼쳐 경제적 성장을 달성할 수 있었다. 한국인들은 자신감을 되찾았고, 민족 주체성을 강조하는 목소리도 높아졌다. 한국사교육이 강화되고, 문화유적에 대한 복원·보수 작업이 널리 시행되었다.

이러한 가운데 한국사학은 활기를 띠고 크게 성장하였다. 먼저 주목할 점은 일제 식민주의적 한국사관에 대한 비판이었다.[5] 19세기 말엽 이후 일제의

---

5) 李基白, 〈緖論〉(《國史新論》, 1961 ; 〈植民主義的 韓國史觀 批判〉으로 改題하여 《民

한국 진출과 식민지 통치를 통해 이룩된 일본의 한국에 대한 조사와 연구가 침략과 지배를 위한 것이었고, 그것을 통해 구축된 韓國史像이 他律과 停滯를 내용으로 하는 왜곡된 것이었음을 구명하고, 그러한 점을 널리 인식시키게 되었던 것이다.

무엇보다도 중요한 것은 이 시기에 한국사의 각 시대 각 부문에 대한 구체적 연구가 다양하게 진행되어 커다란 학문적 축적이 이루어졌다는 사실이다. 해방 이후 등장한 한국사학자들이 학계의 중진으로 자리 잡고, 새로운 후속 세대가 참여하면서 학자층이 두터워지는 가운데 연구의 질과 양이 현격히 향상되었다. 이 시기를 통하여 한국사의 시대구분 문제에 대한 관심이 고조되어 《韓國史時代區分論》(1970)이 나오고,[6] 수백 명의 학자가 참여 집필한 國史編纂委員會의 《韓國史》(25책)가 편찬 완간(1978)된 것은,[7] 그러한 점에서 주목할 바라 하겠다.

제2기의 활발한 연구는 한국사학을 반석 위에 올려놓았다. 한국사 분야만을 다루는 韓國史研究會가 설립되었고(1967), 연구 방법에 있어서는 민족적

---

族과 歷史》, 一潮閣, 1971에 재수록). 金容燮, 〈日帝官學者의 韓國史觀〉(《思想界》, 1963. 2 ; 《韓國史의 反省》, 新丘文化社, 1969에 재수록).

6) 韓國經濟史學會는 1967년 12월 〈韓國史의 時代區分問題〉라는 주제로 學術會議를 개최하여 9名의 發表者가 발표를 했고, 1968년 3월에 13名이 綜合討議를 했는데, 발표와 토의의 내용을 묶어 韓國經濟史學會 편, 《韓國史時代區分論》(乙酉文化社, 1970)으로 출간하였다.

7) 國史編纂委員會는 1973년부터 韓國史 연구 성과를 집대성한다는 목표 아래 金哲埈 李基白 韓㳓劤 洪以燮 李光麟 및 崔永禧 李鉉淙을 常任委員으로 삼아 韓國史 편찬사업에 착수하였고, 1978년 제23책인 《總說》의 간행을 끝으로 본 사업은 사실상 마무리되었으나 《總索引》(제24책)과 《論著目錄》(제25책)이 뒤이어 1981년에 간행되었다.

입장에서 전향적으로 접근하되 실증을 중시하는 경향이 지속되었지만, 세계사 속의 한국사를 보아야 한다는 점이 강조되기도 하였다. 그러나 이 시기에 이룩된 한국사학의 발전 뒤에는 여전한 남북 적대의 상황 아래 唯物史觀이 거론될 수 없었고, 독재정권의 일정한 정책적 지원을 받아야 했다는 어두운 일면이 놓여 있었다.

1979년 10월 朴正熙의 죽음으로 維新體制가 붕괴되었다. 민주화의 열망을 거스르고 다시금 군부가 대두하여 1980년 정권을 장악하였다. 신군부의 독재정치는 1987년 6월 항쟁을 계기로 일단 종식되었으나 과도기를 거쳐 1993년 文民政府가 서기까지 정정은 불안정하였다. 그동안 격렬하게 펼쳐진 민주화 운동은 노동운동과 연계되어 복잡한 양상을 띠게 되었으며, 舊소련의 붕괴와 남북대화의 진전은 새로운 희망과 부담을 안겨 주었다. 2000년 6월 평양에서 남북정상회담이 열림으로써 통일에 대한 희망을 부풀게 하였으나, 한국에서는 대북정책을 둘러싼 혼선과 갈등이 야기되기도 하였다.

제3기의 20년간은 정치적 격변, 사회적 혼란·갈등과 더불어 민중과 민중논의로 점철된 시기였다. 대세로 보아 민주화가 진전되었고, 남북 화해가 추진되었으며, 올림픽 개최를 통해 국제적 위상을 높임으로써 한국이 새로운 발전의 전환기에 접어들었음은 분명하다고 여겨지지만, 정치적 사회적 변혁과 발전에 수반되는 고통과 희생도 적지 않았다. 그리하여 노사 대립, 이념 갈등, 남북문제 등이 한국 사회의 현안으로서 무거운 짐이 되는 것도 사실이었다.

이 시기에 한국사학은 혼돈과 갈등 속에서 크게 고민하며 확충과 심화의 길을 걸었다. 신군부의 대두와 동시에 在野史家라는 국수주의자들이 정권의 후원을 받으며 '上古史論爭'을 유발시켰다.[8] 그들은 비학문적 방법으로 檀君과 古朝鮮을 거론하며 韓國古代史를 미화하는 한편 국정교과서의 오류를 내세우는 소송을 제기하고, 국회의 공청회를 개최케 하는 등 한국사학계를 압박하였다. 또한 군부정권은 비판적인 지식인을 탄압하여 '解職教授'가 출현하였는데, 그 가운데에는 역사학자 다수가 포함되었다. 한국사학은 위축되지 않을 수 없었다.

그러나 군부에 항거하는 민중의 반독재 민주화운동에는 소장의 한국사 연구자들도 다수 참여하였고, 오랫동안 금기시되어 온 유물사관이 다시금 영향력을 발휘하게 되었는데, 그것은 점차 격렬해지기 시작한 노동운동과 연계되는 것이기도 했다. 그리하여 이른바 민중사학으로 자처하는 새로운 경향의 연구자들이 나타나 한국사학의 一隅를 차지하게 되었다. 그들은 군부 독재정치가 종식되고 학문적 자유가 크게 증대됨에 따라 학회 조직운동을 펼치며 영향력을 키워나가는 한편, 기존의 실증사학을 비판하였다. 특히 實踐史學을 주창하며, 한국이 당면한 최대의 현안인 남북의 분단을 타개할 '統一指向史學'을 표방하기도 했다. 이러한 경향은 2000년 넘어서까지도 이어졌다.

제3기를 통하여 소장학자를 중심으로 한국사학은 연구자의 엄청난 팽창을 바탕으로 매우 풍성하고 다양한 연구 성과를 낳았다. 특히 현대사의 부문에서 많은 논저가 출간되었는데, 그것은 앞서 얘기한 한국사학의 傾向性과 연관되

---

8) 소위 在野史家들이 제기했던 이 파동은 1981년 11월 26·27일에 있었던 國會公聽會로 절정을 이루었는데, 그 경위와 내용에 대해서는 윤종영, 《국사교과서 파동》(혜안, 1999) 참조.

는 것이기도 했다. 요컨대 1980년 이후의 한국사학은 커다란 정치적 사회적 소용돌이 속에서 새로운 도전과 자극을 받으며 혼란과 갈등을 겪지만, 많은 연구자의 배출과 풍성한 성과를 거두며 새로운 방향을 모색하는 전환기에 처하게 되었다 하겠다.

## 3. 發展的인 韓國史像의 追究

21세기 벽두의 시점에서 보아 현재 널리 인식되고 있는 한국의 歷史像은 그동안 쌓아온 연구 성과가 집적된 결과라고 말할 수 있다. 19세기 말엽 근대 한국사학의 출발 이후 힘든 여건 아래 연구가 진행되어 학문적 전통이 세워지고, 해방 이후 진행된 현대 한국사학의 형성과 발전을 바탕으로 한국 민족을 주체로 하는 개성 있는 歷史像을 그릴 수 있게 된 것이다. 그러나 오늘날 통용되는 발전적인 韓國史像의 대강은 앞에서 언급한 제2기에 자리 잡힌 것이며, 따라서 그 시기에 집중적으로 이루어진 바 한국사를 발전적으로 파악하려는 적극적인 연구의 경향과 성과는 크게 돋보이는 것이라 하겠다.

해방 직후 한국사학이 되살아나 새로운 출발을 하면서 국민적 여망에 따라 제시할 수 있었던 한국의 歷史像은 한국사의 독자성을 내세우고 한국문화의 우수성을 강조하는 것이었다. 대표적 개설서로 가장 큰 영향을 미친 李丙燾의 《朝鮮史大觀》(1948)은 그 무렵까지의 연구 성과를 바탕으로 풍부한 내용을 담은 체계적 서술을 특징으로 하면서 古朝鮮과 檀君神話를 중시하고, 한글, 大藏經, 거북선, 大東輿地圖 등을 통해 문화적 우수성, 독창성을 부각시킴으로써 일부 일본의 한국사 왜곡을 바로잡으려 했다. 한국사의 전개 과정을 한국의 입장에서 온전하게 기술하여 한국인들에게 역사 이해를 심화시키고 역사적 자부심을 심어 주었다는 점에서 이 책의 역할과 의미는 매우 컸다. 그러나 아직 일제의 그릇된 한국사 연구를 적극적으로 비판하지 못하였고, 한국사를 발전적으로 파악할 수 없었다는 점에서 한계를 지니고 있었다.[9)]

현대 한국사학의 전개과정을 통해 한국사를 발전적 관점에서 연구하여 큰 성과를 거둔 것으로 가장 먼저 주목되는 업적은 千寬宇의 〈磻溪 柳馨遠 研究〉(1953)를 통한 實學에의 접근이라 여겨진다.[10)] 해방 직후에 등장한 신진학자 千寬宇는 일제 시기 1930년대에 朝鮮學이 거론되면서 조선 후기의 新學風을 實學이라 하여 주목하였던 점에 착안하여, 17세기 조선의 대학자인 柳馨遠의 저서 《磻溪隨錄》을 고찰의 대상으로 삼아 그것을 여러 측면에서 철저히 파헤쳤다. 그리하여 柳馨遠의 방대한 經世論으로부터 朝鮮後期의 新思潮로서의 實學 발생의 端初를 찾고, 그 실학을 근대정신의 胎盤으로 성격지었던 것이다.

이 야심적 연구는 일제 시기에 근대 한국사학이 제기했던 문제의식을 진전시켜, 종래 당쟁의 격화와 사회적 모순으로 정체 속에 빠져 있었다고 여겨지던 조선 후기 사회 속에서 실학이라는 새로운 발전의 불빛을 찾았다는 점에서 특기할 만한 것이었다. 이를 계기로 실학논쟁이 유발되어, 韓㳓劤, 李家源,

---

9) 李丙燾의 이 책은 《朝鮮史大觀》(同志社, 1948), 《修正增補 國史大觀》(白映社, 1952), 《新修 國史大觀》(普文閣, 1955), 《韓國史大觀》(普文閣, 1964) 등 改版을 거듭하였으나 부분적인 수정을 하였을 뿐 큰 변화는 없었다.

10) 千寬宇의 이 논문은 《歷史學報》 제2집(1952)과 《歷史學報》 제3집(1953)에 上, 下로 分載되었고, 뒤이어 〈'磻溪柳馨遠研究'疑補〉(《歷史學報》10, 1958)가 추가되었으며, 뒷날 연구서인 《近世朝鮮史研究》(一潮閣, 1980)에 재수록되었다.

金龍德, 洪以燮 등 여러 학자가 그 연구에 참여함으로써 큰 성과를 거둘 수 있게 되었으며,[11] 그 후 오래도록 실학은 가장 주목받는 연구 주제로 떠올랐다. 뿐만 아니라, 朝鮮後期史가 관심과 연구의 대상으로 떠오르는 데 커다란 기여를 하였다.

조선 후기는 실상 開港期의 前夜로서 흥미로운 시기였고, 특히 그 사회경제적 實相은 많은 사람들이 관심을 지니는 중요한 연구과제였다. 이에 대한 연구는 1950년대 말엽부터 착수되어 사회변동과 경제구조에 대한 접근이 시도되었으며, 제2기에 들어와 농업과 상공업 연구가 활발히 진행되었다. 농업의 경우, 移秧法과 畎種法을 중심으로 농업 기술이 크게 발전하고 새로운 경영이 이루어지는 한편, 농업 노동력의 변동에 따라 廣作運動이 발생한다는 사실이 밝혀졌다. 상공업은 상업에서 화폐의 유통이 활발해지고, 場市가 크게 확대되며 私商의 성장으로 상업자본이 발전한다는 연구 성과가 나오고, 공업에 있어서는 私營手工業의 발달과 商業자본의 手工業 지배라는 새로운 변화상이 밝혀짐과 동시에 手工業者의 독립적인 생산구조가 주목되기도 하였다(金容燮, 宋贊植, 劉元東, 姜萬吉, 金泳鎬).[12]

---

11) 韓沽劤, 〈星湖李瀷硏究의 一端〉(《歷史學報》7, 1954), 〈李朝 '實學'의 槪念에 대하여〉(《震檀學報》 19, 1958), 〈星湖李瀷硏究—그의 經濟思想〉(《震檀學報》 20, 1959). 李家源, 〈燕巖朴趾源의 生涯와 思想〉(《思想界》, 1958.10), 《燕巖小說硏究》(乙酉文化社, 1965). 金龍德, 〈奎章閣考〉(《中央大論文集》2, 1957), 〈貞蕤朴齊家硏究〉(《史學硏究》 10, 1961). 洪以燮, 《丁若鏞의 政治經濟思想硏究》(韓國硏究圖書館, 1959).

12) 金容燮, 〈朝鮮後期 水稻作 技術—移秧法의 普及에 대하여〉(《亞細亞硏究》7-1, 1964), 〈朝鮮後期 水稻作 技術—稻·麥 二毛作 普及에 對하여〉(《亞細亞硏究》 7-4, 1964), 〈朝鮮後期에 있어서의 身分制의 動搖와 農地占有〉(《史學硏究》

이와 같은 사회경제적 발전은 자본주의 萌芽論과 연관되는 것이었다. 자본주의의 성립을 근대로 나아가는 지표로 설정하고, 그 맹아를 조선 사회 안에서 찾는다는 것은 곧 조선 사회가 자생적으로 발전할 수 있는 징후와 잠재력을 지니고 있었음을 증명한다고 하여 의욕적으로 연구가 추진되었던 것인데, 이 시기에 이루어진 대부분의 조선 후기 사회경제사 연구는 대체로 이것을 겨냥한 것이었다. 그러므로 자본주의 맹아론 자체의 當否와는 별도로 그것은 이 시기의 연구를 크게 자극하며 內在的 發展論의 선구를 이루었다.

1960년대 한국 사회에서는 근대화 문제와 관련하여 開港期가 주목되고, 동시에 조선 후기 사회경제사 연구의 연장선상에서도 그에 대한 관심이 높아졌다. 다시 말하면, 조선이 일본의 강압에 의해 문호개방을 했으나, 그것을 계기로 새로운 국면에 접어드는 것이 분명한 만큼 그 시기, 즉 개항기의 실태와 그 추이에 대한 궁금증이 증대되었던 것이다. 이러한 배경 아래 金玉均을 중심으로 하는 개화세력과 개화운동이 부각되어, 甲申政變 → 甲午更張 → 獨立協會로 이어지는 발전과 변혁의 추이가 큰 축으로 인식되는 한편, 개화사상과 실학의 北學論이 연결된다는 점이 추구되기도 하였는데, 그것은 개항 이전에 이미 근대의 싹이 움터 나왔다는 관점에 입각한 것이었다. 이렇게 해서 조선 후기로부터 개항기에 걸치는 한국사 발전의 한 체계가 잡힐 수 있었다(李光

---

15, 1963). 宋贊植, 〈朝鮮後期에 있어서의 廣作運動〉(《李海南博士華甲紀念史學論叢》, 1970), 《李朝後期 手工業에 관한 研究》(서울대학교 한국문화연구소, 1973). 劉元東, 《李朝後期商工業史研究》(韓國研究院, 1968). 姜萬吉, 《朝鮮後期商業資本의 發達》(高麗大學校出版部, 1973). 金泳鎬, 〈李朝後期 手工業의 發展과 새로운 經營形態〉(《大東文化研究》 9, 1972).

麟, 趙璣濬, 金泳鎬, 柳永益).[13)]

한편, 한국사의 創世記가 될 수 있는 앞 시기에 대해서도 한국사의 독자성과 발전을 뒷받침할 수 있는 연구가 진행되어 그 성과들이 속속 발표되었다. 1960년대 초엽 북한과 남한에서 구석기 유적이 발굴되어, 咸北 雄基의 屈浦里와 忠南 公州 石壯里의 유적 유물을 통해 한국사에서 구석기시대의 존재가 처음 확인되었다. 또한 新石器時代 이후 鐵器時代에 선행하는 독자적인 青銅器時代가 설정됨으로써 變則的인 金石併用期說이 止揚될 수 있게 되었으며, 더 나아가 滿洲 松花江과 遼河 유역으로부터 韓半島에 걸치는 독립적인 青銅器文化圈이 알려져 한국 고대의 역사 무대를 劃定하는 데 중요한 단서를 마련해 주었다. 이처럼 한국사의 상한을 올리고, 한국사 발전 과정에 보편성을 부여해 주는 발굴, 조사, 연구가 활발히 진행되는 가운데 百濟 武寧王陵이 발굴되어 백제 문화를 재인식하는 계기가 마련되기도 하였다(金元龍, 孫寶基, 金貞培).[14)]

新羅末·高麗初의 전환기와 高麗末·朝鮮初의 王朝交替期도 새롭게 파악되었다. 전자의 경우, 新羅下代의 혼란과 後三國時代의 변혁을 통해 新羅骨品制社會로부터 高麗貴族社會로의 移行이 이루어지는바, 그 사이에 유

---

13) 李光麟, 《韓國開化史研究》(一潮閣, 1969), 《韓國開化黨研究》(一潮閣, 1973). 趙璣濬, 《韓國資本主義成立史論》(大旺社, 1973). 金泳鎬, 〈實學과 開化思想의 聯關問題〉(《韓國史研究》 8, 1972). 柳永益, 〈甲午更張을 圍繞한 日本의 對韓政策〉(《歷史學報》 65, 1975).

14) 金元龍, 《韓國考古學研究》(一志社, 1973). 孫寶基, 〈層位를 이룬 石壯里 舊石器文化〉(《歷史學報》 35·36, 1967). 金貞培, 〈韓國 青銅器文化의 史的 考察〉(《韓國史研究》 6, 1971).

교가 정치이념으로 등장하고, 禪宗이 豪族의 종교로서 대두한다는 종교 思想上의 변화가 밝혀지게 되었다. 후자에 있어서는, 무신집권기로부터 元干涉期에 이르는 고려 후기 사회의 갈등과 혼란의 이면에는 지방 鄕吏子弟 출신의 신흥사대부가 꾸준히 대두 성장한다는 중요한 변화가 있었고, 그들이 마침내 조선 건국의 주역을 담당하게 된다는 새로운 연구가 이루어져 高麗末·朝鮮初를 전향적으로 이해할 수 있게 되었다. 그리하여 한국사를 통해 나타나는 두 번의 커다란 왕조교체를 단순한 순환론이나 권력변동론을 넘어 발전적으로 이해하고 서술하는 것이 가능해졌다(金哲埈, 李基白, 崔柄憲, 金杜珍, 李佑成).[15)]

그 밖에 토지제도에 대해서도 새로운 연구가 축적되었다. 신라, 고려, 조선의 토지에 대한 다각적 연구는 특히 소유관계에 있어서 土地國有制論이 擬制的 명목적인 것일 뿐, 실제로는 다양한 私有와 활발한 賣買가 儼存했음을 구명할 수 있었다. 통치체제의 경우는 唐·宋과 판이한 고려의 정치제도가 갖추어지고 그것이 보다 세련된 조선의 것으로 발전하며, 鄕吏를 매개로 하는 지방제도가 중앙집권화를 강화시키며 변천하는 흥미로운 양상이 밝혀졌다. 아울러 다양한 학술 문화의 확충 발달이 천착되는 등 근대 이전 고대로부터 조선에 이르기까지 한국의 역사와 문화를 새로이 발전적으로 재구성할 수 있

---

15) 金哲埈, 〈後三國의 支配勢力의 性格〉(《李相佰博士回甲紀念論叢》, 1964), 〈崔承老의 時務二十八條에 대하여〉(《趙明基博士華甲紀念佛教史學論叢》, 1965). 李基白, 〈高麗京軍考〉(《李丙燾博士華甲紀念論叢》, 1956), 〈新羅統一期 및 高麗初期의 儒教的 政治理念〉(《大東文化硏究》, 6·7, 1970). 崔柄憲, 〈新羅下代 禪宗九山派의 成立〉(《韓國史硏究》 7, 1972). 金杜珍, 〈郎慧와 그의 禪思想〉(《歷史學報》 57, 1973). 李佑成, 〈高麗朝의 '吏'에 대하여〉(《歷史學報》 23, 1964).

는 部面들이 1960년대 이후 끊임없이 드러났던 것이다(千寬宇, 姜晉哲, 李佑成, 邊太燮, 李成茂).[16]

이상에서 살핀 바와 같이 1950년대 초엽 實學의 연구로부터 시작된 發展的 韓國史像의 추구는 1960년대에 들어와 박차가 가해지고 1970년대까지 이어지는데, 그것은 이 무렵 일제 식민주의적 한국사관에 대한 적극적 비판이 이루어지는 것과 軌를 같이하는 것이었다. 그러한 점에서, 위에서 概觀한 전진적인 새로운 연구 성과들을 적극적으로 수용하여 체계화함으로써 발전적인 韓國史像의 구축에 중요한 매듭을 짓게 한 것이, 일제 식민주의 사학을 최초로 검토 비판하였던 李基白의 力著 《韓國史新論》(초판 : 1967, 개정판 : 1976)이라는 사실은 흥미롭다 하겠다.

李基白은 1961년에 《國史新論》을 간행하면서 그 緖論에서 일제 식민주의 사학을 비판하였고, 1967년에 새로 《韓國史新論》을 펴냈는데, 1976년에 그 개정판을 출간함으로써 韓國史 概說化 작업을 일단락 지었다.[17] 이 책은 '韓國史의 發展을 前進的인 자세에서 파악'하겠다는 방침에 따라 한국사의

---

16) 千寬宇, 〈韓國土地制度史(下)〉(《韓國文化史大系 II》, 1965). 姜晉哲, 〈韓國土地制度史(上)〉(《韓國文化史大系 II》, 1965). 李佑成, 〈高麗의 永業田〉(《歷史學報》 28, 1965), 〈新羅時代 王土思想과 公田〉(《趙明基博士華甲紀念佛敎史學論叢》, 1965). 邊太燮, 《高麗政治制度史硏究》(一潮閣, 1971). 李成茂, 〈朝鮮初期의 鄕吏〉(《韓國史硏究》 5, 1970).

17) 《韓國史新論》은 그 후에도 새로운 연구 성과를 흡수하여 1990년에 新修版을 냈고, 1991년에는 한글판을 냈으나, 그 체재에는 변동이 없었다. 이 책에 대한 서평으로는 旗田巍(《朝鮮學報》 50, 1969), 北村秀人(《朝鮮學報》 63, 1972), 千寬宇(《創作과 批評》, 1976 겨울), 나각순(《月刊讀書》, 1980. 4), 閔賢九(《政經文化》, 1984. 1), 李基東 (《新東亞》, 1985년 1월호 별책부록), 金彦鎬 (《출판저널》, 1988. 5. 5) 등 諸氏의 것들이 있다.

체계를 새롭게 하였다. 종전의 왕조 중심 시대구분을 지양하여 지배세력을 기준으로 한국사의 전개과정을 16시기로 나누어 살폈다. 많은 학자들의 한국사 연구 성과를 광범위하게 수용하였는데, 특히 제2기까지 이룩된 발전적인 韓國史像의 추구 성과를 과감히 받아들였다. 그리하여 한국 민족이 정치적 사회경제적 여건의 변화에 따른 새 지배세력의 대두를 통해 그 다음의 역사 단계로 발전해 나아가고, 그 단계마다 다양한 문화를 창출해 내는 새로운 歷史像을 구축했던 것이다. 그러므로 李基白의 《韓國史新論》(개정판)은 해방 이후의 한국사 연구에서 발전적 韓國史像에 대한 추구 작업이 하나의 결실을 맺게 된다는 象徵的 의미를 지니는 것이라고 말할 수 있고, 그 歷史像은 현재까지 효력을 지닌다고 여겨진다.

## 4. 새로운 研究方法의 摸索

한국사학의 학문적 성격이나 연구 방법에 대한 논의는 해방 이후 한동안 거의 이루어지지 않았다. 오히려 일제 시기에 근대 한국사학이 형성 발전하는 과정에서 종전의 역사학을 비판한다든지, 사회경제사학의 입장에서 민족주의사학을 부정적으로 평가하였던 경우를 찾을 수 있다. 어찌 보면 연구자들이 각기 스스로의 사관과 연구 방법에 입각하여 연구를 수행하였을 뿐, 방법론을 거론할 여유를 지닐 수 없었던 때문일지도 모른다. 6·25동란을 거치며 남북분단이 고착되는 동안 유물사관이 허용되지 않았던 여건도 큰 작용을 하였다.

그런데 제2기에 들어와 일제 식민주의史學에 대한 비판과 더불어 사학사적 성찰이 이루어지면서 한국사학의 방향과 연구 방법의 문제가 거론되기 시작하였다. 민족주의적 입장의 실증사학이 우세한 형세를 이루는 상황에서 실증사학의 한계를 극복하는 일이 당면과제로 떠올랐고, 한국사의 大衆化가 거론되는가 하면, 민족주의적 성향이 강한 한국사학이 국수주의적 성격을 띠며 정권과 근접할 우려도 제기되었다. 그렇다 하더라도, 이 시기는 활발한 연구활동을 통해 풍성하고 다양한 성과를 거두는 가운데 자연스럽게 방법상의 문제점들이 제기되는 분위기에 놓여 있었다.[18] 그런데 제3기에 이르면 사정이 크게 달라져 한국사학의 성격이나 연구 방법을 둘러싼 심각한 논란이 이루어지고, 첨예한 대결과 혼란상이 표출되기도 하였다. 많은 연구자들에 의해 폭발적인 연구 성과가 나왔음에도 불구하고, 이 시기의 특징은 여기에서 찾을 수 있다고 여겨진다.

당초 한국사학의 방법과 관련하여 제기된 문제는 현실인식에 대한 것이었고, 1970년대 후반 姜萬吉이 한국사학이 현재성 不在의 연구에 매달려 있음을 비판하면서 논의되기 시작하였다. 姜萬吉은 해방 이후 한국사학이 민족사회의 가장 절실한 문제들을 외면해 온 점을 지적하고, 한국사 연구에 현재의 요구와 상황을 투영할 것과 현재에 가까운 시대의 연구와 그 역사적 평가를 적극 진행할 것을 주장하였다. 나아가 그는 20세기 후반기는 분단시대이므로 한국사학은 분단극복을 위한 통일지향적 민족주의론을 정립해야 한다고 하면서

18) 대표적 사례로 對談集《우리 역사를 어떻게 볼 것인가》(三星美術文化財團, 1976)를 들 수 있다. 이 책은 한국사학의 여러 가지 문제에 대하여 李基白의 사회로 高柄翊, 李佑成, 千寬宇, 愼鏞廈, 李光麟, 車河淳, 韓沽劤 등이 토론을 하고 그 速記錄을 정리하여 간행한 것인데, 韓國史學史를 훑어보고, 그것을 바탕으로 韓國史學의 방향을 모색하며 많은 논의를 하고 있음이 인상적이다.

實踐史學을 강조했다.[19] 요컨대 그는 한국사학이 현실문제에 참여하고, 한국사학자는 통일이라는 당위를 위해 학문적 志士가 될 것을 요청한 셈이다.

이러한 주장은 상당한 비판을 받았다. 연구에 투영되는 현재의 요구와 상황이란 어떤 기준에서 정해지는가와 관련해 그가 제시한 현재의 상황 및 시대정신에 대한 견해 사이에 모순이 있다는 점이 지적되었고, 현재와 가까운 시대를 중시하는 데 대해서는 韓國史上의 현재란 한국사의 오랜 발전 속의 한 시점으로서의 현재이므로 현재를 바르게 이해하는 길은 한국사의 큰 흐름을 체계적으로 이해하는 데 있다는 반론이 제기되었다. 또한 그가 분단시대를 거론하며 민족통일을 가장 중요한 시대적 과업으로 본 데 대하여는, 현실의 세계가 아닌 당위의 세계를 끌어들여 역사의 연구에서 특정한 목적에 의한 가치판단을 강요하는 것은 부당하고, 통일운동의 이론을 정립하는 일은 역사학의 영역을 벗어난 것이라는 비판이 제기되었다(李基白, 梁秉祐).[20] 그럼에도 불구하고 姜萬吉의 주장은 큰 관심을 끌었고, 위의 사론을 모은 그의 저서 《分斷時代의 歷史認識》(1978)은 제3기 내내 한국사학계의 진보적 소장학자들에게 지대한 영향을 미쳤다.

1980년대에 접어들어 군부정권에 대항하여 반체제운동을 경험한 진보적인 소장의 한국사학자들이 민중사학을 내세우며 학회 조직을 추진하였음을

---

19) 姜萬吉, 〈民族史學論의 反省〉(《歷史學報》 68, 1975), 〈國史學의 現在性 不在問題〉(《韓國學報》 5, 1976), 〈分斷時代 史學의 性格〉(《分斷時代의 歷史認識》, 창작과비평사, 1978).

20) 李基白, 〈韓國史 理解에서의 現在性 問題〉(《文學과 知性》 32, 1978 ; 《韓國史學의 方向》, 1978). 梁秉祐, 〈統一志向 民族主義史學의 虛實—姜萬吉의 '分斷時代史學' 克服論〉(《文學과 知性》 39, 1980 ; 《歷史論抄》, 1987).

앞에서 논급하였는데, 그렇게 해서 최종적으로 한국역사연구회가 결성되었고(1988),[21] 그것이 중심이 되어 한국사학의 성격과 연구 방법에 대한 날카로운 논의가 진행되었다. 아마도 이 시기에 민중주체사관을 표방하는 민중사학론자들이 대두하여 새로운 문제를 제기하는 구체적 내용은 그들이 펴낸 《한국민중사》(韓國民衆史研究會 편, 1987)와 《한국사강의》(韓國歷史研究會 편, 1989) 속에 대부분 응축되어 있다고 여겨진다.[22]

그들은 기존의 한국사학을 통렬히 비판하였다. 역사인식에서 가치중립을 주장함으로써 특정 계급을 옹호하는 결과를 낳았고, 유신체제를 뒷받침하는 官製 민족주의사학으로 전락했다고 하면서 실천성 부재와 沒階級性을 비판하였다. 일제 시기 민족주의사학과 사회경제사학을 높이 평가하여 그 전통을 자신들이 계승한다고 주장하였으며, 실증사학은 일제 식민주의사학의 亞流라고 혹평했다.

민중사학론자들은 '科學的 實踐的 歷史學'의 수립을 주창하였다. 이것은 한국역사연구회의 회칙에서 명시되고 있는데, 여기에서 말하는 과학성은 흔히 역사 연구에서 얘기하는 실증적 논리적 체계적 성격을 뜻하는 것이 아니라 유물사관의 법칙을 준수한다는 것이며, 실천성은 체제변혁운동에 이론과 행

21) 한국역사연구회의 결성에 이르기까지의 과정은 李基東, 〈民衆史學論〉(《現代韓國史學과 史觀》, 一潮閣, 1991, pp. 166-169 ; 《전환기의 韓國史學》, 一潮閣, 1999) 참조.

22) 《한국민중사 I》에는 서설로 〈바람직한 우리 역사 이해를 위하여〉(pp. 13-36)가 있고, 《한국사강의》에는 총론으로 〈한국사 인식의 방법과 과제〉(pp. 17-59)가 있어서, 역사를 보는 입장, 近代 韓國史學史에 대한 평가, 時代區分 문제 등에 대한 그들의 한국사 인식 내용을 살필 수 있게 해준다.

동 양면으로 참여한다는 것을 의미한다.[23] 그렇다면 이것은 결국 오랫동안 사회경제사학으로도 불리며 금기시되던 유물사관이 내외정세의 변화에 따라 한국사학에 재등장하여 큰 구실을 하게 되었음을 뜻한다. 실상 그들 민중사학론자들은 한국사의 전개를 사회구성체론에 입각하여 살펴야 할 것임을 분명히 했고, 시대구분은 그 발전단계론에 좇아 三分法을 고수하였던 것이다.

민중사학을 통한 유물사관의 재등장은 어느 면에서는 한국사학을 다양하게 만드는 것이라고 볼 수 있다. 그리고 오랫동안 유물사관이 금기시되었다는 사실 자체가 학문의 자유라는 면에서 부당한 것이었다. 그러나 유물사관의 공식에 따라 역사를 해석하고, 역사학을 실천성과 연계시켜 사회변혁의 강조에 무게를 두는 것은 한국사학의 학문적 객관성을 매몰시키고, 계급성·당파성의 역사로 추락시킬 위험성을 지닌다는 점이 지적되었다. 더 나아가 유물사관의 계급투쟁론에 입각한 한국사 서술의 부당성이 제시되는 한편 西歐 네오마르크스주의자들의 새로운 연구 경향과 조류를 철저히 외면한 채 주로 한국사회에 적응할 민중혁명 모색 작업에 매달려 있는 민중사학의 특성을 들어 한국판 마르크스 역사학이라고 비판하는 논평도 있었다(李基白, 李基東).[24] 하지만, 유물사관은 민중사학의 外皮를 벗고 점차 자리를 잡아가는 것으로 생각된다.

---

23) 李基東, 〈民衆史學論〉(《現代 韓國史學과 史觀》, 一潮閣, 1991, pp. 170-173 ; 《전환기의 韓國史學》, 一潮閣, 1999).

24) 李基白, 〈唯物史觀과 現代의 韓國史學〉(《韓國史市民講座》 20, 1997). 李基東, 〈民衆史學論〉(《現代 韓國史學과 史觀》, 一潮閣, 1991 ; 《전환기의 韓國史學》, 一潮閣, 1999).

한편, 한국사학에서 통일문제가 현안으로 떠올랐다. 이미 분단시대론에서 거론되었던 통일문제는 국제환경의 변화로 독일이 통일되고, 남북관계가 화해 분위기로 나아감에 따라 구체적인 관심의 대상이 되었으며, 1998년의 전국역사학대회에서 '統一과 歷史教育'이란 주제로 다루어진 바 있다.[25] 실천사학을 주창하는 입장에서 한국 민족이 당면한 현실적인 최대 과제가 통일문제라고 보아 이것이 한국사학의 관심 대상으로 부각된 셈이다.

한국사학에서 제기되는 통일에 대한 논의로 '民族統一史觀' 수립의 주장을 먼저 들 수 있다. 그것은 남북을 모두 포함하는 민족주의적 역사인식으로서, 분단국가주의 역사인식을 청산하고 남북 전체 민족사회의 발전을 추구하는 것을 뜻하며, 통일은 계급문제라기보다는 민족문제의 관점에서 보아야 한다는 것이다. 이와 같은 '통일지향 민족주의사관'은 배타적이고 공격적인 국수주의가 아니라 민족통일을 지향하는 내향적 민족주의를 내용으로 해야 한다는 주장도 피력되었다(姜萬吉, 朴贊勝).[26]

통일방법론에 있어서는 무력통일이 아닌 평화통일이, 흡수통일과 같은 한쪽의 우위통일이 아닌 쌍방의 대등통일이 되어야 한다는 점에 대부분 논자들이 동의하고 있으며, 분단구조의 체제적 이질성이 깊은 만큼 신중하고 단계적

---

25) 1998년 5월 29·30일에 열린 제41회 全國歷史學大會의 공동주제는 '統一과 歷史教育'이었고, 〈統一問題와 韓國史學의 課題〉(방기중), 〈南北韓 歷史教育의 統合方案〉(김한종) 및 중국과 독일에서의 통일과 교육 문제를 다룬 것 각 1편 등 모두 4편의 논문이 발표되었다.

26) 姜萬吉, 〈민족통일을 모색하는 국학〉(《21세기를 겨냥한 우리 국학의 방향과 과제》, 집문당, 1997). 朴贊勝, 〈남북한 사학연구, 어떻게 할 것인가〉(《민족통일을 앞당기는 국학》, 집문당, 1998).

절차를 밟아야 한다는 점이 강조되었다. 또한 통일을 위해 분단사학의 극복이 필요한데, 남북한은 그동안 각기 자신의 국가, 체제, 권력의 정통성과 정당성을 합리화하는 분단의 역사인식 창출에 경주하였던바, 그것을 시정하고 벗어나야 한다는 주장도 제기되었다(方基中).[27] 그 밖에, 역사교육도 논의의 대상이 되었다.

통일 문제를 거론하고 '통일 지향적 사학'을 내세우는 이는 대부분 민중사학 계열의 진보적 학자들이다. 위와 같은 논의에 곁들여 남북의 학술교류가 추진되었고, 이러한 움직임 속에서 한국사학자 일부는 실제로 통일운동에 나서게 되었다. 그러나 이 같은 통일의 논의와 행위가 한국사학의 학문적 소임인가에 대하여, 그리고 북한의 역사학이 교류의 대상이 될 수 있는 학문성을 지니는가에 대하여는 많은 사람들이 의아해 하는 것도 사실이다.

지금까지 살핀 제3기의 새로운 움직임은 기성의 한국사학에 상당한 충격을 주는 동시에 자기반성의 기회도 마련했다. 아마도 한국사학의 다양화와 성숙을 위한 새로운 방법론 모색의 과정으로 보아야 할 것이다. 그러나 역사학의 본질과 한계는 무엇인가, 특정한 공식에 따라 합목적적인 접근을 할 때 역사적 객관성이 보장될 수 있는가, 실천사학의 표방 아래 역사 서술을 政論化하고, 역사가가 체제변혁운동에 솔선 참여하는 것이 타당한가, 기성의 한국사학, 특히 실증사학에 대한 그릇된 비방이 현대 한국사학의 기반 자체를 약화시키는 문제는 어떻게 해결할 것인가 등등 몇 가지 중요한 문제점에 대해서는 심각

27) 方基中, 〈統一問題와 韓國史學의 課題〉(《제41회 전국역사학대회 발표요지》, 1998).

한 검토가 이루어져야 하겠다. 무엇보다도, 지금까지 50여 년간 대한민국의 자유민주체제 아래에서 성장한 현대 한국사학의 전통을 소중하게 생각해야 할 것이다.

## 5. 맺음말

이상에서 1945년 이후 2000년에 이르기까지 한국사학의 동향을 간략히 살펴보았다. 해방으로부터 현재에 이르기까지 한국은 험난한 역사 과정을 겪어야 했고, 그 소산으로서의 한국사학은 특이한 양상을 띠고 성장 발전의 길을 걸었다. 일제의 압제로부터 벗어나 희망찬 출발을 했던 현대 한국사학은 남북분단을 겪으며 위축 변모된 모습을 보이게 되었으나, 이 같은 초창기는 대한민국이 건국하여 자유민주체제 아래 그 학문적 기초를 세울 수 있었다는 의미를 지닌다. 그 후 4·19혁명과 5·16쿠데타를 겪고 군사정권이 대두하는데, 강력한 민족주의의 사조와 눈부신 경제성장을 배경으로 한국사학은 커다란 발전을 이룩하는바, 발전적인 韓國史像의 구축이 그것을 상징한다고 말할 수 있다.

1980년부터 2000년에 이르는 최근의 시기는 신군부의 집권, 문민정부의 수립, 남북화해의 진전으로 이어지는 격동 속에서 한국사학이 민중과 민주화의 열풍을 맞으며 크게 고민하는 시기였다. 한국사학의 현실인식과 실천성, 그리고 통일의 문제를 둘러싼 입장의 차이는 학계의 혼란과 갈등을 초래하였고, 그것이 자유민주체제를 바탕으로 형성된 현대 한국사학의 존립 기반을 위협한다는 우려를 자아내기도 했지만, 거시적으로 보아 한국사학이 새로운 방법론 모색을 위해 몸부림치는 것으로 보아야 할 것이다.

한국사학은 19세기 말엽 이후 일제의 침략을 받고 식민지 지배를 당하는 가운데, 일면 그것과 대결하고, 일면 그것을 통해 방법을 배워 나가며 성립된 근대 한국사학에 뿌리를 두고 있다. 그리고 해방 이후 역사관과 밀착된 이념의 갈등이 좌우대립과 남북분단으로 이어져 자유로운 학문 활동이 제약받는 과정을 겪어야 했고, 장기간 군부독재정권이 지속되는 동안 때로는 민족주의를 매개로 협조관계를 맺고, 때로는 민주주의의 원칙 때문에 비판적 자세를 취했던 것이 한국사학의 모습이었다. 이러한 배경과 성장 과정이 현대 한국사학의 특이하고 미묘한 양상을 형성시켰고, 그것이 바로 현재 한국사학이 안고 있는 고민의 원인이라 하겠다. 앞으로 한국사학은 보편적인 역사학의 길을 주시하면서 특히 實證의 기초를 굳히고 민족과 현실문제에 대한 과잉된 집착과 관심에서 한 걸음 물러섬으로써 역사인식과 연구 방법의 혼미와 갈등을 해결해 나가는 가운데 새로운 발전을 이룩하고 학문적 권위를 확립할 수 있을 것이다.

끝으로 이 논고는 미흡하고 불충분한 점이 많다는 점을 밝혀 두고자 한다. 그동안 한국사학이 성취한 성과를 충분히 거론하지 못했으며, 특히 발전적인 韓國史像의 추구를 서술하면서 관련되는 사례와 업적들을 빠짐없이 상세하게 예시하지 못하였다. 그리고 현대 韓國史學의 전개에 영향을 미친 외국 학자의 연구도 논급에서 제외되었으며, 북한 역사학도 전혀 거론되지 못하였다. 또한 최근 연구 방법론의 모색이란 관점에서 중요한 의미를 지니는 植民地近代化論이나 修正主義史觀 등에 대해서도 취급할 겨를이 없었다. 이와 같은 문제점과 한계성이 장차 충분한 재검토의 기회를 통해 보완될 수 있게 되기를 바란다.

문제점과 한계성이 장차 충분한 재검토의 기회를 통해 보완될 수 있게 되기를

# 震檀學會의 성립과 활동, 1934-1994

## 1. 머리말

진단학회가 설립된 지 1周甲이 넘었다. 1934년에 당시 한국의 뜻있는 國學者들이 세운 이 學會가 그동안 숱한 파란을 헤치며 연륜을 더하여 어느덧 60년을 넘게 된 것이다. 우리나라에서는 한글학회와 더불어 가장 유서 깊은 근대적 학술연구단체라고 말할 수 있는 진단학회가 우리 역사와 영욕을 함께 하면서 이처럼 높은 연륜을 쌓아갔다는 것은 우리의 學術史를 통하여 크게 기념할 만한 일이라 하겠다.

진단학회는 日帝壓制期에 세워졌다. 일제의 植民地支配體制 아래에서 우리의 언어와 역사와 문화에 대한 연구가 그들 일제 御用學者의 주도 아래 이루어지고, 모든 연구 성과는 그들의 日文版 학술잡지에 발표될 수밖에 없었던 상황 속에서 한국인 학자들의 결속을 통하여 진단학회가 탄생되고, 한글 중심의 國漢文版인 《震檀學報》가 간행되었던 것이다. 그러므로 진단학회의 창설을 學術面에서의 일제에 대한 抗爭으로 이해하는 것은 상당한 타당성을 지닌다.

《震檀學報》는 일제 압제기에 제14호까지 간행될 수밖에 없었고, 해방 뒤에 復刊되어 1993년 말에 제78호가 나왔다. 60년이라는 기간을 감안할 때, 학보의 刊行 號數가 많다고는 결코 말할 수 없다. 그러나 거기에 실린 약 5백 편의 논문 대부분은 한국을 중심으로 東아시아의 언어·역사·문화의 연구를 이 땅에 뿌리내리게 하는 선구적 업적이었고, 그 수준을 한 단계 끌어올리는 精緻한 力作이었다는 데에는 모두 동의할 것이다. 또한 진단학회가 1960년대에 펴낸 《韓國史》 7책은 근대의 한국사 연구를 集大成한 것으로, 모든 국민의 국사에 대한 관심과 이해를 넓히고, 그 후의 새로운 연구를 위해 귀중한 이정표를 마련한 것이었음도 널리 알려져 있다. 그리고 1973년에 시작하여 매해 열어 이미 20회를 넘어선 韓國古典研究심포지엄은 우리나라의 고전에 대한 학문적 관심을 提高시키는 동시에, 언어·역사·문화의 여러 학문 분야 사이에 공동연구의 場을 마련하는 뜻 깊은 학술행사로서 크게 주목받기에 이르렀다. 이처럼 진단학회는 우리나라에 한국학, 더 나아가 인문사회과학을 학문다운 학문으로 정착 발전시키는 데 결정적 역할을 하였고, 계속 살아 있는 학회로서 활발하게 움직이고 있다.

그러나 지금까지 진단학회가 걸어 온 길이 결코 평탄한 것만은 아니었다. 일제 압제하에 어렵게 설립된 이 학회는 저들의 감시의 대상이 되어 마침내 '朝鮮語學會〔한글학회〕事件'을 계기로 自進解散의 형식으로 그 문을 닫아야 했다. 그 후 光復을 맞이하여 학회는 再建되었으나 左·右의 대립과 6·25동란을 겪으며 주요 회원 상당수가 越北·拉北·死亡으로 크게 흩어지는 어려움을 겪었다. 또한 어려워진 국내의 경제사정 때문에 한때 학회는 외국 학술원조 기관의 도움에 의존하여 운영되었던 적도 있었다. 수많은 고비를 넘기며, 진단학회는 지금에 이르렀다.

이와 같은 사실들을 살펴볼 때, 진단학회가 설립되어 60여 년간 지속되면서 학술활동을 계속해 온 것은 결코 예사로운 일이 아니라는 점을 깨닫게 된다. 진단학회가 걸어 온 길 60년은 진단학회의 역사일 뿐 아니라, 우리의 學術史요, 더 나아가 우리 現代史의 한 部面이라고 할 수 있는 것이다. 그러므로 이 시점에서 진단학회의 지난날들을 진솔하게 살펴보는 것은 그 자체가 흥미로운 것인 동시에, 학회의 앞날을 전망하고 나아갈 길을 모색하는 데 뜻있는 일이 되리라 믿는다.

## 2. 震檀學會의 탄생

진단학회는 1934년 5월 7일 서울 小公洞(당시 京城 長谷川町)의 한 다방에서 거행된 發起式 겸 創立總會를 통해 탄생되었다. 이어서 그해 11월에 《진단학보》 창간호가 간행됨으로써 학회의 존재가 널리 알려졌고, 이로부터 한국학을 전공하는 한국인 학자들의 연구 중심체로서 굳건한 위치를 지니게 되었다. 그러나 이 학회의 설립은 결코 쉽게 이루어진 것이 아닌 만큼, 그 배경과 경위를 살필 필요가 있다.

19세기 말 이후 일제의 침탈을 당하여 끝내 식민지로 전락한 당시 한국의 지식인들은 커다란 실의와 좌절감에 빠져 있었다. 그러나 일제의 가혹한 탄압에 항거하여 민족 독립의 의지를 發顯한 3·1운동 이후에는 여러 가지 상황의 변화에 따라 문화·교육 부문에도 새로운 움직임이 나타났다. 그 가운데 하나가 한국의 전통과 문화에 대한 관심의 증대와 이 방면을 연구하려는 학자들의 등장이었다. 물론 종전부터 愛國啓蒙史學의 흐름이 있었고, 그것이 일제의 식민주의 사학에 대항하며 민족의 독립을 위한 정신적 토대의 구축을 지향하는 민족주의사학으로 발전하여 朴殷植, 申采浩, 鄭寅普 등이 국내외에서 활동을 벌였던 것이지만, 그들과는 계열을 달리하는 학자들이 새로 나타났던 것이다.

대개 新學問을 공부한다는 목표를 세워 일본의 대학에 진학하여 마침내 한국의 언어와 역사와 문화를 전공하게 된 사람들이 바로 그들인데, 특히 早稻田大學 출신자가 많았고, 뒤에 京城帝國大學 출신자가 다수 가세하였다. 그들은 앞의 민족주의 사학자들처럼 독립정신을 고취하는 志士가 아니라 학문으로서의 한국학에 몰입하여 연구자의 길을 걸으려는 사람들이었다. 그들은 비록 대학에서 일본인 교수로부터 배웠으나, 장래가 불투명하고 경우에 따라서는 일제의 감시를 받아야 할 한국학 연구를 소임으로 삼았던 만큼, 상당한 사명감과 자부심을 지닌 사람들이기도 했다. 대부분 중학교·사범학교 教員으로 근무할 수밖에 없었던 그들은 학문의 엄격성을 강조하며 각자의 전공 분야에 매달려 연구에 전념하였는데, 이러한 연구자가 점차 축적되어 갔다.

그러나 그들의 연구 여건은 열악할 수밖에 없었다. 식민지라는 현실 속에서 연구 속에 안주할 수 있느냐는 비판적 분위기가 없지 않았고, 연구의 실제에 있어서도 주요 자료는 대학이나 기관을 관장한 日人 학자들이 독점한 상태인데다가, 연구의 결과를 발표할 기회도 제한되어 있었다. 특히 한국인 학자들에게 그들의 연구 성과를 떳떳이 발표할 학술잡지가 없다는 것이 여간 불편하지 않았다. 일본에서 간행되는 잡지들이 중학교 교원이 대부분인 그들의 한국학 관계 논문을 쉽게 게재해 주지 않았을 것임을 자명한 일이고, 그 무렵 서울에서 일본인 학자들이 주축이 된 青丘學會의 《青丘學叢》이 간행되고 있었으나 日文版인 이 잡지가 결코 마음에 맞는 발표 수단이 될 수 없었던 것이다. 이러한 상황 속에서 한국인 학자들이 독자적인 학술잡지를 얼마나 열망하고 있었는가를 다음과 같은 孫晋泰의 말을 통하여 엿볼 수 있다.

> 벌써 15, 6년 전 일인가 보다. 東京서 史學을 전공하는 四五友가 모이면 하는 말이 우리도 雜誌를 하나 가졌으면 하는 것이었다. 그러나 그것은 우리들의 理想이었고 實現의 가망은 없었다. 그래서 京城 계신 몇 선배들과 상의한 결과 지금 學術雜誌를 내겠다고 누구에게 돈을 청한다는 것은 우리들의 정신상태를 그에게 疑訝케 할 따름이니 잡지는 10년 뒤에 낼 작정치고 지금부터 그 發行 資金으로 會友들이 매월 1圓씩 저축하기로 하자고 一決하였다. 그러나 그 뒤 회비 내는 이도 별로 없었고 會도 흐지부지 없어지고 말았다(《孫晋泰全集》 6, 1981, p. 517).

이것은 원래 1939년의 《文章》誌에 실렸던 글이니, 1920년대 중엽에 이미 한국인 학자들이 스스로의 잡지 발간을 꿈꾸며 움직이고 있었음을 알려 준다. 이처럼 韓國學을 연구하는 학자들이 늘어나고, 그들 사이에 독자적인 연구 발표 수단의 필요성에 대한 인식이 높아지는 가운데, 마침내 李丙燾의 주도로 학회의 설립과 學報의 발간을 위한 움직임이 본격화되었다.

李丙燾는 普成專門學校 法科를 거쳐 1919년 7월 早稻田大學 史學及社會學科를 졸업하고 中央學校에서 교편을 잡다가 1925년부터 약2년 동안 朝鮮史編修會 修史官補로 근무하였고, 囑託으로 있었으며, 그 후에는 中央佛敎專門學校에 출강하며 韓國儒學史, 地理圖讖 및 韓國古代史의 연구에 전념하고 있었다. 그는 池內宏과 같은 日本 史學界의 거물 학자로부터 인정을 받아 《史學雜誌》를 비롯한 유수한 잡지에 논문을 발표하여 비교적 널리 알려져 있는 중견 학자로 상당한 위치를 지니고 있었다. 나이로 보아 선배 격인 李能和, 安廓, 黃義敦, 權悳奎, 文一平, 李重華 등 啓蒙史學의 전통과 연결되는 학자들과 그룹을 지어 토론하기도 했던 李丙燾는 새로 학문적 훈련을 받고 등장한 연구자들 사이에서는 長老 격이었다. 이러한 그에게 國語學者 李允宰는 당시 유력한 출판사였던 漢城圖書株式會社 측에서 학회가 조직되고 학보가 발간되면 印刷費를 모두 부담할 용의가 있다는 뜻을 전해 왔다고 알려 주었고, 이것이 구체적 계기가 되어 학회의 결성이 급진전되었던 것이다.

李丙燾를 중심으로 하여 그들 한국인 학자들은 趙潤濟의 집에서 준비 회의를 거친 다음 곧 발기식 겸 창립총회를 열어 震檀學會를 조직하였다. 이때 發起人으로 24인이 참여하였는데, 金庠基, 文一平, 孫晋泰, 申奭鎬, 禹浩翊, 李丙燾, 李相佰, 李瑄根 등은 사학자였고, 金允經, 金台俊, 李秉岐, 李殷相, 李允宰, 李熙昇, 趙潤濟, 李在郁, 崔鉉培 등은 國語國文學者였으며, 그 밖에 高裕燮(美術史), 金斗憲(倫理學), 宋錫夏(民俗學), 金孝經, 朴文圭, 洪淳赫 등이 포함되어 있었으며, 美國에서 史學과 神學을 연구한 白樂濬도 그 가운데 하나였다. 학회는 설립과 동시에 26인을 贊助會員으로 추대하였던

바, 金性洙, 宋鎭禹, 尹致昊, 李光洙, 曺晩植, 崔斗善과 같은 指導級의 著名人士와 權相老, 李能和, 玄相允, 黃義敦, 安廓, 李重華, 李克魯와 같은 學界의 元老·先輩가 들어 있었다. 발기인과 찬조 회원을 합한 50인은 당시 한국 사회의 학술·문화계의 精粹들을 거의 망라한 셈이었다.

震檀學會는 그 會則에서 '朝鮮 及 隣近 文化의 研究를 목적으로 함'이라고 규정했듯이 넓은 의미의 韓國學을 목적으로 결성되었다. 그 배경과 경위를 간단히 살펴보았지만, 學會 측의 얘기를 직접 접해 볼 필요가 있을 것 같다.

> 近來 朝鮮(文化)을 研究하는 傾向과 誠熱이 날로 높아가는 狀態에 있는 것은 참으로 慶賀에 견디지 못하는 바이나, 그런 傾向과 誠熱이 朝鮮人 自體에서보다 朝鮮人 以外의 人士間에 더 많고 큼을 發見하게 된다. 그 까닭은 우리 스스로 冷靜히 캐어볼 必要가 있지만, 어떻든 우리는 그런 研究까지 남에게 믿고 맡기어, 오직 그들의 努力과 成果만을 기다리고 힘입기를 바라는 者는 아니다. 비록 우리의 힘이 貧弱하고 研究가 拙劣할지라도, 自奮自進하야 또 서로 協力하야, 朝鮮文化를 開拓 發展 向上시키지 않으면 안 될 義務와 使命을 가진 것이다. 어느 社會의 文化든지 그것을 眞實 且 正確히 檢討 認識하고, 또 이를 向上發達함에는 그 社會의 生을 受하고, 그 風俗 習慣中에서 자라나고, 그 言語를 말하는 社會의 사람의 努力과 熱誠에 期待함이 더 큰 까닭이다(《震檀學報》 1, 휘보, 1934).

震檀學會 創立發起文에 해당하는 위의 글에서, 일본인들이 한국학 연구를 주도하는 현실을 개탄하고, 한국인 학자로서의 책임과 사명감을 강조하면서, 한국학이 바로 한국에서 나고 자랐으며 한국어를 쓰는 한국인 학자가 주도해야 할 것임을 분명히 밝히고 있다. 그러므로 진단학회의 탄생은 일제의 압제

하에서 어려운 여건에서나마 꾸준히 성장한 문화적 학술적 역량에 힘입어 한국학에 대한 자각이 확대되고 연구의 기반이 어느 정도 잡히면서 한국인 연구자들이 등장하고, 그들이 사명감과 자부심을 지니고 결속함으로써 이루어졌던 것이며, 그 이면에는 일본 학자들의 한국사 歪曲에 대한 '학술적 항쟁'의 뜻이 개재되어 있었다고 하겠다. 진단학회가 설립되자, 《東亞日報》, 《朝鮮中央日報》, 《朝鮮日報》에서 한결같이 社說을 통해 축하의 뜻을 나타내면서 그 중대한 의의를 강조하고, 앞으로의 큰 발전을 기원한 것을 보더라도, 그것이 민족적 여망을 안고 이루어진 一大 巨事였음을 알 수 있는 것이다.

## 3. 日帝壓制期의 활동(1934-1942)

진단학회는 창립총회에서 金台俊, 李丙燾, 李允宰, 李熙昇, 孫晋泰, 趙潤濟를 委員으로 선출하고, 사무소를 우선 李丙燾의 집으로 정하였다. 委員은 會務를 담당하기로 되어 있었으나 英文으로는 'editor'로 표기된 것으로 보아 편집위원으로서의 역할이 컸던 것 같다. 李丙燾는 학회의 설립을 주도하였는데 진단학회라는 명칭도 그의 뜻에 따른 것이었으며, 그 집에 사무소를 둠으로써 사실상 학회의 대표자가 된 셈이었고, 학보 창간호에는 그가 편집인 겸 발행인으로 나타난다. 이렇게 출범한 진단학회는 곧 학보의 발간 작업에 착수하여 약 반년 뒤인 1934년 11월 28일 《진단학보》 창간호를 발행할 수 있었다.

國漢文 縱書 體裁로 菊判 234面에 달하는 이 책에는 李丙燾의 〈三韓問題의 新考察(一)〉을 비롯한 8편의 논문과, 자료로서 〈蘭船濟州島難破記〔하멜표류기〕(一)〉가 실려 있고, 끝에 彙報가 보인다. 논문의 필자로는 李丙燾

외에 李相佰, 趙潤濟, 金庠基, 李秉岐, 孫晋泰, 宋錫夏가 등장하는바, 역사, 사회, 문학, 민속 등 한국학 각 분야에 걸쳐 중후하고 새로운 연구 성과를 선보이고 있다. 휘보에서는 첫머리에 《與猶堂全書》의 刊行 소식을 적고, 뒤이어 진단학회 창립의 취지와 경위를 소개한 다음에 진단학회의 창립에 대한 세 신문의 사설을 전재하였다. 끝의 〈編輯餘記〉에는 "本學報의 發行이 상달(十月)로 비롯한 것은 歷史的으로 보아 한 가지 意味가 있다는 것을 스스로 느끼어 기뻐하는 바이다"라 하여, 발행일이 음력으로 10월이 된다는 것을 우리 민족의 오랜 전통인 상달의 개천설과 연관 지어 이해함으로써 민족의식을 드러내는 대목도 있으며, 철자의 교정에 李允宰의 도움이 컸다는 얘기도 하였는데 그 이면에는 한글 중심의 國漢文 잡지를 간행하면서 느끼는 감격이 숨어 있는 것 같다.

이렇게 시작된 《진단학보》의 간행은 꾸준히 계속되었다. 회칙에 규정된 대로 연 4회의 발간이 지켜지지는 못하였으나, 1941년의 제14호까지 매년 2, 3호씩 학보의 발행이 이루어졌다. 그 내용을 다음과 같이 표로 정리해 보았다(논문 편수는 상·하로 分載될 경우 편의상 별도로 계산하였는데, 아래에서도 이 원칙에 따랐음).

〈표 1〉에 의하면, 학보는 7년간 14호가 간행되므로 매년 2호씩 나왔던 셈이지만, 때에 따라 기복이 있었다. 매 호 200면 안팎의 분량이었는데, 평균을 내면 약 186면이 된다. 논문은 총 77편, 자료·강좌·소개가 7편이 게재되었으니, 이것도 평균을 계산해 보면, 매 호마다 논문 5.5편, 자료 등이 0.5편씩 실린 셈이 된다. 이것은 외형상 《진단학보》가 학술잡지로서 당당한 면모를 갖추었

표 1. 《震檀學報》 제1호-제14호 體裁·內容 분석표

| 號數 | 刊行日字 | 面數 | 編輯兼發行人 | 게재論文 | | | | | | | | | | 筆者(집필한 篇數) | | | | | | | | | | | | | | | | | | | |
|---|---|---|---|---|---|---|---|---|---|---|---|---|---|---|---|---|---|---|---|---|---|---|---|---|---|---|---|---|---|---|---|---|---|
| | | | | 總篇數 | 國史 | 國語 | 國文 | 考古 | 美術 | 佛教 | 社會 | 民俗 | 中國文化 | 李丙燾 | 李相佰 | 趙潤濟 | 金庠基 | 李秉岐 | 孫晋泰 | 宋錫夏 | 金斗憲 | 李崇寧 | 高裕燮 | 韓興洙 | 柳洪烈 | 李重華 | 李仁榮 | 金映遂 | 都宥浩 | 梁柱東 | 金永鍵 | 金錫亨 | 朴時亨 |
| 1 | 1934.11.28 | 234 | 李丙燾 | 8(資料1) | 3 | | 2 | | | | 1 | 2 | | 2 | 1 | 1 | 1 | 1 | 1 | 1 | | | | | | | | | | | | | |
| 2 | 1935. 4.20 | 205 | 上同 | 6(〃) | 3 | 1 | | | | | 1 | 1 | | 1 | 1 | | 1 | | | 1 | 1 | 1 | | | | | | | | | | | |
| 3 | 1935. 9.20 | 203 | 上同 | 6<br>(資料及講座2) | 2 | | 1 | 1 | 1 | | | | 1 | 1 | 1 | 1 | | | 1 | | | | 1 | 1 | | | | | | | | | |
| 4 | 1936. 4. 1 | 179 | 上同 | 5(講座1) | 3 | | 1 | | | | | | 1 | 2 | 1 | | | 1 | 1 | | | | | | | | | | | | | | |
| 5 | 1936. 7.15 | 207 | 上同 | 6 | 4 | | | | | | 1 | | 1 | 1 | 1 | | 1 | | 1 | | 1 | | | | 1 | | | | | | | | |
| 6 | 1936.11.20 | 162 | 上同 | 7 | 4 | | 2 | | 1 | | | | | 3 | | 1 | | 1 | | | | | 1 | | | 1 | | | | | | | |
| 7 | 1937. 3.25 | 196 | 上同 | 4 | 3 | | 1 | | | | | | | 1 | 1 | | 1 | 1 | | | | | | | | | | | | | | | |
| 8 | 1937.11.20 | 118+25<br>+5(148) | 上同 | 6 | 3 | | | | 1 | 1 | | | 1 | 2 | | | | | | | | | 1 | | | | 1 | 1 | 1 | | | | |
| 9 | 1938. 7.31 | 177 | 上同 | 4 | 3 | | | | | 1 | | | | 1 | | | 1 | | | | | | | | 1 | | | 1 | | | | | |
| 10 | 1939. 4. 5 | 180 | 上同 | 8(資料1) | 4 | 1 | 1 | | 1 | | | 1 | 1 | 2 | | 1 | 1 | | | | | | 1 | | | | 1 | | | 1 | 1 | | |
| 11 | 1939.12.11 | 178 | 上同 | 5 | 1 | 1 | 1 | | | | | 1 | 1 | 1 | | 1 | | | | | 1 | 1 | | | | | | 1 | | | | | |
| 12 | 1940. 9.30 | 214 | 上同 | 4(紹介1) | 1 | 1 | 1 | | | | | | 1 | | | 1 | | | | | | 1 | | | | | 1 | | 1 | | | | |
| 13 | 1941. 3.10 | 145 | 上同 | 4 | 3 | | | | | | | | 1 | | | | 1 | | 1 | | | | | | | | 1 | | 1 | | | | |
| 14 | 1941. 6.30 | 192 | 上同 | 4 | 2 | | | | 1 | | | | 1 | | | | | | | | | | 1 | | | | | | 1 | | | 1 | 1 |
| 計 | | | 上同 | 77(7) | 39 | 4 | 10 | 1 | 5 | 2 | 4 | 4 | 8 | 17 | 6 | 6 | 7 | 4 | 5 | 2 | 3 | 3 | 5 | 1 | 2 | 1 | 4 | 3 | 4 | 1 | 1 | 1 | 1 |

음을 뜻한다고 하겠다. 학보 14호를 통틀어 거의 모두가 국한문으로 기술된 가운데, 제8호에 都宥浩 논문이, 제10호에 金永鍵 논문이 각각 獨文과 漢文으로 씌어져 이채로운 느낌을 주고 있다.

이 시기의 《진단학보》에는 여러 분야의 논문들이 많은 필자에 의해 기고되었다. 앞의 표에 의하여 그 내용을 살피면, 우선 분야별로 나누어 살필 때 매우 광범위한 논문들이 게재되었으나, 국사 논문이 압도적으로 많았음을 알 수 있다. 이것은 李丙燾를 비롯하여 金庠基, 李相佰, 孫晋泰, 李仁榮, 柳洪烈 등 여러 학자가 활발한 활동을 벌인 결과였다. 그 밖에, 국어(李崇寧, 梁柱東), 국문(趙潤濟, 李秉岐), 민속(宋錫夏, 孫晋泰), 사회(金斗憲, 李相佰), 미술사(高裕燮), 불교(金映遂), 고고학(韓興洙) 등의 분야에서도 꾸준히 논문이 실리고 있다. 특히 중국 문화(孫晋泰, 都宥浩)에 대한 논문이 큰 비중을 차지하는바, 《진단학보》가 한국의 隣近文化로서의 중국 문화를 중시하였음을 말해 준다고 하겠다.

다른 한편, 논문의 필자를 중심으로 살펴볼 때, 모두 20명의 학자가 참여하고 있는데, 그들이 77편을 발표했으므로, 한 사람이 평균 약 4편을 썼던 셈이다. 그중 많은 논문을 발표한 이는 李丙燾(17편), 金庠基(7편), 李相佰(6편), 趙潤濟(6편), 孫晋泰(5편), 高裕燮(5편) 등인데, 그들은 모두 發起人이기도 했다. 새롭게 필자로 등장하는 사람으로서 제8권 이후의 李仁榮, 金映遂, 都宥浩, 梁柱東, 金永鍵, 金錫亨, 朴時亨 등을 꼽을 수 있지만, 金映遂는 나이가 든 기성의 佛敎史家였으므로 李仁榮과 都宥浩가 신진학자로서 활발한 활동을 보여 주는 정도였다.

표 2. 日帝壓制期 震檀學會 委員 일람표

| 時期<br>(해당 學報 호수) | 姓名 |
|---|---|
| 1934-36년<br>(제1호-제4호) | 金台俊 李丙燾 李允宰 李熙昇 孫晋泰 趙潤濟 |
| 1936-37년<br>(제5호-제7호) | 金斗憲 李秉岐 李丙燾 孫晋泰 趙潤濟 |
| 1937-39년<br>(제8호-제10호) | 金庠基 金斗憲 金台俊 柳洪烈 李秉岐 李丙燾 徐斗銖 李熙昇 孫晋泰 宋錫夏 趙潤濟 |
| 1939-41년<br>(제11호-제14호) | 高裕燮 金斗憲 金庠基 梁柱東 柳洪烈 李秉岐 李丙燾 李相佰 李崇寧 李仁榮 孫晋泰 宋錫夏 趙潤濟 |

학회의 운영과 학보의 편집을 맡은 위원은 임기 1년으로 重任이 가능하도록 규정되어 있었는데, 그 면모는 〈표 2〉와 같았다.

〈표 2〉에 의하면, 委員은 수차에 걸쳐 改選되었고, 뒤에 와서 倍加되는바, 그것은 학회 운영을 보다 넓게 개방하는 동시에 柳洪烈, 徐斗銖, 李仁榮 등 신진학자들을 포섭한 결과였다. 전체를 통해 위원직을 계속 맡은 사람은 李丙燾, 孫晋泰, 趙潤濟의 3인이니, 그들은 동시에 많은 논문을 발표한 학회의 중심인물이었던 셈이다. 유물론의 입장에 선 국문학자 金台俊은 초창기에 위원으로 있다가 중도에 빠지지만, 뒤에 다시 위원으로 선임되고 있으며, 마지막에는 또다시 제외되는데, 그는 《진단학보》 제10호가 나오는 1939년에 日帝警察에 체포되었던 것이다.

《진단학보》 창간호는 漢城圖書株式會社에서 비용을 전담하여 간행되었다. 그러나 1,000부를 인쇄한 것이 잘 팔리지 않아 수지타산이 맞지 않게 되자, 다음부터 漢城圖書에서는 지원을 중단해 버렸다. 이에 학회는 先後策을 논의하여, 결국 贊助委員 중의 有志로부터 얼마간의 도움을 받고, 나머지는 私

財에서 염출하여 학보의 발간을 계속하도록 하겠다는 李丙燾의 뜻을 받아들이고 새로운 활로를 모색하였다. 李丙燾로서는 편집책임자로서 학회를 대표하는 처지에서, 이미 창간호를 내고 외국에까지 배포하여 세상을 떠들썩하게 한 《진단학보》가 금세 폐간될 경우, 한국의 학자와 사회가 큰 웃음거리가 되리라는 우려감을 떨쳐버릴 수 없었고, 동시에 새로 결속을 다져 학문의 풍토가 마련되어 가던 한국학의 성장 분위기를 무산시킬 수 없다는 생각이 들었을 것이다. 그리하여 그는 사는 집을 저당잡히고, 또한 찬조회원들을 순방하여 도움을 받으며 학회를 이끌어 갔다. 그때 특별히 찬조금을 낸 사람은 尹致昊, 李重華, 金性洙, 金季洙, 方應模, 尹潽善, 尹致昌, 崔益善, 盧益亨, 李完榮 등이었는데, 특히 尹致昊는 1936년에 300圓을 희사한 바 있다. 뒤에 이르러, 제11호와 제12호는 각각 李仁榮과 盧益亨이 모든 비용을 전담하여 발간되기도 하였다. 그리하여 진단학회는 한국학 연구자들의 학문적 열의와 李丙燾의 헌신적 노력, 그리고 당시 한국 사회의 한국학에 대한 얼마간의 따뜻한 관심과 기대에 힘입어 학보의 간행을 지속해 나갈 수 있었다.

《진단학보》의 간행은 상당한 영향을 미쳤다. 학회의 설립이 한국인 연구자들의 결속을 통해 이루어졌지만, 《진단학보》의 계속된 발간이 그들의 유대를 더욱 굳건히 했고, 자부심을 키워 주었다.

손진태가,

> 내가 지금 《震檀學報》의 내용을 정히 世界的 水準에 達하였다고 장담을 할지라도 이것을 거부할 사람은 아마 있지 못할 것이라는 一言은 自信으로써 말할 수 있다(《孫晋泰全集》 6, p. 157)

라고 술회한 것은 《진단학보》에 대한 자부심인 동시에 이 잡지에 기고한 사람들의 학문적 자부심이라고 말할 수 있다.

당시 한국학을 연구하는 사람들 가운데 대다수는 진단학회에 참여하였다. 민족주의사학의 계열에 드는 鄭寅普와 사회경제사학의 중심인물인 白南雲의 경우, 진단학회에 간여한 흔적을 찾을 수 없으나, 그 밖의 대부분 연구자들은 논문의 집필자나 贊助會員, 또는 通常會員으로 학회활동에 직접 간접으로 참여하였다. 특히 唯物史觀의 입장에서 한국학을 연구하던 金台俊이 진단학회의 위원으로서 적극 활동하였던 것은 앞에서 언급한 바 있거니와, 같은 계열에 속하는 李淸源도 진단학회의 학문적 활동에 대하여 일면 불만스러워하면서도 근본적으로는 그 업적을 긍정적으로 평가하였으며, 뒤에 金錫亨과 朴時亨도 그들의 논문을 나란히 《진단학보》에 게재하였다. 아무튼 한국인으로서 한국학을 연구하는 사람 대다수가 진단학회의 학문 활동에 참여하게 되었고, 그들은 같은 연구자로서의 연대의식 비슷한 것을 지닐 수 있었을 터이고, 상당수는 학회의 성장과 학보의 계속되는 간행에 대하여 자부심과 사명감을 가지게 되었을 것이다.

다른 한편, 진단학회의 설립과 활동은 일본인 학자들에게 상당한 타격을 주었다. 당시 일본인 학자들은 주로 京城帝大나 朝鮮史編修會에 소속되어 활동하면서 1930년에 靑丘學會를 조직하여 《靑丘學叢》을 간행하였는데, 한국인 연구자들의 논문도 이 잡지에서 상당한 비중을 차지하였다. 그런데 《진단학보》가 간행되어 한국인 연구자들의 논문들이 이리로 몰리게 되자, 《靑丘學叢》은 위축될 수밖에 없었던 것이다. 이에 대해서는 柳洪烈의 이야기가 상당한 시사를 준다.

> 靑丘學會를 주관하던 日本人 학자들은 震檀學會의 우리 學者들에게 論文을 日本語로 써주면 서로 學術發展에 보다 도움이 되지 않겠느냐고 넌지시 震檀學會를 못마땅하게 여기는 말을 서슴지 않았으나 震檀學會 會員들로서는 이를 들은 척도 하지 않았다(〈震檀學會와 나〉, 《진단학보》 57, 1984, p. 245).

《靑丘學叢》은 제30호를 끝으로 '휴식'의 필요성을 내세우며 終刊하였다. 그런데, 그 終刊號가 나오는 1939년은 바로 《진단학보》가 제10호를 간행하고 自祝의 분위기에 휩싸였던 때인즉, 이는 결코 우연만은 아닐 것이다.

《진단학보》는 일제시대에 제14호(1941년 6월 발행)를 끝으로 더 이상 刊行되지 못하였다. 일제의 탄압과 간섭이 노골화되어 학회활동이 사실상 불가능하여졌기 때문이다. 당초 《진단학보》는 순수한 학술잡지였으므로, 매번 간행할 때마다 받는 총독부의 검열에 별다른 어려움은 없었다. 그러나 中日戰爭 이후 일제의 식민지 조선에 대한 폭압은 가중되어 1938년에 조선어 교육이 폐지되고 日語常用이 강요당하였고, 1940년에는 創氏制度가 시행되고, 《조선일보》와 《동아일보》가 폐간되는 상황이 초래되었다. 이러한 가운데, 한국인 학자들이 한글 중심의 국한문으로 한국학 연구지를 발행하는 일을 저들이 용납할 리 없었다. 결국 일제가 학회 요원에 대한 사찰과 감시를 강화하고, 조선어학회사건을 일으켜 진단학회의 회원이기도 했던 李熙昇, 李允宰 등을 검거하는 사태에 이르자, 진단학회는 1942년 10월 자진해산의 형식으로 활동을 중단하지 않을 수 없었다. 그리하여 진단학회는 학보 14호를 간행한 채 창립된 지 8년 만에 표면상 해체되고 말았다.

## 4. 光復과 學會再建(1945-1950)

1945년 8월 15일을 기하여 일제의 속박에서 벗어나 광복의 감격을 안은 채 진단학회의 중심인물들은 즉시 학회의 재건에 나섰다. 바로 해방된 다음 날 仁寺洞 泰和亭에서 李丙燾, 宋錫夏, 李相佰, 趙潤濟, 李崇寧, 申奭鎬, 金庠基, 孫晋泰, 柳洪烈, 趙明基, 金永鍵, 金壽卿, 都宥浩, 李如星 등이 會同하여 새로 회칙을 개정하고, 그에 따라 임원을 선출하여 진단학회 재출발의 닻을 올렸던 것이다. 참석자 전원과 그 밖에 金斗憲, 李仁榮, 李秉岐를 상임위원 및 간사로 정하고, 위원장에 宋錫夏를 뽑았다. 이때의 간부진은 뒷날 李相佰을 위원장으로 하는 새 진용으로 바뀌기까지 3년간 지속되었으며, 李相佰이 1년 남짓 학회를 이끌다가 1949년 11월에 다시금 李丙燾가 위원장의 자리를 맡아 任員 진용을 강화시켰다. 그러나 곧 6·25동란으로 진단학회는 다시금 큰 타격을 입었던 것인데, 이 再建期의 임원은 〈표 3〉과 같다.

이 표에 의하면, 일제 시기에 진단학회에서 위원 또는 필자로 활약하던 사람들이 대개 임원으로 선임되었는데, 그것은 당연한 일이기도 했다. 간사 가운데 金壽卿과 趙明基가 새로운 얼굴일 뿐이다. 운영의 체제는 종전의 委員制를 그대로 계승하되 부문별로 간사를 두어 앞으로 많아질 업무를 분담케 한 것이 특징이다. 이때 위원장으로 된 宋錫夏는 일본의 東京商科大學을 중퇴하고 한국의 민속을 연구하기 시작하여 이 분야의 선구자로 크게 공헌한 사람인데, 진단학회의 발기인으로 참여하고 학보 창간호에 논문이 실린 바 있었다. 이미

**표 3. 光復後 再建期(1945-1950) 震檀學會 任員 일람표**

| 期 間 | 委員長 | 常 任委 員 | |
|---|---|---|---|
| | | 幹事 | |
| 1945.8-1948.8 | 宋錫夏 | 趙潤濟(總務) 金庠基(編輯)<br>孫晋泰(出版) 宋錫夏(財務)<br>柳洪烈(事業)<br>金壽卿 金永鍵 趙明基 | 金斗憲 都宥浩 申奭鎬 李秉岐<br>李丙燾 李相佰 李崇寧 李如星<br>李仁榮 |
| 1948.8-1949.10 | 李相佰 | 李崇寧(總務·財政·事業)<br>柳洪烈(編輯)<br>趙明基(出版) | 上記 常任委員(幹事 포함) 中<br>死亡·越北者를 제외한 全員 |
| 1949.11-1950.6 | 李丙燾 | 李相佰(副委員長)<br>李崇寧(總務)<br>金斗憲(財務)<br>趙明基(事業)<br>柳洪烈(出版) | 上同 |

1939년부터 진단학회 위원으로 참여한 바 있는 그는 원만한 인품과 상당한 재력의 소유자로서 이때 중책을 맡게 되었던 것으로 여겨진다. 그는 광복 후 곧 國立民族博物館長이 되는데, 진단학회 사무실을 그곳에 두고 일하다가 뒤에 지병으로 별세하게 된다.

진단학회는 새로 재건된 다음, 우선 사회적 요청에 따라 국어와 국사의 강습회를 개최하는 일부터 착수하였다. 일제로부터 해방이 되자 가장 시급한 일 가운데 하나가 잃어버렸던 국어와 국사를 되찾는 것이었고, 그 일을 진단학회가 맡아 주선하지 않을 수 없었던 것이다. 그리하여, 이 일은 학생들에게 국어와 국사를 가르칠 교사들을 상대한 임시중등교원양성강습회로 진전되었던 것인데, 이 시기에 진단학회가 수행한 보람 있는 사업이었다고 하겠다. 특히 국사의 경우, 金庠基, 李丙燾, 申奭鎬는 함께 《國史教本》을 집필하고, 진단학회에서 그것을 간행하여(1946년 5월), 중등학교 교재로는 물론이요, 강습회의 교재로도 사용했던 일은 특기할 만한 것이었다. 비슷한 일로서 訓民正音頒布紀念式을 주관한다든가 충무공기념사업을 추진하는 일 등을 하기도 했는데, 이와 관련하여 학회는 《李忠武公三百五十週忌紀念論叢》을 編刊한 바 있다(1950년 4월).

진단학회는 본연의 임무인 연구 활동으로서는 月例會를 통해 연구발표를 하는 일부터 시작하였다. 1945년 11월부터 시작된 월례회는 대체로 매달 두 사람의 발표자가 각기 연구한 내용을 구두로 발표하는 것으로 이듬해 3월의 5회까지 계속되었다. 발표자는 李仁榮, 趙潤濟, 金壽卿, 金錫亨, 李崇寧, 趙明基, 金斗憲, 金一出, 李秉岐 등이었고, 발표 내용도 그들의 전공에 따라 다양하였다. 물론 한국학이 중심을 이루었으나 金壽卿의 〈蘇聯아카데미를 爲한 新進學徒의 養成〉, 金一出의 〈年代에 依한 世界史 比較〉와 같은 이색적이며 새로운 주제도 엿보이며, 趙明基의 〈京都方面 佛畵探訪 旅行談〉처럼 이 월례회가 가벼운 학문적 교환의 자리였음을 알려주는 것도 보인다. 그러나 이 월례회는 계속 이어지지 못하였다.

이처럼 진단학회가 재건되어 새로운 활동을 하였으나 학보는 쉽사리 복간되지 못하였고, 학회의 사정도 원활하지 않았다. 당시 진단학회의 주요 회원은 해방을 맞아 큰 변혁기를 맞은 한국 사회의 학술 · 문화 · 교육계를 대표하는 지도급 인사로 부상되었으므로 그들은 진단학회의 활동에만 전념할 수 없는 형편이었던 것이다. 우선 경성제대를 접수하여 한국의 대학으로 개편하는 국가적 사업에 많은 사람이 참여했는데, 특히 국사와 국어국문학 분야의 교수는 대개 진단학회 회원으로 충당되었다. 그 밖의 여러 대학의 교수요원으로서,

또는 국립박물관장으로서, 뒷날 정부 수립 뒤에는 教育官署의 고위관료로서 진출하는 등 그들의 움직임은 활발하였던 것이다.

또한 해방과 함께 밀어닥친 좌·우의 대립 갈등과 그 남북분단으로의 진전이 자연히 학회의 운영에도 영향을 미쳤다. 대부분의 주요 회원은 자유로운 학술활동의 보장과 민주체제의 옹호를 중요시하는 입장을 견지하였으나, 유물사관을 신봉하는 일부 회원들의 경우 정치활동에 나서거나 끝내 월북하는 경우도 나타나게 되었다. 학회 창립에 참여했던 金台俊은 해방 직후부터 南勞黨과 관련하여 활약하다가 끝내 정부에 의해 처형되었으며, 都宥浩를 비롯하여 金壽卿, 李如星, 金錫亨, 朴時亨 등은 월북하고 말았다. 이러한 좌·우의 대립은 그 자체보다도 그것이 초래한 경색된 사회분위기 때문에 학회의 운신을 무겁게 했던 것이다. 이 무렵에 다른 한편에서 일부 회원이 제기한 친일파 문제도 부분적으로 학회의 내부관계를 경색시키고 그 운영을 원활하지 못하게 만들었는데, 이와 같은 대립과 갈등은 진단학회 자체의 문제가 아니라 이 시기의 한국 사회가 겪는 시련이요 홍역이었던 것이다.

해방 직후의 변혁과 혼란 속에서 학회를 이끌던 宋錫夏가 1948년 8월 지병으로 세상을 떠나자 진단학회는 곧 李相佰을 위원장으로 하고, 李崇寧, 柳洪烈, 趙明基를 幹事로 하는 새로운 임원진을 구성하였는데, 그 자세한 내용은 앞에 제시한 〈표 3〉과 같다. 李相佰은 일본 早稻田大學 社會哲學科를 졸업하고 일본과 중국에서 연구한 사회학자로서 진단학회 발기인으로 참여하고, 학보 창간호에 한국 사회사 관계 논문을 기고한 이후 학회와 긴밀한 관계를 유지해 왔다. 그는 뛰어난 학자인 동시에 체육인으로도 유명하였던바, 광복

후 서울대학교에 사회학과를 개설하고 교수로 있다가 당시 난조를 보이던 진단학회를 이끌게 되었다. 그는 뒷날에도 진단학회의 중추적 인물로 크게 공헌하여, 그가 서거하자 학회는 《진단학보》에 추도특집호를 마련하게 된다. 이 같은 李相佰을 중심으로 하는 새로운 임원진의 출범과 거의 동시에 대한민국 정부가 수립되었던 것인데, 그 뒤에 李丙燾가 委員長이 되고, 李相佰이 副委員長을 맡으며 幹事로 金斗憲이 추가되는 것은 간부 진용이 강화되는 것으로 보아야 하겠다.

광복 이후 《진단학보》가 속간호인 제15호를 낸 것이 1947년 5월이었다. 宋錫夏 위원장이 쓴 〈편집 후기〉를 보면, 1945년 晩秋에 일단 편집을 마치고 원고를 인쇄소로 넘겼으나, '諸般事情'으로 2년 가까이 출간이 늦어졌던 것임을 알 수 있는데, 그 속사정은 출판을 맡은 博文書館 측에서 주인 盧聖錫(京城帝大 史學科 출신으로 學會의 會員이었음)이 병고 끝에 작고한데다가 시장성이 없는 학보의 간행을 미룬 때문이었다. 이와 같은 어려운 사정을 감안하더라도, 학보의 속간이 이처럼 늦어진 것은 앞에 얘기한 여러 가지 정황에 기인하는 바가 컸으리라 여겨진다.

《진단학보》 제15호는 우선 판형을 고쳐 사륙배판으로 하였는데, 장래 비약을 꾀한 것이라 하였다. 〈續刊辭〉를 통해 일제의 탄압으로 학보의 간행을 일시 정지하지 않을 수 없었던 사정을 밝힌 다음, '建國的 氣魄'을 가지고 큰 사명을 발휘하려고 학회를 재조직하고 학보를 속간한다고 선언하였으며, 이어서 논문 4편과 자료 1편을 게재하였다. 이어서 彙報에는 학회의 재건으로부터 시작하여 월례회 개최 등 여러 가지 소식을 싣고 있다.

표 4. 再建期 《震檀學報》 제15호-제16호 體裁 · 內容 일람표

| 호수 | 刊行日字 및 面數 | 發行人 | 논문篇數 | 執筆者(分野 · 新參與否) |
|---|---|---|---|---|
| 15 | 1947. 5. 28<br>四六倍版 154面 | 宋錫夏<br>(編輯兼發行人) | 論述 4篇<br>資料 1篇 | 李相佰(國史)<br>李崇寧(國語)<br>李仁榮(國史)<br>金壽卿(國語 · 新) |
| 16 | 1949. 1. 10<br>四六倍版 280面 | 李相佰<br>(震檀學會 代表) | 論述 5篇 | 李崇寧(國語)<br>李惠求(音樂 · 新)<br>趙明基(佛教 · 新)<br>李能植(國史 · 新)<br>金亨奎(國語 · 新) |

다음의 《진단학보》 제16호는 다시금 약 2년 뒤인 1949년 1월에 출간되었다. 역시 인쇄소 사정을 지연 이유로 들고 있는데, 그동안 임원이 개편되어 李相佰 위원장이 학회 대표로 되고 새로 乙酉文化社에서 발행되기까지 앞서 언급한 정황이 많은 영향을 미친 때문이었다. 권두에 宋錫夏 위원장의 별세를 애도하는 李丙燾의 吊辭가 실려 있으며, 논문 5편이 게재되었다. 그 후 《진단학보》는 李丙燾 위원장 체제 아래에서 제17호의 편집을 마치고 인쇄에 부쳐졌다가 6·25동란으로 소실됨으로써 오랫동안 새 모습을 찾아볼 수 없었다. 그러므로 제15호와 제16호는 해방 직후 학회의 再建期를 대변해 주는 학보였던 셈이다. 지금까지 살핀 것을 포함하여 그 내용을 간단히 표로 만들면 〈표 4〉와 같다.

이 표를 살피면, 게재된 논문들은 국사나 국어가 역시 중심을 이루되 음악, 불교 등 다양한 분야도 나타나고 있다. 집필진은 광복 이전에 이미 기고한 바 있는 낯익은 이름이 절반가량을 차지하고 있으며, 새로운 필자로 나오는 사람들도 일제 시기에 연구의 기반을 닦았던 기성의 학자들이었다. 그러므로 논문

상으로 볼 때, 이 시기의 학보는 내용상 일제 시기의 것의 연장선상에서 이해될 수 있는 것이라 하겠다.

이처럼 광복과 더불어 재건된 진단학회의 학문적 활동이 여러 해 동안에 학보 두 호를 낼 수 있을 정도로 저조하게 나타나고 있으며, 그 구체적 내용도 일제 시기의 것을 연상시켜 주는 것이라 할지라도, 이 시기의 진단학회 회원들의 활약은 다른 각도에서 살펴 볼 여지가 큰 것이다. 이미 지적한 대로 해방 후의 새로운 사회와 국가를 세우는 과정에서 그들은 학술·교육·문화의 여러 부문에서 중요한 역할을 수행하였을 뿐 아니라 연구에 있어서도 많은 저서를 출간하였다. 《진단학보》 제16호의 휘보란에는 회원의 연구출판 소식이 있는데, 회원 20여 명의 저서(또는 역서) 52권이 나타난다. 그 가운데는 金斗憲의《朝鮮家族制度의 研究》, 金庠基의《東方文化交流史論攷》, 金載元의《檀君神話의 研究》, 方鍾鉉의《訓民正音通史》와《古語材料辭典》(上·下), 孫晉泰의《朝鮮民族說話의 研究》와《朝鮮民族文化의 研究》, 梁柱東의《朝鮮古歌謠研究》, 柳洪烈의《朝鮮天主教史》(上)(近刊), 李秉岐의《意幽堂日記》, 李丙燾의《高麗時代의 研究》와《國史大觀》, 李相佰의《朝鮮文化史研究論攷》와《李朝建國의 研究》(近刊), 李崇寧의《朝鮮語音韻論研究》(第一集), 李仁榮의《朝鮮滿洲關係史研究》, 李弘稙의《朝鮮古文化의 研究》, 李熙昇의《朝鮮語學論攷》, 趙潤濟의《朝鮮詩歌史綱》과《朝鮮歌謠의 研究》 등이 들어 있다. 乙酉文化社·正音社 등 여러 출판사에서 출간되었거니와, 광복을 맞은 한국의 학계가 거둔 최대의 성과였다. 그 연구의 기반은 일제 암흑기에 구축된 것이었으나, 진단학회 회원들은 이 시기에 어려운 여건 아래에서 높은 학문적 수준을 유지하며 연구서들을 세상에 내놓았으니, 이 성과들이 결코 진단학회와 무관할 수 없는 것이었다. 따라서 《진단학보》의 출간은 부진하였으나, 진단학회 회원들에게 이 시기는 결실과 새로운 도약의 시기이기도 했다.

## 5. 學會의 法人化와 《韓國史》 간행(1950-1971)

1950년의 6·25동란은 우리 민족 모두에게와 마찬가지로 진단학회에도 엄청난 타격을 입혔다. 학보 제17호의 원고가 인쇄 중에 소실된 것은 지극히 가벼운 상처에 지나지 않았고, 온 나라가 민족상쟁의 전화에 휩싸인 가운데 학회는 그 존립기반이 크게 흔들렸던 것이다. 전란을 통하여 주요 회원인 孫晋泰, 李仁榮이 拉北당하고, 方鍾鉉, 金聖七이 사망하였으며, 서울이 함락되고 부산이 임시수도로 되는 상황에서 학술적 활동은 거의 불가능하게 되었다. 이렇게 해방 후 재건기에 뒤이어 전란의 황폐기를 맞으며 역시 오랫동안 그 활동이 정체되었던 진단학회는 6·25동란의 소용돌이 속에서 1950년 11월 金斗憲을 위원장으로, 李相佰을 부위원장으로 하는 임원 개선과 동시에 白樂濬, 尹潽善, 金性洙, 元漢慶, 崔南善을 고문에 추대하는 조처를 취하였다. 1952년 12월에는 부산에서 다시 임원을 개선하여 李丙燾를 위원장으로, 李相佰을 부위원장으로 삼고, 趙明基, 金元龍, 柳洪烈이 사무를 맡고 金庠基, 李弘稙, 李崇寧, 李熙昇이 편집을 맡도록 하는 체제를 구축하였으나 제대로 학술활동을 펼치지 못하면서 명맥만을 유지할 뿐이었다. 그러나 전란이 끝나 정부의 서울 還都가 이루어지고, 여러 방면에서 전후 복구작업이 개시되면서 학회의 재정비와 새 출발을 위한 움직임도 나타나게 되었으며, 그것은 마침내 1954년 5월 사단법인으로서의 진단학회의 새 체제가 갖추어지는 것으로 귀결되었다. 이로부터 1950년대의 후반과 1960년대를 통하여 약 20년간 학회는 학보를 꾸준히 간행하고, 《韓國史》를 간행하는 안정과 성장의 시기를 보내게 된다.

이 무렵 전화로 찌든 한국은 미국의 경제적 도움을 많이 받았는데, 진단학회도 미국의 록펠러재단으로부터 체계적인 韓國通史의 저술을 위한 지원을 약속받을 수 있었다. 이 일은 이미 6·25동란 이전에 당시의 국립박물관장 金載元과 록펠러재단의 인문학부장 파스가 동석한 가운데 이야기가 오간 바 있었으나, 戰後에 계획이 구체화되어 그 일을 진단학회가 주관하게 되었던 것이다. 그런데 이때 록펠러재단 측에서는 재정적 지원의 대상이 되기 위해서는 학회의 법인화가 필요하다는 뜻을 비쳤다. 학회 측의 입장은 한국통사의 저술은 매우 중요한 사업이고, 뿐만 아니라 그것을 위한 재정적 지원을 받는 일이 학회의 활성화를 위해서도 크게 도움되리라 생각하여 그 뜻을 적극 수용하였다. 다른 한편, 전란으로 흐트러진 학회의 진용을 새로 정비할 필요성도 여러 회원이 느끼고 있었다.

이러한 사정 아래 金載元은 李丙燾 위원장 그리고 李相佰 부위원장과의 상의를 거쳐 사단법인 진단학회 창립을 위한 총회를 열게 되었다. 여기에서 새로운 임원 선출이 이루어졌는데, 이때의 골격이 대체로 1972년의 학회 체제 개편 때까지 계속되었다. 그 후의 부분적인 임원개선 내용을 포함하여 이 시기의 학회 임원진을 표로 만들면 〈표 5〉와 같다.

표 5. 財團法人 시기 震檀學會 任員 일람표

| 姓名 | 職任(在任期間) |
|---|---|
| 李丙燾 | 理事長(1954-1972) |
| 李相佰 | 副理事長(1954-1960), 理事(1960-1966) |
| 李崇寧 | 理事(1954-1960), 常務理事(1960-1972) |
| 金庠基 | 理事(1954-1960) |
| 金載元 | 理事(1954-1972), 編輯責任及幹事長(1954-1960) |
| 曺佐鎬 | 理事(1960-1963) |
| 鄭炳昱 | 理事(1960-1963) |
| 李熙昇 | 理事(1963-1972) |
| 趙明基 | 監事(1954-1960), 理事(1960-1972) |
| 柳洪烈 | 監事(1954-1960), 理事(1960-1972) |
| 韓沽劤 | 監事(1960-1963), 理事(1963-1972) |
| 金東旭 | 監事(1960-1972) |
| 高柄翊 | 監事(1963-1972) |

이 표에 의하면, 학회의 창립을 주도하고, 일제시대 때 학회를 이끌며 학보의 편집을 주관했던 李丙燾가 광복 후 한때 학회의 운영에서 한 발짝 물러서 있다가 전란 중 委員長으로 복귀했었는데, 이때에 이사장으로 취임하여 내내 그 직임을 맡고 있음을 알 수 있다. 李相佰도 학회의 부이사장과 이사로서 그가 서거하는 1966년까지 깊이 간여하였다. 李崇寧은 이사와 상무이사로서, 金載元은 이사인 동시에 한때는 간사장으로 시종 중요한 지위에 있었으며, 趙明基와 柳洪烈도 모두 감사와 이사로서 내내 간부진을 이루었다. 그 밖에 金庠基, 曺佐鎬, 鄭炳昱이 이사로서 한때 학회의 간부직을 맡았고, 李熙昇, 韓沽劤, 金東旭, 高柄翊이 이사 또는 감사로서 후반기부터 학회의 운영에 參劃하였다. 그러나 이 시기 학회를 움직인 중심축은 李丙燾, 李相佰, 李崇寧, 金載元이었다. 李崇寧은 京城帝大 朝鮮語及文學科를 졸업하고 平壤師範學校 教諭를 지낸 뒤 서울대 교수로 취임하였는데, 학회 초창기로부터 학회에 간여

하면서 국어학 관계의 주요 논문들을 《진단학보》에 발표하였고 이미 학보의 편집책임을 맡았었던바, 이때부터 종생토록 학회를 위해 크게 공헌하게 된다. 한편 1930년대에 독일에서 박사학위를 취득하고 고고학을 연구한 바 있는 金載元은 해방 직후 국립박물관장에 취임하여 歐美와의 학술교류에 중요한 역할을 수행하였는데, 이 시기 진단학회의 운영에 직접 몰두하여 크게 공헌하였다. 이와 같이 학회가 재편되는 것을 계기로 하여 1955년 10월에 《진단학보》 제17호가 復刊號로서 6년 만에 다시 선을 보이게 되었으며, 이로부터 학보는 꾸준히 간행되었다.

학보에 대하여 상세히 살피기에 앞서 학회 개편의 구체적 계기가 되었고, 그 성과 또한 지대하다고 말할 수 있는 《韓國史》의 간행을 눈여겨볼 필요가 있다. 이미 앞에서 언급한 바와 같이 한국통사의 저술에 대한 록펠러재단의 재정적 지원을 약속받아 사단법인으로 체제를 재정비한 진단학회는 1954년 12월에 미화 1만 달러의 지원을 통보받고, 上古篇은 李丙燾와 金載元이, 高麗時代篇은 金庠基가, 朝鮮時代篇은 李相佰이, 近代史篇은 崔南善이 담당하고, 별도로 연표와 지도를 독립된 책으로 묶는 全五卷의 한국사 편찬계획을 확정지었다. 출판사는, 역시 록펠러재단의 원조를 받아 이미 한글학회의 《큰사전》 출판을 맡았고, 해방 직후 韓國學 관계의 많은 연구서와 정기간행물까지 여러 가지를 출간한 바 있는 을유문화사가 맡도록 되어 있었다. 그동안 일제의 지배를 받고, 해방 후의 혼란과 6·25동란을 경험하는 동안 권위 있는 通史 하나 변변히 갖출 수 없었던 것이 한국의 커다란 부끄러움이었던 점에 비추어 이 계획은 의미심장한 것이었다.

이렇게 시작된 한국사의 편찬은 상당한 우여곡절을 겪으며 진행되었다. 원래 2년 뒤에 완간할 계획이었으나, 李丙燾와 金載元의 《韓國史》 '上古篇'이 처음으로 1959년 6월에 나왔고, 마지막으로 李相佰의 《韓國史》 '近世後期篇'이 출간된 것은 1965년 7월이었다. 당초 高麗時代篇은 金庠基가 담당하였으나, 완성된 원고에 대해 이론이 제기되어, 결국 李丙燾가 새로 집필하여 《韓國史》 '中世篇'으로 출간되었으며, 金庠基가 쓴 원고는 《高麗時代史》라는 별도의 책으로 東國文化社에서 발행되기에 이르렀는데, 이 과정에서 발생한 분쟁으로 金庠基는 진단학회와 멀어지게 되었다. 또한 근대사를 담당했던 崔南善은 건강 때문에 집필에 착수할 수 없게 되어 대신 李瑄根이 맡아서 썼다. 처음에 '朝鮮時代篇'과 '近代篇'은 각각 한 책으로 계획되었으나 두 책씩으로 늘어나 '近世前期篇'과 '近世後期篇', 또 '最近世篇'과 '現代篇' 등 모두 네 책이 나왔다. 별도의 책에서도 지도는 빠지고, 年表·璿源系譜·朔閏表가 묶어져 '年表'라는 이름으로 나왔다. 이처럼 상당한 변화가 있었으나, 《韓國史》(전 7권)의 간행은 계획 10년 만에 완료될 수 있었다.

《韓國史》의 완간은 진단학회로서 뜻 깊은 일이었고, 온 나라에 큰 반응을 불러일으켰다. 모든 사람들이 제대로 씌어진 수준 높은 국사 책을 접할 수 있게 되었고, 연구자들에게도 그것은 새로운 이정표의 의미를 지니는 것이었다. 일제 암흑기에 창립되어 온갖 풍상을 겪은 진단학회의 처지에서는 중요한 책무를 수행한 셈이었다. 그러므로 1965년 11월 18일 진단학회 창립 30주년을 기념하고, 《韓國史》의 완간을 자축하는 연석을 마련했을 때, 그것은 여러 가지 의미를 함축하는 뜻 깊은 자리가 되었던 것이다.

한편, 1955년에 복간호로 나온 《진단학보》 제17호는 새로운 면모를 보여 주었다. 우선, 체재를 바꾸어 가로짜기 사륙배판으로 나왔으니, 이것은 새로운 취향을 좇는 큰 변화였다. 다음으로, 게재된 논문 4편은 金庠基(國史), 李崇寧(國語), 金東旭(國語), 李基文(國語)이 집필한 것인데, 金東旭과 李基文은 광복 후에 대학을 졸업한 새로운 세대의 학자였다. 이것은 李丙燾가 〈復刊辭〉에서 "今後는 新進學者의 登用을 爲하여 門戶를 開放"한다고 한 선언과 부합되는 것으로 《진단학보》가 새로운 단계로 접어든 것을 뜻한다. 이렇게 재개된 이 시기의 《진단학보》의 간행 상황을 뒤의 〈표 6〉으로 정리해 보았다.

이 표에 의하면, 《진단학보》는 이 시기에 제17호부터 제32호까지 나오지만, 合倂號를 감안하면 매년 한 책씩 출간되는 셈이 된다. 책의 면수도 200면 안팎이 대부분이고, 논문 편수도 매호마다 약 5편씩 게재된 꼴이다. 논문의 편집 책임자는 金載元과 李崇寧이 가끔씩 교대로 맡고 있는데, 특히 제25·26·27 合倂號부터는 李崇寧이 위원장이 되고, 韓沽劤, 全海宗, 李基白, 金元龍이 위원이 되는 편집위원회가 구성되어 학보의 편집을 관장하였다.

게재된 논문의 분야별 분포를 보면, 국사가 24편, 국어가 25편으로 이 두 분야가 압도적으로 많고, 고고·미술·사회가 상당한 편수를 차지하는데, 이것은 진단학회의 전통과 관계가 깊지만, 李丙燾, 李崇寧, 金載元, 李相佰이 학회를 주도하고 그 제자들이 많이 참여할 수 있었음을 뜻하는 것으로도 해석된다. 중국사를 비롯해 중국 문화 관계 논문이 적지 않은 것도 학회의 목적이 한국의 隣近文化까지 연구의 대상으로 삼는다는 점에 비추어 초창기부터 내

표 6. 《震檀學報》 제17호-32호 體裁 · 內容 일람표

| 號數 | 刊行日字 | 面數 | 編輯者 | 게재論文 | | | | | | | | | | | | | | | 筆者 | | 備考 |
|---|---|---|---|---|---|---|---|---|---|---|---|---|---|---|---|---|---|---|---|---|---|
| | | | | 總篇數 | 國史 | 國語 | 國文 | 考古 | 美術 | 民俗 | 音樂 | 佛敎 | 社會 | 科學 | 書誌 | 中國史 | 中國文化 | 資料 | 既發表者 | 처음 등장하는 筆者 | |
| 17 | 1955.10.25 | 266 | 金載元 | 4 | 1 | 2 | 1 | | | | | | | | | | | | 金庠基<br>李崇寧 | 金東旭 李基文 | |
| 18 | 1957.2.15 | 143 | 〃 | 4 | 1 | 1 | | | 1 | | | | | | | 1 | | | 柳洪烈 | 傅儒 高柄翊 | |
| 19 | 1958.6.30 | 167 | 〃 | 4 | 1 | | | | 1 | | | | | | | 1 | 1 | | | 金載元 車柱環 韓㳓劤 | |
| 20 | 1959.8.15 | 198 | 〃 | 5 | | 2 | 1 | | | 1 | | | | | | | 1 | | | 李基白 黃壽永 全海宗 | 英文要約게재시작 |
| 21 | 1959.8.15 | 198 | 〃 | 5 | 2 | 1 | | | 1 | | | | | | | | | | | 金元龍 | |
| 22 | 1961.10.30 | 187 | 〃 | 5 | 1 | 2 | | | 1 | | | | | | | 1 | | | 李惠求 | 安秉禧 尹武炳 金在滿 | |
| 23 | 1962.12.25 | 219 | 〃 | 4 | | 1 | 1 | | | | 2 | | | | | | | | | | 東洋學심포지움<br>발표내용게재 |
| 24 | 1963.8.20 | 199 | 〃 | 6 | 1 | 2 | 1 | | | | | 1 | | | | | 1 | | | 姜信沆 崔在錫<br>金完鎭 | |
| 25<br>26<br>27<br>合併號 | 1964.12.30 | 512 | 李崇寧 | 13 | 5 | 2 | 1 | 2 | | | | 1 | 1 | | | 1 | | | 李丙燾<br>李相佰 | 安啓賢 閔斗基 | 30週年紀念특집호 |
| 28 | 1965.12.30 | 196 | 〃 | 5 | 1 | 2 | | | | | | | 1 | | | 1 | | | | 李光麟 兪昌均 李龍範 | |
| 29·30<br>合併號 | 1966.12.25 | 478 | 〃 | 20 | 6 | 5 | | 3 | | 1 | | | 1 | | 1 | 3 | 1 | | | 李佐成 柳永博 李鉉淙<br>金芝漢 李載龒 金斗鍾<br>姜晉哲 李杜鉉 | 李丙燾古稀기념<br>특집호 |
| 31 | 1967.12 | 219 | 〃 | 10 | 2 | 3 | | 1 | 1 | | | | 3 | | | | | | | 坪井良平 文丞珪 李海英(權泰煥·金晋均)李効再 | 李相佰追悼특집호 |
| 32 | 1969.12 | 276 | 〃 | 8 | 2 | 3 | 1 | | | | | | 1 | 1 | | | | | | 南云祐 金允植 鄭然粲 | |

려오던 자연스러운 전통이라 하겠다. 그러나 무엇보다도, 매우 다양한 분야의 논문들이 실렸고, 그 다양성은 일제 시기의 것과 그대로 비견된다는 점에서 진단학회의 기본 방향을 되새겨 보게 만든다. 진단학회는 넓은 의미의 한국학 연구를 추구하고, 그 범위는 인문 사회의 모든 분야를 망라한다는 것이 원래의 취지였다.

게재된 논문의 필자는 제16호 이전의 《진단학보》에 기고한 적이 있는 기성의 학자와 그렇지 않은 경우를 구분하고, 각기 그들이 이 시기의 학보에 처음으로 등장하는 경우만을 표시한 것이 앞의 표인데, 우선 기성의 학자들이 매우 적다는 점이 눈에 띈다. 다른 편에 있는 金載元과 金斗鍾을 기성 학자 쪽으로 옮겨 포함시키더라도 8명에 지나지 않는다. 일제 시기의 필자 20명과, 광복 후에 나온 《진단학보》 제15호와 제16호에 새로 필자로 등장했던 5명을 합한 25명을 감안할 때 그 폭이 크게 줄어든 셈이다. 상당한 수가 사망, 월북·납북 등으로 有故者가 되었으며, 또한 진단학회와 관계가 멀어졌거나 논문 집필이 힘들어진 인사들이 생긴 때문이었다. 그러한 가운데에서도 李崇寧은 이 시기에 9편의 논문을 기고하는 놀라운 정력과 열성을 보여 주었다. 李丙燾는 1편의 논문을 실었을 뿐인데, 이 시기에 그는 서울대학교대학원장으로 재임하며 《서울大學校論文集－人文社會科學篇》에 중요한 논문들을 발표하였다. 대체로 보아, 상당한 인원의 손실이 있었고, 이미 노년기에 접어드는 과정을 밟고 있었으므로 그들 기성학자가 퇴조하는 것은 자연스러운 일이었다. 이러한 점은 《진단학보》 제29·30 합병호로부터 개인의 기념 또는 추도 특집호로 꾸며지는 일이 간간이 나타나는 것과도 연결된다.

이에 비하여 신진 학자들의 진출은 괄목할 만하였다. 모두 39명 가운데, 기성학자인 金載元과 金斗鍾, 그리고 외국학자인 傅儒와 坪井良平을 제외하더라도 35명이 새로운 필진으로 등장하였다. 그 가운데 韓㳓劤(6편), 李基白(4편)과 같은 國史學者, 高柄翊(5편), 全海宗(3편), 李龍範(3편)과 같은 中國史學者, 李基文(5편), 金完鎭(3편), 姜信沆(2편)과 같은 國語學者, 金東旭(3편)과 같은 國文學者, 金元龍(5편), 尹武炳(2편)과 같은 考古學者, 崔在錫(3편)과 같은 社會學者 등이 눈에 띄는 주요 필진이었다. 그 밖에도 여러 분야의 많은 학자들이 등장하여 종래보다 훨씬 넓어진 필자의 분포상황을 알려 준다. 실상 이 시기에 이미 역사학회의 《歷史學報》와 國語國文學會의 《국어국문학》을 위시한 각 분야의 전문학술지가 간행되고 있었고, 그동안 한국학의 학문적 기반이 크게 확충되었으나, 《진단학보》는 여전히 이 방면의 연구 성과를 모아 공표하는 중추적 학술지였음을 확인하게 된다.

학보 제17호부터 가로짜기로 바뀌는 체재상의 큰 변화가 있었음을 지적했거니와 제20호부터는 논문의 영문 요약이 새로 첨가되었다. 이것은 한국학에 관심을 갖는 외국인 독자를 배려한 것으로서, 국제적 학술잡지로서 발돋움하는 모습으로 이해된다. 또한, 이 시기에 진단학회는 여러 가지 행사를 하였는데, 학보 제23호에 실린 동양학심포지엄의 내용도 그 일단을 말해 준다. 이것은 1962년 5월에 닷새 동안 서울大學校 東亞文化研究所와 공동으로 주최했던 학술행사로서, '春香傳', '中國語', '15世紀 國語' 및 '韓國 近代化 問題'를 주제로 각기 해당 분야의 학자들이 참가하여 열띤 발표와 토론을 벌였다. 이때 李相佰이 東亞文化研究所長을 맡고 있었고, 진단학회 주요회원 가운데 서울대학교 교수가 많았던 관계로 공동주최의 형식으로 열렸던 이 심포지엄은 당시 학계에 커다란 반향을 일으켰다. 그에 앞서 1958년에 진단학회는 歷史學會와의 공동주최로 제1회 全國歷史學大會를 열었고 이후 제3회까지 간여했던바, 그로부터 오늘날까지 매년 빠짐없이 개최되는 이 행사는 歷史 분야에서 가장 큰 학술적 모임으로 정착되었다.

이 무렵 진단학회는 국제간의 학술교류에 큰 관심을 지녔다. 주요 회원들이 연구와 관련하여 歐美를 둘러보거나 상당 기간 체류하는 일이 많았고, 국제학술회의에도 참가하는 일이 많았다. 동시에 외국학자들을 초청하는 일도 잦았는데, 1955년 10월에 미국의 라이샤워 교수를 초청하여 한국학 연구에 대한 강연회를 열었고, 1958년 12월에는 독일의 호프만 교수를 초청하여 중국의 詩歌에 대해 강연토록 했으며, 1959년 3월에는 인도차이나의 얀제 박사를 초청하여 베트남의 역사와 문화에 대한 강연회를 개최한 것 등이 그것이다. 이 행사는 대개 진단학회가 공동주최하는 형식으로 치러졌다.

그런데, 1955년 5월에 中國學者 朱家驊·董作賓·溥儒를 초청하여 강연회를 개최한 것은 진단학회가 단독으로 주최한 행사였으나, 당시로서는 국가적 행사에 방불하게 치러졌다. 그들은 각기 東西文化交流, 甲骨文, 詩·書·畵의 부분에서 탁월한 위치를 차지하는 학자, 문인으로 자유중국을 대표하는 거물이었고, 그 시기에는 국제적 문화교류가 거의 없는 형편이었으므로, 진단학회가 그들을 초청하여 보름 동안 머무르게 되자 정부기관, 각 대학, 문화단체 등에서 큰 관심을 보이며 환대하여 온 나라가 떠들썩할 정도였다. 그들을 위해 교육부장관, 외무부장관이 만찬을 베풀고, 경주 고적답사를 위해 교통부는 특별열차를 제공하고, 경북지사가 중도에서 동승하여 만찬을 베풀었으며, 대통령 예방, 서울대학교에서의 박사학위 수여 등 수많은 행사가 치러졌는데, 그때마다 진단학회 측에서 李丙燾, 李相佰, 李崇寧, 金庠基, 金載元, 柳洪烈, 趙明基 등이 동석하였다. 그때 사단법인 체제로 개편된 직후의 진단학회가 지녔던 특이한 위치와 사회적 권위의 한 단면을 말해 준다고 하겠다.

끝으로 이 시기 진단학회의 재정에 대하여 간단히 언급할 필요가 있다. 앞에서 서술한 바와 같이 《韓國史》의 편찬사업을 위해 미국 록펠러재단으로부터 재정적 지원을 받게 되었으나, 그것이 직접 학회운영을 위해 쓰여지지는 않았다. 그러므로 복간호인 제17호는 思想界社와 乙酉文化社의 도움으로 간행될 수밖에 없었다. 그러나, 곧 미국의 哈佛燕京學社(Havard-Yenching Institute)의 지원을 받게 되어 《진단학보》 제18집부터는 출판비를 걱정하지 않게 되었다. 哈佛燕京學社는 원래 北京의 燕京大學의 운영을 위해 세운 미국 改新教 聯合財團이었으나 중국의 공산화로 燕京大學을 운영할 수 없게 되자 그 자금을 동아시아의 교육과 문화를 위해 전용키로 했으며, 한국도 그 도움을 받게 되었고, 진단학회가 수혜의 대상이 되었던 것이다. 哈佛燕京學社는 한국, 중국(대만, 홍콩), 일본에 그 학술원조사업을 협찬하는 별도의 기구를 만들게 했는데, 서울에 설치된 東亞文化硏究委員會가 한국에서의 학술연구에 대한 지원의 업무를 위임받아 수행하였던바, 震檀學會, 歷史學會, 國語國文學會가 지원을 받았고, 수많은 학자들이 연구비 보조를 받았다. 《진단학보》는 제18호부터 제32호까지 哈佛燕京學社 또는 東亞文化硏究委員會로부터 출판비 보조를 받았음을 명기하고 있는데, 그 원조는 1976년까지 계속되었다. 그 밖에 《韓國史》가 출간되면서 印稅 가운데 미미하지만 일부가 학회의 수입이 되기도 하였다. 그리하여 이 시기의 대부분 기간을 통하여 학회는 외부의 재정적 지원을 바탕으로 운영되었으며, 그 일을 주선하고 추진하는 데는 金載元의 역할이 매우 컸다. 이 시기를 통해 진단학회의 사무실이 그가 근무하던 국립박물관에 있다가 그의 퇴직 후에는 다시 그가 책임을 맡았던 東亞文化研究委員會에 설치된다는 점이 金載元과 진단학회의 관계를 시사해 주는 것이다.

## 6. 學會의 活性化와 學報刊行의 정착(1972-1989)

진단학회는 1970년대에 접어들면서 그 활동이 부진하였다. 1969년 12월에 《진단학보》 제32호가 나온 지 2년이 지나도록 다음 호는 간행되지 않았다. 그에 비해 歷史學會나 國語國文學會 같은 젊은 학회들은 활발하게 움직였고, 특히 한국사 분야에서는 韓國史研究會가 새로 설립되어 학보를 내기 시작하였다. 진단학회로서는 침체기를 맞은 듯하였다.

진단학회가 사단법인화하여 새로 출발한 지 20년 가까이 지났다. 학회는 《韓國史》가 완간된 지 오래지 않아 1968년경 법인을 해체하였으나, 그 체제와 골격은 그대로 유지하며 李丙燾 理事長을 정점으로 하여 金載元과 李崇寧이 중심이 되어 운영해 왔던바, 그들은 이미 노경에 접어든 상태였다. 李丙燾는 八旬을 앞두고 있었고, 李崇寧과 金載元도 이미 회갑을 지낸 다음이었는데, 특히 학회를 주도적으로 이끌어 온 金載元은 1970년 2월에 국립박물관장직에서 정년퇴임하였던 것이다. 그들의 진단학회에 대한 애착과 열성 때문에 그동안에 뒤에 가리어져 있었던 다음 世代의 학자들이 나서야 할 국면이 다가오고 있었다. 광복 후에 배출된 새 세대의 학자들 가운데에는 그동안 진단학회를 통해 많은 업적을 쌓아 왔고 학계의 중진으로 활약하는 사람들이 적지 않았다.

이러한 배경 아래에서 1972년 4월에 진단학회는 임시총회를 열어 회칙을 개정하고 새로운 체제를 갖추었다. 이때 이루어진 변화 가운데 중요한 것은 다음과 같다. 첫째, 학회의 기본적인 방책을 심의 결정하는 評議員會와 실질적인 업무를 집행하는 幹事陣을 別設하여 분리시킨다. 둘째, 회원은 학보의 구독을 원하여 회비를 납부한 자는 누구나 될 수 있도록 한다. 셋째, 학보는 반드시 정기적으로 간행하여 회원에 대한 책임을 지키게 하되 연 2회씩 낸다.

이 가운데 첫 번째 사항은 학회를 활성화시키기 위한 현실적 방안으로서, 진단학회의 창립 때부터 간여한 원로들과 다음 세대의 학자들이 함께 참여하여 학회의 중대사를 評議하되, 학회를 실질적으로 이끌며 학보를 간행할 책임은 評議員會에서 선출하는 幹事陣이 맡게 한 것이었다. 학회를 대외적으로 대표하는 것은 評議員會 議長으로 규정하여 원로들의 학회에 대한 변함없는 애착과 열성이 그대로 이어질 수 있는 동시에 年富力强한 새 世代의 학자가 실제 업무를 수행할 길을 연 셈이었다. 또한 이제껏 불분명했던 회원의 내용을 분명히 하는 동시에 구독회원제가 지켜지기 위해 반드시 필요한 학보의 정기간행을 분명히 못박았는데, 이것은 학술잡지로서의 기본 조건이지만 이제껏 지켜오지 못했었다.

이렇게 개편된 진단학회의 새로운 체제는 1989년까지 약 20년간 그대로

**표 7. 震檀學會(1972-1989) 評議員 및 幹事 일람표**

<table>
<tr><th rowspan="2"></th><th colspan="3">評議員會</th><th colspan="2">幹事陣</th></tr>
<tr><th>議長</th><th>副議長</th><th>評議員</th><th>代表幹事</th><th>幹事</th></tr>
<tr><td>1972</td><td rowspan="3">李丙燾</td><td rowspan="3"></td><td rowspan="3">高柄翊 金東旭 金烈圭 金載元 柳洪烈 李光麟 李基文 李基白 李箕永 李崇寧 李龍範 李佑成 李熙昇 全光鏞 全海宗 趙明基 車柱環 韓沽劤</td><td rowspan="2">李基白</td><td rowspan="2">姜信沆 金烈圭 金完鎭 李光麟</td></tr>
<tr><td>1973</td></tr>
<tr><td>1974</td><td rowspan="2">李光麟</td><td rowspan="2">宋贊植 安啓賢 鄭然粲 蔡壎</td></tr>
<tr><td>1975</td><td rowspan="3">李丙燾</td><td rowspan="3"></td><td rowspan="3">上記 人員에 다음의 5人을 추가함<br>金完鎭 金烈圭 姜信沆 姜晋哲 尹武炳</td></tr>
<tr><td>1976</td><td rowspan="2">姜信沆<br>(金烈圭)</td><td rowspan="2">安秉禧 李載龒 李在銑 韓相福</td></tr>
<tr><td>1977</td></tr>
<tr><td>1978</td><td rowspan="3">李丙燾</td><td rowspan="3">金載元</td><td rowspan="3">上同</td><td rowspan="2">金完鎭</td><td rowspan="2">安輝濬 李相澤 李成茂 李翊燮</td></tr>
<tr><td>1979</td></tr>
<tr><td>1980</td><td rowspan="2">全海宗</td><td rowspan="2">成百仁 李成珪 韓相福 洪承基</td></tr>
<tr><td>1981</td><td rowspan="3">李丙燾</td><td rowspan="3">金載元</td><td>上同</td></tr>
<tr><td>1982</td><td rowspan="2">上記 人員에 韓榮國을 추가함</td><td rowspan="2">韓榮國</td><td rowspan="2">徐大錫 李秉根 李泰鎭 崔夢龍</td></tr>
<tr><td>1983</td></tr>
<tr><td>1984</td><td rowspan="3">李丙燾</td><td rowspan="3">金載元</td><td rowspan="3">上同</td><td rowspan="2">上同</td><td rowspan="2">上同</td></tr>
<tr><td>1985</td></tr>
<tr><td>1986</td><td rowspan="2">上同</td><td rowspan="2">上同</td></tr>
<tr><td>1987</td><td rowspan="3">李丙燾</td><td rowspan="3">金載元</td><td></td></tr>
<tr><td>1988</td><td rowspan="2">上記 人員에 다음의 46人을 추가함<br>金理那 金錫禧 都守熙 閔成基 閔賢九 朴秉濠 朴容玉 朴龍雲 徐大錫 成百仁 宋基中 宋正炫 安秉禧 安輝濬 柳承宙 柳永博 柳永益 尹炳奭 尹容鎭 李基東 李敦柱 李東歡 李杜鉉 李秉根 李秉烋 李相澤 李成茂 李樹健 李翊燮 李載龒 李在銑 李泰鎭 鄭良謨 鄭然粲 趙啓纘 曺永祿 曺喜雄 蔡 壎 崔夢龍 崔承熙 崔信浩 韓炳三 韓永愚 許善道 洪承基 黃元九</td><td rowspan="2">閔賢九</td><td rowspan="2">李基東 鄭玉子 曺喜雄 崔明玉</td></tr>
<tr><td>1989</td></tr>
</table>

지켜졌으며, 평의원회를 근간으로 하는 골격은 그 후에도 계속 이어졌다. 당초 뜻했던 바대로 학회는 활성화되어 《진단학보》는 비로소 정기적으로 간행되는 학술잡지로 정착되었다. 뿐만 아니라, 새로 학술발표회를 개최하여 정례화

시키는 등 진단학회는 활력을 되찾고 괄목할 만한 발전을 이룩한 것이다. 먼저, 새로 갖추어진 체제에 따라 구성된 評議員會와 幹事陣의 모습을 이 시기를 통관하여 살피면 〈표 7〉과 같다.

이 표에 의하면, 평의원으로 처음 선임된 사람은 앞 시기의 진단학회 이사나 감사의 지위에 있었던 원로들과 다음 세대의 중진들이었는데, 곧 數人이 추가되어 23-24인의 규모가 오래 계속됨을 알 수 있다. 李丙燾가 평의원회 의장으로서 계속 유임하며 학회를 대표하였고, 1980년부터는 金載元이 부의장에 선임되어 역시 계속 유임하였던바, 이들의 학회에 대한 깊은 관심과 변함없는 정성은 많은 일화를 남겼다. 1988년에 나타나는 평의원의 대폭적인 증원은 또다시 학회가 젊어지기 위해 던진 포석이었다.

평의원 체제가 마련되면서 처음으로 대표간사로 선임된 이기백은 중진 국사학자로서 학회의 새로운 기틀을 마련하는 데 크게 공헌하였다. 그는 2년 임기 동안 《진단학보》를 매년 두 호씩 출간하여 정기간행잡지의 면모를 갖추게 했고, 韓國古典研究심포지엄을 처음으로 계획하여 학술행사로서 출범시켰다. 그에 뒤이어 역시 국사학자인 李光麟이 학회의 발전이 순조롭게 이루어지게 했으며, 국어학자 姜信沆이 대표간사로 일하다가 해외출장의 사유가 발생하자 金烈圭(國文學)가 잔여 임기 동안 그 일을 인계받은 적도 있었다. 국어학자 金完鎭 다음에 대표간사로 선임된 中國史學者 全海宗은 당시 還曆을 지낸 노학자였으나 학회의 업무체계를 다듬고 어려워지는 재정 상황의 타개를 위해 노력하였다. 국사학자 韓榮國은 대표간사로서 유례 드물게 6년간 재임하며 학회 창립 50주년 기념행사를 펼치는 등 많은 일을 하였으며, 그에 뒤이은 閔賢九(國史)가 이 시기의 마지막 간사진을 이끌며 일했다. 대표간사를 보좌한 간사들은 다양한 분야의 중견학자로서 여러 업무를 분담하며 헌신했다.

다음의 〈표 8〉에서 당시 학회의 최대 사안인 학보의 간행 상황을 알아본다.

이 표를 통해서 먼저 확인할 수 있는 것은 《진단학보》가 연 2회 발행되는 정기간행물로 정착되었다는 사실이다. 1972년부터 1987년까지 18년 동안 제33호부터 제68호까지 36책이 나온 것이다. 중도에 발간 일자에 변동이 생기고, 합병호가 나오는 등 기복을 겪지만, 전체의 號數가 부합되고 있으며, 특히 1984년부터는 매년 6월 30일과 12월 30일이 발행 일자로 굳어진 것이다. 책의 분량도 처음에는 200면 미만이었으나, 점차 두터워져 나중에는 200면을 훨씬 넘게 되었다. 게재 논문의 수는 이 시기 모두 234편이니, 매호마다 6.5편씩 실린 셈이다. 그러나 韓國古典研究심포지엄과 韓國文化심포지엄의 주제발표논문 62편을 합산하면 훨씬 많아지는데, 그만큼 학보가 전체적으로 보아 양적 확대를 이루었다고 하겠다.

발표논문의 분야별 분포를 살피면, 역시 다양한 모습을 볼 수 있으니, 國史(97편)가 압도적으로 많고, 國語(44편)와 國文(37편)이 그 다음을 뒤쫓고 있는데, 이것들을 합치면 전체의 76%가 된다. 그 밖에 社會(13편)와 考古(13편), 美術(7편)이 어느 정도의 비중을 차지하고 있으며, 中國史(10편)를 중심으로 하는 中國文化(13편) 분야 논문도 꾸준히 게재되었다. 다른 분야의 논문들은 거의 실리지 않았고, 한두 편 게재된 것들도 역사적 성격이 매우 강한 경우인데, 이는 학문의 분화가 촉진되어 각 분야의 학술잡지가 다양하게 간행되는 상황에서 초래된 자연스러운 결과라고 하겠다.

필자에 주목하면, 이 시기를 통하여 《진단학보》에 논문을 게재하거나, 학술심포지엄의 주제논문을 발표하여 새로운 필진으로 등장하는 사람은 모두 154명에 달한다. 이 수치는 학술심포지엄 관계로 많아진 점이 있으나, 거기에서 발표한 사람들은 대개 뒷날 정식 논문의 필자로 등장하므로, 이처럼 많은 수의 학자들이 《진단학보》의 새 필자로 데뷔하고 있다는 사실을 확인시켜 주는 데에 별다른 영향을 미치지는 않는다. 이 점은 《진단학보》의 필진이 그만큼 넓어지고, 더 나아가 한국학의 인적 기반이 매우 확장된 것을 뜻하는 동시에, 《진단학보》가 논문의 게재에 있어서 과감히 문호를 개방하고 대체로 젊은 필진의 활동을 수용하는 데 적극적이었음을 나타낸다고 해석된다. 어떤 경우에는 대부분의 필자가 전혀 새로운 면모로 나타나기도 하는데, 그것은 오히려 학회의 지속성에 의문을 제기할 수도 있는 대목이라 하겠다. 그러나, 이 시기를 통해서는 원로·기성 학자들이 꾸준히 투고하여 李丙燾, 李崇寧, 金載元, 李基白, 李光麟, 金元龍, 姜晋哲, 李基文, 姜信沆, 金完鎭 등의 논문을 간간이 접할 수 있다. 아무튼 《진단학보》는 그동안 학회 창립기의 원로와 그 다음 세대의 기성학자와 새로 등장하는 신진학자들을 필진으로 삼으면서 많은 논문들을 세상에 내놓았던 것이다.

이 시기에 몇 호의 기념호가 나왔는데, 특히 제57호는 학회창립 50주년 기념 특집호로, 〈韓國學研究半世紀〉에서는 國史의 각 시대와 國語學·國文學·考古學·美術史學·民俗學·科學史 분야에서의 연구사를 정리했으며, 〈震檀學會 50年回顧〉에는 李丙燾, 金載元, 李崇寧, 柳洪烈의 글이 들어

표 8. 《震檀學報》 제33호-제68호 體裁 · 內容 일람표

| 號數 | 刊行日字 | 面數 | 게재論文 | | | | | | | | | | | | | | | 학술심포지엄 | | 처음 등장하는 筆者(發表者) | 備考 |
|---|---|---|---|---|---|---|---|---|---|---|---|---|---|---|---|---|---|---|---|---|---|
| | | | 總篇數 | 國史 | 國語 | 國文 | 考古 | 美術 | 民俗 | 佛教 | 社會 | 科學 | 書誌 | 中國史 | 中國語 | 中國文學 | 中國社會 | 古典심포지엄(발표문편수) | 韓國文化 심포지엄(발표문편수) | | |
| 33 | 1972.6.20 | 190 | 7 | 4 | 1 | 1 | | | | | 1 | | | | | | | | | 李在銑 金泳謨 | |
| 34 | 1972.6.20 | 193 | 6 | 1 | 2 | 1 | | | | | 1 | 1 | | | | | | | | 李泰鎭 金㴑東 李翊燮 | |
| 35 | 1973.4.25 | 182 | 5 | 1 | 1 | 1 | | | | | 1 | | | | | | 1 | | | | |
| 36 | 1973.10.25 | 188 | 5 | 2 | 3 | | | | | | | | | | | | | ①三國遺事(3) | | 閔賢九 李秉根 許善道 閔泳珪 | |
| 37 | 1974.4.25 | 167 | 5 | 2 | 1 | 1 | | | | | 1 | | | | | | | | | 宋贊植 蔡壎 | |
| 38 | 1974.10.25 | 251 | 9 | 2 | 3 | 1 | 1 | 1 | | | | 1 | | | | | | ②三國史記(3) | | 安輝濬 崔信浩 李承旭 | 40週年 紀念特輯號 |
| 39 | 1975.4.25 | 198 | 6 | 1 | 1 | 1 | 1 | 1 | 1 | | | | | | | | | | | 金理那 李相澤 | |
| 40 | 1975.10.25 | 211 | 7 | 3 | 1 | 1 | 1 | | | | 1 | | | | | | | ③高麗史(3) | | 李基東 朴良圭 洪承基 | |
| 41 | 1976.4.25 | 213 | 7 | 2 | 2 | 1 | | | | 1 | | 1 | | | | | | | | 千寬宇 文明大 邊太燮 | 以後英文要約이없어짐 |
| 42 | 1976.8.30 | 200 | 10 | 2 | 2 | 4 | | 1 | | | 1 | | | | | | | ④訓民正音(3) | | 金容燮 朴喆熙 張潤植 崔珍源 權斗煥 | |
| 43 | 1977.5.30 | 175 | 6 | 2 | | 1 | | | 1 | | 2 | | | | | | | | | 金鍾圓 李文雄 | |
| 44 | 1977.10 | 179 | 7 | 3 | 1 | 2 | | | | | 1 | | | | | | | ⑤燕岩集(3) | | 尹榮玉 李存熙 崔明玉 李東歡 鄭杜熙 金容稷 金容德 | |
| 45 | 1978.10 | 157 | 6 | 2 | 1 | 2 | | | | | | | | 1 | | | | | | 李鍾旭 任洪彬 成百仁 李慧淳 | |
| 46·47 합병호 | 1979.6 | 274 | 9 | 1 | | 3 | 3 | | | 1 | | | 1 | | | | | ⑥東國輿地勝覽(3) | | 鄭永和 岡內三眞 李瑮 姜仁求 金正基 | 金載元古稀 紀念特輯號 |
| 48 | 1979.10 | 217 | 6 | 1 | 2 | 2 | | | | | | | | 1 | | | | ⑦經國大典(3) | | 韓永愚 金學主 金雲泰 吳金成 閔丙秀 朴秉濠 | |
| 49 | 1980.6.30 | 182 | 7 | 3 | | | | | | | 1 | | | 1 | | | | | | 權五重 李成珪 崔益杜 尹熙勉 吳相勳 李溫竹 金璟東 | |

| | | | | | | | | | | | | | | | | | | | | |
|---|---|---|---|---|---|---|---|---|---|---|---|---|---|---|---|---|---|---|---|---|
| 50 | 1980.12.30 | 268 | 4 | 2 | 1 | | | | | | | | | 1 | | | | ⑧三峰集(3) | | 徐泰龍 尹絲淳 | 資料1편 |
| 51 | 1981.4.30 | 327 | 7 | 5 | 1 | 1 | | | | | | | | | | | | ⑨益齋集(3) | | 鄭玉子 劉承源 成基玉 金東洙 鄭求福 | |
| 52 | 1981.10.30 | 204 | 6 | 2 | 1 | | | | | | 2 | | | | | | 1 | ⑩貞蕤集(4) | | 朴龍雲 趙玉羅 金光億 朴忠錫 金壽泰 朴銀瓊 李春寧 | |
| 53·54 합병호 | 1982.7.31 | 340 | 10 | 5 | 2 | 2 | 1 | | | | | | | | | | | ⑪海東繹史(2) | | 金龍善 李勛相 徐禎穆 成賢子 金塘澤 蔡琬 金鑛熙 黃元九 | |
| 55 | 1983.7.31 | 220 | 7 | 3 | | 2 | 1 | | | | | | | 1 | | | | | | 柳承宙 權寧珉 權泰檍 崔夢龍 | 書評1편 |
| 56 | 1983.12.31 | 289 | 5 | 3 | 1 | | 1 | | | | | | | | | | | ⑫東文選(4) | | 鄭萬祚 許興植 崔完基 金時鄴 | |
| 57 | 1984.6.30 | 255 | 11 | 5 | 1 | 1 | 1 | 1 | 1 | | | 1 | | | | | | | | 崔承熙 尹炳奭 宋相庸 鄭昌烈 秦弘燮 | 50週年紀念特輯號 |
| 58 | 1984.12.30 | 267 | 6 | 4 | 1 | | 1 | | | | | | | | | | | | | 柳昌圭 金俊亨 金倉燮 韓相權 金仁杰 | 書評1편 |
| 59 | 1985.7.30 | 226 | 6 | 4 | 1 | 1 | 1 | | | | | | | | | | | ⑬星湖僿說(3) | | 馬宗樂 吳宗祿 柳仁熙 崔博光 全基雄 柳楊善 朴星來 | |
| 60 | 1985.12.30 | 274 | 9 | 5 | 3 | 1 | | | | | | | | | | | | | 百濟初期文化(5) | 李俊九 李海濬 洪允杓 盧重國 徐大錫 全宇哲 李康沃 宋喆儀 鄭永鎬 都守熙 | |
| 61 | 1986.6.30 | 236 | 7 | 3 | 1 | 2 | | | | | | | | 1 | | | | ⑭燃藜室記述(3) | | 崔異敦 鄭良婉 李南淳 金鍾完 宋基中 | |
| 62 | 1986.12.30 | 188 | 7 | 2 | 3 | 2 | | | | | | | | | | | | | | 郭忠求 朱昇澤 金貞娥 | |
| 63 | 1987.6.30 | 242 | 6 | 1 | 2 | | 1 | | | | | | 1 | 1 | | | | ⑮東國地理誌(2) | | 羅滿洙 李賢熙 鄭光 | |
| 64 | 1987.12.30 | 236 | 9 | 6 | 1 | 1 | | | | | | | | 1 | | | | | | 朴宗基 朴恩卿 朴漢濟 朴敬伸 李相瑄 洪淳權 朴昌遠 | |
| 65 | 1988.6.30 | 232 | 6 | 2 | 1 | 2 | 1 | | | | | | | | | | | ⑯補閑集 | | 孔錫龜 沈慶昊 전형대 韓嬉淑 朴菖熙 | |
| 66 | 1988.12.31 | 225 | 5 | | 3 | 1 | 1 | | | | | | | | | | | | 韓中交涉史I(5) | 鄭修芽 權五榮 尹龍二 芮昌海 林永珍 沈正輔 | |
| 67 | 1989.6.30 | 231 | 7 | 4 | 2 | 1 | | | | | | | | | | | | ⑰龍飛御天歌(3) | | 鄭演植 李丞宰 李相燦 金和經 | |
| 68 | 1989.12.30 | 245 | 7 | | 6 | | 1 | | | | | | | | | | | | 韓中交涉史II(4) | 盧鏞弼 宋洙煥 金在瑾 尹龍爀 南豊鉉 | |

있다. 1984년 5월에 창립 50주년을 맞은 학회에서는 특집호의 발간 이외에 會員所藏圖書展示會를 개최하여 그것을 기념하였다. 이때의 학보 가운데에는 이례적으로 서평과 자료가 실린 것이 있으며, 제41호부터 영문 요약이 없어지기 시작하는 것도 눈에 띄는 변화였다. 이 시기에 종래까지 을유문화사에서 발행하던 학보를 학회에서 직접 펴내게 되는 큰 변화가 나타나는데, 제39호부터 진단학회가 직접 '編輯 및 發行'의 당사자로 나타난다.

이 시기를 통해 나타나는 중요한 변화로서 학술심포지엄이 열려 학회의 활동이 새로운 국면을 맞이한다는 것을 들 수 있는데, 우선 1972년에 시작된 '韓國古典硏究심포지엄'이 주목된다. 이것은 한국고전의 새로운 인식을 표방하여, 주요 고전을 선택해서 관계되는 여러 분야의 학자들이 주제발표를 하고, 이어서 별도의 지정토론자들이 합석하여 토론을 벌이는 학술행사로서, 매년마다 개최하여 여태껏 빠짐없이 계속되고 있다. 발표와 토론의 내용은 학보에 게재되는바, 그 상황은 앞의 표에 나타나 있다. 이 학술행사는 모든 실증적 연구의 기초가 되는 한국의 고전에 대한 관심과 이해를 넓히는 동시에, 상이한 여러 분야의 학자들이 같은 古典을 대상으로 함께 연구 성과를 발표하고 토론을 벌임으로써 學際間의 교류와 협력을 촉진시킨다는 점에서 학계의 큰 반응을 일으켰다. 진단학회는 그동안 축적된 성과를 집성하여 一潮閣에서 《韓國古典심포지엄》 3책을 간행한 바 있고, 특히 진단 학회 창립 60주년에 즈음하여 제4집을 간행했다.

앞의 표에 나타나는 바와 같이 1985년에는 韓國文化심포지엄을 새로 시작하여 첫 번째로 '百濟初期文化의 綜合的 檢討'를 주제로 학술회의를 개최하였고, 이것은 3년 뒤부터 '環黃海韓中交涉史研究심포지엄'으로 이어져 몇 차례 계속되었다. 百濟文化開發研究院의 재정적 지원으로 시작된 이 행사는 백제의 문화유산과 서해안 지역이 주목되는 새로운 여건과 관련하여 이 방면의 학문적 관심을 높이는 한편 학회의 활성화를 촉진시키고자 추진된 것이었다.

이 시기에 진단학회는 처음으로 대규모 국제학술회의를 개최하는 기록을 남겼다. 1982년 8월 부여 유스호스텔에서 3박4일에 걸쳐 개최된 '韓國史에서의 社會變化'란 주제의 학술회의는 韓國國際文化協會의 후원을 받아 진단학회가 주최한 대규모 행사였다. 여기에는 외국학자 14명과 국내학자 20여 명이 참석하여, 新羅末·高麗初, 武臣執權期, 高麗末·朝鮮初, 朝鮮中期의 4時期로 구분된 論題에 따라 발표와 토론을 진행하였던 것인데, 한국사를 중심으로 국내외에서 老少의 주요 학자들 다수가 자리를 함께 하였던 이 모임은 한국학의 국제화와 진단학회의 위상 제고에 큰 구실을 하였다. 90세를 바라보는 李丙燾 평의원회의장이 학회를 대표하여 영어로 개회사를 함으로써 깊은 인상을 주기도 했다. 그러나 이 학술회의는 후원기관의 사정 때문에 당초 목표와는 달리 한 번으로 그치고 말았으며, 그 발표와 토론의 구체적 내용을 기록으로 남기지 못하였는데, 이것은 유감스러운 일이었다.

이 시기의 학회 재정은 매우 곤란한 적이 많았다. 새로 구독회원제를 채택하고 학보가 정기적으로 간행되어 회비가 주요 수입원이 되었으나, 1976년 이후 東亞文化研究委員會로부터의 도움이 끊어지자 학회의 재정 상태는 어려워지기 시작하였다. 《진단학보》의 旣刊號를 復刊하여 인세를 받는다든가, 국사편찬위원회에 설치된 한국사연구협의회로부터 위임받은 공동연구비 가운데 일부를 기부받는다든가, 적은 금액이나마 문교부의 학보 간행비를 수령하는 이외에는 별다른 수입원을 지니지 못하였다. 그리하여 종래 비축되었던 학회의 기금은 줄어들어 1980년대 후반으로 접어들어서는 극도로 악화되었다. 1987년 당시 간사진의 요청으로 李丙燾는 親筆의 書幅 한 점을 갖고 金載元과 함께 大宇財團을 방문하여 학회에 대한 재정적 지원을 요청하였고, 이듬해부터 3년 간 학보 간행비를 보조받을 수 있었던 것은 이 무렵의 사정을 말해주는 한 토막 일화라고 하겠다.

끝으로 이 시기에 진단학회가 시작한 중요한 사업으로 斗溪學術賞의 제정과 시상에 대하여 언급하여야 되겠다. 학회의 연륜이 높아지고, 새로운 세대의 학자들이 배출되는 단계에 접어들자 진단학회는 1980년 이 賞을 제정하여 신진학자를 격려하게 되었다. 학회는, 이 賞의 제정을 발의하여 기금의 출연을 감당키로 한 李丙燾의 雅號를 따서 斗溪學術賞이라 명명하였는데, 실상 그는 학회의 창립으로부터 시작하여 전 시기를 통해 한국사의 연구와 진단학회 발전에 온 힘을 기울이며 지대한 공헌을 하였던 것이다. 이 賞은 처음에는 국사학자들에게만 시상하다가 뒤에 '韓國과 그 隣近地域의 文化'를 연구대상으로 삼는다는 학회의 정신에 따라 그 범위를 넓혔다. 1980년부터 매년 계속해서 그대로 시행되고 있는 斗溪學術賞의 수상자는 李成茂, 許興植, 洪承基, 朴龍雲, 閔賢九, 李樹健, 鄭杜熙, 權寧珉, 金理那, 金容德, 李勛相, 徐仲錫, 李丞宰 등인데 그들은 國史學, 國語學, 國文學, 美術史學, 日本史 분야의 신진학자로 저술을 통해 수상의 영예를 얻을 수 있었다.

## 7. 새로운 발전의 指向(1990-1994)

진단학회는 1980년대 말엽에 또다시 학회의 활성화를 위한 노력을 경주하기 시작하였다. 새로운 필진이 등장하여 그 기반은 넓어지고 있었으나, 학회 운영의 중추인 평의원회는 노화되어 갔기 때문이다. 학회를 대외적으로 대표하는 평의원회 의장 李丙燾는 90세를 넘었고, 부의장 金載元도 80세가 되었을 뿐 아니라, 그들 다음 세대의 학자들도 65세가 넘어 정년퇴직하는 경우가 많게 되었다. 이러한 상황에 대처하여 1988년에는 평의원 46인을 증원하였는데, 비교적 젊은 제3세대의 학자들이 대거 참여하게 되었다.

바로 이 무렵 1989년 8월에 李丙燾가 별세하였다. 뒤이어 李熙昇이 별세하고, 이듬해 4월에는 金載元도 서거하였다. 李丙燾에 1년 앞서 趙明基가 서거하였으며, 이 무렵에 李崇寧도 건강이 악화되어 병원에 장기 입원케 되었다. 진단학회 창립의 주역인 李丙燾를 중심으로 하는 원로 그룹의 회원들이 거의 비슷한 시기에 타계하거나 활동이 불가능하게 된 것이다. 그들의 진단학회에 대한 애정과 집착은 비범한 것이어서, 학회는 그들과 더불어 노화해 갔으나, 그들의 열성과 배려에 힘입어 이제껏 지속되며 권위를 유지해 올 수도 있었다.

이러한 변화가 학회의 체제를 다시금 개편시키는 계기가 되었다. 그리하여, 평의원회는 중추적인 평의기구로서 그대로 존치시키되 학회의 운영은 회장 중심제로 이루어지게 회칙을 개정하였다. 그리고 상당한 논의 끝에 학회의 노화를 막기 위해 회장을 제3세대의 장년층 학자 가운데 선출하기로 하고, 대표간사로 있던 閔賢九에게 직임을 맡겼다. 이것은 진단학회의 일대 변혁을 뜻하는 것으로, 어떤 면에서는 유서 깊은 이 학회의 장래 향방과 관련하여 모험을 시도하는 것과도 같았다.

새로운 체제와 지용을 갖춘 진단학회는 1990년부터 다시 활동을 시작하였다. 그런데, 새로운 출발에 즈음하여 진단학회는 이미 작고한 창립회원들의 음덕을 입고, 이제 원로가 된 제2세대 학자들의 깊은 관심과 격려 속에서 밝은 미래를 전망할 수 있었다. 李丙燾의 유족은 고인의 유지에 따라 매우 큰 돈을 몇 번에 걸쳐 기부하였는데, 그것은 어려운 학회재정에 큰 보탬이 되는 것으로, 상당 기간 학회활동에 대해 재정적 측면에서의 우려를 씻을 수 있게 해 주었다. 한편, 두계학술상 운영위원으로 위촉된 새 원로 회원들은 적극적인 자세로 학회를 위한 조언과 격려를 아끼지 않았다. 새로운 면모의 진단학회에 대하여 소장학자들도 관심을 달리하게 되었다.

이러한 가운데 1991년 8월 木浦 新安비치호텔에서 제3회 環黃海韓中交涉史研究심포지엄이 3박4일의 일정 아래 國際學術會議로 개최되었다. 이것은 이미 앞 시기에 시작되어 이어지는 행사였으나 시대 순으로 내려와 韓中關係가 가장 활발했던 고려시대의 차례가 되었고, 또한 시기적으로 학회가 새로 체제를 개편한 직후였으므로, 특별히 국제학술회의로 기획한 행사였다.

'高麗時代 韓中交涉의 諸樣相'이란 주제 아래 '中世 東아시아 諸國의 海上活動', '高麗와 宋·遼·元의 政治的 經濟的 關係', '高麗와 宋·元의 文化交流'의 3부로 나뉘어 8편의 주제논문 발표와 토론으로 진행된 이 회의에는 6명의 외국학자와 40여 명의 국내학자가 참가하였다. 國史를 위시해서 中國史, 日本史와 國語學, 國文學, 美術史學, 佛敎史의 여러 분야에서 老·壯·少의 다양한 연령층의 학자들이 외국 학자들과도 자리를 함께하여 서로 학

표 9. 震檀學會(1990-1994) 任員 · 評議員 일람표

<table>
<tr><th rowspan="2"></th><th colspan="2">任員</th><th rowspan="2">評議員</th></tr>
<tr><th>會長</th><th>幹事(1994년부터 理事로 개칭됨)</th></tr>
<tr><td>1990-91</td><td>閔賢九</td><td>權泰檍 權斗煥 韓永熙 宋喆儀</td><td rowspan="3">金載元* 姜信沆 姜晋哲* 高柄翊 金東旭* 金理那 金錫禧 金烈圭 金完鎭 金元龍* 都守熙 閔成基 閔賢九 朴秉濠 朴容玉 朴龍雲 徐大錫 成百仁 宋基中 宋正炫 安秉禧 安輝濬 柳承宙 柳永博 柳永益 柳洪烈 尹武炳 尹炳奭 尹容鎭 李光麟 李基東 李基文 李基白 李箕永 李敦柱 李東歡 李杜鉉 李秉根 李秉烋 李相澤 李成茂 李樹健 李崇寧* 李佑成 李翊燮 李載龒 李在銑 李泰鎭 全海宗 鄭良謨 鄭然粲 趙啓纘 曺永祿 曺喜雄 車柱環 蔡壎 崔夢龍 崔承熙 崔信浩 韓炳三 韓榮國 韓永愚 韓沽劤 許善道 洪承基 黃元九<br><br>* 표는 1990년 1월 이후 1994년 5월 이전에 作故한 評議員임.</td></tr>
<tr><td>1992-93</td><td>成百仁</td><td>李泰鎭 李秉根 洪承基 李成珪 金理那 成基玉</td></tr>
<tr><td>1994-95</td><td>崔承熙</td><td>盧泰敦 崔明玉 洪承基 成基玉 金容德 韓永熙</td></tr>
</table>

술적 교환을 할 수 있었다. 이것은 여기에서 행하여진 높은 수준의 발표와 토론의 내용과 더불어 이 모임이 얻은 값진 성과였다.

이 학술행사에는 또한 韓沽劤, 李基白, 李光麟, 全海宗, 高柄翊, 黃元九, 姜信沆, 金完鎭, 韓榮國 등 진단학회의 원로 · 주요 회원이 거의 모두 참가하여 발표자, 토론자, 또는 사회자로 활약함으로써 동참한 많은 소장학자들에게 큰 감명을 주었다. 이 행사를 위하여 教育部, 百濟文化開發研究院, 三星美術文化財團으로부터 지원을 받아야 했지만, 진단학회로서는 그 건재함을 스스로 확인하고, 널리 알릴 수 있는 계기가 되었다.

새 임원진은 학회의 중요한 전환기를 맞아 2년의 임기 동안 여러 가지 일을 하였다. 뒤이어 言語學者 成百仁이 회장으로 선임되어 학계의 중진급으로 간사진을 구성하고 학회의 업무를 수행하였는데, 회원의 확충을 꾀하고 韓國

古典研究심포지엄을 본격적인 학술행사로 끌어올리는 데 크게 힘썼다. 그리고 창립 60주년 기념사업준비를 추진하였던바, 이어서 國史學者 崔承熙가 새 회장이 되어 학회의 발전을 모색하는 가운데 진단학회는 창립 60주년을 맞이하였던 것이다.

이상에서 서술한바 새로운 체제개편 이후의 임원진을 표로 만들면 앞의 〈표 9〉와 같다. 편의상 이 시기의 평의원의 면모도 함께 제시하였다.

한편, 이 시기의 학보 간행은 이미 확립된 정기간행물로서의 전통을 이어서 규칙적으로 이루어졌다. 그 모습을 정리하면 뒤의 〈표 10〉과 같다.

이 표에서 우선 눈에 띄는 것은 학보의 面數가 점차로 많아지는 추세를 보이는 점인데, 게재 논문의 편수도 증가하여 평균 7.4편에 이르렀는바 이것은 앞 시기보다 1편이 많아졌음을 뜻한다. 여전히 韓國古典심포지엄과 韓國文化심포지엄의 발표 토론 내용이 실리고 있어서, 학보의 내용이 그만큼 무거워진 셈이다.

게재 논문의 분야별 분포상황을 보면 전체 59편 가운데 國史(27편)와 國語(17편)가 압도적으로 많고, 國文學 분야가 상대적으로 적은 양상을 나타낸다. 그 밖에 여러 분야가 나타나지만, 中央아시아史 논문이 새로 보이는 게 흥미롭다. 그러나 美術史를 제외하고는 미미한 상태이고, 특히 社會와 民俗 분야의 논문은 전혀 게재되지 않았고, 中國文化의 경우도 中國史 논문 1편이 나타날 뿐이다. 이처럼 《진단학보》가 국사와 國語國文學 중심 학술잡지로서의 성격을 굳혀간다는 점은 주목할 만한 것으로, 다각적 검토가 요망된다.

이 시기의 필진도 새로운 학자의 등장이 괄목할 만한데, 39명의 새 필자 가운

표 10. 《震檀學報》 제69호-제76호 體裁·內容 일람표

| 號數 | 刊行日字 | 面數 | 게재論文 | | | | | | | | | 학술심포지엄 | | 처음 등장하는 筆者(發表者) | 備考 |
|---|---|---|---|---|---|---|---|---|---|---|---|---|---|---|---|
| | | | 總篇數 | 國史 | 國語 | 國文 | 考古 | 美術 | 民俗 | 中國文學 | 中國社會 | 古典심포지엄 (발표문 편수) | 韓國文化심포지엄 (발표문 편수) | | |
| 69 | 1990.6.30 | 245 | 5 | 3 | 2 | | | | | | | ⑱ 擇里志(3) | | 金杜珍 吳 星 朴光用 崔永俊 | |
| 70 | 1990.12.30 | 205 | 9 | 4 | 4 | 1 | | | | | | | | 辛鍾遠 白承鍾 權仁瀚 邊東明 柳永益 李鍾周 | |
| 71·72 合倂號 | 1991.12.30 | 448 | 15 | 8 | 2 | 1 | 1 | 2 | 1 | | | | 韓中交涉史 III(8) | 李成茂 李珖鎬 M.C.Rogers 崔柄憲 李健茂 韓榮均 黃寬重 鄭良謨 李蘭映 金碩會 陳高華 | 李丙燾·金載元 追念 특집호 |
| 73 | 1992.6.30 | 231 | 7 | 3 | 2 | 1 | | 1 | | | | ⑲ 破閑集(3) | | 金在庚 徐珍敎 강진옥 金鎭英 李章雨 유정현 蔡尙植 | |
| 74 | 1992.12.30 | 231 | 7 | 3 | 2 | 1 | | | | | 1 | | | 盧明鎬 金浩東 | |
| 75 | 1993.6.30 | 294 | 7 | 3 | 2 | 1 | | | | 1 | | ⑳ 月印釋譜(5) | | 趙仁成 金周弼 權延雄 鄭夏英 金秉駿 南星祐 | |
| 76 | 1993.12.30 | 315 | 9 | 3 | 3 | 1 | | 1 | | | 1 | | | 具玩會 金慶淑 李杜亨 | |

데에는 심포지엄에서 주제논문을 발표한 외국 학자들도 들어 있으나, 기성학자로서 처음 발표의 기회를 가지게 된 경우도 적지 않다. 그러므로 《진단학보》는 계속하여 문호를 개방하고 새로운 필자의 논문을 게재하는 데 적극적이었음을 말해 준다고 하겠다.

《진단학보》제71 · 72 합병호는 李丙燾 · 金載元 追念特輯號로 간행되었다. 李丙燾가 서거한 다음, 학회에서는 그를 추념하는 문집으로 《歷史家의 遺香》(一潮閣, 1991)을 編刊하여 그의 생애와 학문적 업적, 그리고 진단학회에 대한 공헌을 기린 바 있거니와 그에 뒤따라 金載元이 서거하자 학회는 《진단학보》 특집호를 통해 다시금 그들의 공로를 되새겨 보게 했던 것이다. 이 특집호에는 원로 회원 다수가 기고하여 추도의 뜻을 깊게 했다.

이 시기에 韓國古典研究심포지엄도 차질 없이 매년 개최되었는데, 특히 제20회 '月印釋譜의 종합적 검토' 때부터는 학술회의 규모를 확대시켜 발표자와 토론자를 늘림으로써 면모를 새롭게 하였다. 1993년의 '樂學軌範의 종합적 검토'가 《진단학보》 제77호에 게재되었고, 그 성과들을 묶은 《韓國古典심포지엄》(제4권)이 진단학회 창립 60주년에 맞추어 출간되었음은 앞서 언급한 바와 같다. 그에 비하여, 일시 중단 상태에 있는 韓國文化심포지엄으로서의 環黃海韓中交涉史研究심포지엄은 가까운 장래에 재개되리라 기대된다.

이 시기에 斗溪學術賞의 기금을 확충하고 그 존립의 토대를 굳혔음도 중요한 일이라 하겠다. 이미 앞 시기에서 언급한 바와 같이 1980년에 두계학술상이 제정되어 계속 시상되어 왔는데, 그 규정이 다듬어지고 기금의 확립이 이루어진 것은 1988-89년의 일이었다. 賞의 목적을 "震檀學會의 創立을 紀念하고, 韓國 및 隣近地域 文化의 研究를 振興 獎勵하기 위하여"로 하고, 시상일을 학회창립기념일인 5월 7일을 전후한 날로 정하였는데, 이것은 당시 간사진이 李丙燾와 협의하여 그 양해 아래 결정한 사항이다. 그리고 기금은 李丙燾로부터의 기부금과 그 밖에 金載元, 李崇寧, 柳洪烈, 韓沽劤, 李基白, 姜晋哲, 全海宗, 高柄翊, 李光麟, 李佑成, 金元龍, 尹武炳, 許善道, 姜信沆, 李基文, 李載龒, 尹炳奭의 찬조금 및 진단학회의 출연금으로 조성했던바, 李丙燾의 기부금이 전체의 70%를 약간 웃도는 금액이었다. 賞에 관한 모든 사항은 별도로 설치된 두계학술상운영위원회에서 관장하였다.

그런데, 1992년에 李丙燾의 유족은 다시금 이 학술상 기금으로 상당한 금액을 기부하였다. 이미 흔들리지 않을 기틀을 마련하였던 두계학술상은 새로 확충된 기금으로 그 기반을 더욱 굳히고 내실 있게 사업을 추진할 수 있게 되었다. 두계학술상 운영위원으로 학회장 이외에 李基白, 高柄翊, 姜信沆을 비롯한 원로 주요회원들이 위촉되었고, 학회의 원로 가운데 대표적 인물이 평의원회에서 추대받도록 되어 있는 그 위원장에는 金載元에 뒤이어 1991년에 韓沽劤이 취임하였는데, 이 위원회에서는 두계학술상이 계속 권위를 유지하고 진단학회가 유원한 전통을 바르게 계승할 수 있도록 많은 배려를 하였다.

1990년대에 접어들면서 커다란 전환기에 들어선 진단학회는 장차 새로운 발전을 위해 크게 고민하고 모색하는 적극적 자세가 필요하다. 지금까지 쌓아온 실적과 명성을 바탕으로 진정한 의미에서 한국학의 연구 수준을 향상시키도록 하는 것이 가장 중요한 책무인 만큼, 진단학회는 여러 세대를 망라하는 두터운 연구자 층의 역량을 효과적으로 결집시키는 동시에 상호 밀접한 관계에 있는 여러 학문 분야를 조화롭게 포용하는 길을 찾아 다각적인 노력을 해야 할 것이다. 그러한 점에서, 짧은 기간이나마 1990년대에 접어들어 학회는 다음 단계를 향한 값진 발걸음을 내딛기 시작하였고, 그러한 가운데 1994년에 뜻 깊은 창립 60주년을 맞이할 수 있었던 것이라 하겠다.

## 8. 맺음말

지금까지 진단학회가 걸어온 길 60년을 살펴보았다. 파란과 격동이 많았던 그동안의 정치적 사회적 변혁이라든가 사학사적 추이에 대해서는 거의 외면한 채, 학회의 연혁과 학보의 내용을 중심으로 진단학회 안의 사실들만을 기술한 셈인데, 그것은 저자의 역량과 준비의 부족 탓이지만, 또한 될수록 시세의 영향을 받지 않고 학문의 연구에만 몰두하며 진리를 추구하는 이 학회 본연의 자태를 보여 주려는 뜻도 없지 않았다.

진단학회의 설립은 일제의 압제 아래 어렵게 성장한 우리의 韓國學 연구자들의 결속을 통해 이루어졌고, 따라서 그것은 우리 학자들의 일본과의 학술적 항쟁의 뜻을 지니는 것이었다. 그들은 많은 호응을 받으며, 한글 중심의 국한문판 《진단학보》를 간행하여 우리의 言語·歷史·文化의 연구를 심화시킴으로써 근대적 학문으로서의 韓國學의 기초를 닦았다.

이렇게 시작된 진단학회의 60년 역사는 다음과 같은 5시기로 나누어 살필 수 있었다. 제1기는 학회가 설립된 1934년부터 일제의 탄압 때문에 자진 해산의 형식으로 지하에 숨게 되는 1942년까지이니, 이 시기에 진단학회는 학보 14호를 내며 어려운 여건 아래에서나마 활발한 활동을 벌였다. 李丙燾의 굳은 의지와 희생적 활동에 크게 힘입었던 이 시기의 《진단학보》 간행은 우리 학자들의 학문적 자부심을 높여 주고 日本人 학자들이 주도한 《青丘學叢》 終刊의 한 배경이 되었다.

제2기는 1945년의 광복으로부터 1950년 6·25동란 이전까지이니, 이 시기는 일제의 탄압에서 벗어나 진단학회가 다시 소생하여 활동을 재개하는 학회의 재건기라 할 수 있다. 그러나, 민족해방이 가져 온 큰 충격 속에서 좌우의 갈등이 증폭되어 남북이 분단되는 상황이 벌어졌고, 또한 학술·문화·교육 관계 인재의 보고라 말할 수 있는 진단학회의 회원들이 여러 방면에서 중차대한 사명을 띠게 되는 현실 속에서 진단학회 자체의 활동은 학보 두 호를 내는 부진한 것으로 나타났다. 그나마 6·25동란으로 많은 회원들의 有故 사태가 벌어지고 학회는 유명무실하게 되어 버렸다.

제3기는 1950년 6·25동란으로 큰 타격을 입은 학회가 전란이 끝난 직후 法人化를 통해 재편된 후, 《韓國史》를 편찬하며 戰後의 학술 문화 부흥의 선두를 달려 사회적으로 큰 호응을 얻던 때이니, 이 시기는 1971년까지 이어진다. 20년 남짓한 이 시기에 《진단학보》는 16개 호 13책을 간행하며 제2세대 학자들을 배출하는 중요한 산실의 구실을 하였다. 이때, 李丙燾, 李相佰, 李崇寧, 金載元이 학회를 이끄는 중심 역할을 했으며, 특히 전후의 궁핍한 때에 미국 학술재단의 재정적 원조를 알선하여 진단학회가 활발히 활동하는 데 큰 힘이 되었던 金載元의 역할과 학보 편집에 진력하며 학회의 학문적 기초를 넓히는 데 애쓴 李崇寧의 공로가 주목된다.

제4기는 제1세대 학자들의 老化로 제2세대의 학자들이 학회의 업무를 실질적으로 관장하게 되는 1972년부터 시작하여 학회가 또 한 차례 世代 교체를 경험하는 1989년까지이니, 이 시기에 학회는 크게 활성화되며 획기적인 발전을 이룩하였다. 우선 학보의 연 2회 간행이 정착되어 《진단학보》가 비로소 완벽한 정기학술간행물의 성격을 지니게 되고, 그에 따라 구독회원제가 확립되었으며, 새로 한국고전연구심포지엄이 시작됨으로써 학회활동이 학보 발간에만 그치는 단조로움에서 벗어날 수 있게 되었다. 이러한 가운데 관련 분야의 많은 학자들이 새로운 필진으로 등장하였다.

1990년부터 시작된다고 말할 수 있는 제5기는 학회에 비상한 열성과 집착을 지녔던 李丙燾를 비롯한 제1세대 학자들의 연이은 별세를 계기로 초래되었다. 이러한 변화를 당하여 학회 안에 전면적인 世代 교체가 진행되어 제3세대 학자들이 학회의 운영을 책임지게 되었으며, 이를 계기로 진단학회는 전통을 지키면서 젊은 층을 학회로 끌어들여야 하는 책무를 안게 되었다. 이미 앞 시기에 구축된 확고한 기반을 그대로 유지하는 한편 유서 깊은 이 학회가 끊임없이 추구해 온 한국학 연구 수준의 질적 향상이라는 큰 목표를 달성하기 위해 많은 모색을 하는 가운데 진단학회는 창립 60주년이라는 하나의 劃點을 맞이하기에 이르렀다.

이상과 같은 학회의 내력을 살펴보면서 우리는 먼저 진단학회가 민족의 역사와 영욕을 함께 하며 오늘날까지 발전해 왔음을 깨닫게 된다. 그러한 점에서 힘들고 아팠던 시절도 진단학회로서는 버릴 수 없는 발전에의 도정이었다고 하겠다. 다음으로, 학회를 세우고 키우는 데 진력했던 先學들의 노고를 되새기지 않을 수 없다. 그들은 우리의 역사와 언어와 문화에 대한 깊은 애정과 학문적 사명감 속에서 학회를 창립하고 키워 왔다. 그들뿐 아니라 많은 사람의 사랑과 관심 속에서 진단학회는 유구한 역사를 갖는 우뚝 선 학회가 될 수 있었던 것이다. 끝으로, 진단학회의 본연의 임무는 오로지 학문적 진리를 추구하는 자세를 흐트러트리지 않은 채 한국과 그 인근의 문화에 대한 연구에 전념하는 일임을 확인하게 된다. 이것만이 학회의 역사를 빛내고, 한국 학술의 진정한 발전에 기여하고, 더 나아가 민족과 인류에게 공헌할 수 있는 길일 것이다.

## 參考文獻


洪承基, 〈震檀學會〉, 《梨花史學研究》 9, 1975.

李泰鎭, 〈震檀學會〉, 《歷史學界》, 1994. 1.

李丙燾, 〈震檀學會 50年回顧 : 創立에서 光復까지〉, 《震檀學報》 57, 1984.

金載元, 〈震檀學會 50年回顧 : 光復에서 오늘까지〉, 《震檀學報》 57, 1984.

李崇寧, 〈震檀學會와 나〉, 《震檀學報》 57, 1984.

柳洪烈, 〈震檀學會와 나〉, 《震檀學報》 57, 1984.

李丙燾, 〈震檀學會를 통해 본 學術的 투쟁〉, 《新東亞》, 1968. 7.

孫晋泰, 〈震檀學報 第十卷〉, 《文章》, 1권 5집, 1939 ; 《孫晋泰全集》 6, 1981.

鄭鎭肅, 〈斗溪와 震檀學會와 "韓國史"〉, 《歷史家의 遺香》, 一潮閣, 1991.

姜晋哲, 〈斗溪先生의 性品과 學問의 一面〉, 《歷史家의 遺香》, 一潮閣, 1991.

許善道, 〈斗溪 李丙燾先生의 九旬을 頌祝하며〉, 《민족문화》 11, 1985.

洪承基, 〈實證史學論〉, 《現代韓國史學과 史觀》, 一潮閣, 1991.

李基白, 〈唯物史觀的 韓國史像〉, 《現代韓國史學과 史觀》, 1991 ; 《韓國史像의 再構成》, 一潮閣, 1991.

金容燮, 〈日本과 韓國에 있어서의 韓國史敍述〉, 《歷史學報》 31, 1966.

李基白, 〈社會經濟史學과 實證史學의 問題〉, 《文學과 知性》, 1971 봄 ; 《民族과 歷史》, 一潮閣, 1971.

金載元, 《景福宮夜話》, 探求堂, 1991.

震檀學會 編, 《歷史家의 遺香》, 一潮閣, 1991.

〈斗溪 李丙燾博士 古稀紀念座談會 速記錄〉, 《震檀學報》 29·30合倂號, 1966.

# II. 현대 韓國史學의 학문적 기초

# 현대 韓國史學의 泰斗로서의 李丙燾

## 1. 머리말

斗溪 李丙燾(1896-1989)는 한국사 연구자나 한국사에 어느 정도의 관심을 가진 기성의 시민들에게는 낯익은 이름이다. 그는 1945년 해방과 더불어 한국 역사학이 실제로 독립된 학문의 장을 마련하는 데 중심되는 역할을 하였고, 實證史學에 기초하여 현대 한국사학이 과학적 학문으로 자리 잡는 데 지대한 공헌을 하였다. 오늘날 한국사학을 연구하고 가르치는 사람들 가운데에는 직접 혹은 간접으로 그의 지도를 받은 경우가 대다수를 차지하고 있으며, 그가 세운 한국사의 체계는 큰 영향을 미치고 있다.

이와 같은 두계가 별세한 지 십수 년이 지났다. 드물게 장수하면서 많은 학술 활동을 벌였던 생전의 자취는 점차 희미해지고, 그 대신 그의 학문적 업적과 역사가로서의 위치 설정 문제가 논의의 대상으로 떠오르고 있다.[1] 특히 그가

1) 근대 韓國史學史와 관련하여 이병도에 대해 언급한 글이 많으나, 본격적 논의가

역사가로 활약했던 약 70년간은 한국이 日帝의 식민지 지배를 받는 가운데 近代로의 지향과 민족의 독립을 위해 고뇌하고, 남북 분단의 아픔 속에서 자유와 안정, 그리고 경제발전과 민주화를 話頭로 내세워야 했던 힘들고 복잡했던 시기였던 만큼, 남달리 뚜렷한 족적을 남기고 큰 영향을 미친 그의 생애와 학문은 많은 내용과 의미를 함축하고 있으며, 따라서 그에 대해 더 많은 관심이 기울여지고 다양한 논의가 이루어지는 것은 필요한 일이라고 생각한다.

그러나 많은 사람들은 두계에 대해 충분한 지식을 갖지 못한 채 논의에 뛰어드는 것 같다. 정확한 사실에 기초한 역사적 해석이 중요한 것처럼, 역사가에 대한 史學史的 성찰도 그의 학술활동과 학문적 업적에 대한 충분한 검토를 바탕으로 해야 할 것이다. 물론, 관점에 따라 다양한 해석이 있을 수 있으나, 그것이 부정확한 사실이나 파당적 선입견에 입각한 것일 경우, 그것은 결코 받아들일 수 없는 것이다.

이 글은 역사가로서의 두계를 잘 이해하기 위한 기초 작업을 시도한다는 뜻에서 씌어졌다. 아직 그의 全集이 간행되지 않았고, 또 필자의 역량이 그의 생애와 학문에 대해 전면적으로 살피기엔 크게 부족한 상태이다. 그러나 전에 두계의 生平을 간략히 살핀 바 있어,[2] 그것을 인연으로 다시금 그에 접근하게 되었다. 여기에서 시도하는 바, 두계가 걸은 역사가로서의 길과 그 학문적 성과

---

이루어진 것으로, 洪承基, 〈實證史學論〉(《現代 韓國史學과 史觀》, 一潮閣, 1991)과 韓永愚, 〈이병도〉(《한국의 역사가와 역사학》 하, 창작과비평사, 1994)가 있고, 金容燮, 〈우리나라 近代歷史學의 發達 2〉(《文學과知性》 9, 1972)는 오래전에 씌어진 것이나 거기에서 이병도에 대해 논급된 내용은 많은 영향을 끼쳤다고 여겨진다.

2) 필자는 《한국민족문화대백과사전》 28, '보유편'(한국정신문화연구원, 1995)에 〈이병도〉 항목의 집필을 담당한 바 있다.

에 대한 간략한 素描가 장차 그의 전모를 바르게 살피는 데 작은 디딤돌이 되기를 바란다.

## 2. 역사가로서의 足跡

### 1) 정통적 현대 한국사학의 선구자

두계 이병도는 1896년 9월 20일(음력 8월 14일) 경기도 용인군 이동면 천리의 老谷 마을에서 태어났다.[3) ]그는 牛峰 李氏로서 부친인 鳳九는 무과를 거쳐 충청도수군절도사에까지 올랐다. 5형제 가운데 막내인 두계는 당시 양반 가문의 풍속대로 어려서부터 漢學을 배우기 시작하였다. 그러나, 10세 때 온 집안이 서울로 이사하였고, 곧 부친이 별세한 다음부터는 신식 학문에 눈을 뜨기 시작하였다. 그리하여, 普光學校, 中東學校, 佛敎高等學院을 거쳐 普成專門學校 法律學科에 입학한 것이 15세 때였다.

普專에서 3년간 수학하고 졸업한 그는 곧 일본으로 건너가 早稲田大學 豫科에 진학하였는데, 그동안 통신강의록을 통해 입학시험 준비를 하였고, 특히 영어 공부에 고심하였다고 한다. 집안의 반대 때문에 몰래 혼자서 東京으로 간 그는 1년 만에 本科에 올라가 史學及社會學科를 선택하였고, 거기에서

---

3) 이병도에 대한 전기자료는 그의 기념논총들 가운데 보이는 연보가 중요하지만, 그가 별세한 후에 그것들을 종합하여 작성된 震檀學會 編, 《歷史家의 遺香—斗溪李丙燾先生追念文集》(一潮閣, 1991) 所收 〈斗溪先生年譜〉가 가장 상세하다. 이 책에는 〈斗溪先生論著目錄〉도 들어 있을 뿐 아니라, 대담이나 좌담회 내용 등 그에 관한 전기자료가 많이 들어 있다. 이 글에서는 이 책을 많이 이용하였다.

한국사를 전공하였다. 당초 서양사에 흥미를 느꼈으나 《日韓古史斷》의 저자인 吉田東伍 교수의 강의와 지도에 영향을 받아 한국사를 공부하게 되었고, 뒤이어 津田左右吉 교수로부터도 지도를 받았다. 또한 津田의 소개로 東京帝大의 池內宏 교수를 알게 되었는데, 특히 池內로부터는 그 후 오래도록 지도와 도움을 받았다.

당시 早稻田大學에는 李光洙, 玄相允이 있었고, 그 전에 崔斗善, 張德秀, 金性洙 등이 수학한 바 있었는데, 두계는 玄相允에 뒤이어 사학을 전공함으로써 그의 1년 후배가 되었다. 두계가 보전에서 공부한 법학을 버리고 사학을 전공으로 택한 것이 흥미롭지만, 당초 서양사를 전공하려 했다가 한국사로 선회하였다는 점도 주목된다. 두계가 한국사를 전공으로 택한 것은 나라의 독립이나 민족의식의 고취와 같은 실천적 목표와 관계없이 학문으로서의 역사학에 깊은 관심과 흥미를 지닌 상태에서 이루어졌던 것이다. 또 한 가지 주목할 사항은 당시 早稻田大學에는 사학과 단독으로가 아니라 史學及社會學科가 설치 운영되었기 때문에, 그 속에서 두계는 역사학 각 분야는 물론, 社會進化論, 社會心理學, 社會政策 등 사회학 과목들을 이수하면서 그 방면의 폭넓은 소양을 키울 수 있었다는 점이다.

그는 1919년 7월 〈고구려 對隋唐戰爭에 대한 연구〉라는 졸업논문을 제출하고 대학을 졸업하였다. 유럽으로부터 일본으로 유입된 근대 역사학의 방법을 체득하고 정규과정을 이수한 이 부문의 선구적 한국인이었던 셈이다. 그에게는 전통적인 漢學을 이수한 바탕 위에, 서양사에 대한 관심으로부터 발전된 근대 역사학에의 학문적 志向과 방법적 소양이 있었던 것이다. 그러한 가운데, 한국사에 대해서는 거의 독학으로 공부하다시피 하며 그가 졸업논문으로 작성한 것이 한국사상 가장 강성한 국가로 성장하여 국제적 영향력이 컸던 고구려의 수·당과의 전쟁을 주제로 한 것이었다는 점은 흥미롭다고 하겠다.

### 2) 教員·修史官에서 專業硏究者로

23세에 대학을 졸업한 두계는 곧 귀국하여 중앙학교 역사·지리 교원이 되었다. 早稻田大學 선배인 최두선이 교장으로 있으면서 취직을 알선했던 것이다. 역사와 지리뿐 아니라 영어도 가르쳤고, 중동학교 야간부에서도 가르쳤다. 6, 7년간 정력을 쏟으며 교원으로 봉직하였고, 뒤에는 과로로 病을 얻어 요양을 받기도 하였다.

이 무렵 그는 朝鮮史編修會에 참여하라는 종용을 받아 근무하게 된다. 일제는 식민지 통치를 원활히 한다는 의도를 밑에 깔고 한국사의 정리와 편찬사업을 크게 일으키면서 조선사편수회를 조직하고 일본과 조선의 역사학자 다수를 참여시켰는데, 두계는 修史官補(1925. 8-1927. 5)와 無給囑託(1927. 5-1929)으로 모두 4년간 간여하였다.[4] 당시 일제는 정규의 학문적 훈련을 받

---

4) 〈斗溪先生年譜〉에 의하면, 그는 1925년 8월에 朝鮮史編修會 囑託으로 되었다가 1929년에 사퇴하는 것으로 나타난다. 그러나 《朝鮮史編修會事業概要》(제5장 '職員')에 의하면, 그는 1928년 8월 8일에 修史官補에 취직하였고, 1930년 5월 30일에 依願免職되었다가 곧바로 5월 31일에 촉탁이 되는 것으로 나타나고, 中村榮孝의 〈朝鮮史の編修と朝鮮史料の蒐集〉(《日韓關係史の硏究 下》, 1970)에도 '수사관보 이병도'는 취직한 지 오래지 않아 병으로 사직하는 것으로 서술되고 있는 점으로 보아, 그는 당초 수사관보에 취임했음이 분명한 것 같다. 다만 촉탁에서 물러나는 정확한 시기는 불분명한데, 일단 연보에 따르기로 한다. 그것이 無給囑託이었음은 두계가

은 한국인 역사학자가 필요하였을 터이고, 두계로서는 중학 교원의 자리에서 벗어나 연구자로서의 지위와 기회를 얻고 싶었을 것이다. 또한 주요 연구자료가 일제 官邊側에 독점되어 있는 상황에서 그 자리는 매력적이었을지도 모른다. 이때 池內가 큰 작용을 하였다.

그러나 專任職인 수사관보 자리에서 그는 22개월 만에 물러났다. 건강상태가 좋지 않았고, 일본인들과의 갈등이 있었기 때문이다. 그가 조선사편수회가 지니는 침략성에 저항한 흔적은 보이지 않지만, 그의 상관 격이었던 今西龍과는 학설의 대립으로 논문의 게제가 거부당한 일이 있었고, 뒷날 두계는 檀君神話를 부정하고 왕건의 訓要十條를 의심하는 今西龍의 설을 정면에서 비판한 바 있는 것이다. 아마도 일본인들 틈새에서 한국사의 연구와 史書 편찬의 일을 하는 것은 불편하고 힘겨운 것이었을 터이고, 그는 결국 무급촉탁으로 물러나 부담을 벗는 것으로 여겨진다.

조선사편수회 수사관보의 직을 사임함으로써 두계는 직장생활에서 벗어났다. 그는 2년 후 무급촉탁의 자리도 사퇴하는데, 그로부터 해방 때까지 간간이 중앙불교전문학교와 이화여자전문학교의 강사에 위촉된 일이 있을 뿐, 일체 공직의 직함을 지니지 않았다. 말하자면, 전업의 연구자로 한국사의 연구에만 종사하였던 것이다. 그의 집안은 양반 출신으로 그리 궁색하지는 않았으나, 집을 줄이며 이사를 했고, 늘 냉기가 서린 방에 요를 깔고 연구에 전념했다는 얘기로 미루어 결코 유족하지는 못했던 것 같다. 그러나 어느 정도 버틸 만한 경제 기반을 지녔기 때문에 그는 전업 연구자의 길을 걸을 수 있었을 것이다.

---

자술한 바에 따랐다(《歷史家의 遺香》, p. 266).

두계는 중앙학교 교원시절인 1922년부터 한국유학사와 地理圖讖 등 사상사에 관심을 갖고 연구하기 시작하였고, 뒤에 한국고대사로 관심을 확대한 것은 조선사편수회에서의 근무가 계기가 되었으리라 여겨진다. 그리하여, 그는 1925년부터 학술잡지에 논문을 발표하기 시작하였던바, 특히 연구생활에만 전념케 되는 1927년 이후 많은 업적이 나오고 학계의 주목을 받게 되었다. 초기에는 유학사와 지리도참에 대한 논문들을 발표하였지만, 1929년에 眞番郡에 대해서, 1930년에는 玄菟郡 및 臨屯郡에 대해서 동경제국대학의 《史學雜誌》를 통해 연구 성과를 논문으로 발표함으로써 한국고대사 연구자로서 명성을 떨치고, 학계에서의 위치를 굳힐 수 있었다.[5)]

1934년 진단학회를 창설하기 이전까지 그의 논저 목록에는 14편의 논문이 발표되는 것으로 나타나지만, 실상 연구의 큰 줄기는 대부분 이때 잡힌다고 여겨진다. 그는 30대의 청년기를 연구에만 전념하며 많은 逸話를 남기고 있는데, 한국인으로서 순수한 학문적 입장에서 한국사를 연구하는 경우 사회적으로 별다른 기대를 지닐 수 없는 상황에서 두계가 보여 주는 집념과 노력은 놀랄 만한 것이었다. 이 무렵 그는 啓蒙史學 계열의 李能和, 安廓, 黃義敦, 權悳奎, 文一平, 李重華 등과 어울려 7인 그룹을 형성해서 학문적 토론을 하며 시름을 달래기도 하였다.[6)]

---

5) 이병도는 1930년경 津田左右吉의 권유로 일본 동경대학 사학회가 주관하는 사학대회에 참가하여 '玄菟郡考'란 주제로 발표를 하였고, 그때 白鳥庫吉도 방문하였다고 한다(《歷史家의 遺香》, p. 292).

6) 《歷史家의 遺香》, p. 217

### 3) 震檀學會의 창설

진단학회는 1934년에 설립되었는데, 그 일을 주도한 사람은 38세의 두계였다. 앞에서 언급한 것처럼 그는 공식적 직함을 갖지 않고 한국사 연구에만 전념하여 상당한 업적을 내고, 그의 존재도 어느 정도 널리 알려져 있었다. 그러나 그의 연구는 일본인 선배 학자의 견제를 받았고, 새로 韓國學을 연구하는 후배 학자들이 증가함에 따라 선배로서의 중압감에 휩싸이기도 하였다. 이러한 사정 속에서, 대학을 졸업한 젊은 연구자들 가운데 長老 격인 두계가 중심이 되어 진단학회를 창설하는 것이다.[7)]

그 무렵의 사정을 좀 자세히 살펴보면, 3·1운동 이후의 상황 변화에 따라 한국의 역사와 문화에 대한 학문적 관심을 갖고 일본에 유학하여 공부한 소장 학자가 여러 명 배출되었고, 새로 설립된 京城帝國大學에서 한국사와 한국어문학을 전공한 사람도 적지 않았다. 그들은 일제의 대학에서 일본인 교수의 지도를 받았으나, 학문의 진리를 한국학 속에서 추구하려고 한다는 점에서 특징을 지니고 있었다. 그들은 현실문제와 거리를 둔 순수한 학문 연구를 표방하였으나 한국의 역사와 문화에 대한 깊은 애정과 사명감을 안고 있었다. 가령, 孫晋泰가 진단학회의 설립과 관련하여, "당시로 말하면, 한국 사람들의 지식층이며 학생 간에 사회주의니 민족주의니 하는 논쟁이 일세를 風靡하여 우리들처럼 순수 학구적 방면으로 향하는 자는 사람의 수에 들어볼 생각도 못하였다"[8)]고 말한 바 있으나, 그의 '순수 학구적' 자세 속에 내재되어 있는 한국 전통

---

7) 洪承基, 〈震檀學會〉, 《梨花史學硏究》 9, 1875. 李泰鎭, 〈震檀學會〉, 《歷史學界》, 1994. 1. 閔賢九, 〈震檀學會六十年略史〉, 《震檀學會六十年誌》, 震檀學會, 1994.

문화에 대한 따뜻한 관심과 研究欲을 간과할 수 없을 것이다.

그들은 대개 중학교 교원으로 근무하거나 간혹 언론기관에서 일하고 있었지만, 아직 求心的 인물을 중심으로 결속하지 못하였다. 그들의 연구 성과는 간혹 일본인들이 주관하는 《靑丘學叢》에 발표되었을 뿐, 마땅한 학술잡지도 없었다. 그들은 한국인의 손으로 한국학 관련 학술잡지를 내고, 그것이 연구자들의 구심체가 되기를 소망했으나, 그 꿈은 좀처럼 이루어지지 않았다.

이러할 즈음에 두계는 국어학자 李允宰의 알선과 제의에 따라 진단학회의 설립에 나섰다. 어떤 출판사에서 학회가 조직되어 학술지가 출간되면 인쇄비를 부담하겠다는 뜻을 전해 오자, 그것을 계기로 이병도를 중심으로 趙潤濟, 이윤재, 손진태 등이 합석하여 준비 모임을 가진 다음, 정식으로 학회의 발족을 보게 되었다. 이때 학회의 발기인으로는 高裕燮, 金斗憲, 金庠基, 金允經, 金台俊, 金孝經, 文一平, 朴文圭, 白樂濬, 손진태, 宋錫夏, 申奭鎬, 李秉岐, 이병도, 李相佰, 李瑄根, 이윤재, 李殷相, 李在郁, 李熙昇, 조윤제, 崔鉉培, 洪淳赫 등 23명이 나서고 있다.

진단학회란 명칭은 두계의 제안에 따른 것이었고, 학회 사무실은 그의 집이었다. 그를 編輯兼發行人으로 하는 《震檀學報》 창간호가 나온 것은 학회가 창립된 후 6개월이 지난 1934년 11월이었다. 이렇게 해서 한국인의 주도에 의한 한국 문화의 연구를 표방하는 학술단체로서 진단학회가 설립되고, 그들이 자신 있게 "세계적 수준에 달하였다"[9]고 장담하게 되는 《진단학보》가 나

---

8) 孫晉泰, 〈震檀學報 第10號〉, 《文章》, 1권 5집, 1939. 이 글은 《歷史家의 遺香》에 〈震檀學報 10冊의 發刊과 李丙燾兄〉이라는 제목으로 재수록되어 있다.

오게 되었다.

그 후 두계는 줄곧 진단학회를 주도하였다. 당초 인쇄비 부담을 약속했던 출판사가 기대했던 수지타산이 어긋나 창간호 간행 직후 손을 떼자, 그는 사는 집을 저당 잡히고 저명인사들의 찬조를 받아 《진단학보》의 간행을 계속하였다. 이 잡지가 1941년의 제14호까지 꾸준히 간행되어 일제 시기 한국학 발전에 크게 공헌할 수 있었던 것은 두계의 헌신적인 노력과 봉사에 힘입은 결과였다.

이 무렵 두계는 활기차게 움직이며 많은 연구 성과를 내놓았다. 그의 생애를 통해 대표작이라고도 말할 수 있는 巨作 〈三韓問題의 新考察〉이 《진단학보》 창간호부터 7회에 걸쳐 연재되었고, 지리도참과 유학사 관계 논문들도 여러 편 발표되었다. 그가 사간동에 있던 奎章閣에 출입하며 방대한 조선시대 文集을 열람해 儒學史 자료를 초록한 것도 진단학회가 창설될 즈음의 일이었다. 학회의 사무소이기도 했던 그의 집은 한국학을 연구하는 한국 학자의 집결지처럼 되어가고 있었다. 40대의 두계는 여전히 전업 연구자 상태를 벗어나지 못하였으나, 진단학회를 이끌어가며 의욕적인 학술활동을 전개하는 가운데 한국학 연구자 그룹의 중심에 서게 되었다.

제2차 세계대전이 벌어져 시국이 경색됨에 따라 학술·문화계의 사정도 악화되었다. 일제는 《동아일보》, 《조선일보》를 폐간시키고, 1942년 조선어학회 사건을 야기시켜 많은 한국학 연구자를 검거 투옥시켰는데, 그 가운데에는 진단학회 회원들도 여러 명 들어 있었다. 이때 진단학회도 자진 해산의 형식으로 활동을 중지했고, 두계는 은인자중하며 연구를 계속하였다. 그는 1941년부

9) 위의 글 참조.

터 3년간 이화여자전문학교에서 사학 강의를 담당하였고, 《삼국사기》 譯註에 매달려 1941년에 제1책을, 1945년에 제2책과 제3책을 간행하였던 것이다.

### 4) 한국 史學界의 泰斗로서

1945년의 해방은 두계에게도 큰 변화를 가져왔다. 식민지 상태에서 해방된 한국 사회는 무엇보다도 그동안 일제에 禁壓당하였던 국어와 국사를 국민에게 널리 교육시키는 일이 긴요하였고, 당시 49세의 장년으로서 한국사 연구의 권위자였던 두계는 그 중심에 서지 않을 수 없었다. 중등교원양성을 위한 강습회를 열고 강의를 하면서 그 교재로 《國史教本》을 편간하였다.[10)]

또한, 두계는 서울대학교의 설립과 서울대학교 史學科 개설에 적극 참여하였다. 해방 직후, 美軍政이 일제의 경성제국대학을 접수 개편할 때, 그는 다른 진단학회 회원들과 더불어 그에 참여하여 교수가 되었고, 이듬해 그것이 국립 서울대학교로 새롭게 개교함에 따라 두계는 사학과의 중심 교수로서 큰 역할을 수행하였다. 그는 장차 이 대학을 근거로 학술활동을 펼치는 한편 그 사학과를 키우고, 많은 제자를 양성하였던 것이다. 역사학의 실천성을 내세우던 다른 계열의 한국사학자들 대부분이 연구에서 벗어나 정치에 뛰어든 것과는 큰 대조를 보인다.

진단학회는 해방과 동시에 재건되고 활동을 재개하지만, 좌우 대립과 친일파 논의의 와중에서 평안하지 못하였고, 두계도 거기에서 벗어날 수 없었다.

---

10) 《國史教本》은 1946년 5월에 震檀學會를 저자로 하여 軍政廳 文教部에서 발행하였는데, 김상기가 上古·中古를, 이병도가 近世·最近世를 분담 집필하였다.

두계는 순수한 과학적 학문으로서의 역사학 연구를 지향하였고, 따라서 공식적인 유물사관을 멀리하였으며, 실증적 토대가 박약한 민족주의사학에도 비판적이었다. 그럼에도 불구하고, 연구 자체가 충분한 자료를 바탕으로 온당한 방법으로 이루어져 학문적 수준에 도달했다고 여겨질 때, 두계는 그것을 높이 평가하였다. 유물사관을 신봉한 金錫亨과 朴時亨의 논문을 받아들여《진단학보》에 게재토록 한 것이 그것을 말해 준다.[11] 하지만, 해방 후 좌우대립의 상황 속에서 그는 진단학회에 참여했던 연구자들 일부가 越北하는 것을 지켜보면서 자유민주체제를 지지하는 입장을 분명히 하였다.

또한, 그는 일제의 대학에 진학하여 일본인 교수로부터 지도를 받은 것을 잘못된 일로 생각하지 않았다. 그는 평생토록 津田左右吉과 池內宏으로부터 가르침과 학문적 도움을 받은 사실을 전혀 숨기지 않았다. 두계가 조선사편수회에 간여한 데 대하여 직접 自評한 바는 없으나, 거기에서 일본인 학자들로부터 많은 자극과 영향을 받았다고 한 점으로 보아,[12] 그는 조선사편수회 시절도 그의 학문적 성장과정에서 뜻 깊은 때였다고 여겼던 것 같다. 역사학을 통해 학문적 진리를 탐구하는 데 목표를 설정하고, 그 구체적 대상으로 한국사를 택한 두계로서는 연구 그 자체에 큰 비중을 두었다. 그는 독립운동에 정신적 지원을 한 丹齋와는 먼 거리에 있었지만, 六堂처럼 민족정신을 훼손시키는 言動을 한 바 없었으며, 오로지 학문적 자세를 지니고 일제 시기의 어려움을 견디면서 한국사를 연구하고 진단학회 설립을 주도했던 만큼, 두계는 이 같은

11)《震檀學報》14, 震檀學會, 1941 참조.
12)《歷史家의 遺香》, p. 280.

자신의 행적을 '학술면에서의 항쟁'으로 자부할 수 있었던 것이다.[13]

6·25동란은 당시 한국 사회에 또 한 차례 큰 타격을 가했고, 학계에도 많은 변화를 가져왔다. 두계는 전란 중에 국방부의 戰史編纂委員長직을 맡았고, 전란이 종식된 뒤에는 서울대학교 대학원장에 취임하고, 새로 개편된 진단학회의 理事長이 되었으며, 학술원 부회장을 거쳐 뒤에 회장에 올랐다. 그는 한국사 연구자로서 한국의 역사학계를 이끄는 태두로서 부상했을 뿐 아니라 한국의 학술 문화를 이끌고 창도하는 위치에 서게 되었다. 1956년 그가 회갑을 맞아 후배 제자들이 기념논문집을 만들어 봉정할 때, 이병기가 그 序文에서 "大韓 국사학계의 태두"라고 칭송한 것[14]은 당시의 사정을 잘 알려준다고 하겠다. 그 무렵 두계는 개편된 진단학회의 임원이었던 이상백, 이숭녕, 金載元의 협조를 받고 있었다. 그는 4·19혁명 후 발족한 과도내각의 문교부장관으로 입각하였는데, 이것도 그의 역정 가운데 중요한 대목이었다.

해방 이후 그의 활동 범위가 넓어지고, 수많은 公職을 떠맡게 되지만, 그의 연구는 끊임없이 이어졌다. 1948년에 지리도참에 대한 그의 연구를 새롭게 종합 정리하여 《高麗時代의 연구》를 저술하였는데, 이것을 가지고 그는 1952년에 문학박사 학위를 받았다. 역시 1948년에 한국사 개설서인 《朝鮮史大觀》을 저술 출간하여 큰 반향을 일으켰던 바, 이것은 책명을 바꾸며 수정 보완을 거듭하였다. 두계는 고대사 연구를 진전시켜 새로운 관점에서 原始集

---

13) 李丙燾, 〈나의 研究生活의 回顧〉, 《斗溪雜筆》, 一潮閣, 1956. 李丙燾, 〈日帝治下의 學術的 鬪爭〉, 《내가 본 어제와 오늘》, 新光文化社, 1966.

14) 李秉岐가 서문을 쓴 《李丙燾博士華甲紀念論叢》은 1956년 一潮閣에서 간행되었는데, 위의 序文은 《歷史家의 遺香》에 〈내가 본 斗溪〉라는 제목으로 재수록되었다.

會所를 연구하는가 하면, 진단학회가 기획 편찬한 《한국사》 시리즈 7책 가운데 '고대편'과 '중세편' 두 책을 1959년과 1961년에 저술·출간하였다.[15] 1945년 이후부터 1969년 이전까지 그가 발표한 논문도 40여 편에 이른다. 그의 비범한 학구적 자세와 뛰어난 정력을 말해 준다고 하겠다.

두계는 1961년에 서울대학교 교수직에서 정년퇴임하였다. 그는 한때 국민대학 학장으로 봉직하였고, 1966년에 성균관대학교 교수로 취임하여 3년간 재임하다가 1969년 퇴임함으로써 73세에 교수직에서 아주 물러났다.[16] 그 이후에도 그의 긴 여생이 전개되지만, 해방 이후 이때까지 약 25년간 계속되는 교수시절은 두계에게 得意의 시기였다. 해방으로 식민지 상태에서 벗어나고, 한국사의 중요성이 새로운 의미를 갖게 되자, 일제시대 불우한 전업 연구자였던 그는 크게 발돋움하여 한국 역사학계의 태두가 될 수 있었다. 그가 쌓은 한국사 연구 실적과 진단학회를 통해 한국학 발전에 기여한 공적이 밑바탕이 되었다. 그러나 그와 진단학회 창설을 함께 논의했던 이윤재는 조선어학회 사건으로 옥사하였고, 손진태는 6·25동란 때 북한으로 납치당하였으며, 조윤제는 이승만 정권으로부터 탄압을 받아야 했다는 사실은 소용돌이치는 역사의 격랑을 실감케 해 주는 동시에 두계의 족적이 함축하는 의미를 되새기게 해 준다고 하겠다.

---

15) 이때의 《韓國史》간행에는 金載元의 역할이 컸고, 출판을 맡았던 乙酉文化社의 관심도 컸다. 金載元, 〈光復에서 오늘까지〉(《震檀學報》 57, 1984) 및 鄭鎭肅, 〈斗溪와 震檀學會와 《韓國史》〉(《歷史家의 遺香》, 1991) 참조.

16) 이병도는 1970년대 초엽까지 서울대학교 대학원 사학과에서 강의를 담당하였다.

## 5) 老大家가 이룩한 연구의 集大成

73세에 교수직에서 퇴임한 두계는 그로부터 20년간 생존하면서 장수를 누렸고, 별세하기 직전까지 학문 연구의 자세를 흐트러뜨리지 않았다. 특기할 만한 사실은 그가 젊었을 때 계획하고 진행시켜 온 여러 갈래의 연구를 생전에 모두 마무리 지어 집대성한다는 점이다. 그는 역사학자로서 여러 면에서 드문 사례를 보여 주었다.

대학 강단에서 물러난 후 그는 10년 남짓 학술원 회장의 자리에 머무르면서 한국 학계 전체를 대표하는 위치를 지켰다. 또한 漢文으로 된 古典들을 國譯하는 사업에 큰 관심을 기울여 민족문화추진회의 이사장으로 많은 업적을 쌓았다. 해방 이후 한국은 많은 정치적 변동을 겪지만, 그는 대표적 국사학자, 또는 학계의 원로로서 항상 推重되었던바, 특히 제5공화국 때에는 國政諮問委員으로 위촉되기도 하였다.

두계는 진단학회에 각별한 관심을 갖고 만년에까지 운영에 간여하였다. 그는 학회를 위해 90 老軀를 이끌고 재정적 지원을 요청하는 자리에 나서는가 하면, 自費를 내어 학술상을 제정, 후학 격려의 터전을 닦기도 했다. 1987년 10월, 두계는 후학들로부터 九旬을 기념하는 논문집을 봉정 받았는데,[17] 그것은 그의 역사학자로서의 긴 생애와 두드러진 업적을 기리는 뜻 깊은 것이었다.

만년의 두계를 살필 때, 가장 중요한 대목은 그의 연구 실적이라 하겠다.

---

17) 《李丙燾博士 九旬紀念 韓國史學論叢》은 1987년 10월 知識産業社에서 간행하였고, 金載元의 賀序와 논문 35편이 실려 있다. 김재원의 하서는 《歷史家의 遺香》에 〈한평생 震檀學會를 가꾸어 오신 斗溪先生〉이란 제목으로 재수록되었다.

20년간 20여 편이 논문이 나오는 것도 놀랍지만, 오랜 동안 未決로 남아 있던 문제들을 완결시킨다는 것이 강한 인상을 준다. 우선, 그는 자신의 고대사 연구를 총 정리하여 《한국고대사연구》(1977)를 출간하였다. 고조선 문제로부터 시작하여 신라에 이르기까지 한국 고대사의 수많은 문제들이 다루어진 이 거작은 두계의 이 방면 연구를 집대성한 것이다. 다음으로 그는 《삼국사기》에 대한 역주 작업을 완료하여, 《국역 삼국사기》(1977)를 펴냈다. 이것은 1940년대에 시작했다가 수십 년간 중단했던 일인데, 80세가 넘은 나이에 이 일을 성취함으로써 한국 고대사 연구에 새로운 이정표를 세웠다.

1980년에 두계는 해방직후에 저술 간행한 《고려시대의 연구》를 보완하여 개정판을 냈다. 그 후 그는 오랜 동안의 숙제요 소망이었던 유학사의 정리 작업을 마무리 지어 《韓國儒學史略》(1986)과 《한국유학사》(1987)를 출간함으로써 뜻했던 모든 연구계획을 마무리 지었다. 두계는 처음 유학사 연구에 착수하여 많은 논문을 발표하고, 그 후 방대한 문집 자료를 초록 수집하였던 것인데, 이제 그것을 총 정리해 한국유학사를 체계화시켜서 漢文版과 국문판의 두 책으로 출간한 것이다. 이때 그의 나이 90, 91세였다.

두계는 93세인 1989년 8월 14일에 별세하였다.[18] 그는 세상을 떠나기 석 달 전에도 병석에서 새로 논문 쓸 일을 걱정하였다. 격동 속의 한 세기를 살면서 그처럼 오랜 동안 연구생활을 계속하며 출중한 업적을 낸 역사가를 우리나라에서 따로 찾아보기는 결코 쉽지 않으리라 생각한다.

18) 墓所는 그가 출생한 龍仁의 先山에 있다.

## 3. 학문적 업적

두계의 논저 목록에는 저서 25권과 논문 98편이 올라 있다. 그러나 저서 가운데 동일한 책의 증보판이나 외국어 번역판을 제외하면, 17권으로 정리될 수 있고, 그것을 성격별로 분류하면, 개설서 4권, 연구서 5권, 史論·雜筆類 5권, 그리고 譯註書 3권으로 정리될 수 있다. 논문 가운데 중복된 것이나 가벼운 解題類 등을 제외하고 본격적인 학술논문만을 추리더라도 70편을 웃돌게 된다. 역주를 합하여 저서가 17권이요, 논문이 70여 편이라면, 우선 양적으로 보아 엄청난 것이다. 하물며, 그것들 모두가 한결같이 고도의 학문적 수준을 담보하는 논저라 할 때, 누구나 경탄하지 않을 수 없는 것이다. 두계는 긴 생애를 통해 역사가로서 두드러진 족적을 남겼던 것인데, 기실 그의 본령은 이렇듯 많은 연구 성과에서 찾아야 할 것임을 일깨워 준다고 하겠다.

그가 깊은 관심을 갖고 추구하였던 분야는 첫째, 고대사 방면, 둘째, 고려를 중심으로 하는 地理圖讖, 셋째, 조선 유학사로 대별할 수 있는데, 두계는 스스로 이것을 일컬어 '三面作業'이라고 술회하였다.[19] 그러나, 《國史大觀》으로 대표되는 개설에 대한 정리 작업도 그가 크게 치력한 부문이고, 그 밖에도 여러 방면에 걸친 많은 성과를 들 수 있다. 일부 앞장의 내용과 중복되는 곳이 있을 터이지만, 그의 연구 업적을 구체적으로 살피기로 한다.[20]

첫째로 지적한 고대사 방면의 연구를 살피면, 두계는 1927년에 〈眞番郡

---

19) 李丙燾, 〈自序〉, 《韓國古代史硏究》, 博英社, 1977.

20) 이병도의 연구업적을 개관한 것으로, 李基白, 〈著述을 통해 본 斗溪史學〉(《출판저널》 47, 1989; 《韓國史像의 再構成》, 一潮閣, 1991)이 주목되는바, 이 글을 쓰는데 크게 참용되었다.

考〉(《사학잡지》 40-41)를 발표한 이래, 漢郡縣의 위치 비정과 관련된 일련의 연구 성과를 공표하여 한국 고대사 연구자로서의 등장을 널리 알렸고, 뒤이어 대작인 〈三韓問題의 新考察〉(《진단학보》 1, 3-8, 1934-1937)을 내놓음으로써 한국 고대사 체계를 새로 설정하고, 유수한 고대사가로서 자리 잡을 수 있었다. 그는 철저한 문헌고증과 합리적인 해석을 통해 漢郡縣과 그 시기의 三韓에 대하여 역사 지리적 정치사회적인 재검토를 행하였던 것이다.

그의 고대사 연구는 뒤에 古朝鮮 문제로 발전되는 한편 〈古代南堂考〉(《서울대학교논문집 인문사회과학편》 1, 1954)를 통해서는 原始集會所를 다루면서 한국 고대의 사회제도사에 대한 새로운 관심과 접근방법을 제시하여 커다란 進境을 보여 주기도 하였다. 그의 다양하고 광범위한 연구는 일차적으로 1959년에 출간된 《한국사》 '고대편' 속에 용해된 바 있지만, 뒷날 만년에 이르러 정리 간행한 《한국고대사연구》(1977)에 종합 수록되었다.

《한국고대사연구》는 국판 800면이 넘는 대저이다.[21] 내용 면에서도 제1편 고조선 문제로부터 시작하여 제6·7·8편 고구려·백제·신라에 이르기까지 한국 고대사의 수많은 문제가 모두 망라되어 있으며, 대소 논문 30여 편이 함축되어 있다. 역사가로서의 두계가 학문적으로 가장 크게 치력했던 한국 고대사에 대한 그의 연구 성과가 이 책 속에 응축되어 있는 셈인데, 그 중요성과 의미는 우리에게 익숙해져 있는 한국 고대사 체계가 대부분 그의 연구가 수용된 결과라는 말로 요약될 수 있을 것이다. 그는 단군신화의 신빙성을 강조하며 고조선

21) 《韓國古代史硏究》에 대해서는 李基白의 서평이 크게 참조된다(《歷史學報》 74, 1977).

을 역사시대의 출발점으로 삼고, 箕子東來說을 부인하고, 衛滿이 조선인이었음을 논증하여 당시 정치·사회의 내적 발전을 추구하는 한편 한사군의 위치에 대하여 그것들이 그 이전에 우리나라에 있던 진번·고조선·濊貊·臨屯 등 독립된 사회단위를 기준으로 설치되었음을 증명하여 한반도 안에서 비정하였으며, 삼국의 고대국가로서의 건국을 太祖王(고구려)·古尒王(백제)·奈勿麻立干(신라)에서 찾았다. 이와 같은 그의 학설은 今西龍과 같은 일인 학자의 견해를 정면에서 거부하고, 韓百謙과 같은 先儒의 학설을 과감히 수용하는 한편 엄밀한 실증적 방법과 폭넓은 비교연구의 힘든 과정을 거쳐 얻은 값진 성과였다. 그가 선배 격인 일본인 학자로부터 '叛逆兒'란 비판을 감수하면서 고대사 연구를 계속 수행한 것은 학문적 자부심과 민족적 책무감과 관련된다고 여겨진다. 그는 《한국고대사회와 그 문화》(1973)를 통해 그의 고대사 연구를 쉽게 풀어서 널리 소개하기도 했다.

두계의 두 번째 연구 분야인 지리도참에 대해 살피면, 1925년에 〈陰陽地理와 그 전래에 대하여〉(《조선사학》 1-2, 1925)가 먼저 발표되고, 2년 뒤에 妙淸의 천도운동과 고려의 三蘇를 다룬 두 편의 논문이 나오는 점에 주목하게 된다. 그는 고려를 중심으로 하는 지리도참에 대한 연구를 고대사 연구에 앞서 착수하였던 것이다. 그는 도참사상이 고려 이전부터 東方에 유행하기 시작하여 고려조에 극성하였고 조선을 통하여 현대에 이르기까지 큰 영향을 미치는 迷信 사상이지만, 민속학적 사상사적 입장에서 흥미 있는 과제라는 문제의식 아래 접근하였고, 지리도참 그 자체의 발전보다는 思想과 시대환경과의 관련에서 그 시간적 공간적 파급성을 구명하려 하였다.[22)]

그는 도참사상에 관한 연구를 진행하여 약 10편의 논문을 발표하였으며, 1948년 이것들을 종합 재정리하여 《고려시대의 연구》라는 저서를 발간하였다. 이 책은 고려시대 도참사상을 초기·중기·말기로 나누어 역사적으로 고찰한 것인데, 고려 전시기에 걸친 정치적 추이와 왕실의 동정이 지리도참과의 관련 아래 철저히 분석 검토되었다. 이 같은 연구의 수행을 위하여 그는 《고려사》·《고려사절요》 및 여러 文集 등 문헌자료는 물론 金石文 자료까지 망라하여 이용하였을 뿐 아니라 수차에 걸친 유적지 답사를 통하여 자료의 부족을 메우려 하였다. 그리하여, 두계의 이 연구는 고려왕조의 역사적 발전을 도참사상이라는 독특한 측면에서 전면적으로 훑어 재조명함으로써 그 시대와 사회에 대한 지견을 크게 넓혀 줄 수 있었다. 이 연구서는 앞서 언급한 바와 같이 그의 박사학위논문으로 제출된 뜻 깊은 책이기도 했다.

그의 세 번째 부면의 연구는 유학사에 대한 것이었다. 그가 한국사 연구를 본격적으로 시작했을 때, 첫 목표는 退溪·栗谷을 중심으로 하는 조선유학사의 연구였다고 한다. 그는 어려서부터 한학을 익혔고, 뒤이어 신학문을 공부하여, 법학을 거쳐 역사학 연구에 종사하게 되었으나, 결국 內面史로서의 사상사의 중요성을 깨닫고 가장 가까이에 있는 조선의 유학사에 학문적 관심을 지니게 되었던 것이다. 그 자신 일찍부터 퇴계·율곡 문집을 읽으며 퇴·율에 대한 관심을 키워 왔던 것도 큰 영향을 미쳤다. 그리하여, 그의 학술지에 발표한 첫 논문이 유학사와 관계 있는 〈이율곡의 入山動機에 대하여〉였다.

그의 학문적 관심이 도참사상, 고대사로 확대되면서 유학사에 대한 집중적

22) 李丙燾, 〈序에 대신하여〉, 《高麗時代의 硏究》, 乙酉文化社, 1948.

연구는 이루어지지 않은 채, 權近, 徐敬德, 李彦迪, 成海應 등에 대한 논문을 간간이 발표하였다. 그러나 1930년대 40세 전후한 시기에 그는 유학사에 관한 방대한 자료의 수집 정리 작업을 하면서 연구를 크게 진전시켰다. 그때 두계는 규장각에 출입하면서 수천 권의 조선시대 문집을 열람 검토하면서 관계 자료를 적출 채취하였던 것이다. 그것은 간략히 정리되어 1959년에 《資料 朝鮮儒學史草稿》라는 제명의 유인본으로 간행되었고, 그로부터 상당한 시간이 흐른 뒤 1986년 《韓國儒學史略》으로 정리 간행되었으며, 이듬해 국문판인 《한국유학사》가 출간되었다.

《한국유학사》는 고대 유교문화의 도입으로부터 최근세의 田艮齋 · 郭俛宇에 이르는 긴 시기를 다룬 유학의 통사이지만, 중심을 이루는 것은 역시 조선시대의 유학이다.[23] 사상적 추이와 學派를 내세워 장을 설정하고, 그 안에서 유학자와 그 사상 · 학설을 정리 서술한 이 책의 구성과 내용을 통해 두계의 역사적 통찰력과 유학에 대한 식견을 접하게 된다. 그는 유학의 전개과정을 역사적 발전과 변혁과의 관계 아래 체계화시키고자 하였고, 내용 면에서는 수많은 유학자들의 학설을 모두 충분히 소화하고 그 精髓를 뽑아 요령 있게 정리하면서 자신의 견해와 비평을 반드시 포함시키는 방식으로 서술하고 있다. 이 책의 골격이 이미 1930년대에 잡혔었다는 점을 상기할 때, 많은 사람은 놀라지 않을 수 없을 것이다. 그의 유학사 연구와 관련하여, 두계는 특히 율곡 李珥를 높이 평가하여 경세가로서의 면모를 중요시하였고, 단행본으로 《율

23) 《韓國儒學史》에 대해서는 姜晉哲의 서평(《歷史學報》 118, 1988)에서 상세히 논급된 바 있다.

곡의 生涯와 사상》(1973)을 저술 출간한 바 있다.

이상에서 논급한바 고대사, 지리도참, 유학사에 대한 연구에 뒤이어 그의 학문적 업적으로 주목할 것이 개설서의 저술이다. 그는 대학 졸업 직후 《동아일보》에 〈한국사 개설〉을 연재하여 고대부터 고려 말까지 다룬 바 있지만, 한국사 전체를 기술한 개설서를 낸 것은 해방 후인 1948년에 《조선사대관》을 출간하면서였다. 해방직후 체계적인 한국사 개설서의 필요성이 증대됨에 따라 국사학의 중진으로 떠오른 그가 이 책을 저술 출간하였던 것이다. 이 책은 여러 번 수정 보완되었는데, 《新修 國史大觀》(1954)에 뒤이어 《新修 韓國史大觀》(1964)으로 책명도 바뀌어 갔다. 이 개설서는 그동안 일제가 왜곡한 韓國史像을 우리나라 입장에서 바로잡아 새롭게 구성한 것으로, 정치와 제도가 큰 비중을 차지하면서도 사회와 문화에도 관심이 기울여져 비교적 균형을 이루고 있으며, 사실에 대한 충실한 서술이 크게 돋보인다. 물론 오늘날의 입장에서 보면 일제 식민주의 사학의 찌꺼기가 상당히 남아 있고, 近現代史의 비중이 매우 적은 등 상당한 문제점이 있었지만, 당시의 수준이나 상황을 고려한다면 놀랄 만한 책이었다. 그가 해방 직후 이만큼 충실한 내용의 개설서를 쓸 수 있었던 것도 이미 고대사, 고려사, 조선사를 깊이 연구하여 한국사에 널리 통달할 수 있기 때문이었다. 이 책은 1960년대까지 한국사학계는 물론 전 사회에 심대한 영향을 미쳤다.

개설서에 준하는 것으로 그가 1955년에 펴낸 《國史와 指導理念》을 들 수 있다. 이것은 100면 남짓한 소책자이지만, 두레와 契처럼 한국사를 통하여 두드러진 특성으로 나타나는 공동체적 생활양식을 중시하며 그 속에 담겼던 협동정신과 타협주의를 통해 그 무렵 6·25동란으로 부닥친 한국사회의 시련을 극복하고 국민적 단결을 이룩하자는 것이었다. 그 밖에, 진단학회가 편찬한 《한국사》시리즈 가운데 고대편과 중세편을 집필하였는데, 이것은 모두 700면이 넘는 거질로서, 고대사 및 고려시대를 다룬 시대사 개설서의 선구였다.

그 밖의 학문적 업적으로서 역주 작업을 들 수 있다. 그는 일찍이 《하멜표류기》에 관심을 갖고, 그 佛譯本과 영역본을 대조하여 번역해서 발표한 바 있고, 뒷날 그 원문을 부록으로 하여 《譯註 蘭船濟州道難破記》로 출간하였다(1954). 이것은 서양인의 한국에 대한 견문기로서 흥미로운 것이지만, 그가 영어와 불어를 함께 구사하여 역주본을 냈다는 점에서도 주목된다고 하겠다.

그의 역주 작업의 白眉는 《삼국사기》에 대한 역주라고 여겨진다. 그는 한국 고대사를 연구하는 가운데 《삼국사기》의 역주에 착수하여, 《삼국사기》 전 50권 중 17권까지의 것을 1941년과 1945년에 걸쳐 3책으로 출간하였다. 그 후 30년이 지나 나머지 부분에 대한 역주 작업을 완료하여 《國譯 三國史記》로 출판하기에 이르렀다.[24] 이것은 본문에 대해 교정을 거친 原文을 별책으로 하고, 번역과 주석을 곁들인 국역편을 하나로 묶은 것이다. 이것은 우선, 본문에 대한 정밀한 교정을 통하여 가장 신빙성 있는 《삼국사기》 텍스트를 마련해 주었다는 데에서 의미를 찾을 수 있지만, 그의 오랜 연구와 박학다식을 발판으로 하는 상세하고 믿을 만한 주석이 커다란 학문성을 지닌다는 점에서

24) 《國譯 三國史記》에 대해서는 《歷史學報》79(1978)에 실린 이기백의 서평에서 다각도로 논급되었다.

보다 큰 가치를 평가받을 수 있다고 하겠다. 오랜 동안 많은 노력이 경주된 《국역 삼국사기》의 탄생은 한국 고대사 연구에 새로운 이정표를 마련한 것으로 두계의 가장 빛나는 학문적 업적 가운데 하나로 손꼽히게 되었다. 이와 더불어 《삼국유사》에도 관심을 기울여, 그는 《原文幷譯註 三國遺事》(1957)도 펴낸 바 있음을 지적해 둔다.

두계는 이상에서 언급한 것 이외에도 다양한 학문적 관심 아래 많은 업적을 쌓았다. 그는 한국 古地圖에 깊은 관심을 갖고 그 수집과 연구에 일가를 이루었다. 또한, 書誌 방면에도 관심을 기울였고, 城郭에 대해서도 상당한 조예를 지니고 관계되는 논문을 발표하였다. 그의 한국사에 대한 관심과 연구의 영역은 전 분야 전 시대에 걸쳐 있었다고도 말할 수 있을 것인즉, 그의 논저 목록에 보이는 〈東學教門과 그 발생의 諸導因〉(《국사상의 제문제》 6, 1960)이 그 한 단면을 나타내 준다. 그 밖에, 사론·잡필 유에 속하는 《斗溪雜筆》(1956), 《내가 본 어제와 오늘》(1966), 《斗室餘滴》(1975), 《成己集》(1983) 등은 대부분 그의 생애와 학문에 대해 自述한 글들을 수록하였지만, 학술적 가치가 있는 說林類의 것들도 적지 않다.

두계의 연구업적은 매우 浩瀚하고 독창적이다. 앞에서 살핀 그의 업적은 한 사람의 것이라고 하기엔 도저히 믿어지지 않을 만큼 넓고 많다. 더욱이 그는 학문의 독창성을 중시하여, 끊임없이 새로운 연구를 진행시키며 自說을 축적해 갔다. 엄밀한 실증과정을 거쳐 이루어지는 수준 높은 연구를 그는 자신과 후학에게도 요구하였다. 이러한 학문적 성과와 자세는 그가 순수 학구적 입장에서 계속 연구에 전념하면서 역사학 본연의 실증적 방법에 충실함으로써 가능했던 것이다. 그러므로 두계는 순수하게 학문에 전념하는 학자로서의 자긍심이 강했고, 이것이 어떤 사명감과 이어지면서 연구에 활력을 불어넣고, 더 나아가 탁월한 연구업적을 내는 원동력이 되었던 것 같다.

그는 고대사 · 지리도참 · 유학사의 연구라는 이른바 '삼면작업'을 목표로 한국사에 접근하여 전 시대의 모든 분야에 통달하는 단계에 이르러서 개설서를 쓸 수 있었지만, 만년에 삼면작업 자체를 마무리 지음으로써 大航海를 성공적으로 마칠 수 있었다. 두계가 쌓은 호한한 업적은 여러 군데 한국사의 공백을 메우고 그 체계적 이해에 커다란 역할을 했다는 점에서 평가될 수 있지만, 그가 학자로서 투지와 자긍심과 인내심을 갖고 끝내 연구의 大尾를 장식하는 과정은 뒷날 神話로서 남게 되리라 생각한다.

## 4. 맺음말

이상에서 두계 이병도가 역사가로서 걸었던 길과 학문적 업적을 훑어보았다. 그를 올바르게 이해하기 위한 기초 작업을 수행한다는 뜻에서 가능한 한 논란과 평가를 자제하면서 사실의 재구성에 치중하고자 하였다. 중요한 내용을 요약함으로써 이 글을 마무리하고자 한다.

첫째, 두계는 19세기 말 양반 가문의 후예로 태어나 한학을 수학하다가 신식학문에 눈을 떠 일본 早稲田大學에 유학해서 역사학을 공부하게 되었고, 당초 서양사에 홍미를 지녔다가 뒤에 한국사를 전공으로 정하였는데, 이것은 그가 정통 역사학의 훈련을 받으며 순수한 학문연구를 본령으로 삼는 역사가의 길을 걷게 되었음을 뜻하는 것이다.

둘째, 그는 귀국하여 한때 중앙학교나 조선사편수회에서 근무하였으나 결국 아무런 직장도 갖지 않고 연구에만 전념하는 상태로 접어들어 1945년 해방 때까지 근 20년을 보내는데, 이것은 순수한 학문으로서 한국사를 연구하고자 하는 뜻과 부합되는 것이었다. 그 무렵 그에 뒤이어 일본의 대학에 진학하여 한국의 역사와 문화를 전공하는 소장학자들이 대두하자 그들을 결집하고 독자적인 학술지를 간행하는 진단학회가 설립되고 두계가 그 창설과 운영을 주도하여 큰 공헌을 하지만, 두계는 그들과 같이 순수 학구적 자세를 견지하면서 많은 연구 성과를 거둘 수 있었고, 당시 어려운 상황에서 그처럼 귀중한 학문적 성과를 거두는 일을 일본인과의 학술적 항쟁으로 자부하였다.

셋째, 1945년 해방과 더불어 두계는 새로 형성되는 한국 사학계의 중진으로 부상하여 국사 교사를 훈련시키고, 서울대학교 사학과를 창설하는 데 중심 역할을 수행하는바, 이것은 실천을 강조했던 다른 계열의 한국사 연구자들이 대부분 정치에 뛰어든 것과는 대조되는 일이었다. 그는 특히 6·25동란 이후 서울대학교 대학원장, 학술원회장 등을 맡으며, 역사학계뿐 아니라 한국의 학술문화를 창도하는 위치에 올라 득의의 시절을 보내는데, 이것은 역설적으로 그가 순수 학문적 자세를 견지하면서 학계를 지키고 많은 연구업적을 쌓은 결과였다. 그는 오랜 교수생활을 마친 뒤에도 많은 학술활동을 벌이지만, 73세 이후 20년간 그 晩年의 시기에 그가 당초 계획한 모든 연구를 완결 짓고 총정리하는 큰일을 성공적으로 마친다. 이것은 그가 장수하면서 순수 학구적 자세를 견지함으로써 가능했다고 여겨진다.

넷째로, 그의 학문적 업적은 그가 '삼면작업'이라고 일컬었던 고대사·지리도참·유학사의 연구와 그를 기초로 한 개설서의 저술을 들 수 있다. 그것을 통해 두계는 한국 고대사의 체계를 재정립하고, 고려시대를 지리도참사상이란 독특한 측면에서 새롭게 재조명했으며, 조선시대의 역사적 추이를 유학과의 관련 아래 설명할 수 있는 틀을 세웠던 것이다. 그 밖에도 《삼국사기》의 역주작업을 통해 한국 고대사 연구에 새로운 이정표를 마련하는 등 더 많은 것들을 거론할 수 있다. 이처럼 호한하고 독창적인 연구 성과는 두계가 평생토록 흔들림 없이 오로지 순수 학구적 입장에서 한국사 연구에 전념한 결과이며, 그것이 바로 오늘날 한국사학의 학문적 기초를 마련해 줄 수 있었던 것이다.

# 韓沽劤

## 實證史學의 극복을 지향한 실증사학의 大家

### 1. 머리말

韓沽劤(1915-1999)은 20세기 후반 50년 동안 내내 치열하게 한국사를 연구하여 한국사학의 학문적 기초를 다지는 데 크게 공헌한 역사가이다. 그는 학창 시절 대부분을 일제 시기에 보냈으나, 광복과 동시에 晩學徒로서 한국사학에 입문하여, 해방 이후에 배출된 첫 세대의 한국사학자가 될 수 있었고, 많은 우여곡절 속에서도 오로지 학문의 외길만을 걸어 두드러진 업적을 내며 학자로 대성할 수 있었다. 그리하여 일제 암흑기를 떨치고 새로운 한국 현대사학이 확립되는 데 그의 공헌은 지대한 것으로 남게 되었다.

그는 한국사 가운데 특히 조선시대사의 연구에 치력하여 여러 방면에서 커다란 성과를 거두었다. 奎章閣 속에 파묻힌 많은 자료를 발굴하여 조선 사회의 중요한 국면들을 새로 밝혀내는 한편 史料 정리와 譯註 작업을 통해 후학들을 위한 도움도 남겼다. 특히 그는 철저한 자료 수집과 완벽한 고증을 강조함으로써 한국사학의 실증적 방법이 뿌리내리는 데 크게 공헌하였다. 또한, 그는 생애를 통해 거센 역사의 풍랑 속에서도 굳센 의지와 담박한 처신으로 學究에 一以貫之함으로써 많은 사람들에게 깊은 인상을 남겼다.

그는 20세기가 저물어가던 무렵에 별세하여, 이제 몇 년 뒤 10週忌를 맞은 시점에 도달해 있다. 그동안 다행스럽게도 《韓沽劤全集》 15책이 간행되어 그의 학자로서의 면모와 학문적 업적을 체계적으로 살필 길이 열릴 수 있었다. 그러나 그의 생애와 학문을 본격적으로 정리하고 현대 한국사학사에서의 위치를 확실히 자리매김하는 일은 뒷날 좀더 시간이 흐른 뒤에 상당한 준비와 검토를 통해 가능하리라 여겨진다. 그러므로 이 글에서는 간략히 그의 풍모와 업적을 一瞥함으로써 역사가 한우근의 개략을 이해하고, 나아가 그를 고찰하는 데 자그마한 디딤돌이 될 수 있기를 바란다.[1)]

## 2. 학문으로 일관한 생애

### 1) 성장과 수학

한우근은 1915년에 평양에서 태어났다.[2)] 어릴 때 조부로부터 한문을 배웠으나, 6세에 보통학교에 입학하여 근대의 교육과정을 밟기 시작했으며, 일본

1) 저자는 몇 해 전에 한우근의 생애와 학문을 간략히 살핀 바 있는데(〈한우근—한국사학의 실증적 토대 확립〉, 《대학교육》 107, 2000), 이 글은 그것을 토대로 全集 간행의 사실과 약간의 내용을 추가 증보하여 작성한 것이다.

2) 한우근의 생애에 대해서는 《한우근박사정년기념사학논총》(지식산업사, 1981)에 실린 〈한우근박사 약력〉 및 《한우근전집 1—개정판 한국통사》(한국학술정보, 2001) 앞부분에 있는 〈한우근선생 약력〉이 기초자료를 제공해 준다.

제5고등학교를 거쳐 東京帝大 西洋史學科에 진학하였다. 특기할 사항은 일본에 유학하기 전에 平壤高普 재학 중 광주학생운동이 파급되어 그에 가담한 탓으로 그는 黜校 처분을 당해 培材高普에 편입, 졸업하게 되었다는 점이다.

그가 서양사를 전공으로 선택한 것은 물론 역사학이라는 학문에 대한 관심이 큰 때문이었지만, 그의 마음속에 있는 어떤 저항의식 같은 것도 상당한 작용을 하였다. 고등학교 시절에 유난히 헤르만 헤세를 좋아했던 그는 일제의 식민지 지배에 대한 '항거와 분노'의 상념을 지닌 채 선진된 西歐 세계의 역사에 매력을 느껴 전공으로 정하였던 것 같다.

그러나 그의 학창생활은 스스로 학비를 조달해야 하는 고단하고 힘겨운 것이었다. 게다가 일제로부터 당하는 민족적 봉변과 모욕이 그에게 항상 분노를 안겨 주었다. 그리하여 그는 질병과 신경쇠약으로 고통을 겪었고, 그러한 가운데 수학기간도 길어지게 되었다. 막판에는 日警에게 붙들려 학도징용의 명목으로 함경도 산골짜기 石灰山에서 1년 반 동안 강제노역을 당하기에 이르렀다. 이러한 점들을 들어 그는 자신의 학창생활을 울분과 고뇌가 되풀이되는 서글픈 것이었다고 술회한 바 있다.

1945년의 민족해방은 그에게 새로운 전기를 마련해 주었다. 징용에서 풀려난 그는 해방으로 새로 개편된 京城大學 史學科에 편입하여 한국사를 전공키로 했던 것이다. 당초 역사학에 관심이 컸던 그는 해방된 조국의 역사, 즉 '제나라 역사'를 새롭게 공부하는 쪽으로 방향을 바꾸었는데, 경성대학에 있는 규장각이라는 한국사 자료의 寶庫도 큰 작용을 했다. 이렇게 해서 30세가 넘은 老學生은 새로운 활력 속에서 한국사 공부에 매달렸고, 마침내 1947년 8월에는 서울대학교 문리과대학 사학과 제1회 졸업생이 될 수 있었다.

그의 성장 · 수학기 대부분은 일제 압제기였고, 그가 13세 때 평양고보에 처음 입학하여 마침내 서울대학교를 졸업할 때까지 20년이 걸렸다. 이러한 만학에 대하여 그는 스스로 다음과 같이 술회하였다.

> 생각하면 光州학생사건에서부터 萬寶山사건, 만주사변, 중일전쟁, 제2차 대전, 해방, 그리고 38선, 이렇듯 주마등 같은 풍진 속에서 나의 학창 생활은 마치 헐고 낡은 馬車인 양 좀처럼 제대로 구르지가 않았다. 그러나 내가 그렇듯 주춤거렸던 덕분에 일제가 그들의 최고학부라고 자랑하던 대학에서 몰려나서 해방된 제 나라의 대학을 졸업하게 되었다는 그것이 도리어 나로서는 행복하고 영광스럽게 생각되는 것이다.[3)]

어려운 시기에 힘겨운 수학기를 보내면서 많은 시련에 봉착하였으나, 그는 이를 극복하고 역사학이라는 학문의 길을 걷기 시작하였고, 민족해방은 그에게 조국의 대학에서 한국사학을 전공할 수 있는 새로운 기회를 주었던 것이다.

### 2) 연구와 훈도의 삶

일제로부터의 해방은 한국에 독립과 자유를 주었으나, 곧 남북분단의 고통과 6 · 25동란의 비극으로 이어졌다. 이 시기는 한국인에게 희망과 좌절을 동시에 안겨 준 시련기였지만, 현대 한국사학의 형성과 발전에 뜻 깊은 출발점의

---

3) 한우근, 《욕망과 욕심》, 일조각, 1976.

의미를 지니는데,[4] 한우근은 이제 촉망받는 역사학도로서 그 한복판에 서게 되었다. 하지만, 이 시기에 학문의 길을 걷는 일은 매우 힘겨운 것이었다. 단신의 越南者였던 그는 대학의 합동연구실을 '유일한 안식처'로 삼았던 적이 있고, 左右의 대립 갈등 속에서 國大案 파동을 헤쳐 나아가야 하는 어려움도 겪었다.

그러나 그는 李丙燾, 孫晋泰 두 분 교수의 지도를 받고, 젊은 교수 李仁榮과 가까이 지내며 한국사학의 길을 충실히 걸었다. 그리하여, 서울대학교 강사에 위촉되고, 논문을 학술지에 발표할 수 있었다. 그러한 가운데 6·25동란이 일어나 그에게도 많은 어려움이 닥쳤으나, 부산의 피란 시절을 인내와 끈기로 견디어냈다. 오히려 그는 전란 속에서 同學들과 歷史學會를 결성하여 학문의 열정을 불태웠고, 결혼을 해서 안락한 가정을 꾸밀 수 있었다.

그가 학자로서 안정된 위치에 서는 것은 1955년에 弘益大 교수로 취임하면서부터였다. 대학 졸업 후 東星高, 釜山高, 普成高 교사를 역임하며 서울대 강사로서 출강하는 틈새 속에서 연구할 시간을 찾을 수밖에 없었던 힘든 시절을 비로소 청산한 것이다. 그로부터 4년 후 서울대 문리대 사학과 교수로 자리를 옮김으로써 그의 입지는 더욱 굳어졌다. 이렇게 해서, 1981년 정년퇴임 때까지 26년간 그의 교수생활이 이어지는데, 이 시기는 그가 가장 왕성하게 학술활동을 벌이는 得意의 시절이었다고 하겠다. 누구보다도 많은 시간을 대학 연구실에서 보내며 수많은 論著를 저술하였고, 학회 대표, 연구소 소장, 대학

4) 민현구, 〈발전적인 韓國史像의 추구와 새로운 연구 방법의 모색〉, 《1945년 이후 한·일 양국에서의 역사연구 동향》, 국학자료원, 2002. 이 글은 이 책의 모두에 〈해방 이후 韓國史學의 발전〉으로 改題하여 수록되었다.

원장으로서 봉사활동에도 적극 참여하였으며, 많은 제자를 지도하며 후진양성에도 힘을 쏟았던 것이다.

그는 교수생활을 통하여 대부분의 시간을 연구실에서 보냈다. 밤늦게까지 그의 연구실에는 불이 켜져 있었고, 휴일이나 명절에도 그는 어김없이 연구실을 지켰다. 무서운 집념으로 연구에 전념한 그는 이 기간 동안 논문 45편, 저서 8책, 편저 6책 등 많은 저작을 발표 간행하였다. 그의 논문은 대개 철저한 논증을 거쳐 수백 개의 註記가 달린 長篇이란 점을 고려할 때, 앞에 제시한 논저는 質이나 量의 면에서 대단한 것이라고 하지 않을 수 없다. 그는 은사 이병도가 回甲 때까지 31편의 논문을 발표했던 점에 비추어 晩學인 자신이 스승에게 뒤지지 않는 업적을 내기 위해서는 항상 분발하여야 하겠다는 마음가짐으로 연구에 임하였음을 토로한 바 있다. 학문에 대한 집착, 한국사학에 대한 사명감 속에서 그의 장대한 연구가 수행되었던 것이다.

그의 학회 및 연구소 활동은 학문의 권위를 확립하고, 한국사학을 진흥시킨다는 방향에 따라 전개되었다. 그는 진단학회 이사, 역사학회 대표간사, 한국사연구회 대표간사를 역임하며 학술지의 학문적 수준을 높이기 위한 엄격한 편집 기능 제고와 편집 책임자의 권위 확립에 진력하였다. 그는 또한 서울대 교수 재임 중 한국사의 연구기반을 확충시킨다는 방향에 따라 國史學科의 분리를 추진하였고, 한국문화연구소가 설치된 후에는 초대 소장으로 10여 년간 일하며 학술지 발간과 연구총서 출판의 기틀을 세움으로써 한국사 내지 한국문화의 연구를 촉진시키는 데 기여했다.[5]

---

5) 서울대학교와 관련된 한우근의 역할과 활동에 대하여는, 그 자신의 글인 〈서울대학

그가 교수직에 있는 동안 4·19학생의거, 5·16군사혁명, 한일회담 반대운동, 유신체제 출범 등 커다란 정치적 사회적 격동을 겪어야 했다. 그는 순수한 학자로서 연구실을 지킨다는 자세로 대처하며 오로지 한국사 연구에만 매달렸다. 그는 한국사가 사회의 주목을 끌고, 한국사의 주체성이 강조되는 1970년대에 들어서 서울대학교 대학원장에 피임되지만, 학자의 자세를 결코 흐트러뜨리지 않았다.

그는 정년퇴임 후 1999년 9월에 별세하기까지 18년간 여전히 적극적 연구생활을 계속하는 한편 그간의 성과를 마무리 짓는 데 힘을 기울였다. 학술원 회원으로서 한양대 대우교수, 한국정신문화연구원 객원교수를 역임하며 강의와 연구를 이어갔고, 별세하기 1년 전까지 민족문화추진회의 강의를 계속 맡았었다. 이 시기에 그는 새로운 주제의 연구를 진행시키고, 본격적인 譯註 작업을 수행하였는데, 그러한 가운데 논문 10여 편, 저서 4책, 편저서 3책 등 많은 업적을 내며 주위를 놀라게 했다.

그는 학자로서 외경스럽고 장엄한 최후를 마쳤다. 새로운 연구를 진행시켜 논문 집필을 마무리 짓는 단계에서 그는 온종일 작업에 매달린 끝에 저녁녘 심장마비로 급서했던 것이다. 평소 젊은이 못지않게 건강했던 그가 갑작스럽게 세상을 떠난 것을 모든 사람들은 아쉬워하며 애도했으나, 평생 학문의 외길만을 걷다가 한국사 연구에 殉한 그의 최후는 후학들에게 깊은 감동과 불멸의 인상을 심어 주었다. 문제의 논문은 그 후 간행되어 그의 84세 때 遺作으로 저작 연보에 올랐다.[6)]

---

교와 나〉(《민족사의 전망》, 일조각, 1977) 참조.

## 3. 방대한 업적과 호한한 저술

### 1) 연구업적의 축적

한우근은 50여 년간의 연구를 통해 많은 논저를 발표했다. 논문이 약 60편, 저서가 중요한 것만 추려서 11책에 달한다. 저서 가운데에는 개설서 1책, 史論集 1책, 수필집 1책(《욕망과 욕심》, 1975년)이 포함되고, 나머지 8책은 연구서라고 할 수 있다. 그 밖에 편저서·번역서(오페르트의 《韓國紀行》, 1956년)에 해당하는 것이 10책가량 된다. 이러한 업적은 양적으로 매우 많은 것일 뿐 아니라 질적으로도 한결같이 알찬 내용을 지닌다는 점을 주목해야 할 것이다.

그는 한국사의 큰 흐름에 관심을 갖고 일찍부터 개설서를 내었고, 결정판으로 《韓國通史》(1970년)를 간행하였다. 그리고 한국사학의 방법과 발전방향에 대해서도 적극적으로 견해를 개진하여 그 내용을 사론집인 《민족사의 전망》(1997년)에 수록한 바 있다. 그는 한국사를 새로이 주체적으로 체계 있게 이해하되 확고한 객관성에 입각하여 사회구조 중심으로 살피려고 힘썼고, 한국사학은 고증 위주의 실증사학 단계를 극복하고, 누구에게나 공감을 자아내게 하는 價値體系 수립의 방향을 모색함으로써 보편적이면서도 동시에 국민적일 수 있는 것이 되도록 해야 한다고 주장하였다. 이러한 입장은 자연히 역사를 목적적 도식적으로 단순화하고 인간 個我의 가치를 부정하는 유물사관에 비판적이며, 민족의 우수성만을 내세워 배타적인 국수주의로 떨어지는 그릇된 민족사관에 대해서도 경계하는 자세로 이어졌던 것이다.[7]

---

6) 〈조선시대의 匿名書 연구〉, 《학술원논문집(인문·사회과학편)》 38, 1999.

그러나 그는 개설서의 저작이나 사론의 披瀝보다는 조선시대사에 대한 근본적이며 구체적인 연구에 절대적으로 더 큰 힘을 쏟았고, 따라서 학문적인 공헌도 그 편에 커다란 비중이 놓인다고 할 수 있다. 그런데, 조선왕조시대는 500년이 넘게 길고, 임진왜란 뒤의 후기는 정치적 사회경제적으로 새로운 변화를 보여 주는 시기이고 엄청나게 많은 사료가 傳存되고 있으며, 또한 19세기 후반의 開港을 기점으로 하여 왕조 말기는 近代로 간주되는바, 역사의 전개가 복잡다단하고 밀도가 깊은 것을 특징으로 한다. 그러므로 한국사 연구자는 조선 전기, 조선 후기 그리고 근대의 3시기를 각각 독립된 전공의 시기로 정해 그 가운데 하나를 연구영역으로 삼는 것이 상례이다. 하지만, 그는 이 세 시기를 망라하여 방대한 연구를 수행하였다.

그는 조선 후기를 대상으로 연구를 시작하였다. 대학 졸업 직후 발표한 첫 논문은 천주교의 전래를 다룬 것이었는데,[8] 뒤이어 대표적 실학자인 星湖 李瀷을 집중적으로 검토하여 그의 정치 · 경제에 대한 사상과 그 시대적 배경으로 18세기의 사회경제적 상황을 철저하게 파헤쳤으며, 그 속에서 實學(그는 經世致用의 學이라 했음)의 연구가 커다란 탄력을 받았다. 그는 뒤이어 尹拯, 尹鑴, 丁若鏞 등 새로운 인물의 사상을 연구하는 한편 其人, 貢人과 같은 職役人을 중심으로 商工業 문제까지 다루었는데, 이 과정에서 규장각

7) 이와 같은 한우근의 입장과 자세를 가장 분명하게 나타내는 글이 〈민족사의 전망〉이다(《민족사의 전망》, 일조각, 1997, pp. 252-270).

8) 〈天主敎傳播와 李朝封建社會〉, 《역사학연구》 1, 1949. 이 논문은 뒤에 그의 저서 《朝鮮時代思想史硏究論攷》(일조각, 1996)에 〈천주교초기전파와 그 반향〉이라 개제하여 수록하였다.

자료를 중심으로 《한국경제관계문헌집성》(1978년)이란 자료집을 펴냈다. 그의 조선 후기사 연구는 《이조후기의 사회와 사상》(1961년), 《성호 이익 연구》(1980년), 《기인제 연구》(1992년)와 같은 저서를 낳았다. 이러한 그의 연구는 거대한 사료의 숲을 헤치고 근본적 고찰의 길을 닦아 조선 후기 사회의 붕괴와 해체의 구체적 실상을 밝히는 동시에 침체와 분열의 裏面에 있었던 사회적 변혁과 意識의 확대에 접근할 수 있게 해 주었다는 점에서 의미심장한 것이었다.

그는 1961년부터 1962년에 걸쳐 1년간 미국 하버드 대학 연구교수로 체류하는 기회를 이용해 미국 각처에 있는 한국사 관련 사료를 조사 수집하였고, 그것을 계기로 근대까지로 연구의 시기를 넓혔다. 그리하여, 개항기 일본과 중국을 비롯한 외국상인의 침투와 그에 대응하여 나타나는 상업구조의 변천을 구명하였고, 특히 경제 여러 부면에 걸친 일본인의 침투가 결국 東學農民蜂起로 이어진다는 점을 확인하면서 동학농민봉기 자체를 구조적으로 고찰하였다. 이러한 연구 과정 속에서 개항기의 시대적 요청에서 도출된 東道西器論이 부각되었고, 동학 발생의 사회적 배경으로서 殘班 계층의 중요성이 드러났다. 이러한 일련의 연구는 《한국 개항기의 상업연구》(1971년), 《동학란 기인에 관한 연구》(1971년), 그리고 《동학농민봉기》(1976년) 및 이 책을 보강·증보한 《동학과 농민봉기》(1983년)등의 力著로 귀결되었던바, 국내외의 방대한 자료를 구사하여 한국 근대사의 큰 軸을 해명하는 성과를 거두었다. 그는 충분한 자료제시와 철저한 논증을 통해 많은 事例와 史實을 적출 해명하면서도 성격 규정이나 의미 부여에 신중한 자세를 취함으로써 학문적으로 중후한 모습을 보여 주었다.

그는 조선시대 초기의 정치, 제도, 사상에 대해서도 일찍부터 끊임없이 관심을 표시했다. 조선의 건국과 직결되는 儒佛交替에 관한 문제의식은 조선시대를 통해 유교정치가 펼쳐져 철저히 斥佛策이 계속되는 가운데에서도 불교가 종교로서 의연히 존립된다는 뚜렷한 사실에 대한 의문점으로 이어졌고, 조선 정치제도, 통치체제를 다룬 논문도 간간이 발표하였다. 뿐만 아니라, 조선시대사 전체에 대한 관심은 자연히 초기로부터 시작하여 근대까지를 통관하는 사상적 추세를 연구과제로 상정하게 만들었다. 이러한 문제들은 정년퇴임 뒤의 집중적인 연구 정리 작업을 거쳐 《유교정치와 불교》(1993년), 《조선시대사상사연구논고》(1996년)의 간행으로 대개 마무리되었으나, 정치체제에 관해서는 《역주 경국대전(吏典)》(1986년)을 선보였을 뿐,[9] 訴願制度를 중심으로 또 하나의 연구서를 자신의 손으로 펴내려던 계획은 급작스러운 별세로 이루어지지 못하였다. 그러나 앞의 책들을 통해서 불교에 대한 시책을 중심으로 하는 유교정치의 실상을 면밀하게 구명하고, 사상사의 여러 국면을 검토함으로써 조선 전기 내지 조선시대의 정치와 사상에 대한 지견을 크게 넓혀 주었다는 점에서 그의 연구는 귀중하게 평가되는 것이다.

이상과 같이 조선시대 전체를 대상으로 삼은 그의 연구는 방대한 규모의 것이었고, 그 성과는 새로운 조선시대의 歷史像을 세우는 데 절대적인 영향을

9) 한우근은 평소 협동연구의 중요성을 강조하였는데, 1983년부터 후학인 이성무, 민현구, 이태진, 권오영과 더불어 공동 작업으로 《경국대전》의 역주에 참여하여 이 사업을 이끌면서 '吏典'을 분담하였던바, 그 성과물이 바로 《역주 경국대전(吏典)》이다.

미쳤다. 아마도 그는 한국사학자로서 《조선왕조실록》, 《비변사등록》, 《승정원일기》, 《일성록》 등 조선시대의 근본 사료를 가장 많이 섭렵한 사람들 가운데 한 분일 터이고, 누구보다도 정치한 고증을 중시했다는 점에서 실증사학의 모습을 가장 躍如하게 보여 준다고 하겠다.

## 2) 《한우근 전집》의 출간

한우근이 별세한 지 오래지 않아 2001년 10월에 그의 전집이 출간되었다. 그의 훈도를 받은 후학들로 한우근전집간행위원회가 구성되어 서울대학교 국사학과를 중심으로 전집의 편찬사업이 추진되었고, 그것이 신속히 진행되어 2주기에 즈음한 시기에 완결을 보았던 것이다.

《한우근전집》은 앞에서 개략적으로 살핀 그의 학문적 연구업적을 모두 망라한다는 방향에 좇아 편찬되었는데, 이미 단행본으로 출간된 저서는 대부분 원형대로 살리고, 아직 개별 논문으로 남아 있는 것들은 일정한 체계에 맞추어 책으로 묶되, 한우근이 생전에 전집을 구상하여 작성한 '메모'를 최대한 존중키로 하였다.[10] 그렇게 해서 전집 15책이 편찬·간행되었던바, 그 내용을 중심으로 그의 학문적 업적을 다시 확인할 수 있다.

먼저 전집의 체재를 열기하면 다음과 같다.

① 《改訂版 韓國通史》
② 《朝鮮時代의 政治와 社會》(새로 편집 출간됨)

---

10) 한영우, 〈序〉, 《한우근전집 1—개정판 한국통사》, 한국학술정보, 2001.

③《朝鮮時代思想史硏究論攷》

④《其人制 硏究》

⑤《儒敎政治와 佛敎》

⑥《星湖 李瀷 硏究》(증보 보완됨)

⑦《朝鮮時代의 言權》(새로 편집 출간됨)

⑧《東學亂 起因에 관한 硏究》

⑨《東學과 農民蜂起》

⑩《東學 農民 蜂起》

⑪《韓國 開港期의 商業硏究》

⑫《朝鮮時代 史料 解題 譯註》(새로 편집 출간됨)

⑬《民族史의 展望》

⑭《욕망과 욕심》

⑮《朝鮮紀行》

위의 책들 가운데 새롭게 편집 간행된 것을 주목할 필요가 있는데, 먼저 ②《조선시대의 정치와 사회》는 고려 말 조선 초의 巡軍으로부터 임진왜란, 그리고 근대의 한미수호조약 체결에 이르기까지 여러 주제를 다룬 논문들을 모은 것이다. 정치, 외교, 사회, 경제, 사상에 대한 장편의 논고들 속에는 늘 새로운 문제에 접근해 광범한 자료수집과 철저한 검토를 거쳐 신중한 결론에 도달하는 연구의 성실성과 신뢰성이 배어 있다. ⑦《조선시대의 언권》은 그가 일찍이 청원·상소제, 史官의 직무, 百官陳言 등에 대하여 관심을 갖고 구체적 제도와 사례를 검토했던바, 거기에 그의 마지막 손길이 닿았던 84세 때의 유작 〈조선시대의 익명서 연구〉가 추가되어 책으로 엮어진 것이다. 이로써 그가 조선 사회의 정치구조와 관련하여 중요시했던 言論權 내지 소원제도가 뒤늦게나마 일정한 체계 속에서 드러나게 되었다.

⑥《성호 이익 연구》는 한우근이 오랫동안 관심을 기울여 온 조선 후기 실학자 성호 이익을 다룬 것인데, 이전의 같은 제목의 책에 思想 부분을 추가하여 그에 대한 연구를 집대성한 것이라 할 수 있다. 이러한 재정리 과정을 통해 그의 또 다른 저서였던 《이조후기의 사회와 사상》은 해체되었다. ⑫는 〈한국경제관계논문집성 해제〉를 비롯한 한국사 관련 사료의 해설 여러 편과 《역주 경국대전(吏典)》을 합친 것인데, 연구의 기초를 닦아 주는 뜻 깊은 업적이라 하겠다.

전집의 내용을 순서에 따라 훑어보면, 우선 ①은 개설서이고, 그 다음 ②부터 ⑪까지는 독창적 업적을 담은 연구서로서 조선 전·후기와 근대에 걸치는 긴 시기와 다양한 분야를 담은 그의 넓은 연구영역을 보여 주고 있다. 끄트머리의 ⑫, ⑬, ⑭, ⑮는 각기 해제·역주서, 사론집, 수필집, 번역서라 할 수 있다. 이처럼 15책의 호한한 저술, 특히 그 가운데 중후한 연구서가 대다수인 큰 업적을 남긴 한국사학자를 동시대의 학자 가운데에서 따로 찾는 것은 쉽지 않으리라 생각된다.[11)]

한우근은 근대를 포함하여 조선시대라는 큰 단위를 연구영역으로 하여 그 안에서 중요한 소재를 찾아 종횡으로 연구를 진행시켰고, 그 성과의 집적을 통해 종전까지 베일에 싸여 있던 조선 사회의 여러 부문이 밝혀질 수 있었다. 그는 개설서를 집필하여 한국사의 발전에 접근하였고, 사론집을 집필하여 한

11) 다만 李基白이 생전에 《李基白韓國史學論集》 12책을 냈고, 2004년 그의 별세 후 3책이 추가로 간행되었다는 사실이 비견될 수 있을 것 같다.

국사학의 방법과 사관에도 관심을 표시하였지만, 그의 본령은 조선시대 전체에 대한 역사적 연구에 있었고, 그것이 중후한 업적으로 귀결되었음을 그의 전집이 분명히 말해 주고 있다 하겠다.

## 4. 實證史學의 극복을 지향한 실증사학의 大家

한우근은 한 평생 학문연구의 외길만을 걸었던 20세기 후반의 대표적 한국사학자였다.그는 일제 압제기에 태어나 성장하여 수학하다가 광복을 맞아 해방 후 제1세대의 한국사학자가 될 수 있었지만, 그가 연구와 훈도의 삶을 산 시기도 정치적 격동과 이념의 대립으로 크게 흔들리던 때였다. 이러한 가운데 굳센 의지와 학문에 대한 집념을 갖고 時勢에 영합하지 않으면서 묵묵히 학자로서의 정도를 걸어 대성할 수 있었다는 사실이 역사가 한우근의 진면목을 보여 준다고 말할 수 있다.

한우근은 한국사 가운데 조선시대사를 폭넓게 연구하여 당대의 새로운 역사상을 세우는 데 지대한 영향을 미쳤다. 특히 山積한 사료들을 정리 섭렵하고, 정치한 고증을 거쳐 독창적인 성과에 도달하는 그의 견실한 연구 방법은 한국사학 발전의 초석이 되었다. 그러한 점에서 그는 한국 실증사학의 전통을 계승하여 그것을 확립시키는 동시에 그 극복을 지향하였던 실증사학의 대가였다고 하겠다.

한우근은 연구에 몰두하면서도 낚시와 바둑을 즐겼고, 때로는 그림도 그렸다. 그의 자태는 경건했지만, 좌중에서 유머로 사람들의 웃음을 자아내는 경우가 많았다. 그는 소식과 소욕으로 육체와 정신의 건강을 다스리면서 담박한 처신으로 학자 생활을 이어갔다. 이와 같은 인간적 폭과 자기제어의 힘이 그의 학문세계 구축에 적지 않은 작용을 하였으리라 여겨진다. 그리하여 역사의 격랑을 헤치고 한국사학에 종사하면서 바깥일에 한눈팔거나, 민족을 내세워 名利에 얽매이는 일 없이, 생명이 다하도록 오로지 연구에 온 힘을 바쳤던 그의 면모는 뒷날에도 오래도록 잊혀지지 않을 것이다.

## 《李基白韓國史學論集》

### 民族的 관심과 歷史的 진리의 탐구

### 1. 머리말

21세기가 시작된 이즈음의 시점에서 살필 때, 현대 한국사학의 연륜이 결코 적은 것이 아님을 실감하게 된다. 19세기 말 일제의 침략을 받는 가운데 새로운 전환을 경험하면서 막이 오른 현대 한국사학은 식민지 시기의 어려움과 남북 분단의 진통을 겪으며 꾸준히 성장하였다. 그동안 역사가의 층이 두터워져서 많은 연구자가 배출되었던 것인데, 8·15해방 이후에 배출된 첫 세대의 한국사학자인 李基白의 반세기에 걸친 연구의 성과가 정리되어 일단 《李基白韓國史學論集》 11책으로 간행된 것(1996년 10월에 일단 完刊됨)도 현대 한국사학의 연륜과 전통의 축적을 말해 주는 바라고 하겠다.

근래 한국 현대사학을 개척하고 발전시킨 先學들의 저술이 속속 정리 간행되었다. 《朴殷植全集》, 《申采浩全集》, 《鄭寅普全集》, 《安在鴻全集》, 《李相佰著作集》, 《孫晋泰全集》, 《崔南善全集》, 《文一平全集》, 《安廓全

集》,《李瑄根全集》,《申奭鎬全集》 등 주로 8·15해방 이전에 활약한 역사가들의 것 다수가 정리되었고, 해방 이후에 진출하여 활동한 역사가의 경우 《洪以燮全集》,《金哲埈全集》이 나온 바 있다. 이 전집들 모두는 이미 별세한 선학의 업적을 기리면서 후학 제자들의 손을 거쳐 출간된 것들이고, 그 자체가 한국사학의 귀중한 축적으로 평가받고 있는 것이다. 그런데, 李基白의 경우, 다양하고 출중한 그의 연구 성과를 스스로의 손으로 편찬하여 全集의 성격을 지니는 사학논집으로 펴냈다는 데 특징이 있다고 하겠다.

이러한 특색을 지니는 《李基白韓國史學論集》의 간행은 몇 가지 의미를 함축한다고 여겨진다. 첫째, 이기백은 자신의 연구업적을 스스로의 입장과 관점 위에서 정리해 보려고 했던 것 같다. 그의 학문 체계와 한국사에 대한 통찰의 향방이 타인의 손을 거쳐 흐트러지거나 조잡한 형식으로 묶일지 모른다는 우려에서 벗어나 스스로 재단하기를 원했으리라 여겨진다. 둘째, 저자는 그의 저술들을 수집 정리하는 수고로움을 제자 후학들에게 끼치지 않으려 했을 것이다. 그것은 그의 인생관에나 생활태도와 관련되는 바라고 하겠다.

셋째로, 이기백의 저술은 대부분 특정한 출판사——潮閣—에 의해 단행본으로 속속 출간되었던바, 그것들을 원래의 판형대로 간행하면서 전집으로서 일련번호를 새로 매기고, 거기에 신간을 추가함으로써 전집이 완간될 수 있었는데, 이 같은 현실적인 편익성도 상당한 작용을 하였을 것임이 분명하다. 이것을 다른 관점에서 본다면, 그는 이미 오래전부터 체계적으로 연구 성과들을 계속 책으로 출간함으로써 전집의 편찬을 꾸준히 준비했다는 얘기도 될 수 있을 것이다.

이러한 《李基白韓國史學論集》의 출간은 널리 소개될 필요가 있을 것이다. 그의 사학의 성격이나 업적의 전모는 뒷날 사학사적 관점에서 본격적인 검토의 대상이 되어야 할 터이지만, 여기에서는 우선 최근에 나온 한국사학의 중요한 업적으로서 그 내용을 학계에 알리고자 하는 것이다. 특히 논집 가운데에는 새로운 연구서도 포함되어 있는 만큼, 그것에 대한 소개와 비평의 의미도 겸할 수 있으리라 여겨진다.

## 2. 論集의 체재와 내용

《李基白韓國史學論集》은 본집 10책과 별권 1책으로 구성되었다. 신국판 11책으로 총3, 684면에 이르는 이 전집의 면모를 살피면 다음과 같다.

① 《民族과 歷史(新版)》
② 《韓國史學의 方向》
③ 《韓國史學의 再構成》
④ 《韓國古代史論(增補版)》
⑤ 《韓國古代政治社會史研究》
⑥ 《新羅政治社會史研究》
⑦ 《新羅思想史研究》
⑧ 《高麗兵制史研究》
⑨ 《高麗貴族社會의 形成》
⑩ 《韓國史新論(新修版)》
別卷 《研史隨錄》

이상의 사학논집 가운데 본집 10책은 사론집 4책(①-④), 연구서 5책(⑤-⑨), 개설서 1책(⑩)으로 구성되어 있다. 이러한 내용은 한국사학자로서의 저자의 연구 분야와 관심사를 나타내주는데, 그는 한국 고대사와 고려시대사를 주 연구 분야로 삼아 많은 연구를 축적하는 한편 한국사 발전의 큰 줄기를 잡아 그 체계화에 심혈을 기울여 개설서를 썼으며, 또한 한국사의 기조를 추적하고 한국사학의 연구방향을 모색하는 가운데 중요한 사론들을 발표하여 집성하였던 것이다. 아마도 그의 한국사학에 대한 업적은 이러한 三部面으로 이해할 수 있을 것이다.

먼저, 사론집 가운데 첫 번째인 ①《民族과 歷史》는 1971년에 초판이 간행되었고, 이번에 약간의 첨삭을 거쳐 신판으로 펴낸 것이다. 이 책에는 일제 식민주의사관에 대해 본격적인 비판을 가한 기념비적인 사론을 비롯하여, 사대주의론과 민족성론에 대한 비판, 한국 민족의 대외항쟁이 지니는 역사성 추구 등을 주요 내용으로 하는 많은 사론들이 실려 있다. 그것들은 한결같이 한국사의 발전을 한국 민족의 시각과 입장에서 전진적으로 이해하려는 적극성을 지니고 있는바, 1970년대 한국사학의 발전에 지대한 영향을 미쳤다. 이 책은 일본에서 번역 출판되었고, 그 가운데 武田幸男의 해설이 있으며(日譯《民族の 歷史》, 學生社, 1974), 서평으로서는 洪以燮(《新東亞》, 1971년 7월)과 車河淳(《文學과 知性》, 1971년 가을)의 것이 주목된다.

사론집 가운데 두 번째인 ②《韓國史學의 方向》은 1978년 초판이 나왔던 것으로, 한국사학이 나아가야 할 방향에 대한 모색과 성찰을 중심 내용으로 하고 있다. 1970년대의 어두운 정치 사회적 여건이 한국사학으로 하여금 민족과 현실을 내세워 그릇된 방향으로 나아가게 만들고 있다는 위기감 속에서, 저자는 역사의 진리와 합리적 사고방식을 강조하면서 한국사의 특수성에 대한 집착을 경계하였다. 그는 한국사의 특수성은 보편적 법칙과의 관계 속에서 추구되어야 한다는 점을 중시하는 한편 역사 발전 법칙의 多元性을 내세우고, 한국사와 세계 각국사와의 비교사적 연구의 필요성을 주장하기도 하였다. 이 책에 대해서는 宋贊植(《新東亞》, 1978년 12월), 金成姬(《이대사원》15, 1978), 閔賢九(《文學과 知性》, 1979년 봄)의 서평이 발표된 바 있다.

③《韓國史學의 再構成》은 사론집 가운데 세 번째 책으로 1991년 초판이 간행되었다. 대부분 앞의 두 사론집이 간행된 뒤에 씌어진 글들로 묶여진 이 책에서 저자는 한국사학에 대한 커다란 사명감과 학문적 진리라는 절대적 명제의 바탕 위에 서서 오늘날 한국 학계에 큰 영향을 미치고 있는 民衆至上民族至上의 목적성을 지닌 연구경향에 대해 큰 우려를 표명하였다. 특히, 실천을 내세워 현재성을 강조하면서 특정한 목적에 맞추어 과거 사실에 대한 가치판단을 강요하는 것은 한국사학의 학문적 객관성을 저해시키고, 역사의 왜곡으로 이어질 수 있음을 강조하였다. 여기에서 실증사학의 중요성을 강조하고, 유물사관의 도식적 연구 방법을 비판한 것도 바로 그 때문이었다.

④《韓國古代史論(增補版)》은 원래 문고판으로 1975년에 간행되었던 것을 새로 대폭 증보하여 면모를 달리해서 펴낸 책으로, 한국 고대사에 대한 계몽적인 가벼운 논문들과 調査記, 그리고 연구사적 전망 등을 중심내용으로 하는 것이다. 그러나 한국사의 기원으로부터 시작하여 고조선 문제, 신라 골품제 등 고대사의 핵심 문제들과 丹陽 赤城碑, 新羅 寫經 跋文 등 주요 연구 자료들이 종횡으로 거론되고 있으며, 고대 한일관계에 대한 글들은 문제의 핵심과 연구의 방향을 매우 적확하게 짚어 준다고 할 수 있는 만큼, 이 책은 단순한

계몽적 사론집이 아니라 저자의 한국 고대사 연구의 결과가 용해되어 있는 학문성이 큰 저작물이라고 하겠다.

연구서 가운데 첫 번째인 ⑤《한국 고대정치사회사 연구》는 이번에 한국사학논집이 편찬되면서 1996년에 새로 저술 간행된 것으로, 古朝鮮, 高句麗, 百濟를 포함하여 新羅末에 이르기까지의 역사 발전을 추구하고 있지만, 이 책에 대해서는 뒤에서 따로 詳論하고자 한다.

⑥《新羅政治社會史研究》는 1974년에 조판이 나오고, 이듬해에 日譯版이 나왔던 것으로서(武田幸男 監譯, 學生社, 1975), 이기백의 신라사 연구의 대표적 저서라고 할 만한 책이다. 신라사회의 身分制, 政治體制, 王權, 社會變動 등을 중심 과제로 삼은 이 연구서는 면밀한 실증의 토대 위에서 신라의 정치적 발전 과정을 거시적으로 貴族聯合→專制主義→貴族聯立으로 체계화시킬 수 있었고, 이 같은 연구의 성과는 신라사 연구의 새로운 국면을 열어준 것으로 평가되었다. 이에 대해서는 많은 서평이 발표되었는데, 李基東(《歷史學報》62, 1974), 申瀅植(《歷史教育》 16, 1974), 金貞培(《서울평론》37, 1974), 武田幸男(《朝鮮史研究會會報》42, 1976) 등 諸氏의 것들이 대표적 사례라 하겠다.

⑦《新羅思想史研究》는 당초 1986년에 간행되었다. 이기백의 한국사 연구가 사상사에서 출발했던 만큼, 오랜 동안의 관심과 천착의 결과로서 나오게 된 이 책은 신라 불교사상의 발전에 큰 비중을 두고 있지만, 유학사상에 대해서도 중심되는 문제들을 다루었고, 도교사상에 대한 검토가 이루어지는 등 신라 사상의 역사적 발전을 정면에서 접근하였다. 특히 주목되는 것은 사상사 연구

를 종교적 신앙이나 도덕적 신념으로부터 유리시켜 그 시대의 사회와 인간과 연결 짓는 역사적 관점에서 진행시켰다는 점이다. 그러한 입장에서 신라의 불교를 국가불교로 규정짓는가 하면, 유학의 발전을 六頭品 귀족의 사회적 위치와 연결하여 추적하였다. 그리하여, 이 책은 ⑥과 표리관계를 이루면서 신라 사회의 새로운 틀과 발전 과정을 파헤치는 데 크게 기여할 수 있었다. 이에 대해서는 金杜珍(《歷史學報》 114, 1987)과 李基東(《新東亞》, 1987년 1월)의 서평이 있다.

⑧《高麗兵制史硏究》는 이기백의 첫 번째 연구서로서 1968년에 초판이 간행되었다. 고대사에서 시작된 그의 연구영역은 고려사로 확대되었고, 특히 이 시기의 兵制가 위로 정치권력과 연결되고, 밑으로는 사회의 기층에까지 관련을 가진다는 점에 주목하여 그에 대한 10여 년간에 걸친 정치한 연구 끝에 이 책을 탄생시켰던 것이다. 여기에서 주목할 바는 고려의 병제를 특유한 軍班制論을 내세워 京軍, 州縣軍, 州鎭軍의 세 體系로 나누어 고찰함으로써 종래까지 唐의 府兵制를 본딴 것으로 소박하게 파악해 온 이해 방식에 근본적 변화를 가져오게 했고, 兵制를 중심으로 그와 연관된 토지제도, 신분체제, 지방제도 등 고려사회의 여러 部面에 대한 연구를 크게 자극하고 진척시켰다는 점일 것이다. 여기에서 제기된 府兵制說 비판은 지금껏 논의의 대상이 되고 있으며, 이 연구를 통해 제시된 철저한 문헌 검토의 방식은 그 후의 고려사 연구에 중요한 기준을 설정해 주었다. 이에 대한 서평으로는 姜晋哲(*Journal of Science and Humanities* 29, 1968), 河炫綱(《韓國史硏究》 3, 1969), 有井智德(《朝鮮學報》 52, 1969) 등 諸氏의 것이 주목된다.

⑨《高麗 貴族社會의 形成》은 1990년에 초판이 간행된 것으로 앞의 《高麗兵制史硏究》의 자매편에 해당된다. 이 책은 고려를 귀족사회로 성격짓는 이기백의 주요 연구 성과를 집성한 것이지만, 지금껏 본격적인 소개 비평이 행해진 바 없으므로 뒤에서 따로이 논급하려고 한다.

끝으로 ⑩《韓國史新論》(新修版)은 1967년 초판이 간행된 이후 여러 차례 개정을 거쳐 지금의 新修版에 이르기까지 가장 영향력 큰 개설서로서 부동의 위치를 지켜왔다. 이 책은 한국사의 전개를 전진적 자세에서 체계적으로 서술하였고, 국내외 연구 성과를 가장 충실하게 반영하면서 합리적 객관적 해석의 자세를 견지함으로써 권위를 확립하고 그 聲價를 지속시킬 수 있었다. 이기백은 앞에 든 많은 사론집과 연구서의 저술에 못지않은 노고와 정성을 이 개설서의 집필과 수정에 바쳤던 것이고, 그것이 그의 한국사학을 유니크한 것으로 만드는 데 크게 작용했다고 할 수 있다. 이 책은 영어판, 일본어판, 중국어판, 스페인어판, 말레이시아어판, 러시아어판 등 수많은 외국어판으로 번역 출간되어 세계 각국에 널리 보급되었다. 이 책에 대해서는 旗田巍(《朝鮮學報》 50, 1969), 千寬宇(《創作과 批評》, 1976 겨울), 나각순(《月刊讀書》, 1980년 4월), 閔賢九(《政經文化》, 1984년 1월), 李基東(《新東亞》, 1985년 1월 별책부록), 金彦鎬(《출판저널》, 1988년 5월 5일) 등 諸氏의 서평이 있고, 또한 일본어판에 대해서 北村秀人(《朝鮮學報》 63, 1972)이, 영어판에 대해서는 柳永益(《歷史學報》 119, 1988)이 따로 소개 비평한 바 있다.

이 논집의 별권으로 1994년에 출간된 《硏史隨錄》은 한국사학자로서 평생을 보낸 이기백의 학문과 인생에 대한 담론들, 스스로를 뒤돌아보는 자전적 기록들, 그리고 한국사에 관한 가벼운 隨錄 · 評論들을 싣고 있다. 오히려 학술적 성격을 지니는 것이 아닌 까닭에 한국사학자로서의 이기백의 인간적 면모를 진솔하게 보여 주는 한편 그의 학문관, 역사관에 대해서도 중요한 단면들을 있는 그대로 제시해 주고 있다.

## 3. 《韓國古代政治社會史研究》와 《高麗貴族社會의 形成》

이 사학론집 가운데에는 이번에 처음으로 출간되는 ④《韓國古代政治社會史研究》와 수년 전에 나왔으나 아직 서평에 오른 적이 없는 ⑨《高麗貴族社會의 形成》이 들어 있다. 이 두 연구서에 대해서는 다소간의 지면을 할애하여 소개 · 비평할 필요가 있을 것이다.

《韓國古代政治社會史研究》는 이기백이 그동안 한국 고대사를 연구해 쌓은 업적 가운데 국가 형성 문제, 고구려사, 백제사, 그리고 ⑥과 ⑦에서 제외된 신라사 부문의 논문들을 각기 독립된 章으로 삼아 새로 펴낸 연구서이다. 이 책의 네 章은 모두 독립된 연구서로 발전되기를 희망했던 것들이지만, 그 뜻이 이루어지지 못하였음을 이기백은 못내 아쉬워하고 있다. 그러나, 여기에 수록된 古朝鮮, 高句麗, 百濟 관례 논문들이 한국 고대사의 해명에 커다란 공헌을 하였고, 新羅史 관계의 새로운 논고들도, ⑦과 ⑧을 보완하며 중요한 문제제기를 하고 있다는 점을 상기할 때, 이 책이 지니는 육중한 무게를 느낄 수 있을 것이다.

제I장에서는 三國時代 이전 한국사의 몇 가지 문제들을 다루었는데, 벽두에서 古朝鮮 문제를 검토하고 있다. 고조선에 대한 이기백의 입장은 명백하다. 단군신화를 통해 고조선의 존재를 부정하는 일제 식민주의 史家의 그릇된 견해를 비판하는 동시에 그 건국의 시기와 국가형태에 대하여 비역사적 주장을 펼치는 이른바 在野史家나 그 아류에 속하는 축의 부당한 인식도 바로잡아야 한다는 것이다. 이 점은 그가 일찍이 《韓國古代史論》이나 《韓國史新論》을 통해 분명히 해왔던 것이지만, 여기에서 이것을 다시금 내세움으로써 그가 설정한 한국고대사 체계를 확실히 하는 한편 한국고대사 연구가 문헌사료, 고고학적 자료, 그리고 비교사적 知見을 종합하여 합리적으로 이루어져야 한다는 것을 분명히 강조하였다.

이상과 같은 古朝鮮의 국가 형성 문제를 비롯하여, 그 시기의 法俗, 夫餘의 妒忌罪, 그리고 3세기 魏의 高句麗와 東濊에 대한 침입 등을 이 章에서 다루었다. 한국사의 여명기에 해당되는 이 시기를 다루면서 이기백은 한결같이 그 정치와 사회의 실상이 인류의 보편적인 고대사회에 대한 知見을 통해 바르게 인식될 수 있는 동시에, 한국사의 사례가 또한 인류 역사 연구에 중요한 도움을 제공할 수 있으리라는 점을 강조하였다.

제II장은 '고구려의 國家와 社會'라는 章名 아래 高句麗史에 대한 5편의 논문으로 구성되어 있다. 고구려의 國家形成, 王妃族, 扃堂, 溫達傳에 보이는 身分體制, 中原 高句麗碑가 그 주제이지만, 그 가운데 대부분은 새로운 연구 성과를 통해 우리들에게 고구려 사회에 대한 이해를 넓혀 준 것들이다.

고구려의 국가 형성에 대해서는 기원전 37년으로 나타나는 《三國史記》의 건국 연대보다 거슬러 올라가 상당한 정치적 군사적 결집력을 지닌 것으로 나타나는 '夷貊'의 단계에 주목하여, 그것이 城邑國家라고 부를 수 있는 초기

국가였음을 논증하였다. 이것은 국가에 대한 개념을 역사적 입장에서 폭넓게 이해하여 한국사 여명기의 정치 사회적 발전을 합리적으로 파악할 수 있게 해 주었다.

고구려의 발전 과정을 통하여 중요한 것은 왕권의 성장인데, 그 지표로서 왕위계승에 있어서 형제상속으로부터 부자상속으로의 변화를 중시하고, 이 같은 변화의 시기에 일정한 王妃族이 출현한다는 사실을 밝힌 것이 〈高句麗王妃族考〉이다. 이 논고를 통해 故國川王代(179-197)는 고구려 사회가 중앙집권화로 나아가기 시작하는 획기적 변혁의 시기였고, 王妃族으로서의 椽那部의 존재가 두드러진 것이었음이 밝혀지면서 고구려사 연구는 새로운 활기를 얻을 수 있었다.

한국 고대사 연구에 많은 업적을 남긴 日人學者 三品彰英은 대표적 저작인 《新羅花郎의 硏究》(1943)에서 花郎徒와 같은 男子集會는 대만, 일본을 거쳐 한반도 남부에 걸쳐 있었다고 하면서, 그것이 없는 고구려는 북방문화권에 속한다고 하였다. 한반도의 가운데가 남·북 문화권의 분계선을 이루며, 그에 따라 북의 고구려와 남의 新羅(韓)가 확연히 구분된다는 주장인데, 일제 식민주의 사학을 세련화하는 데 큰 구실을 한 三品의 이러한 주장의 배경은 정확히 알 수 없지만, 그의 주장과 상통되는 한국 문화의 남방 기원설이 1960년대에 인류학을 위시한 몇 분야에서 한국 학계를 풍미하기도 했다. 이러한 가운데 이기백이 고구려에도 신라 화랑도와 같은 未成年集會의 遺制가 있었음을 밝혀 三品의 說을 정면에서 비판하였던 것인데, 여기에 실린 〈高句麗의 扃堂〉은 이러한 내력과 의미를 지닌다.

그 밖에, 황당한 설화로 여겨지는 《三國史記》〈溫達傳〉 속의 溫達과 平岡公主와의 婚姻 얘기를 분석하여, 고구려의 신분질서의 내용과 그 변화를 추적하는가 하면, 근년에 발견된 中原高句麗碑의 碑文을 검토하여 長壽王 당시 고구려가 신라의 宗主國으로 행세하는 형국이었음을 구명하기도 했다. 이러한 이기백의 고구려사에 대한 관심과 연구는 깊고 다양하며 많은 성과를 거두었으나, 그것이 본격적으로 체계화되어 집대성될 수 없었음은 커다란 아쉬움을 안겨준다고 하겠다.

제III장은 〈百濟의 王權과 貴族〉으로, 百濟史 논문 4편을 모은 것이다. 초두에 있는 〈百濟 王位繼承考〉는 일찍이 1950년대 말에 발표된 것으로, 해방 이후 새로운 백제사 연구의 단서를 연 업적이었다. 왕위계승에서의 형제상속으로부터 부자상속으로의 변화과정을 추구하고, 그것을 王族(叔父 · 兄 · 弟)과 王妃族의 消長 관계와 연결시켜, 백제 정치사의 발전단계를 체계화시키려는 웅대한 구도가 깊은 인상을 안겨 주는 것이었다. 또한, 종래 일본 학자들의 일본 측 사료에 대한 過信을 비판하면서 새롭게 역사적 사실을 추구해 가는 연구 방법을 제시함으로써 이후의 연구자에게 큰 영향을 미쳤다.

百濟는 4세기에 고구려에 밀려서 熊津으로 천도함에 따라 새로운 정치적 사회적 정황에 처하게 되는데, 이기백은 이때에 대두되는 귀족세력을 眞氏, 解氏, 燕氏, 苩氏를 중심으로 분석하는 한편 이 시기의 百濟를 다시 강국으로 만드는 데 크게 공헌한 武寧王에 대한 고찰을 진행시켰다. 그리하여 75년 동안의 熊津都邑時代의 백제의 정치는 주로 특정 지역을 근거지로 삼고 外戚으로 대두하여 전횡하던 귀족세력과 그들을 견제 축출하려는 국왕 사이의 대립과

알력으로 얼룩진 것이었으나, 武寧王의 눈부신 업적을 통해 왕권이 확립되어 그 후 泗沘時代 백제의 융성을 가능케 하는 터전이 마련되었음을 밝혔는데, 특히 武寧王의 연구는 1971년에 새로 발견된 武寧王의 誌石을 바탕으로 이루어진 것이었다.

백제사 연구의 끝부분은 백제불교의 수용을 다룬 논문이 차지하고 있는데, 일본인 학자들이 그 수용연대를 애매한 내용의 《日本書紀》기록에 근거하여 5세기 중엽이나 6세기 초엽으로 끌어내려 이해하려는 주장을 비판하고, 《三國史記》의 기사대로 4세기 후반으로 파악하는 것이 옳다는 것을 논증하였다. 이상과 같은 백제사 부분 논문은 양적으로는 많지 않은 것이나, 대개 백제정치사의 중핵을 다룬 것으로 연구사를 통해 중요한 위치를 점한다고 하겠다.

제Ⅳ장 〈新羅의 政治와 社會〉는 신라사 관련 논문 8편으로 구성되어 있는데, 그 분량은 약 200면으로 이 책의 절반에 가깝다. 그 내용은 크게 세 부분으로 나눌 수 있는데, (1) 새로 발견된 사료의 분석과 검토를 통해 신라의 정치적 사회적 구조에 대한 이해를 심화시킨 것 3편, (2) 新羅 專制政治를 다각도로 살핀 3편, 그리고 (3) 思想史에 관련된 것 2편이 그것이다. (1)에 해당되는 것은 각각 蔚珍 居伐牟羅碑, 丹陽 赤城碑 및 景德王代의 華嚴經 寫經을 다룬 논고들이고, (3)에 해당하는 것이 新羅 五臺山信仰과 新羅 下代의 風水地理說을 고찰한 논문들이다. 이것들은 각각 신라 골품제와 종교·사상에 대한 값진 연구이지만 여기에서 자세히 논급할 여유가 없음을 유감스럽게 생각한다. (2)는 이기백이 일찍이 《新羅政治社會史研究》를 통하여 신라의 정치적 발전을 貴族聯合→專制主義→貴族聯立의 과정으로 체계화시켰던 데 대하여 근년에 몇 군데에서 이론이 제기되었던바, 그것을 專制政治에 초점을 맞추어 反批判의 형식으로 재검토하면서 自說을 보완 강화시킨 논문들이다. 그러므로 그 논문들이 新羅 專制政治의 成立, 운영실태, 붕괴과정을 다루는 3편으로 나뉘어 있으나, 실은 그의 專制王權論을 둘러싼 다양한 논의를 몇 부문으로 갈라 정리한 단일한 논문인 셈이요, 따라서 그 내용은 《新羅政治社會史研究》를 보완하는 것이라 하겠다.

여기에서 주목되는 것은 우선 역사적 진실을 추구하려는 강한 집념인데, 이기백은 근년에 이 문제를 거론한 국내외의 10여 명 학자들의 논저들과 다양한 견해를 도처에서 일일이 수렴 비판하면서 자신의 견해를 가다듬고 있는바, 이러한 작업이 70대 이후의 노년기에 이루어지고 있는 것이다. 自說에 대한 책임 의식도 작용했을 터이나, 그 밑바탕에는 역사의 진실을 향한 강한 집착이 큰 작용을 했으리라 여겨진다. 또한, 그 속에서 학문의 정확성과 엄격성이 강조되고 있음이 인상적이다. 그는 이 논의를 시작하면서 專制政治의 개념을 명확히 하기 위하여 커다란 정력을 쏟고 있으며, 쟁점을 정확히 하기 위해 여러 사람의 번잡한 서술내용에 대한 세세한 인용을 마다하지 않았다. 그러한 가운데, 비판자의 주장이 그 자체 모순되거나 이기백의 主旨를 오해, 또는 곡해한 부분에 대해서는 날카롭게 지적하고 있다. 이러한 논의 결과 신라 專制政治에 대한 이해는 한층 더 깊어지게 되었고, 학문에 임하는 불성실한 자세에 대해서는 반성의 계기를 마련케 해 주었다고 여겨진다.

이상 《韓國古代政治社會史研究》를 훑어보았는데, 너무 개별적인 논문

중심으로 이끌어 간 느낌이 들지만, 그 개략적 윤곽은 파악되었으리라 여겨진다. 실상, 고대의 긴 시기에 걸쳐 많은 주제의 연구가 이루어져서 수록된 만큼 이러한 형태의 검토는 불가피하지 않았나 하는 생각도 든다. 아무튼 이 책은 이기백의 오랜 한국 고대사 연구 역정을 정리한 것으로, 1950년대부터 1990년대에 걸쳐 연구된 다양한 내용을 지니지만, 그것들은 한결같이 한국 고대사회의 올바른 실상과 그 발전을 정확히 밝힌다는 뚜렷한 목표 아래, 실증적 방법을 토대로 추구된 苦鬪의 산물이었다. 그 내용 대부분은 근래의 새로운 韓國古代史像 구축에 중요한 구실을 하는 동시에 새로운 연구에 디딤돌이 되었음을 유의해야 하겠다.

다음으로 ⑨《高麗 貴族社會의 形成》에 대하여 간단히 살피기로 한다. 이 책은 이기백이 1968년에 ⑧《高麗兵制史硏究》를 저술 간행한 이후 발표한 것들을 주축으로 하여 고려사 관련 논문들을 모으고, 거기에 연구사를 정리한 글들을 곁들여 펴낸 연구서이다. 저자는 일찍이 고려사에 관심을 갖고 병제사를 연구했으나 그와 관련하여 고려 귀족사회의 성립과 그 구조에 대한 학문적 관심을 안고 꾸준히 추구해 왔던 것인바, 이 책의 중심부분은 저자의 귀중한 학문적 업적이라 할 고려귀족사회설을 집성 정리한 것으로서 ⑧의 자매편이 된다고 하겠다.

이 연구서는 크게 세 부분으로 나뉘어지는데, 먼저 제I장, 제II장, 제III장은 고려 귀족사회의 성립과 그 구조 및 문화를 다룬 것으로 중심부분에 해당된다고 하겠고, 다음으로는 ⑧에 뒤이은 兵制史 연구의 성과를 종합 정리한 제IV장, 그리고 마지막으로 제V장의 연구사적 검토가 그것이다. 그러므로 여기에 수록된 13편의 논문은 상당한 시간적 격차를 갖고 씌어진 것들이지만 대부분 고려 귀족사회설의 구도 아래 일정한 체계성을 지닌다고 여겨진다.

이기백의 고려 귀족사회에 대한 학문적 추구는 1965년에 〈王建〉이라는 原題로 발표된 바 있는 本書 제I장 所收의 〈太祖 王建과 그의 豪族聯合政治〉에서 본격적으로 시작되었던 셈이다. 이 글은 王建이라는 인물에 대해 접근하면서, 그의 사회적 배경이 호족 출신임을 강조하는 한편 그가 고려를 건국하여 새로운 왕조를 세운 후 호족연합정권을 수립하였음을 주장하였다. 이것은 후삼국의 변화를 무너뜨리고 새로운 정치체제와 사회질서를 성립시킬 前途가 마련됨을 추구하는 동시에 '호족연합정권'이라는 새로운 개념을 제시하는 것이었다. 그 후 저자는 고려의 병제를 체계화하면서 고려 사회의 신분질서에 깊은 관심을 갖고 천착하였고, 그 결과 班體制라는 새로운 원리를 통해 고려 귀족사회의 신분구조를 설명할 수 있다는 결론에 도달하였다. 제II장에 실린 〈高麗時代 身分의 世襲과 變動〉(1969년에 처음 발표됨)은 그러한 면에서 이기백의 귀족사회설이 상당히 정리된 단계에서 고려 사회 신분체제의 성립과정과 그 유동 가능성에 대해 깊은 이해에 이르렀음을 말해주는 것이다.

그에 의하면, 고려 사회의 지배층, 곧 귀족의 기원은 지방에서 대두한 호족들과 신라의 六頭品에서 찾을 수 있으며 그들은 族的인 紐帶에 토대를 둔 骨品制가 무너지고 정치적 기능을 기준으로 삼는 새로운 신분체제, 곧 班體制가 성립되면서 文班, 武班, 또는 南班과 같은 중앙 官僚層에 편입되었다. 신분의 기준이 되는 정치적 기능은 때로는 사회적 기능이 될 수 있는 바로서 '役' 또는

'職役'으로 환치될 수 있고, 鄕吏의 鄕役, 軍人의 軍役, 기술직의 職役이 그것이며, 농민의 土地 耕作도 役에 견주어 볼 수 있다. 이처럼 '役'이라는 用語로 대표시킬 수 있는 국가에 대한 분담 참여의 형태에 따라 여러 개의 사회적 신분층이 나뉘어져 있었고, 役의 담당은 개인이 아닌 氏族을 단위로 하였으며, 그 역은 원칙적으로 世襲되도록 짜여져 있는 것이 고려 귀족사회의 신분구조였다. 그러나 신분 간의 유동 가능성은 어느 정도 열려 있어서 文班層이 鄕吏層으로부터 부단히 보충되고, 軍人層은 武班으로 승격될 수 있었다. 이러한 신분의 세습과 변동은 고려 귀족사회의 안정과 변화를 나타낸다는 것이다.

이러한 과정을 거치며 高麗貴族社會說은 가다듬어져서 定說化되어 갔다. 실상 저자는 《韓國史新論》 初版(1967)에서 '貴族政治'란 章名을 등장시켰다. 그런데, 1973년에 이르러 朴菖熙는 〈高麗時代 '官僚制'에 대한 考察〉(《歷史學報》 58, 1973)이란 논문을 통해 高麗貴族社會說을 비판하였다. 이것은 고려사회의 성격을 둘러싼 활기찬 논쟁을 유발시켰고, 저자는 이 문제에 대한 총체적 정리를 도모하였다. 1974년에 집필 간행되어 (《한국사》 4), 이 책 제I장에 수록된 〈高麗 貴族社會의 形成〉은 이러한 사정 속에서 나왔던 것이다.

이 논문은 成宗代를 중심으로 정치세력의 消長, 科擧制와 教育政策, 政治理念 등을 철저히 검토하여, 다음과 같은 결론에 도달하였다. 고려의 정치세력은 新羅六頭品 계열의 유학자들에 뒤이어 近畿지역 출신의 호족들이 등장하여 中央貴族化함으로써 지배층의 자리를 차지하였고, 科擧制는 그 실제적 운영에 있어 중앙관리와 지방 향리 자손이 응시함으로써 사회적으로 유리한 지위에 있는 자들이 특권을 배타적으로 공유하는 구실을 하였고, 교육정책은 지방 鄕吏子弟를 교육시켜 과거를 통해 관리로 등용시키는 데 중점이 놓여 있었다. 한편, 중앙귀족 중에서 고급관직을 누리고 있는 보다 좁은 특권층의 관계진출을 보장하는 제도로서 蔭敍制가 성립되었다. 그리고 이때에 崔承老는 儒教的 정치이념에 입각하여 中央集權的 貴族政治를 주장하여, 고려는 豪族이 진출하여 중앙관리직을 장악하게 되었고, 그들은 科擧制와 교육정책을 통해 중앙관리나 지방 향리 계층이 관직을 독점하는 정치적 특권을 제도화하였으며, 이러한 계층이 독자적 사회 계층으로 성장하여 귀족화함으로써 귀족사회의 틀이 마련되고, 마침내 고려귀족사회가 성립·전개된다는 것이다.

이 책에는 이러한 貴族社會說을 보완하며 개관하는 논문이 제I장의 冒頭에 실려 있고, 또한 고려 초기 三省體制를 귀족적 정치기구로 파악하여 그 성립과정을 추적한 논문이 제II장에 실려 있다. 그리고 고려 초기의 五代와의 關係와 고려 귀족문화의 白眉인 고려자기에 대한 연구가 제III장에 나타난다. 특히 고려자기의 경우, 그것은 문신귀족이 주도권을 잡고 중국 문화의 수입이 이루어지는 가운데 질적으로 우수한 제품으로 만들어질 수 있었고, 귀족의 사치품으로 이용되었으나, 그들이 정신적 안정을 얻기를 기원하고 있는 분위기 속에서 현란하지 않고 마음을 가라앉게 하는 조용한 성질의 것으로 제작될 수 있었으며, 그러한 점에서 고려청자는 고려 귀족의 성격을 밝혀 주는 대표적인 문화적 산물이라고 파악하였다.

이 책의 두 번째 부분에 해당하는 제IV장은 兵制史 관련 논문 4편을 싣고 있는데, ⑧을 보완하는 續篇으로서의 의미를 지닌다. 軍班制를 주축으로 하는 고려 초기의 兵制가 붕괴의 조짐을 보이면서 12세기 초엽에 別武班이 설치되어 농민이 전투의 목적으로 군대에 강제로 동원되는 현상이 나타났음을 중시하였고, 고려 말엽에 이르러서는 일반 농민, 즉 白丁을 구성요소로 하는 常備軍으로서의 翼軍이 등장한다는 사실을 구명하였다. 이러한 고찰은 고려의 兵制가 전문적 군인으로서 국가로부터 토지를 받는 존재를 주축으로 하던 軍班制로부터 일반 경작 농민이 중심이 되는 兵農一致制로 발전해 갔다는 커다란 체계를 염두에 둔 것으로, 그 이면에는 농민의 성장이라는 사실을 상정하고 있다. 저자는, ⑧의 출간에 뒤이어 《高麗史 兵志 譯註(一)》(1969)를 출간한 바 있거니와, 高麗後期 兵制史에 대한 커다란 체계를 세운 채 후속 연구를 완성시키지 못한 것은 이 방면에 관심을 갖는 연구자에게는 큰 아쉬움을 주었다. 하지만 이 책에 수록된 연구 성과는 장래의 연구에 값진 디딤돌이 될 것이다.

이 책의 끝 부분은 연구사 정리로 마무리되었다. 먼저 1900년부터 1960년까지의 고려시대 연구에 대해 전 부문에 걸쳐 회고하면서 문제점을 제시하였고, 뒤에서는 사회사적 관점에 치중하여 고려 귀족사회의 성립 과정과 그 성격 및 사회계층 문제에 대하여 학설사적 검토를 진행하였다. 모두 고려 귀족사회의 실체와 그 문제점을 연구사적 시점에서 살핌으로써 앞부분의 연구 성과를 또 다른 측면에서 보완하는 의미를 지니는 것이다.

이상에서 훑어본 바와 같이 이 책은 고려 귀족사회의 성립과 그 구조를 추적한 것이 본령을 이룬다. 당초에 고려를 귀족사회로 이해한 것은 安廓, 孫晉泰 등 일제시대에 활약한 학자들이었고, 뒷날 일본에서 旗田巍가 개설서에서 논급한 바 있으나, 고려 귀족사회설의 체계화에 주축이 된 것은 이기백의 연구를 통해서였다. 그 후 많은 학자들이 동참하였고, 앞에서 지적한 대로 그에 대한 반론도 제기되었으며, 오늘날에 이르러서도 이 문제는 새로운 쟁점으로 떠오르고 있다. 그러나 1960년대로부터 1970년대에 걸친 한국사 연구에서 고려사의 연구가 괄목할 만한 것이었고, 그 가운데 귀족사회설의 정립이 精彩를 띠는 것이었음을 상기할 때 이 책이 지니는 의미는 저절로 드러난다고 하겠다.

## 4. 《史學論集》에 보이는 硏究의 경향과 특성

《李基白韓國史學論集》의 대강을 훑어보면, 이기백이 이룩한 많은 연구 성과에 깊은 인상을 받게 된다. 韓國 古代史와 高麗時代史에 걸친 연구의 내용도 政治史, 社會史, 思想史를 아우르는 폭넓은 것이지만, 사론집에 나타나는 끊임없는 학문적 성찰과 모색, 그리고 수십 년간 수정을 거듭하며 槪說書(《韓國史新論》)가 항시 새로운 면모를 갖출 수 있게 해온 집념과 근면을 살피노라면, 한 역사학자가 평생토록 얼마나 부지런히 공부하여 어느 정도의 연구 성과와 업적을 낼 수 있는가 하는 가능성의 한도를 시사해 주는 것 같다. 여기에 응축된 저자의 학문적 고투가 현대 한국사학이 오늘날의 수준에 도달하는 데 중요한 초석이 되었던 것이다.

이 논집을 살필 때, 우리는 이기백의 민족에 대한 깊은 관심을 엿보게 된다. 첫 번째 사론집이요, 이 논집의 제1권이 되는 《民族과 歷史》의 머리말에서 저자는, "이 책의 중심과제는 우리 민족의 문제이다"라고 밝히고 있지만, 아마도 그가 한국사 연구에 뜻을 두게 된 所以나 평생의 연구생활을 통해 관심의 대상이 된 것도 민족 문제였을 것이다. 그는 '민족의 장래와 연결된 생각에서' 대학에 진학하여 한국사 연구에 뜻을 굳혔던 것이고, 그러한 배경에는 南岡의 從曾孫으로 國學에 남다른 관심을 지녔던 부친 李贊甲으로부터의 영향이 컸으며, 그 무렵 申采浩의 〈朝鮮歷史上 一千年來 第一大事件〉과 咸錫憲의 《聖書的 입장에서 본 朝鮮歷史》를 감명 깊게 읽으면서 한국사관을 키워 왔다는 저자 자신의 술회가 커다란 시사를 준다. 그가 古代史 연구에 종사하게 된 것도 민족과 민족문화의 형성에 대한 깊은 관심과 애착 때문이었는지도 모른다.

이기백의 민족에 대한 각별한 관심을 우선 《民族과 歷史》에서 살필 수 있지만, 또한 《韓國史新論》에서 한국사를 한국민족의 역사로서 파악하여 그 성장과 발전을 통해 체계화시키려 했던 데에서도 발견된다. 그가 한국사의 체계화를 강조하면서, "한국사로 하여금 세계사에 참여하는 市民權을 누릴 수 있도록 해야 할 것이다"라고 말한 대목 속에도 그러한 뜻이 함축되었던 것이라 하겠다. 실제로 그는 사론집이나 개설서에서뿐 아니라 연구서에 수록된 수많은 논문들 속에서도 지난날 일본 학자들이 왜곡한 역사상을 바로잡고, 중국 제도·문화의 아류로 오해 격하된 국면들의 실상을 밝힘으로써 한국사의 독자성 개별성을 확인시켜 주었다고 여겨지는바, 이는 그의 민족에 대한 애정과 관심, 그리고 한국사학자로서 한국민족에 대한 사명감 등과 결코 무관하지 않을 것이다. 그러므로 이기백의 한국사학은 민족에 대한 깊은 관심에서 출발하여, 그것은 원동력으로 해서 귀중한 업적들을 거둘 수 있었던 것이다.

그러나, 그는 동시에 역사적 진리라는 중요한 명제를 견지하면서 한국사 연구를 진행시켰다. 학문의 궁극적 목표는 진리의 탐구이며, 그것은 보편 타당성이라는 무한의 가치를 지닌다. 그러므로 한국사의 연구도 학문적 진리에서 벗어날 수 없으며, 어떠한 목적이나 이해관계 같은 것이 介在되어서는 안 된다는 것이다.

그런데, 역사에서 기본이 되는 것은 정확한 사실, 객관적 사실의 구명이다. 한국사의 연구에 있어서 해석이 중요하지만, 역사적 사실과 어긋나는 경우, 그것은 거짓으로 전락되거나 망상으로 변질되어 커다란 해를 끼치게 된다. 따라서 어떠한 이론이나 특정한 입장을 내세워 객관적 사실을 왜곡하거나 호도하는 일은 한국사의 연구나 서술에서 결코 용납될 수 없다는 얘기가 된다.

이렇게 볼 때, 이기백이 강조하는 학문적 진리와 역사적 사실은 서로 상통되거나 긴밀히 연결되는 것으로서 양자를 결합하여 역사적 진리라고 표현할 수 있을 터이고, 그 자신이 이러한 용어를 사용하고 있다. 그러므로 정확한 사실에 뒷받침된 역사의 발전에 대한 체계적 인식을 제시하는 것이 역사가의 임무요, 그렇게 얻은 결론이 바로 眞理의 이름으로 제시될 수 있는 것이라는 그 자신의 주장은 그의 연구과정이 역사적 진리의 추구에 몰두하는 일이었음을 시사해 준다.

이와 같은 자세는 결국 민족의 문제가 결코 진리를 훼손시킬 수 없다는 이기백의 학문적 입장을 분명히 해 주었다. 실상 그의 민족에 대한 관심과 애정은 일제 침략자에 의해 부당하고 무참하게 짓눌린 한국민족의 아픔에 대한 정당한 인식에 입각한 것이었고, 일제 식민주의적 한국사관에 대한 비판의 기준도 결코 역사적 진리의 테두리를 넘지 않는 것이었다. 이것이 이기백의 한국사학이 민족적 성격을 지니면서도 보편적인 것으로 성공할 수 있게 만든 요체였다고 하겠다. 이러한 그의 입장은 근년 현실 문제를 내세워 한국사학에 손상을 끼치려는 학계의 움직임에 대하여, "진리를 거역하면 민족도 망하고 민중도 망하는 것이다"라고 경고한 데서도 명백히 드러난다고 하겠다.

다음으로 저자는 한국사학의 연구 방법으로서 실증을 중시하고 아울러 비교사학의 중요성을 강조하고 있다는 점이 주목된다. 역사에 있어서 실증의 중요성을 부인하는 사람은 아무도 없지만, 실제로는 연구과정을 통하여 고증을 소홀히 하거나 실증의 뒷받침 없는 특정 이론에 무조건 의지하려는 경향이 적지 않다는 데 대하여 크게 우려하고 있다. 실제로 이기백의 연구는 한결같이 견실한 실증작업을 거쳐 일정한 성과를 거둘 수 있었던 것이며, 그의 한국사학은 실증이라는 방법적 기초 위에서 집대성된 것이라고 말할 수 있을 것이다. 이러한 맥락에서 이기백은 일제시대 진단학회를 중심으로 했던 실증사학의 활동과 구실을 높이 평가하여 현재 한국사학이 일정한 학문적 수준을 갖출 수 있었던 기반을 거기에서 찾았다.

한편, 역사의 연구는 고증의 단계를 거쳐 해석으로 접어들게 되고, 그것과 관련하여 이론의 문제에 봉착되는데, 어떤 특정한 이론을 절대시하여 무조건 한국사에 적용하는 잘못을 시정하는 방법으로서 이기백은 비교사학의 방법을 제시하였고, 실제로 그에 따르기도 했다. 그는 한국사의 시대구분 문제라든가 專制王權論, 또는 貴族社會說과 같은 커다란 문제에 접하여 방법론에 대한 모색을 거듭하면서, 比較史學의 도움을 받으려 하였다. 그가 한국사학을 체계화시키고 또한 이론화시키는 데 상당한 공헌을 할 수 있었던 것도 끊임없는 사학사적 검토와 이 같은 방법론의 성찰에 힘입은 바 컸다고 하겠다. 그러한 의미에서 대학에서 사학과가 한국사학과, 동양사학과, 서양사학과로 분리독립하는 것을 부정적으로 보는 그의 입장은 우리 모두가 유의할 바라고 여겨진다.

역사학자로서의 李基白과 그의 한국사학에 대한 검토는 앞에서 얘기한 대로 뒷날 사학사적 관점에서 본격적으로 이루어져야 할 것이다. 여기에서는 《李基白韓國史學論集》의 소개에 곁들여 그의 사학에 대한 편린 몇 가지를 논급한 데 지나지 않는다. 그러나 그의 한국사 연구는 민족에 대한 깊은 애정과 관심 아래 진행되었고, 하지만 그것은 보편타당성을 지니는 역사적 진리의 틀을 견지하는 것이었으며, 방법론으로서 실증과 비교사적 연구를 중시한다는 커다란 윤곽은 훑어본 게 아닌가 한다. 이와 같은 토대 위에서 그가 이룩한 커다란 업적은 한국사로 하여금 세계사에 참여하는 시민권을 누릴 수 있게 하는 값진 것이었다고 말할 수 있을 것이다.

## 5. 맺음말

《李基白先生古稀紀念韓國史學論叢》(1994)의 賀序에서 韓㳓劤은,

> 은사이신 李丙燾·孫晉泰 선생 밑에서 일 년여의 修學을 마친 끝에 우리는 서울대학교 사학과의 첫 졸업생으로 대학생활을 마칠 수 있었다. 그 이후 오늘날에 이르기까지 우리가 同學·동기동창으로 한눈팔지 않고 한국사 연구의 외길만을 걸어오는 동안 어언간 40여 년이 지나가서 이제 李基白教授도 고희를 맞게 되었다

라고 하였다. 해방 이후의 격동기를 경험하면서 평생토록 "한눈팔지 않고 한국사 연구의 외길만을 걸어" 옴으로써 이기백의 연구 성과는 11책의《사학논집》으로 집대성될 수 있었던 것이다. 하지만 그는《사학논집》의 간행 뒤에도 연구 활동을 계속하였으며,〈韓國古代의 祭祀와 裁判〉(《歷史學報》154, 1997)을 비롯한 논고들을 새로 집필해 왔다. 그러므로 이기백의 한국사학을 결산하는 전집은 뒷날 그의 새로운 연구 성과들이 정리될 몇 권의 연구서가 추가되고, 그가 공들여 이룩한 사료 정리 작업의 성과가 적당한 형태로 종합될 때 온전한 모습으로 다시 선보이게 될 것이다. 저자의 연구가 앞으로 오래도록 축적되어 뒷날의 전집이 전혀 새로운 모습으로 꾸며지게 되기를 바라는 것은 한국사에 종사하는 後學 모두의 한결같은 소망일 것이다.

## 6. 追補

《李基白韓國史學論集》은 1996년 10월까지 11책(본집 10책과 별권 1책)이 나옴으로써 그 간행은 일단락되었고, 그 내용과 성격을 앞에서 살핀 바 있다. 그 후 이기백은 2002년 10월에 새로이 연구서로서《韓國傳統文化論》을 저술하여《史學論集》의 내용을 추가하기 시작하였다. 이어서 老境의 건강 악화를 무릅쓰고 연구생활을 계속하는 가운데, 그는《史學論集》의 완간 계획을 세워 정리 작업을 계속하였지만, 일을 마무리 짓지 못하고 2004년 6월에 80세를 일기로 별세하였다. 그런데, 이기백은 이미 치밀하게 저술의 출간을 준비했기 때문에 그가 뜻했던 바에 좇아서 세 권의 책이 遺作으로 나올 수 있었다. 2004년 10월에《韓國古典硏究》가, 2005년 3월에《韓國史散稿》가,

2006년 5월에 《韓國現代史論》이 간행되었는데, 각기 그의 제자인 金龍善, 盧鏞弼, 鄭杜熙가 생전에 이기백이 했던 당부에 따라 정리와 교정의 수고를 감당하였다. 이로써 《李基白韓國史學論集》은 本集 14책, 別卷 1책, 모두 15책으로 완간되었다(一潮閣 발행). 새롭게 추가된 본집 4책은 역시 신국판으로 총 1,473면에 달하는바 그것들을 《史學論集》의 번호순으로 列記하고, 그 내용을 간략히 살피기로 한다.

⑪ 《韓國傳統文化論》
⑫ 《韓國古典硏究》
⑬ 《韓國史散稿》
⑭ 《韓國現代史論》

위의 책들 가운데 ⑪은 연구서에 가깝고, ⑫는 연구(《三國遺事》)와 史料의 譯註(《高麗史》〈兵志〉)가 합쳐진 것이고, ⑬은 간략한 史論·書評·追悼辭를 모은 것이며, ⑭는 飜譯書이다. 비교적 가벼운 느낌을 주는 것들이라 할 수 있지만, 李基白史學의 전모를 이해하는 데 중요한 의미를 지니는 著作들이라 할 수 있다.

먼저, ⑪ 《韓國傳統文化論》은 한국의 전통문화에 대한 이론적 검토와 구체적 사례의 추적을 중심내용으로 하면서, 곁들여 한국사학의 문제점과 역사교육의 방향을 짚어 본 것이다, 전통문화에 대한 이기백의 견해는 매우 분명하다. 전통문화는 역사적 소산으로서 고정불변한 것이 아니며, 당시의 시점에서 역사의 발전에 공헌하는 것이 올바른 전통문화라는 것이다. 그리고 전통문화의 계승을 논할 때, 그것은 문화의 껍데기나 표면적인 것이 아니라 그 속에

깃든 창조적 정신에 중점을 두어야 하며, 새로운 문화의 창조에는 거의 필수적으로 외래문화의 수용이 작용했다는 점을 그는 강조하였다.

이상과 같은 의미와 기준에 따라 한국 전통문화 가운데 두드러진 것으로 한글과 實學을 들어 그것들이 각기 민중의 사회참여 증대와 민족적인 사회개혁 욕구와 연계하여 새로운 의미를 지니게 되었음을 이기백은 중시하였다. 반면에, 巫術信仰 같은 것은 현대의 한국 사회에서 종교적 사명을 감당할 능력을 상실했다는 점에서 계승 발전시킬 대상은 아니며, 族譜도 마찬가지라고 그는 주장하였다. 그러므로 전통문화라고 해서 으레 존중하고 무조건 계승 발전시킬 것이 아니라, 현대 한국의 문화 발전에 이바지할 진정한 전통문화를 재발견하고, 그것을 바탕으로 외국문화를 적극 수용하여 새로운 문화를 창조해야 한다는 입장을 분명히 했다.

한국의 전통문화와 관련하여 한국사학의 학문적 전통에 관심을 기울이고, 나아가 현대의 한국사학에 대한 검토를 진행하였다. 그 가운데 조선 후기의 安鼎福이 투철한 유교적 이념을 지니면서도 實理와 實事를 바탕으로 엄격한 합리주의적 사실 고증을 가장 중요하게 여긴 위대한 역사가였다는 점을 강조하였다. 한편 일제시대에 창설된 진단학회의 활동을 한국사학과 한국어학에서의 보편성 추구의 학문 전통 속에서 이해하였다. 유물사관에 대해서는 현대 한국사학에 많은 공헌을 하였지만, 그것이 유럽사를 중심으로 형성된 一元的 공식을 한국사에 그대로 적용하고 또한 실천을 강요함으로써, 진정한 한국사의 체계적 인식을 가로막고 한국사학의 학문적 독립을 저해하는 치명적 결함을 지닌다는 점을 강조하였다.

⑫《韓國古典研究》는 상편이 《三國遺事》론으로 《三國遺事》를 다각도로 분석 검토한 연구 성과의 집합이요, 하편이 《高麗史》〈兵志〉 역주로 특정한 사료의 번역·주석 작업의 결과물이라 할 수 있다. 이기백은 고대사를 연구의 주된 대상으로 삼았고, 특히 사상사에 큰 비중을 두었던 만큼 《三國遺事》에 대해서는 남다른 관심과 애착을 갖고 있었다. 종래 六堂을 위시해서 《三國遺事》를 높이 평가하면서 상대적으로 《三國史記》를 폄하하는 견해가 우세한 경향을 보여 주었지만, 이기백은 누구보다도 《三國遺事》의 가치를 높이 사면서도 그것의 사학사적 위치와 사료적 성격을 구분 지어 이해함으로써 그 진정한 실제와 가치가 드러날 수 있다는 입장을 취하였다. 그리하여 여기에서는 《三國遺事》에 대해 各篇別로 내용과 의미를 분석 검토하여, 〈王曆〉, 〈紀異〉, 〈興法〉, 〈塔像〉, 〈孝善〉은 각기 따로 다루었고, 〈義解〉, 〈神呪〉, 〈感通〉, 〈避隱〉은 신라 불교의 국가와 개인 문제를 내세워 함께 취급하였다. 오랫동안의 연구가 응축되어 《三國遺事》의 실상에 아주 가까이 다가서게 해 주었다 하겠다.

이기백은 일찍이 고려 군사제도의 역사적 연구에 매달려 그 성과를 《高麗兵制史研究》로 출간하였고 그것이 《史學論集》에 포함되었음은 앞서 논급한 바 있다. 그 연구 과정을 통해 《高麗史》〈兵志〉의 사료적 중요성을 크게 깨달은 그는 姜晉哲, 金成俊, 李佑成과 고려사연구회를 만들어 《高麗史》各志를 輪讀·토론하며 譯註하는 작업을 진행시켰던바, 《兵志》를 맡았던 이기백이 그 결실로서 펴낸 것이 바로 《高麗史 兵志 譯註》이다. 이것은 당초 뜻했던 바와는 달리 〈兵志 1〉 '兵制'만을 다룬 데 그친 점이 아쉽지만, 고려군사제도, 더 나아가 고려사 연구를 발전시키는 데 큰 도움을 주는 업적이라고 할 수 있다.

⑬《韓國史散稿》는 책 제목이 뜻하는 바와 같이 한국사와 관련해 여기저기에 실었던 가벼운 글들을 모은 것이라 할 수 있다. 그러나 그 내용을 살피면, 제1편(학문과 진리), 제2편(학문의 열매—서평 · 논문평) 및 제3편(학자의 삶)의 구성과 체재가 시사하는 바와 같이 한국사의 기본적인 문제에 대한 성찰과 연구 성과의 소개 및 한국사학자들의 면모를 알려 주는 추도사를 담고 있어서 알차고 무게가 느껴지는 것이라고 할 수 있다. 달리 말한다면, 한국사학자로서의 이기백의 진면목을 내보이면서 그가 관심을 갖고 평가하였던 한국사학의 주요 論著들과 그와 함께 학자의 삶을 누린 先輩 · 同學의 모습을 알려 주는 책이라고 하겠다.

이 책은《韓國史市民講座》간행사를 첫머리에 실었다. 이 글은 "학문은 진리를 탐구하는 것을 그 사명으로 한다"는 문구로부터 시작하고 있는데, 그것은 실로 이기백 한국사학의 요체라고 말할 수 있다. 이미 앞에서 지적한 바와 같이 학문적 진리는 민족에 대한 관심과 더불어 이기백의 한국사학을 떠받치는 지주라고 하겠거니와, 만년에 이르러 이기백은 민족을 내세워 역사적 진리를 훼손하려는 움직임을 크게 우려하여 진리 쪽에 큰 무게를 두었던바, 양자의 관계는 이 책에 실린〈민족에 대한 사랑과 진리에 대한 믿음은 둘이 아니라 하나다〉라는 글 속에 응축되어 있다. 그의 마지막 글인〈한국사의 진실을 찾아서〉는 자신의 연구 진전과정을 스스로 훑어 본 자전적인 것으로서 깊은 인상을 준다.

이기백은 드물게 많은 서평을 써서 공표하였다. 그는 새로운 업적을 소개하고 비판하는 데 많은 힘을 쏟았던 바, 그것이 밖으로는 한국사학계에 비평의 풍토를 조성하고, 안으로는 그의 《韓國史新論》이 신선한 내용을 갖추게 했던 것인데, 주로 학술지에 실렸던 서평 35편을 이 책 속에서 다시 살필 수 있다. 또한, 대부분이 한국사학자인 여러 인물들에 대한 추도사 14편은 恩師 이병도, 同學 한우근·김원룡·천관우, 그리고 외국학자 旗田巍·와그너 등을 다루면서 그들과의 師承·交遊 관계를 알려 주는 동시에 현대 한국사학사의 일면을 말해 준다고 할 수 있다. 이 책은 이기백과 더불어 그를 통한 당대 한국사학계의 모습을 함께 보여 준다는 점에서 흥미로운 것이라 하겠다.

끝으로 ⑭《韓國現代史論》은 번역서로서 A. J. 그라즈단제브(Andrew J. Grajdanzev)의 *Modern Korea*를 옮긴 것이다. 1944년에 미국 태평양문제연구소에서 발행한 이 책을 이기백이 1951년 6·25동란 중 피란지 부산에서 처음 접하고 깊은 인상을 받아 1973년에 일단 번역·출판했던 것인데, 이번에 다시 원전에 완전히 부합되게 교정 보충 작업을 마치고 《史學論集》에 포함시켜 펴낸 것이다. 그가 이 책을 높이 평가하여 손수 번역을 한 까닭은 그 가운데 개진되고 있는 일제의 한국 침략과 지배에 대한 엄정한 비판과 그 가운데 나타나는 원저자의 한국과 한국인에 대한 올바른 이해 때문이었다. 한국에 대한 일제의 식민정책을 철저하고 정확하게 비판한 이 책을 이기백은 일제시대를 중심으로 한 한국현대사 연구의 고전으로 높이 평가하였던 것이며, 그러한 생각은 평생토록 변함이 없었기 때문에 《史學論集》에 포함시키기까지 하였다. 이기백의 한국사에 대한 학문적 관심이 근대에까지 미치는 광범한 것이었고, 그의 일제 식민주의 사학의 비판이 일제 식민지배에 대한 철저한 인식에 뿌리를 두고 있음을 일깨워 준다고 여겨진다.

이상에서 《李基白韓國史學論集》의 뒷부분을 이루는 바, 2002년 10월부터 2006년 5월까지 간행된 4책을 간단히 살펴보았다. 이기백의 연구 성과를 온전하게 파악하고, 그의 韓國史學者로서의 학문적 지향을 이해하는 데 절대적으로 중요한 저작들임을 깨달았으리라 믿는다. 이기백의 저술로는 그 밖에 《韓國史學史》의 未定稿가 남아 있지만, 앞서 말한 대로 《史學論集》은 총 15책으로 완간되었는데, 이것을 토대로 장차 이기백에 대한 사학사적 검토가 본격적으로 이루어질 수 있을 것이다.

# III. 韓國史 연구의 回顧와 展望

# 高麗史 연구, 1969-1970

## 1. 머리말

1969-70년의 2년에 걸쳐 나온 고려사 관계 논문은 약 20편이었다. 이것은 1967년의 6편 및 1968년의 10편과 거의 비슷한 수치이지만, 취급한 분야나 시대를 보면, 비교적 균형을 이루고 있다. 또한 전적으로 이 시대를 다루는 개설서나 연구서는 간행되지 않았지만, 《高麗史》의 〈志〉에 대한 譯註作業이 그 첫 결실을 볼 수 있었다. 이 같은 사실은 고려사의 연구가 꾸준히 진척되고 있음을 뜻한다고 생각된다. 우리는 구체적으로 지난 2년간에 어떤 문제들이 누구에 의해 어떻게 연구되었는가를 돌이켜 봄으로써 고려사 연구의 실제를 파악하고, 약간의 전망을 가질 수 있게 될 것이다.

## 2. 건국과 王權에 대한 관심

먼저, 고려의 건국에 관한 연구로는 王建의 세력기반을 검토한 河炫綱의

〈高麗太祖와 開城〉(《李弘稙博士回甲紀念論叢》, 1969)을 들 수 있다. 王建이 開城을 기반으로 하는 유력한 호족 출신이었다는 지금까지의 설에 의심을 품고, 王建의 家門이 開城一帶에 어느 정도의 세력기반을 갖고 있었는가를 追跡한 하현강은 다음의 결론에 도달하였다. 즉 왕건의 家門은 弓裔에 歸附할 때까지 개성 지방에 이렇다 할 세력기반을 형성하지 못했었고, 그 후에도 마찬가지이며, 왕건이 왕위에 올라 개성에 定都했을 때에도 그에 臣事하는 豪族들의 세력이 들어오기 때문에 개성을 독자적인 세력기반으로 육성할 수 없었다는 것이다. 그리하여 호족세력에 위축되는 형세에 놓이게 된 고려 왕실이 새로 세력기반을 육성하는 방도로서 강구된 것이 太祖 王建에 의한 西京經營과 婚姻政策이었다는 것이다.

이 연구는 왕건의 세력이나 그 성격에 대해 다시 검토할 계기를 마련해 주고 고려건국 초의 정치적 상황에 대한 이해를 깊게 해 준다는 점에서 기여하고 있다. 그러나 왕건의 세력기반을 부인한다는 입장에서 너무 미시적으로 문헌의 분석에만 치중한 감이 있으며, 따라서 왕건의 호족적 성격을 부인하는 듯한 견해를 그대로 받아들이는 데에는 난점이 뒤따를 것 같다. 왕건의 가문이 원래 미미했던 것은 틀림없지만, 이러한 점이 오히려 骨品制와 무관하게 대두되는 호족의 참모습이 될 수도 있지 않을까 한다. 후삼국시대의 호족세력에 대한 보다 깊은 연구가 요청된다.

한편 왕건 先祖의 世系를 밝힌다는 목적 아래 쓰여진 것이 沈隅俊 〈王建先祖名 '建'에 대하여〉(《淑大史論》 4, 1969)인데 여기서 왕건 先祖의 出自에 대한 《編年通錄》의 記錄이 無稽한 것이 아니며, 그의 '建'字는 '準姓'이라 할 수 있다는 결론을 얻지만, 논증의 방법이나 전개의 방향에 납득되지 않는 점이 많아 그 성과는 의심스럽게 여겨진다. 이에 대하여는 '建'을 麻立干, 阿干 등의 '干'과 연결시켜 생각한 李齊賢의 흥미 있는 견해가 있음을 참고삼아 附記해 둔다(櫟翁稗說 前集 1).

### 3. 정치제도와 관료체계에 대한 연구의 진전

다음으로 정치제도에 관해 살펴보면, 邊太燮의 〈高麗都堂考〉(《歷史教育》11 · 12, 1969)가 먼저 주목된다. 근래 고려의 정치제도 연구에 주력해 온 그는 고려 후기 중앙정치기구의 중심을 이루는 都堂에 대한 연구로서 이 논문을 발표한 것이다. 고려 초기의 都兵馬使로부터 末期의 都堂에 이르기까지 기구 자체의 설치, 개편, 확대와 그 구성 및 기능에 걸쳐 고찰한 이 논문을 통해 우리는 지금까지 末松保和의 〈高麗兵馬使考〉 및 〈朝鮮議政府考〉에서 얻었던 都兵馬使와 都評議使司에 대한 知見에 몇 가지 새로운 것을 보탤 수 있게 되었다. 즉 都兵馬使는 당초 宰樞 중의 일부가 그 주요 구성원으로 참여하여 군사문제만을 다루는 임시적인 합의기관이었는데, 고종 말엽에 이르러 宰樞 전원이 合坐하여 국가대사를 다루는 기구로 변화하며, 이 같은 都兵馬使 성격의 변질은 忠烈王 5년의 都評議使司로의 개편으로 이어졌고, 마침내 合議機關인 동시에 常設行政機關인 中央最高政務機關으로서의 麗末 都堂으로 확장 발전된다는 것이다.

이 같은 성과는 착실한 분석과 검토를 통해 얻어진 것인 만큼 대체로 받아들여 질 수 있고, 따라서 이 논문은 초기의 三省六部 중심으로부터 후기의 合坐

機關인 都堂으로 바뀌는 고려 정치체제의 중요한 추이를 밝혔다는 점에서 큰 뜻을 지닌다. 그러나 지나친 욕심일는지 모르나, 이 연구가 가장 중요한 정치기구를 주제로 하고, 고려시대 전반에 걸치는 것이었음에도 불구하고, 고려 정치·사회의 발전이나 추세에 대해 별다른 문제제기가 이루어지지 못하고 있음이 아쉽다. 그 이유는, 아마도 이 논문에서 가장 중요한 대목인 都兵馬使의 성격 변화의 원인을 관료체제나 사회기반과의 연관하에서 추구하지 못했다든가, 권력관계를 따지면서 王權의 消張關係를 度外視했다는 등 방법상의 문제에서 찾아야 되지 않을까 한다. 그 밖에 都兵馬使의 正會員의 범위를 判官以上으로 잡고 있는데, 그렇다면 그 '會'의 실제가 어떤 것인지 의심스럽게 생각되며, 또한 사료 때문이기는 하겠지만, 威化島回軍 이후의 都評議使司에 너무 큰 比重을 두는 등의 문제도 재고의 여지가 있을 것 같다.

한편, 지방제도의 연구로서는 金南奎의 〈高麗의 兩界兵馬使에 대하여〉(《李弘稙博士回甲紀念論叢》, 1969)가 있다. 지금까지의 兵馬使에 대한 이해는 기능 면에서 재고될 점이 있다는 觀點에서 쓰인 이 논문은 兵馬使의 外武職으로서의 기능과 外官으로서의 기능을 분석·검토한 결과, 兩界兵馬使는 方面軍司令官으로서보다는 일반 外官으로 파악되어야 할 것이라는 결론에 도달하고 있는 것 같다. 사료 취급에 성실한 반면 主旨가 불명한 감이 있는 이 논문은 兵馬使와 州鎭軍의 관계를 분명히 하지 못했기 때문에 약간의 혼란을 야기하고 있다. 그런데, 兩界의 州鎭을 統轄하는 上級監督機關이 兵馬使라고 한다면, 동시에 州 예하의 州鎭軍을 統轄하는 셈이므로, 兵馬使는 外官으로서의 성격 외에 司令官으로서의 성격도 아울러 지닌다고 하는 것이 순리가 아닐까 한다. 따라서 문제의 초점은 五道에 비해 특수한 兩界의 軍事·行政構造 자체의 구명으로 옮겨져야 할 것 같다.

또한 지방제도상 독특한 지위를 차지하고 있는 西京問題에 대해 河炫綱의 〈高麗西京의 行政構造〉(《韓國史硏究》 5, 1970)가 있다. 〈高麗西京考〉를 통해 정치권력상의 西京의 위치를 검토한 바 있는 그는 이제 서경 자체의 행정구조의 실체를 밝히려고 한 것이다. 그리하여 먼저 서경 행정기구의 설치를 역사적으로 훑고, 그 내용을 검토했으며, 또 그 경제적 기반 및 留守員의 내용을 살피는 등 다각적인 고찰을 했는데, 그 결과 서경의 행정체제는 成宗때에 일단 정비되어 開京의 중앙정부와 대등하게 되지만, 妙淸亂과 趙位寵亂을 겪으면서 格下變質되어 土官制로 된다는 점을 밝힌 것이 수확이라 하겠다.

이 논문에서 또한 제시되고 있는 西京行政의 二元的 構造論, 즉 留守員의 내용에 있어 正三品職의 知留守事와 正二品職의 宰樞가 兼帶하는 留守使의 二元的 構造와, 이에 상응하는 것으로 생각되는 狹意의 西京(京畿四道가 包含됨)과 廣意의 西京(北界를 뜻한다고 함)의 管轄區域上의 二元性에 대한 주장은 흥미 있는 착상이지만 사료의 뒷받침이 약하므로 그대로 받아들이기에는 주저되는 바가 없지 않은 것 같다. 廣意의 西京을 상정할 수 있는 중요한 근거는 成宗 12年 契丹의 侵入時에 나타나는 割地論中의 '西京以北을 떼어주고, 黃州 岊嶺을 境界로 삼자'는 主張이 岊嶺以北을 西京으로 간주한 셈이라는 것인데, 이는 뒷날 확정되기는 하지만, 西京의 京畿範圍가 黃州와 거의 접하고 있으므로, 유리한 사료가 못 되며, 《高麗史》 〈地理志〉의 기록에도 명백한 증거가 안 나타나기 때문이다. 留守員도 西京의 중요성에 비추어

宰相兼職의 留守使를 加設한 것으로 보는 편이 자연스럽지 않을까.

河炫綱은 이 논문 서두에서 행정기구의 '基本的인 性格이나 정신'을 밝혀 보려 했음을 말하고 있지만, 문제의 중요성에 비추어 서경의 행정기구 자체가 좀더 구체적으로 밝혀졌더라면 하는 아쉬움이 있다. 많이 거론되는 分司制度의 내용이나 행정체계, 그리고 후기 서경 행정기구의 특징이라는 土官職의 正體 등 궁금한 것이 많다. 그럼에도 불구하고, 이 논문은 지금까지 다루어지지 않은 서경의 행정기구라는 큰 문제를 정면에서 접근해서 그 윤곽을 밝혀냈기 때문에 상당한 의미를 지니는 것이다.

정치제도와 관련해서 官人體制의 構造와 層位에 대한 問題를 다룬 것이 金光洙의 〈高麗時代의 同正職〉(《歷史教育》11·12, 1969)과 〈高麗時代의 胥吏職〉(《韓國史硏究》4, 1969)이다. 전자는 지금껏 관심 밖에 있었던 同正職의 실체 파악을 통해 고려사회의 관인지배체제의 내부구조를 파헤치려는 야심적 논고였고, 후자는 胥吏에 대하여 그 신분층을 고찰한다는 입장에 서지 않고 胥吏職制 자체를 분석·검토하여 그 내용을 밝히려 한 것이었다.

〈高麗時代의 同正職〉에서는 여러 측면에서 고찰해서, 同正職은 正職에 準하여 설정된 散職으로, 閑職인 동시에 보편적인 初入仕職으로서의 성격을 지닌다는 점을 밝혀내는 데 성공했다. 이 같은 성과는 고려 산관체제의 중요한 일면을 밝힘으로써 관인체제의 실상을 이해하는 데 새로운 길을 열어놓았다는 점에서 높이 평가되어야 할 것 같다. 그런데 이 논문에서는 同正職이 대체로 6品以下職에 設置되었다는 점에 착안해서, 거의 5품 이상에 설치되었다는 檢校職과 上下로 연결되어 正職과는 別途의 散職體系를 이룬다고 추정하고(이것을 '同正職體系'로 指稱했음), 이 같은 散職體系는 당초 官人層의 形成, 豪族勢力의 官僚體制로의 吸收에 중요한 구실을 하다가 점차 모든 初入仕者에게 適用되는 官人統制策으로 발전한다는 견해가 피력되어 있다. 그러나 이 같은 散職體系論이 완전한 설득력을 갖기 위해서는 다음의 몇 가지 점에 대한 해명이 필요할 것 같다. 첫째로, 檢校職과 同正職이 5품직을 경계로 연결되어 일관된 별도의 散職體系를 이룬다면, 同正職으로만 進級하다가 5品의 檢校職을 거쳐 다시 上位品秩의 檢校職으로 오를 수 있는가, 또 그 후에 말단의 實職을 다시 받을 수 있겠는가가 의심스러운데, 아마도 이 같은 예는 摘出되지도 않고, 상정되기도 어려울 것 같다. 둘째로 이 같은 散職體系가 존재한다면, 前銜의 散職者와는 어떤 關係를 갖게 될 것인지 의심스럽다. 사회적 지위나 경제적 대우 면에서, 前銜의 散職者가 훨씬 우월할 터임으로 동일시되기는 어렵겠고, 따라서 前銜을 포함하는 散職體制全般과 이 같은 散職體系와의 관계에 대한 합리적인 설명이 요청된다. 셋째로 同正職은 9품 이상의 正職뿐 아니라 胥吏나 鄕吏職에도 설치되는 만큼, 소위 同正職體系는 鄕吏의 同正職부터 宗室의 至親이 받는 1품의 檢校職(檢校尙書令등)에 걸치는 셈인데, 계층의 구분을 초월한 이 같은 散職體系가 정말 존재할 수 있고, 또 '官人社會의 秩序體系'로서의 의미를 지닐 수 있는지를 따져보아야 할 것이다.

한편, 〈高麗時代의 胥吏職〉에서는, 胥吏職은 法制的인 入仕路로서, 入仕職인 胥吏職을 띤 者(人吏로 指稱되는 者)들은 일반 관인과 같은 범주에 들 수 있다고 하여 관인과 구분되는 胥吏라는 別個의 신분층의 존재를 부인하고 있다. 이 같은 주장은 종래 우리가 李佑成의 硏究 〈高麗朝의 吏에 대하여〉에 힘입어 얻었던 高麗의 胥吏에 대한 이해와는 매우 다른, 새로운 견해인 것이다.

그런데 이 같은 결론에 도달하기까지의 검토과정에서 몇 가지 문제점이 발견된다. 첫째, 胥吏職에 대한 직제상의 분석에 주력한 나머지 實際上의 胥吏階層의 존재 여부를 따지는 데 소홀히 한 감이 있다. 《高麗圖經》의 '吏之世襲者'를 납득할 만한 충분한 검토 없이 '雜職系統의 吏屬'으로 간주했다든가, 《高麗史》 〈選擧志〉에 나타나는 '流外人吏'의 존재를 忽視했다는 점이 그것이다. 특히 '雜役에 從事하는 雜職系統의 吏屬職'과 胥吏職이 구분되는 명확한 기준이 제시되지 않았다는 점이 여러 문제점들을 不分明하게 만들고 있다. 둘째로, 胥吏職의 구조분석에 무리가 있다. 記官·記事를 權務로 파악하고, 胥吏職을 또한 班行別로 구분한 것이 일례인데, 그 논거도 문제려니와, 이 같은 지나친 분석은 胥吏職의 독자성을 부인하는 선상에서 문제를 미세하게 분해하고 불필요한 개념의 첨가를 가져왔으며, 이를 종합할 때, 胥吏職을 班行이 갈려지고 正職 權務의 구분이 있는 一般官人體制와 直結될 따름인 入仕路로서만 파악하는 쪽으로 기울게 만들지 않았나 생각된다. 셋째로, 사료취급에 있어 너무 문자에 매달린 듯한 점이 있다. 高麗太祖 元年의 徇軍吏 등의 예를 들어 開國初부터 (胥)吏職이 存在했다 하여 중시하고 있음이 그것인데, 新羅執事省에 '史'가 있다 하여 骨品制하의 新羅中代에 胥吏職의 존재가 상정되고 문제시되기 어렵듯이 官僚體制 정비와는 거리가 먼 高麗草創期의 경우도 '吏', '史'의 文字만을 따져 胥吏職의 존재를 인정하고 , 그

의미를 찾는 것은 검토의 여지가 있지 않을까 한다. 그렇다면, 당시의 史→員外→郎中의 進級 經路에서 史를 胥吏職으로 看做하여 '官職體系上 그 이상의 일반직에 직결되어 당시 官階進出에 初職의 역할을 했다'는 해석도 미심스러워지고, 또 이러한 견해가 胥吏職을 初入仕路로서만 파악하는 데 큰 작용을 했다면, 역시 재고의 여지가 생기는 셈이다. 아무튼 胥吏職이 初入仕路로서의 의미밖에 갖고 있지 않다는 견해는 문제의 중요성에 비추어 신중한 검토가 요청된다.

위의 두 논문은 고려 관료체제 전반과의 연관 하에서 문제를 추적하고 있는 점이 인상적이며, 특히 同正職의 실체에 접근한 것은 중요한 성과였다고 생각된다. 그러나 지나친 비약과 추론 때문에 설득력을 떨어뜨리고 있다는 점도 지적해 둔다. 그 밖에 官人體制하의 고려사회에서 상층신분 출신인 內侍를 다룬 金昌洙 〈麗代 內侍의 身分〉(《東國史學》11, 1969)이 있다. 고려 초기의 내시는 세족출신자제나 儒士의 出仕路이며 文武班이 兼屬하는 榮職이지만, 毅宗 이후 宦者 賤隷出身이 점차 出仕하기 시작하여 麗末에 와서는 宦官職으로 개정되었다고 하여 高麗內侍의 개략을 알려주고 있는 흥미 있는 논문이지만, 宮內職의 일부로서의 내시의 정체가 선명히 밝혀지지 못한 감이 있으며, 특히 중기 이후 宦者·賤隷出身 內侍와 초기 內侍와의 관계가 애매하게 처리된 것이 매우 아쉽게 생각된다.

## 4. 農民과 農莊의 성격에 대한 검토

사회경제사 분야에서도 몇 편의 큰 논문이 발표되었다. 먼저 주목되는 것은

姜晋哲의 〈高麗田柴科體制下의 農民의 性格〉(《韓國史時代區分論》所收, 1969)인데, 이 논문은 그가 이미 〈韓國史의 時代區分에 대한 一試論〉에서 개진한 견해를 재정리한 것이다. 그 요지는, 田柴科體制下의 농민들은 단체적·집단적으로 토지를 소유했는데, 이는 관인의 토지지배가 경영의 책임 없이 官收官給의 田租에 의존하는 것과 照應하여 매우 저급하고 미숙했다는 점, 또 血族團體의 首長인 '吏'를 통해 지배 통치되는 그들은 人丁의 多寡로 編戶하여 賦役시키는 高麗收取體系 속에서 주로 노동력을 수취당하는 존재라는 점을 들어 그들 농민은 고대의 혈연적 유대에 얽혀 있고, 사회경제상 노예적 위치에 있는 것으로 생각된다는 것인데, 이러한 주장은 田柴科體制下의 고려사회를 고대사회로 간주하는 姜晋哲의 시대구분론과 표리를 이루고 있다.

이 논문에는 많은 문제점이 있다. 우선 많이 나타나는 '古代의 共同體的 遺制'나 '血緣的 紐帶'에 대한 주장이 문제되는데, 한국사에서의 이에 관한 우리의 구체적 지식은 너무 빈약하게 때문에, 그를 밑바탕으로 한 여러 부분의 서술은 불안하게 생각된다.

다음으로는 방법상의 문제로서 '奴隷制' 개념의 확대에 대한 주장에 나타나는 것처럼 서양의 역사를 통해 추출된 이론이나 개념을 표준 삼아 이질적 동양(한국)사회의 경우를 그에 적용시키려는 방법이 의심스러운 것이다. 역사에 있어 이론적·체계적 인식이 필요하지만, 역사적 사실과 유리되었을 경우 아무런 의미도 없기 때문이다. 이론의 효용범위가 음미되면서, 농민에 대한 보다 구체적인 파악에 치중되는 것이 바람직할 것이다.

宋炳基의 〈高麗時代의 農莊〉(《韓國史研究》 3, 1969)은 무신집권기부

터 고려 말에 걸쳐 성립·발전하는 高麗 農莊을 다룬 노작이었다. 이 논문을 통해 무신란, 그리고 1270년대가 고려 사회경제 면에서 변화에 한 전환점을 이룬다는 점이 확인되고, 농장의 실체가 어느 정도 드러나게 되었음이 성과라 하겠다. 많은 사료를 들어 충분한 설명을 하려고 하는 성실한 일면도 간취되고 있다.

그러나 문제설정의 향방과 시각에 있어 생각해 볼 점이 있다. '農莊'의 개념을 잡는데 석연치 않은 점이 발견됨이 일례인데, 우리의 생각으로는 '農莊'이란 용어가 《고려사》나 《조선왕조실록》에 많이 나타나는 만큼 이 같은 자료에 의해 그 실체와 성격을 구명하고, 이러한 작업을 통해 개념구성이 이루어져야 할 것 같다. 그러나 이 논문에서는 '農莊의 性格을 밝히기 위하여 우선 검토되어야 할 것은 不輸不入의 특전이 있었느냐 하는 問題'라고 하는가 하면, 고려시대의 농장이 농장으로서는 좀 미숙한 것이었다고 하는 등 일정한 농장의 定型을 미리 설정하고 있음이 분명하고, 또 그것이 서양 중세의 것임을 간취할 수 있다. 하지만, 실제로 서양 중세 봉건제도하의 屢層的 分封關係 속에서 존재할 수 있었던 不輸不入의 특권을 고려에서 따진다는 것은 형식상의 의미만을 지닐 뿐이며, 농장의 미흡성에 대한 지적도 문제해결에 별다른 도움을 주지 못하는 것 같다. 오히려 이 같은 방법은 불필요한 개념의 創出을 강요하는 등 혼란만을 초래하는 것 같다. 한국사를 세계사적 안목에서 살핀다는 표방 아래 한국사의 발전을 서양사의 틀 속에 뜯어 맞추려 한다면, 그것은 시급히 재검토되어야 하리라 생각된다.

그 밖에 지금까지 전혀 연구되지 않은 祿俸制度에 대해 李熙德의 〈高麗

祿俸制의 硏究〉(《李弘稙博士回甲紀念論叢》, 1969)가 있다. 그러나 이 논문은 고찰의 구심점이 없고, 祿俸制 자체의 구조 해명보다는 표면적 형식적 문제에 관심이 기울어져 있어서 문제의 중요성에도 불구하고 뚜렷한 성과를 얻지 못하고 있음이 유감이다.

## 5. 軍事制度 연구의 성과

兵制分野에서는 李基白의 두 논문, 즉 〈高麗別武班考〉(《金載元博士回甲紀念論叢》, 1969)와 〈高麗末期의 翼軍〉(《李弘稙博士回甲紀念論叢》, 1969)이 발표되었다. 오랫동안 고려의 兵制硏究에 종사했고, 그 성과를 《高麗兵制史硏究》로 종합·출간함으로써 고려 초기의 병제를 체계화하는 데 성공한 바 있는 그는 이제 초기병제가 붕괴되면서 나타나는 병제상의 새로운 변화를 추구한다는 입장에서 別武班 및 翼軍에 대해 살펴본 것이다. 그리하여, 〈高麗別武班考〉에서는 別武班의 설치와 그 조직을 살피고, 別武班의 인적 구성을 고찰하여 白丁을 대표로 하는 土地耕作者 농민이 別武班의 主構成分子로 되었다는 점을 밝히고, 이 점에서 軍人田을 토대로 하는 軍班氏族 출신의 初期軍人 대신에 농민이 軍役 負擔者로 나서게 되는 兵制上의 전환점으로서의 別武班 설치의 의미를 찾으려 했다. 한편 〈高麗末期의 翼軍〉은 恭愍王代 말엽에 처음으로 西北界에 설치되고 뒤이어 禑王代에 전국에 설치되었다가 폐지되는 翼軍이 兵農一致의 農民軍이었다는 사실을 밝히고, 그 置廢의 경위도 검토한 논문인데, 翼軍을 통해 일반 農民, 즉 白丁을 基幹으로 하는 전국적인 상비군조직이 비로소 최초의 자태를 나타내게 되었다는 점이 강조되고 있다. 이 두 논문에는 고려병제의 발전방향에 대한 李基白의 견해가 함축되어 있다 하겠다.

이 같은 논지는 정확한 사료분석과 무리 없는 논리전개를 바탕으로 하여 제시된 것이기 때문에 강한 설득력을 지니고 있다. 특히 農民中心兵制로의 전환은 農民, 즉 白丁의 경제적 지위의 향상을 토대로 하여 가능한 것이었다고 함으로써 고려병제의 변화 그 자체보다도 고려의 사회발전에 대한 보다 근본적인 문제로 귀결되고 있는 만큼, 이 논문은 고려사회의 발전을 이해하는 데 매우 중요한 구실을 할 것으로 생각되며, 또한 방법상으로도 좋은 방향을 제시하여 준다는 점에서 고려사연구의 수준향상에 기여하고 있다 하겠다. 다만 別武班의 경우, 別武班의 설치와 거의 때를 같이하여 기록에 나타나는 軍人田의 변화—경영관계에 있어서 軍人·養戶의 관계로부터 軍人·佃戶의 관계로 바뀌는—가 아울러 이 문제와 연관하여 考究되었으면 別武班 성립에 대한 경제적 배경이 보다 구체적으로 해명될 수 있지 않았을까 하는 욕심이 생기고, 翼軍의 경우에는 익군의 실체에 대한 보다 구체적인 설명이 있었으면 좋았을 것 같은데 그 이유는, 남도 익군을 革罷하는 것과 동시에 "見存丁壯을 籍하여 軍으로 삼고, 無事하면 歸農하고 有變하면 徵發하"기로 되는 것으로 보아 軍籍에 올린다든가, 유사시에 출동하도록 되어 있었다는 것만으로는 익군에 대한 설명으로 불충분한 듯한 감이 있기 때문이다.

## 6. 思想史와 對外關係史에 대한 새로운 접근

사상사 관계 논문으로는 朴菖熙의 〈李奎報의 '東明王篇' 詩〉(《歷史教

育》11·12, 1969)를 들 수 있다. 이 논문은 지금까지 민족의식과 관련하여 주목에 오르곤 했던 이 敍事詩를 '國家意識'의 表出로 보고, 그 지닌 바 깊은 사회성을 파헤친다는 각도에서 씌어졌다. 먼저 이 詩의 주요 특징—이 詩에는 東明王事에 관한 것뿐 아니라 사회의 발전과 쇠퇴가 君王에게 달려 있고, 그리하여 當代王朝는 쇠망해 가고 있다는 예감이 포함되어 있다고 했다—을 摘出하고, 다음으로 이 특징과 대응하여 이 詩가 씌어진 明宗 年代를 前後한 高麗社會의 형편—明宗의 怠荒, 文士·官僚의 批判的 社會意識을 들고 있다—을 살핀 다음, 끝으로 이와 같은 사회와 詩의 구체적 연관성을 찾는다는 線上에서 당시 남부지방(慶尙道)에서의 叛亂과 이에 대한 李奎報의 태도와 언행을 검토하여, 결국 이 詩는 叛亂勢力의 新羅復興의 소리를 排擊하는 뜻에서 고구려의 正統國家로서의 고려의 절대성을 중시·강조하느라고 읊어진 것이라 했다. 그리하여, 當代王朝의 쇠망을 예시하고, 고려에 대한 국가의식을 表徵했다는 점에서 이 詩는 역사적 산물이며, 당대 고려지식인의 기념비적 작품이라는 것이다.

이 논문은 역사학의 입장에서 詩를 題材로 하고, 또 많은 詩文을 사료로서 이용했다는 점에서 연구의 영역과 방법을 넓혀 준 셈인데, 무신란 이후의 고려사회에 대해 독특한 측면에서 구체적 사실에 기초하여 그 나름대로 새로운 조명을 가했다는 점과 더불어 높이 평가되어야 할 것 같다. 《東文選》의 색인 작성을 해낸 朴菖熙의 문집사료에 대한 깊은 이해가 이 연구의 바탕이 되었을 것이다.

그러나 한편 이 논문에는 미심쩍은 점들도 있다는 것을 들지 않을 수 없다.

첫째, 고려국가의 안정을 내세우는 국가의식의 표징이라는 것과, 當代王朝 衰亡의 예시라는 것은 논리상 어긋나는 일면이 있다는 점이다. 안정되어야 한다는 당위와 당대왕조의 쇠망으로까지 넓혀지는 현실비판 · 현실부정 사이의 큰 단층이 합리적으로 처리되어야 할 것이다. 둘째, 당시 고려사회에서 고구려와 고려의 계승관념이 어느 정도 강했느냐가 검토되어야 할 것 같다. 신라부흥을 표방하는 반란과 분열의 와중에서 李奎報는 계승관념보다 한 차원 높은 입장에서 고려의 臣民이 신성한 東明王의 후예임을 내세움으로써 혼란극복의 길을 모색했던 것으로 볼 수도 있지 않을까. 그럴 경우 역사의식에 기초한 민족의식이라는 측면에서 검토할 여지가 생기게 될 것이다.

朴菖熙의 〈崔忠獻小考〉(《史學志》3, 1969)는 앞의 논문과 같은 시대의 문제를 다룬 것으로, '崔忠獻觀의 定立'을 위한 작업의 일부로 씌어졌다. 崔忠獻의 閥閱과의 連結, 科擧制의 活用을 통한 신진관료에 대한 파악을 들어 그의 탁월한 정치역량을 부각시키고 있는 이 논문은 문제의식이나 접근방법이 흥미있고 바람직한 것이지만, 筆者 스스로가 지적하고 있는 것처럼 실증이 부족하여 보완되어야 할 점이 많다. 특히 崔忠獻이 官僚 · 僧侶들의 德望을 과연 얼마나 많이 받았을까, 또 科擧를 강화 · 운용했다는 것이 구체적으로 무엇을 가리키는가가 명백히 되어야 할 것이다.

사상사 관계로서는 또한 朴貴煥의 〈高麗時代의 私學과 儒佛道的 思想〉(《李相玉博士回甲紀念論文集, 1970)이 주의에 오르지만, 문제의식이나 논지가 불명한 채 개설적 사실의 나열로 시종하고 있음이 아쉽다.

한편, 대외관계에 관해서는 高柄翊의 〈蒙古 · 高麗의 兄弟盟約의 性格〉

(《白山學報》6, 1969)이 눈에 띌 뿐이다. 蒙古와 高麗의 최초의 접촉인 高宗 6년의 兄弟盟約을 蒙古族의 他民族征服의 일반적 상황 속에서 고찰한 이 논문은, 몽고의 他民族臣服·征服過程에서는 거의 발견되지 않는 兄弟盟約이 兩國間의 同一平面상의 횡적 관계를 내용으로 하는 것임을 밝히고, 이 같은 盟約形式의 평등한 연계가 이루어지게 된 이유 가운데 중요한 것은 몽고가 고려를 고구려의 後身인 强國으로 간주한 때문은 아니었을까 하는 흥미있는 견해를 피력하였다. 몽고의 고려침입을 구명한다는 입장에서 씌어지긴 했지만, 이 논문은 넓은 시야 속에서 初期 대몽관계의 추이를 알려 주고 그 후의 줄기찬 대몽항쟁의 성격을 이해하는 데 새로운 길을 열어 주었다는 점에서 고려사의 해명에 중요한 몫을 차지한다고 하겠다.

## 7. 사료 정리—《高麗史》〈兵志〉譯註

마지막으로 사료 정리 면에서 李基白의 〈高麗史 兵志 譯註 1〉(1969)에 대하여 논급하려 한다. 원래 고려사분야의 중진학자로 구성된 '高麗史研究會'에서 세미나 형식으로 《高麗史》의 〈志〉類를 檢讀하면서 譯註作業을 진행해 왔던 것인데, 李基白이 분담한 〈兵志〉部門에서 바로 그 첫 성과가 선을 보이게 된 것이다. 물론 이 〈兵志〉譯註는 李基白 자신의 업적이지만, 飜譯과 註釋은 일단 高麗史研究會에서 토론을 거쳤음이 명시되어 있다.

이 책은 《高麗史》 卷81, 〈兵志 1〉, '兵制條'를 譯註한 것이다. 體裁를 살피면, 먼저 原文을 제시하고(問題되는 部分은 板本對照를 하고 있다), 다음에 이를 번역하고, 끝으로 주해를 하고 있는데, 주해된 사항은 책 끝에 索引으로 합쳐져 있다. 이렇게 해서 묶어진 책이 菊版 170쪽이 된다. 번역은 원문에 충실하면서도 어색한 표현은 별로 발견되지 않으며, 주해는 많은 항목에 걸쳐 상세하게 이루어지고 있다.

실상 이 책의 특징은 바로 주해에 있는데, 색인에 나타나는 항목 수는 500에 가깝다. 그 항목도 난해어구 같은 것은 거의 제외되고 역사적 성격을 갖는 것에 국한되었기 때문에, 문제되는 것은 거의 주해된 상세하고 충실한 譯註書란 점이 첫 번째 특징을 이루고 있다. 다음으로는 주해의 내용이 체계적이요 포괄적이라는 점을 지적할 수 있는데, 주해된 항목 하나하나가 고려사회의 한 단면을 대하는 것 같은 느낌을 줄 만큼 폭 넓은 설명이 가해지고, 이것이 高麗의 兵制, 더 나아가 고려의 사회 전반과의 유기적 연관 하에서 파악되고 있음이 바로 그 점이다. 끝으로 지금까지의 연구 성과가 충실히 반영되어 있다는 점이 또 하나의 특징으로 손꼽아질 수 있으니, 실제로 주요항목의 주해에는 지금까지 발표된 국내외의 학설 · 논문이 요령 있게 정리 · 제시되어 있는 것이다. 이러한 점들을 종합하여 살펴볼 때 이 책은 연구서로서의 성격도 아울러 지니는 것이라고 여겨진다.

물론 역주 가운데에는 한두 군데 재고되어야 할 점이 없지 않지만(예컨대 145쪽의 '六道都巡察使軍目'은 '六道都巡察使의 軍目'으로 번역되고, 29쪽의 '西面兵馬都監使'는 '西面都監의 官員'으로 주해되어야 할 것이다), 이 정도의 높은 수준을 갖는 《高麗史》의 주해서가 나왔다는 것은 고려시대 연구사에 하나의 이정표가 마련됨을 뜻한다고 생각된다. 아마도 여기에서 취급된 2년간의 성과가운데 가장 중시되어야 하리라고 생각되는 이 업적에 뒤이어

〈兵志〉의 나머지 부분과 〈食貨志〉, 〈選擧志〉, 그리고 〈刑法志〉가 수준을 유지하면서 역주되면, 고려사의 연구는 새로운 단계로 접어들게 될 것으로 기대된다.

## 8. 맺음말

이상에서 우리는 1969-70년의 2년간에 이루어진 고려사의 연구를 일별했다. 본의 아닌 과오를 저지르지 않았는지 걱정이지만, 아무튼 많은 성과를 거두고, 방법상으로도 꾸준한 반성이 계속되는 연구 상황을 간취할 수 있었다. 특히, 정치제도·관료체제의 부문에서는 풍요한 성과가 나타났으며, 기본사료인 《高麗史》의 〈志〉에 대한 역주작업이 매우 높은 수준에서 진행되고 있음을 확인할 수 있었던 것은 희망적인 일이었다. 방법상의 혼란과 진통도 새로운 발전을 위한 몸부림으로 여겨진다.

고려사의 연구가 이 같은 새로운 발전을 위해 몸부림치는 지금, 우리는 몇 가지 점에서 반성의 여지가 있지 않을까 한다. 첫째, 연구대상의 선정문제인데, 아직도 본질적이며 중요한 문제에 접근하는 것을 기피하고, 주변적인 것에 집착하는 경향이 있는 것 같다. 고려사회에 대한 체계적 이해는 방법상의 문제뿐 아니라 본질적인 여러 부면에 대한 해명에 의존해야 할 바가 크다고 생각된다. 둘째로, 비판자세의 확립이 필요할 것 같다. 학문연구에서 비판이 필요한 것임은 새삼 강조할 필요도 없겠지만, 부분적으로 나타나는 비판의 기피현상은 문제의 쟁점을 둔화시키고 학문적 활동을 침체시키는 방향으로 작용하는 일면이 看取되는데, 이에 대한 반성이 요청된다. 셋째로, 연구수준에 대한 연구자 각자의 반성이 필요하지 않나 생각된다. 물론 수준이란 것은 막연한 얘기일 수 있고, 또 수준향상이란 것도 넓은 시야 속에서 논의되어야 할 성질의 것이지만, 문제의식을 다듬고 정리기술을 향상시키며 소박하고 안이한 고증 위주의 태도를 반성하는 범위 내에서 얻을 수 있는 수준향상의 폭은 매우 큰 것이라고 생각된다. 이와 같은 일련의 반성은 고려사 연구의 밝은 내일을 위하여 반드시 필요한 것이라고 믿는다.

# 古代史 연구, 1971-1972

## 1. 머리말

1971-1972년의 2년에 걸쳐 발표된 한국고대사 관계 논문으로 조사된 것은 약 50편에 달하였다. 이 가운데 개설적인 것과 수준미달로 여겨지는 것을 제외하면 약 30편이 간추려질 수 있었다. 대체로 한국고대의 전 시기와 각 분야에 걸쳐 고른 분포상을 보여 주는 이들 논문들을 중심으로 하여, 그동안의 연구성과를 돌이켜 보려고 한다. 이를 통해 얻어지는 약간의 전망이 앞으로의 한국고대사 연구를 위해 아주 조그마한 도움이라도 될 수 있기를 바란다.

## 2. 역사의 黎明期에 대한 새로운 접근

역사시대의 여명기에 대해서는 국가와 민족의 기원 문제와 관련하여 근래 상당한 관심이 기울여져 왔다. 고고학에서 다루는 선사시대의 下限과는 실상 명확한 구분이 지워져 있지 않은 이 시대를 새로 체계적으로 이해하기 위하여

金貞培가 활발한 연구 활동을 벌여 왔었는데, 그는 다시금 〈韓國先史時代의 經濟發展段階試論〉(《歷史學報》 50·51, 1971), 〈韓國靑銅器文化의 史的 考察〉(《韓國史硏究》 6, 1971), 〈古朝鮮의 民族構成과 그 文化的 複合〉(《白山學報》 12, 1971) 등 일련의 논고를 발표하였다. 첫 번째 논문은 한국 선사시대 경제의 발전 과정을 양식생산문제를 중심으로 하여 살펴본 것인데, 신석기시대의 有文土器人—그는 이를 '古Asia族'으로 파악한다—이 어업을 주로 하는 採集經濟段階에 있다가, 뒤에 청동기시대가 도래함과 더불어 無文土器人—그는 이를 '濊貊族'으로 파악한다—이 이동에 의해 새로운 주인공으로 등장하여 稻作까지를 포함하는 생산경제를 영위하게 되고, 이를 바탕으로 고대문명의 개시가 이루어진다는 것이다. 두 번째 논문은 한국사상 청동기시대의 위치설정을 비롯하여, 그 문화의 성격, 영역, 민족에 이르기까지 광범한 문제를 다룬 勞作이었다. 土壙墓, 石棺墓, 支石墓, 甕棺 등 여러 墳墓와 住居址에서 출토되는 많은 靑銅器遺物과 그 鎔范의 자료를 들어 남북한을 통튼 독자적인 청동기시대의 존재를 강조했고, 石棺墓를 매개로 하여 그 기원을 Karasuk文化에서 구하려고 했다. 대체로 編年上 上限을 기원전 13세기경으로 잡고 下限을 기원전 7세기경으로 잡을 수 있다는 이 청동기문화는, 半月形石刀의 존재로 보아 농경생활을 주생활수단으로 했으며, 그 분업화된 사회 위에서 고대국가의 건국이 이해될 수 있는 것임을 지적했다.

세 번째의 고조선 관계 논문은 지금까지 그가 고고학적 측면에서 검토해 온 역사시대 여명기 전후의 사정을 문헌에 나타나는 고조선과 관련하여 살핀 것으로, 근래 쌓아온 그의 연구를 마무리 짓는 성격의 것이기도 했다. 그리하여, 檀君神話는 新石器時代 韓半島의 主人公인 古Asia族이 남긴 것임을 주로 이 種族의 곰(熊) 崇拜 학설에 힘입어 주장했으며, 다시금 箕子朝鮮에 대하여는 箕子東來說 자체는 성립될 수 없지만, 기원전 12세기경의 Altai系 住民, 즉 濊貊族에 의한 無文土器社會—靑銅器時代—로의 변혁을 뜻하는 것이 곧 箕子朝鮮의 출발이라고 했다. 또, 衛滿朝鮮의 건국을 鐵器의 보급과 직결시키는 견해는 잘못으로, 이미 기원전 7세기경부터 한반도는 鐵器文化의 시대로 진입하기 시작했었다고 주장함으로써, 檀君朝鮮을 新石器時代로 비정하고, 종래의 箕子朝鮮이란 이름 아래의 1,000년간(기원전 12세기-기원전 2세기)은 靑銅器와 鐵器文化가 발생 변화한 시기라는 해석을 내렸다.

이처럼 많은 새로운 주장이 곁들인 그의 연구 가운데, 가장 주목되는 것은 靑銅器時代의 새로운 해석이다. 金元龍의 〈韓國文化의 考古學的 硏究〉에서 북한에 한정하여 기원전 7세기-기원전 3세기의 기간 동안 설정되었던 靑銅器時代는 그의 연구를 계기로 하여 남북한을 통틀어 존재하는 뚜렷한 한 시대로 생각해 볼 수 있게 되었으며, 그 編年關係도 일단은 재검토해 볼 필요가 생긴 것 같다. 그리고 주민과 인종에 관한 새 견해도 이 문제에 대하여 관심을 일깨워 주는 계기를 마련해 주었다. 또한, 그는 이 일련의 연구에서 고고학과 고대사학을 결합하여 문제에 접근하려 했는데, 이 같은 시도는 매우 바람직한 것으로서 높이 평가되어야 하리라 생각한다. 특히 이 시대의 문제를 시베리아를 비롯한 동아시아 전반과의 관련 아래 풀어 보려고 하여, 그와 관련된 많은 외국의 연구 성과를 섭렵하여 원용하고 있음은 방법상 귀중한 진일보라고 하지 않을 수 없다.

하지만, 다른 한편, 이들 硏究는 다음의 몇 가지 점 때문에 반드시 만족한 성과만을 거둔 것은 아님을 지적해야 하겠다. 첫째로, 논거의 박약성과 서술의 비논리성이 두드러지게 눈에 띈다. 예컨대, 檀君朝鮮이 古Asia族에 의한 신석기시대의 것이란 결론을 도출하는 과정을 살피면, 한국 신석기시대의 주민이 古Asia族임을 내세우고, 檀君神話의 기본요소가 곰 숭배라고 하고, 古Asia族을 포함하는 古시베리아 종족들에게 곰 숭배 사상이 큰 비중을 차지했음을 들어 그 같은 주장을 하고 있는데, 古Asia族의 주장을 그대로 받아들인다 해도, 단군신화가 반영하는 시대와 사회를 풀이해 줄 기본요소로서 곰 숭배만을 드는 것은 타당성이 적고, 또 장기간에 걸친 시베리아 諸族—古Asia族 뿐 아니라 우랄·알타이族도 많은—의 곰 숭배를 그대로 끌어다가 절대적 논거로 삼는 것도 설득력이 적어서, 그의 결론은 의심스럽게 되는 것이다. 또, 三國遺事의 紀年을 미심쩍다고 하면서도, "개략적으로 建國年代와 그 존속연대를 계산해 볼 때, 기원전 12세기까지 단군조선은 내려온 셈이다"고 한 주장도 논리상 들어맞지 않는다. 그리고 단군조선을 신석기시대라고 하면서도 '建國年代', "檀君朝鮮은 〔…〕 비록 正史에는 採錄되지 못했다 하여도 그 주민은 한반도에 제일 먼저 대규모로 거주한 古Asia族의 一派"라는 서술에서 보이는 것처럼 국가체제를 갖춘 존재로 파악한 듯 싶은데, 신석기시대에 正史의 채록 여부가 거론되고 국가의 존재가 상정될 수 없음은 분명한 사실이다. 이러한 撞着은 곳곳에서 보인다. 둘째로, 고고학을 원용하면서도 유물 유적의 발굴 현장과 너무 동떨어져서 유물 자체에 대한 분석 검토가 미흡했고, 더욱이 한반도에 관한 구체적인 고고학적 성과보다도 시베리아 방면의 것을 보다 많이 편의껏 원용한 점도 이 연구의 한계성을 말해 주는 것이다. 청동기문화를 다루면서 細形銅劍을 다룬 방법이라든지, 支石墓를 청동기가 출토되는 전형적 분묘처럼 논술한 것은 이와 같은 점에 연유하는 신중성의 결여로 여겨졌고, 특히, 구체적 자료와 동떨어진 채 시베리아 방면의 경우를 들어 編年을 상향 수정하려는 태도는 언뜻 독단적 느낌마저 주기도 했다. 셋째로, 서술 면에서 난삽하고 산만하여 이해 납득되지 않는 대목이 많았다는 점도 다시 검토되어야 할 것이다.

이상에서 지적한 점들이 그의 연구를 전적으로 성공적인 것으로 되는 것을 막은 셈이지만, 일련의 연구에서 보여 준 새로운 착상과 방법은 값진 것이었고, 특히 독자적인 青銅器時代의 설정은 중요한 성과였다고 여겨진다. 앞에서 지적한 몇 가지 문제점들이 극복되면서 알찬 성과를 거둠으로써 그에 의해 이 시대의 공백이 메워지게 되기를 바라는 마음 간절하다.

한편, 농경사회의 성립을 고구려의 東明神話 속에서 추적한 金哲埈의 〈東明王篇에 보이는 神母의 性格에 대하여〉(《柳洪烈博士華甲紀念論叢》, 1971)는 참신한 착상 아래 쓰인 흥미로운 논문이다. 《三國史記》나 《三國遺事》에는 빠졌지만 李奎報의 〈東明王篇〉에 올라 있는, 神母가 비둘기를 통해 麥子를 東明에게 날라다 준다는 說話에 주목하여, 이 神母는 希臘이나 近東地方의 增産과 肥沃을 상징하는 農業神으로서의 地母神과 대비되는 것으로서, 결국 麥類 耕作과 관련된 農業神이라고 결론지었으며, 더 나아가 한국 고대의 사료 속에 나타나는 閼英이나 仙桃聖母 및 〈洛山二大聖〉 속의 여인 등도 원래 이 같은 女神을 뜻하는 존재였다고 했다. 이 논문은 지금까지 거의 沒却되었던 면을 들춰내어 한국 고대사의 여명기에 보이는 農業神의 존재를 적출함으로써 농경사회가 이룩되는 실제를 실감나게 해 주었을 뿐 아니라, 世界史를 통해 두루 나타나는 農業神과 그대로 비견되는 한국 고대의 農業神의 존재를 통해 세계사와 보편성을 같이하는 한국 고대사회의 발전을 제시해 주기 때문에 친근감을 주는 귀중한 업적이라 하겠다. 그러나 製犁를 통한 신석기시대의 麥類栽培 가능성을 말하면서 朱蒙의 神母를 麥類耕作과 관련된 農業神이라고 했기 때문에 東明說話 그 자체나 이와 연관되는 것들을 新石器時代의 것으로 처리될 여지를 준 듯싶은 애매한 점이 있고, 三國史記에 대한 사료비판이 다소 도에 지나쳐, 閼英을 農業神과 관련시킨 것은 언뜻 그대로 받아들여지지 않는다는 아쉬움이 있다.

이와 관련하여 주의에 오르는 것은 李玉의 〈朱蒙硏究〉(《韓國史硏究》 7, 1972)인데, '宗教的 觀點에서 試圖된 朱蒙說話에 관한 硏究'인 이 논문은 朱蒙說話의 여러 과정과 요소를 분석 검토하여, 朱蒙이 물〔水〕을 지배하는 天〔太陽光-火〕으로부터 권능을 이어받은 '샤먼格'이라는 결론에 도달하고 있다. 종래 전혀 시도된 바가 없는 새로운 각도에서의 연구이며, 중국과 일본 고대의 說話까지도 원용하면서 논리를 전개시켜 나가고 있어서 흥미로운 것이었지만, 다음의 몇 가지 점에서 불안감을 주기 때문에 그대로 받아들이기는 어려울 것 같다. 첫째, 朱蒙의 설화는 구체적인 역사적 인물을 주인공으로 하는 것이란 점이 忽視된 감이 크다. 주몽은 거의 당대 사료라고 할 수 있는 中國史書에 나오는 구체적 인물에 比定될 수 있는 철기시대의 족장인 만큼, 정치적 지배자로서의 그의 실재를 부인하는 듯싶은 설화 해석의 입장은 그 자체가 잘못된 것이 아닌가 한다. 적어도 주인공의 구체성에 관한 한, 주몽설화는 단군신화와는 다른 차원에서 취급되어야 하리라고 생각된다. 둘째로, 주몽설화의 배경을 이루는 시대에 대한 인식부족이 무리한 해석과 비약을 초래하지 않았나 한다. 이를테면, 주몽설화 속에 나타나는 말〔馬〕을 馬神, 馬祖와 연결시켜 종교적 의미만을 드러내려 하고 있지만, 우리의 역사적 知見에 따르면 주몽설화 속의 말은 기마민족으로서의 부여족의 생활의 실상을 시사하는 생생한 구체적 요소로 파악되어야 할 것이다. 또한, 주몽이 만나는 雨思를 비롯한 3人의 의복 색깔에 샤먼적 요소가 있다고 하면서 고구려에 세 종류의 무당이 있었음을 추측할 수 있다는 주장도 비약일 것 같다. 셋째로, 한자로 표기된 용어를 전문적 검토 없이 자의로 표음화시켜 해석하는 무리를 간간이 저지르고 있다. 解慕漱에 대하여 "우리 생각엔 이 慕漱란 글자가 한국어 '못'의 한자 표기라고 보여진다"는 주장은 불안스럽고, 夫婁를 '블' 또는 '불'의 한자 표기로 이해하는 것도 마찬가지이다. 이와 같은 몇 가지 이유에 연유하는 석연치 않은 점들이 해소될 때, 이 연구는 다시 검토될 수 있을 것이다.

그 밖에, 許回淑의 〈蘇塗에 關한 硏究〉(《慶北史學》3, 1972)가 차분하게 蘇塗를 다루어 그 본질을 祭天儀禮, 農耕儀禮, 샤머니즘의 신앙 면에서 구하고 있어 흥미롭지만, 한국 고대사회 일반에 대한 이해를 심화시키고 논리전개를 세련시켜 통일성 있는 고찰을 할 수 있었더라면 하는 아쉬움을 주고 있다.

이 역사시대 초기를 다루는 연구 방법 면에서 一言해 두고자 하는 것은 민속학적 방법을 통한 접근이 무분별하게 이루어지고 있다는 점이다. 민속학이 역사연구를 위해 유용한 보조학문임은 분명하지만, 그 시대의 문화적 단계나 구체적 사실을 沒覺한 채 막연한 상징론이나 샤머니즘 주장으로써 해석을 꾀하는 경우, 그 결과가 어떠하리라는 점은 자명해진다. 특히, 사료가 빈약한 이 시대의 신화, 설화, 또는 사회상에 대하여 민속학적 측면에서 접근하려는 경향이 많은 만큼, 이 같은 비역사적 방법이 초래할 수 있는 위험성은 항상 경계되어야 할 것이다.

## 3. 三國 및 統一新羅期의 政治·社會에 대한 연구 성과

정치·사회 면에서는 괄목할 만한 연구 성과들이 나타났는데, 특히 신라의 骨品制에 대한 것으로서 李基白의 〈新羅 六頭品 硏究〉(《省谷論叢》 2, 1971)와 李基東의 〈新羅 奈勿王系의 血緣意識〉(《歷史學報》 53·54, 1972)은 큰 뜻을 지니는 업적이었다.

李基白의 연구는 골품제의 法制的 측면보다도 그 속의 인간들의 움직임을 이해한다는 관점에서 六頭品의 실체 파악을 시도한 것이다. 골품제 속의 육두품의 위치를 살피고, 육두품이었다고 여겨지는 구체적 인물들에 대한 검토를 통해 육두품 소속의 가문으로 薛氏, 任那後孫, 李氏, 崔氏, 張氏, 金氏, 그리고 고구려와 백제의 舊貴族을 摘出해 냈으며, 또한 六部의 六姓도 六頭品이었으리라 推斷한 이 논문에서는, 육두품이란 신분은 원래 斯盧部族을 구성하던 氏族長家族과 과거 독립된 부족국가의 왕족이나 독립된 왕국의 상류귀족이던 가문들이 편입되어 이루어진 것이라고 했다. 또, 육두품 신분의 사회적 활동은 학문을 매개로 출세하여 왕권과 결합됨으로써 적극적으로 정치에 참여하는 양상을 띠는 것이었지만, 골품제의 모순이 노정되는 下代에는 그들의 증대된 사회적 역량을 바탕으로 하여 골품제 자체를 개혁하려는 움직임을 나타내게 되며, 마침내 고려에 들어와 중앙의 최고귀족이 되기에 이른다는 점이 강조되고 있다.

이 연구는 골품제를 중요한 一部面에서 파헤쳐 그 구체적인 존재양상을 밝혀냈다는 점에서 획기적 업적이었다고 생각된다. 육두품에 속하는 사람들과 그들의 활동에 대한 구체적 파악은 신라의 기본적인 사회구성의 원리로서의 골품제를 보다 생생하게 이해할 수 있게 해 주었을 뿐 아니라, 新羅 下代 육두품세력의 대두라는 커다란 역사적 발전을 합리적으로 이해할 수 있는 길을 열어 주었기 때문이다. 이 같은 방법과 입장에서 五頭品 또는 四頭品의 연구가 계속 이루어질 수 있다면, 골품제를 중심으로 한 신라 사회상의 중요한 면모들이 두루 드러나게 될 것이다. 그러나 이 논문에서 아쉬운 점은, 많이 거론되는 가문 또는 姓氏에 대해 깊은 검토와 설명이 결여되어 있다는 것이다. 육두품으로 적출된 薛氏, 李氏, 金氏 등의 가문이 어떠한 형태로 존속되어 나갔을까. 姓을 지니는 것이 제한되어 있던 신라 사회에서, 일단 六頭品으로 편입된 특정한 가문은 수백 년 동안 많은 분화와 팽창을 해 나가면서 그대로 성씨와 육두품 신분을 유지했던 것일까. 郎慧和尙의 경우에 비추어 육두품에서 오두품으로 降等되는 일도 상정될 수 있다면, 육두품 가문이나 姓氏를 적출하는 과정에서 이 같은 변화의 가능성과 그 내용에도 관심이 기울여져 신분변동의 관점이 중시될 수도 있지 않았을까 하는 것이다. 이 주문은 친족관계라는 또 다른 분야에 깊이 관련되는 지나친 욕심일는지 모르지만, 보다 완벽한 골품제의 해명을 위하여 반드시 필요한 것이리라 믿는다.

한편, 李基東의 연구는 근래 큰 진전을 본 리니지(lineage, 系譜親族)에 대한 사회인류학의 이론에 힘입어 신라 골품제의 발생을 추적한 것이다. 그리하여, 奈勿王 이후의 王室系譜를 검토 고증하고, 그 과정 속에서 王室 리니지의 分枝 현상을 적출하여, 中古의 王室親族은 奈勿王을 創始者로 하는 최대 리니지 집단이면서도 기본적으로는 智證王系라는 血緣意識에 의해 맺어진 집단, 즉 小리니지로 파악되어야 할 것임을 주장하였다. 그리고 이 같은 智證王系 혈연집단이 분화하는 과정에서 왕권을 배경으로 王者支配를 합리화하려는 가운데 성립된 것이 바로 聖骨이며, 그 분화의 기점을 銅輪太子 直系의 小리니지로 추정할 수 있다고 했다. 이 연구는 새로운 각도에서 설득력 있게 골품제 발생의 일면을 풀이했다는 점에서 의미심장한 勞作이었다고 생각된다. 사회인류학의 성과를 올바르게 원용하고, 견실한 고증을 해 나감으로써, 골품제를 이해하는 데 새로운 안목을 마련해 주었다고 여겨지기 때문이다. 특히, 근래 補助科學의 원용이나 여러 이론 적용의 경우에 저질러지는 많은 무리와 무책임성을 감안할 때, 이 논문에서 리니지 이론에 대해 정확히 이해하고, 오늘날 한국 농촌의 門中과 村落의 連繫가 이 이론으로 설명될 수 있음을 밝히고 나서 이를 신라 사회에 적용하는 설득력 있는 자세를 취했으며, 또한 사료비판과 면밀한 고증을 통해 사실을 존중하면서 이 이론을 원용했다는 점에서 방법상 깊이 음미되어야 할 업적이었다고 하겠다. 하지만, 이 논문의 주장을 그대로 받아들인다 하더라도 골품제의 발생 전반이 아닌 聖骨과 眞骨의 경우에만 해당되는 한계성이 있다. 또한, 리니지의 分枝를 통한 聖骨의 성립을 주장하여 銅輪太子가 거론되면서도, 그 구체적인 계기에 대한 추적이 부족해서 명료한 결론을 얻을 수 없었고, 성골과 진골의 정치적 사회적 기능에 별로 관심이 기울여지지 않아, 골품제의 성립을 리니지 分枝化의 측면에만 치중한 채 너무 소박하게 파악한 셈이 되어, 이 점 설득력을 缺하고 있음을 지적해 둔다.

그리고, 왕위계승의 방법을 통해 신라 사회의 변천, 특히 신라 정치체제의 변모를 살핀다는 관점에서 쓴 글이 申瑩植의 〈新羅王位繼承考〉(《柳洪烈博士華甲紀念論叢》, 1971)이다. 이에 의하면, 訖解王 때까지의 '部族聯盟期'에는 王인 尼師今이 백성을 교화하는 상징적 존재여서 모계를 중심으로 추대되었고, 그 다음 奈勿－炤智王 사이에는 부자상속이 준비되다가 智證王 이후에 부자상속시대로 되는데, 불교의 전래를 통한 왕권의 신성화가 중요한 계기를 이룬다는 것이다. 이 연구는 그 착상이 좋았음에도 불구하고 설득력이 약했다고 생각된다. 신라 전 시대를 다루면서 사료 비판이 이루어지지 않고, 정확한 고증이 결여되어 있어서 왕위에 오른 경위에 대한 해석에 신빙성이 적다. 또, 무리한 立論과 推斷이 많으니, 부자상속제의 확립을 신라사회의 內在的 발전이 아닌 고구려의 영향의 결과로 본다든가, 慈藏 父親의 後嗣에 대한 관심과 崔殷諴의 衆生寺에서의 後嗣를 위한 기도를 예로 들어 불교가 부자세습을 강화시키는 데 영향을 미쳤다고 주장하는 것 등을 들 수 있다. 그리고 人類學의 성과를 인용하고 있지만, 구체적 실제와 밀착되지 않은 채 나열되고 있을 따름인 듯한 느낌이 커서, 앞서 거론된 李基東의 경우와 좋은 대조를 이룬다. 주제의 중요성에 비추어, 이 연구가 앞서 지적한 몇 가지 문제점에 유의하면서 새로운 검토를 가함으로써 바람직한 방향으로 진전되기를 바란다.

또한, 신라의 특이한 정치제도로 알려져 있는 和白制度에 대해서는 李鍾恒

의 〈和白〉(《國民大論文集》, 1971)이 있다. 그는 정치학자로서 《韓國政治史》란 개설서를 출간한 일까지 있기 때문에, 이 논문은 특히 주목되는 것이기도 했다. 《三國史記》에 보이는 '國人'의 존재에 주목하여, 그들은 바로 部族長을 가리키는 것이라고 주장하고, 和白會議는 바로 이 부족장의 會議라는 것이 이 논문의 결론인데, 대체로 흥미로운 견해로서 이기백이 〈大等考〉에서 和白을 족장 출신의 大等으로 구성된 貴族會議로 파악한 것과도 상통되는 일면을 지니고 있다. 하지만, 그 論證過程과 背景說明 가운데에는 非歷史的이며, 실제와 동떨어진 것이 많고, 특히 근래의 新羅史의 연구 성과를 충분히 받아들이지 못하고 있기 때문에 이 연구는 상당한 문제점을 지니며, 따라서 적어도 이 논문을 통해서는 그의 견해가 그대로 받아들여지기 힘들 것 같다. 사료 비판이 필요하고, 사회 전반에 대한 유기적 지식을 필요로 하는 고대사의 여러 분야의 연구는 아직 정치학자나 사회학자 등 그 분야의 학자들에게는 힘겨운 것임을 말해 주는 예가 아닌가 싶다.

그 밖에, 李昊榮의 〈韓國 古代社會의 災害와 救貧策〉(《史學誌》5, 1971)은 三國 및 統一新羅時代에 걸쳐 각종의 재해와 이에 따른 救貧策을 다루고자 노력했으나, 평면적인 고찰에 머무른 감이 크다. 또 李龍範의 〈渤海王國의 社會構成과 高句麗遺族(上)〉(《東國大論文集 人文社會科學篇) 10, 1972)이 흥미를 자아내는 研究이지만, 이 논문의 전모가 드러나고 결론이 밝혀지는 下篇을 기다려 논의되어야 할 것이다. 그리고 朴興秀의 〈新羅 및 高麗의 量田法에 關하여〉(《學術院論文集 人文社會科學篇》11, 1972)는 주로 고려의 量田制를 다루었기 때문에 따로 논의될 터이지만, 統一新羅 때의 尺量制가 대체로 中國 古代의 그것임을 확실히 한 점은 주목되는 대목이라 하겠다.

이상 고대의 정치 사회 면의 연구를 일별한 결과 활발한 움직임과 많은 성과를 접할 수 있었지만, 아직 중요한 문제들에 대한 관심이 희박한 것 같은 느낌이 크다. 삼국의 정치체제가 신속히 구명되어야 하겠고, 사료의 사정이 비교적 나은 통일신라시대를 중심으로 하는 古代 收取體制가 좀더 다각적으로 깊이 있게 연구되어야 하겠다. 이러한 작업들은 궁극적으로는 고대국가의 구조를 체계적으로 해명한다는 점에 초점을 맞추어야 할 터이지만, 우선 넓은 시야 속에서 여러 문제들이 파헤쳐져 좋은 성과들의 집적이 이루어지도록 해야 할 것이다.

## 4. 思想史 연구의 다양한 모습

思想史 면에서는 대단히 활발한 연구가 이루어져, 근년에 드물게 많은 논문이 발표되었다. 먼저, 佛敎關係로서 李英茂의 〈新羅의 佛敎初傳에 대한 小考〉(《建大史學》1, 1971)와 〈新羅佛敎의 文化思想的 考察(1)〉(《建大史學》2, 1972)이 눈에 띄는데, 前者는 불교가 처음 신라에 전해진 시기와 그 傳來者 및 初傳敎理에 대한 간단한 검토이며, 後者는 戒律宗과 華嚴宗의 思想을 개략적으로 훑은 것이다. 본격적으로 다루어져야 할 문제이지만, 여기에서는 종래의 성과들을 바탕으로 한 재검토에 그쳤고, 더욱이 불교신자의 입장에서 역사성이 거의 배제된 채 다루어져, 별다른 수확을 거두지 못하고 있다.

그런데, 이와는 달리 金煐泰가 〈新羅 占察法會와 眞表의 敎法 研究〉

(《佛教學報》9, 1972)에서 상당한 성과를 거둔 것은 반가운 일이다. 그는 이 논문에서 新羅의 占察敎法을 추적하여, 이를 확고한 위치로 끌어올린 이가 眞表로서 그는 彌勒信仰에 바탕을 두고 占察敎法이라는 懺悔修行法을 확립시킴으로써 신라불교에 커다란 수확을 가져왔던 것임을 밝히고, 이 논증과정에서 眞表의 행적을 자세히 살펴, 그가 결코 法相宗의 開祖일 수 없다는 주장을 내세우고 있다. 여기에서 신라 불교의 중요한 일면인 占察法의 윤곽을 밝힌 것이 중요한 성과이며, 특히 지금까지 金映遂의 고전적인 연구 〈五敎兩宗에 대하여〉에 의해 法相宗의 開祖를 眞表라고 이해해 왔던 점에 대하여 충분히 근거 있는 反對見解를 피력한 것은 주목되어 마땅하리라 생각된다. 불교학자로서 난해한 용어의 직접적 사용이나 교리해설적 자세를 떠나서 논문을 작성한 점이라든가, 자료의 종합 소개에 충실성이 엿보이는 점 등은 반가운 조짐이라고 여겨진다. 그러나 설화의 인식 방법에 나타나는 사료 비판의 미숙성이라든가, 占察法會나 眞表가 당대의 신라 사회와 어떠한 유기적 연관성을 지니는가에 대한 관심의 결여에서 看取되는 역사성의 부족은 이 연구가 지니는 커다란 한계가 아닐 수 없다. 그럼에도 불구하고, 이 연구는 상당히 평가되어야 하겠고, 法相宗과 그 開祖 問題에 대한 중후한 續稿를 기대하고 싶다.

黃晟起의 〈圓測의 唯識學觀에 관한 硏究〉(《佛敎學報》9, 1972)는 같은 佛敎學者의 硏究이지만, 앞의 경우와는 달리 經疏의 羅列에 그쳐 그 主旨가 전혀 不明하고, 따라서 별다른 도움을 주지 못하는 것이었다. 그리고 金文經의 〈三國遺事에 나타난 新羅의 佛敎 信仰結社〉(《史學會誌》17·18, 1971)는 간단히 新羅時代에 있었던 佛敎信者들의 結社內容을 훑은 것으로 명료하고 흥미로웠지만, 문제의 중요성에 비추어 좀더 상세하고 면밀한 본격적 연구를 통해 다루어지게 되기를 바라고 싶다.

근래 신라불교사에 대한 관심은 下代의 禪宗 문제에 크게 쏠리고 있다고 말할 수 있다. 그런데 이에 대한 본격적 연구로서 崔柄憲의 〈新羅下代 禪宗九山派의 成立〉(《韓國史硏究》7, 1972)을 대할 수 있게 된 것은 퍽 다행스러운 일이다. 이 논문은 崔致遠의 四山碑銘을 통하여 新羅下代 禪宗九山派의 성립이 지니는 의의를 살펴본다는 목표 아래에서 씌어졌지만, 禪宗이 들어오기 전의 신라불교를 槪觀하고, 禪宗이 처음 輸入되어 禪宗九山이 성립되기까지의 경위를 고찰하고, 주요 禪師들의 사회신분적 배경을 파헤치는 등 폭넓은 작업이 이루어지고 있는 勞作인 것이다. 여기에서 致力한 것은, 禪宗이 王室의 專制權이 무너지고 六頭品이 대두하며 敎學佛敎의 한계와 모순이 드러나는 新羅下代에 수립되어 크게 번성하여 불교계에 일대 전환을 가져오게 되었다는 점, 그리고 禪師들이 眞骨身分이 아닌 六頭品 以下의 출신이거나 지방세력으로서 敎學佛敎의 전통적 권위에 대하여 반성하고 반항하는 성향을 지닌다는 점을 밝히는 일이었다. 이러한 연구의 성과는 新羅下代의 禪宗에 관한 최초의 본격적 접근인 이 논문이 거둔 중요한 수확이라 하겠다. 특히, 고대 불교 전반에 관심을 두는 폭넓은 시야와 광범위하게 사료를 섭렵·대조하는 신중성을 높이 사고 싶다. 물론, 그렇다고 이 논문에도 결함이 없는 바는 아니니, 수많은 禪師들을 인맥관계에 집착하여 지루하게 나열식으로 다룸으로 해서 명료성이 결여되는 결과를 가져왔고, 禪宗 山門의 성립을 정치사회와의 관련 아래 대국적으로 파악한 반면, 구체적 논증이 부족했다는 흠이 엿보인다. 그리고 이 연구에서 강조되는 禪宗의 反抗的 性格과 禪師들의 새로운 지식인으로서의 성격을 확실히 하기 위해서는 新羅下代 禪宗의 思想內容 자체에 대한 검토가 뒤따라야 할 것임을 덧붙여 둔다.

그 다음, 儒教 부문에서 金哲埈의 〈三國時代의 禮俗과 儒教思想〉(《大東文化硏究 6·7, 1971)과 李基白의 〈新羅統一期 및 高麗初期의 儒教的 政治理念〉(上同)이 주의에 오른다. 전자는 부족국가시대에서 고대국가에 이르기까지의 관념형태의 변천과정의 일단을 이해하기 위하여 三國時代의 '儒教的 禮俗'이나 그 '思想的 體質'을 검토한 것이다. 여기에서, 우선 부족국가시대의 전통적인 사회질서를 기반으로 해서 유교를 고대국가의 정치질서 수립을 위한 정치사상으로 이해하여 王者의 권위를 합리화시키는 결과는 가져오게 되었다는 점, 처음 불교를 매개로 하여 성장한 유교는 점차 古代國家期의 새로운 교양의 필요성에 따라 새 사회지도이념으로 발전되어 갔다는 점, 그러나 골품제를 사회조직원리로 삼아 왔던 신라 사회 속에서 유교는 社會編制原理로서 이해되고 적용되는 단계에는 이르지 못하고 만다는 점이 강조되고 있다. 이에 비하여, 후자는 유교가 한국사를 통하여 '하나의 體系를 갖춘 思想으로서 독자적인 地位를 확보하게 되는' 시기로서, 신라의 통일에서 고려초기 成宗때까지의 유교의 발전 과정과 그 특징을 고찰한 것이다. 그리하여, 이 시기를 신라의 中代, 下代 및 高麗統一初로 세분하여 검토함으로써, 첫째, 이 시대에 유교를 주로 신봉한 사람들은 신라 육두품귀족이었는데, 그 이유는 그들의 신분적 제약을 극복하고 그 특권을 유지하기 위한 무기로서 유교라는 새 학문이 필요한 때문이었다는 점, 둘째, 이 시대의 유교적 정치이념은 중앙집권적 귀족정치의 실현을 지향하는 것이었다는 점, 셋째, 이 시대의 儒教的 정치이념은 도덕적인 성격의 것으로서 現世的인 합리주의에 근거한 德治主義의 표방으로 구현되었다는 점을 결론으로 제시하고 있다.

이 두 논문은 고대의 한국 유교를 역사적으로 다룬 최초의 본격적 연구가 아니었나 생각된다. 그러므로 여기에서 제시된 결론들도 귀중한 수확이지만, 그에 못지않게 고대의 유교가 사회와의 관련 아래 그 정체를 드러내기 시작했다는 점에서 크게 주목되어야 하리라 여겨진다. 두 분 필자는 해방 후 한국의 고대사학을 형성시키는 데 중요한 역할을 한 존재인 만큼, 이 논문들은 한결같이 높은 수준의 역사적 안목과 세련된 방법에 바탕을 두고 있지만, 각각 특이한 면모를 보여 주기도 한다. 金哲埈의 경우, 유교를 파악하기 위하여 부족국가시대 이래의 사회발전을 광범히 추적하는 폭넓은 시야와 유교에 대한 전통적 이해방식 자체를 문제 삼는 철저한 비판적 인식의 자세가 이 연구를 깊고 무게 있는 것으로 만들었지만, 가끔 나타나는 서술의 불명료성과 구체적 논증의 결여가 또 다른 특징을 이루고 있다. 삼국이 유교를 수용하게 되는 사회적 기반은 충분히 설명될 수 있었지만 정작 삼국의 유교사상 자체의 실제 파악 면에서 不充分한 느낌을 주는 것은 바로 이 때문일 것이다. 한편, 李基白은 분명한 논지와 유교의 발전을 사회 신분과 유기적으로 연관시켜 파악하는 체계성을 통해 이 논문을 짜임새 있고 설득력 있는 것으로 만들고 있지만, 간혹 사상의 내용 파악 자체가 소박하게 이루어지고, 영세한 사료가 비약적으로 해석되는 경우가 눈에 띈다. 그리하여 육두품세력과 밀착된 유교의 발전 과정을 명료하게 구명해 내는 큰 성과를 거두었으면서도, 이 시대의 유교이념으로서 '道德的

性格', '道德律'을 강조하여 다소 막연한 느낌을 주게 만든 것 같다. 이러한 두 사람의 차이는 아마도, 각기 직관적 이해와 분석적 접근에 보다 많이 치중하는 연구 방법상의 차이에 연유하는 것으로 높은 차원에서의 종합 절충이 바람직하리라고 생각되지만, 연구과정에서의 체계성과 명징의 중요성은 항상 강조되어야 할 것이다.

아무튼, 이 두 논문을 통해, 우리의 고대사회에 대한 사상적 측면에서의 知見은 퍽 넓어졌다고 하겠다. 앞으로 이를 바탕으로 하여, 이 시대의 교육제도와 유교와의 관계라든가, 유교와 불교와의 연관성에 대한 면밀한 연구를 통해, 더욱 많은 성과를 거둘 수 있으리라 생각된다.

그 밖에, 金忠烈의 〈花郎五戒의 思想背景考〉(《亞細亞研究》14-4, 1971)와 李萬烈의 〈高句麗 思想政策에 대한 몇 가지 檢討〉(《柳洪烈博士華甲紀念論叢》, 1971)가 있다. 앞의 논문은 花郎道의 성립에까지 관심을 기울이면서 世俗五戒의 내용이 지니는 유교와 불교의 요소를 각기 적출·분석한 흥미 있는 것이지만, 당시 신라의 정치적 사회적 국면에 대한 관심의 결여와 역사적 眼識의 부족 때문에, 世俗五戒를 '調和된 三教思想'이니 '우리的인 思想'이니 하여 소박한 평면적 검토에 그치고 만 것을 유감스럽게 생각한다. 이에 비해 뒤의 논문은 고구려의 사상정책을 역사적으로 살펴, 사회변화와 국내외 정세와의 관련성을 밝히려 한 논문으로, 때때로 흥미 있는 견해들이 제시되고, 특히 道教의 수입과 이에 따른 유교 불교와의 갈등 및 고구려 사회 붕괴에 대한 해석은 매우 시사적이어서 상당한 흥미를 일으켜 주었다. 하지만, '思想政策'이란 논제에서도 시사되는 바와 같이 관념체계에 작용하는 作爲的 측면을 너무 강조함으로써 논지를 설득력 있게 이끌지 못했으니, '고구려가 불교 포교를 거부하기에는 前秦은 너무 큰 은혜를 베풀어준 友邦이었다'든가, '우리는 道教傳來의 機緣을 唐과의 友好關係維持를 위한 한 方便으로 理解하고 있는 것이다' 등의 서술에서 그 예를 살필 수 있다. 그리고, '反體制集團', '反體制樹立運動', '國家意志' 등의 용어가 개념의 검토를 결한 채 쓰이고 있다. 따라서 전반적으로 보아 이 논문은 재검토될 여지가 많다고 하겠다.

끝으로, 특이한 思想史 분야의 연구로서 李基白의 〈新羅 五岳의 成立과 그 意義〉(《震檀學報》33, 1972)에 대하여 간단히 논급하려 한다. 《三國史記》〈祭祀志〉에 올라 있는 名山大川 가운데 통일신라의 동서남북 및 中에 위치한 五岳이 統一新羅의 상징적 존재라는 관점에서 이 같은 五岳의 成立과 그 가운데 내포되어 있는 護國思想, 그리고 신라 사회에서의 五岳의 의미를 추구한 것이 바로 이 논문이다. 이 속에서 얻어진 중요한 결론은, 吐含山, 地理山(智異山), 鷄龍山, 太伯山 및 父岳의 五岳이 모두 신라가 팽창하는 과정에서 새로 편입되는 구체적인 세력들을 상징한다는 것, 五岳에 대한 국가적 제사는 산신에 대한 것이지만, 실제로는 그들 오악으로 상징되는 지방세력을 진압한다는 목적을 갖는 국가 평안과 발전에의 기원이었다는 것, 그리고 五岳은 華嚴宗과 깊은 關係를 지니고, 충성심이 강한 귀족관료의 은거지였다는 점에서 관념상 통일신라의 專制王權을 뒷받침해 주는 존재였다는 것 등이다. 이 같은 성과는 새롭고 특이한 착상 아래 치밀한 연구과정을 통해 얻어진 것으로서, 신라의 성장과 통일신라의 專制王權에 대한 이해를 깊게 해 주었을 뿐 아니라, 고대사의 연구영역까지를 넓혀 준 주목할 만한 업적이었다고 하겠다. 그리고 이 논문에서는 한문으로 된 사료가 한글로 번역되어 제시되고 있는데, 이 점도 논문 작성상의 중요한 진전으로 생각된다. 다만, 이 연구에서 다소 불만스럽게 여겨지는 점은 정치 사회적인 면을 너무 중시했기 때문에 山岳崇拜에 대한 민간 신앙적 요소가 忽視되었다는 것이며, 또한 다른 山岳들, 적어도 五岳과 더불어 함께 中祀의 대상으로 되었던 다른 산악들에 대한 연구가 곁들여져 그들과 상호 관련 아래 五岳이 파악될 때, 이 논문의 주지는 더욱 선명하고 확고한 것이 되리라는 점에서, 이들 山川에 대한 계속적인 연구 성과를 기대하고 싶다.

이제껏 살펴온 바와 같이, 사상사 분야에서 활발한 연구가 이루어진 것은 매우 반가운 일이 아닐 수 없다. 그런데, 한국 고대에 가장 중요한 비중을 차지하는 사상은 불교인 만큼, 이에 대한 역사적 연구가 좀더 질적으로 심화되어야 하겠고, 또한 사상이라고 하면 기계적으로 불교와 유교를 거론하는 식의 소박한 차원에서 벗어나, 당시의 사회와 인간과 관념을 여러 측면에서 다양하고 종합적으로 살필 수 있는 수준이 모색되어야 할 것이다. 이러한 여러 필요성과 여건에 비추어, 철학이나 종교학 분야에서 온당한 역사적 안식을 갖추고 사상사 연구에 적극 참여하여 좋은 성과를 이룸으로써, 이 부문의 많은 공백을 메우는 데 큰 도움을 받을 수 있지는 않을까 하는 희망을 피력해 둔다.

## 5. 百濟史 연구의 새 출발

이 기간 동안의 고대사 연구에서 주목되는 점은 百濟史에 대한 관심의 고조라고 말할 수 있다. 이러한 경향은 公州의 武寧王陵의 발굴을 중요한 계기로 하여 두드러지게 나타났다. 1971년 7월 초에, 공주의 벽화고분 보존공사 도중에 우연히 발견되어 발굴되기에 이른 이 武寧王陵은 찬란한 많은 유물과 誌石을 출토시킴으로써 커다란 관심을 끌었으며, 解放 이후 최대의 성과를 거둔 발굴로 간주된 이 盛事를 계기로 하여, 그동안 소홀하게 다루어져 왔던 백제의 역사와 문화에 대하여 새로운 평가와 관심의 기운이 싹트게 되었던 것이다. 그리하여, 곧 武寧王陵에 대한 종합적인 학술조사단이 구성되어 고고학과 古代史 분야의 중진학자들이 이에 참여해서 조사연구가 이루어지게 되었다.

武寧王陵의 발굴이 불러일으킨 흥분은 王과 王妃의 金製冠飾 등 정교 찬란한 유물보다도, 우리 고대 분묘에서 처음 나타난 誌石에 기인하는 바 컸다. 그러므로 이에 대해 크게 주목하게 되었고, 그 결과 李丙燾의 〈百濟 武寧王陵 出土誌石에 대하여〉(《學術院論文集 人文社會科學》11, 1972)가 발표되기에 이르렀다. 武寧王陵 발굴 이후에 선보인 최초의 학술적 연구이기도 한 이 논문에서는, 誌石의 내용에 포함되어 있는 王의 生涯, 百濟曆法, 葬制, 陰陽五行思想 및 墓地賣買形式에 대한 해박한 고증이 이루어지고 있다. 특히 이 가운데서, 禮制에 대해 중국의 것을 參用 對比하면서도 백제의 개별성을 드러내 강조한 것은, 다소 소박한 감이 없는 바 아니나, 대국적으로 좋은 방향 제시였다고 여겨진다. 앞으로 이 사료를 이용하는 데 좋은 길잡이가 될 연구라고 하겠다.

백제사의 연구는 백제를 전적으로 그 대상으로 삼는 연구소의 활동에 의해 활발하게 이루어지기도 했다. 百濟文化研究所(公州師範大學 附設)와 百濟研究所(忠南大學校 附設)는 각각 《百濟文化》, 《百濟研究》라는 研究

誌를 간행하면서 두드러진 활약을 해 왔는데, 특히 후자의 경우 백제문화에 대한 관심을 불러일으키는 데 큰 구실을 하였다. 그리하여, 李丙燾의 〈百濟學術 및 技術의 日本傳播〉(《百濟研究》 2, 1971)와 같은 의미 있는 重厚한 논문과 崔槿默의 〈百濟의 對中關係 小考〉(上同)와 같이 커다란 進境은 없지만 대체로 무난한 논문이 실려, 상당한 기여를 할 수 있었다. 그러나 전반적으로 살피면, 두 권의 研究誌(《白濟研究》, 제2집 및 제3집)에 실린 약 10편의 백제사 관계논문—언어나 미술과 같은 특수 분야의 경우를 제외한—가운데 대부분은 문제의식이나 방법 면에서 뒤지는 것이었기 때문에, 실질적인 백제사 연구에의 공헌은 그리 대단한 것이 아니었다. 우리의 학문 활동의 단계가 이미 外華에 좌우될 단계는 청산된 만큼, 內實이 있는 차분한 연구 활동을 꾀해야 하겠다.

그 밖에, 方善柱의 〈百濟軍의 華北進出과 그 背景〉(《白山學報》 11, 1972)이 주의에 오르는데, 이는 오랜 동안의 숙제로 남겨져 왔다가, 근년에는 金庠基의 〈百濟의 遠西經略에 대하여〉를 통해 새로 관심이 일깨워진 바 있는 백제의 중국 대륙 東北方地域 진출문제를 다룬 논문이다. 《北齊書》와 《南齊書》의 관계 기록을 검토하고, 拓跋魏 治下 5세기 후반기의 중국 해안지방에서의 漢人의 빈번한 반란에 백제가 작용했을 가능성을 드는 한편 당시 그 지역의 고구려 부여계의 관민의 존재와 이에 대한 백제의 통치력 행사 가능성을 들어, 백제가 중국 대륙 河岸에 진출했었음을 밝히려 했다. 어떤 점에서는 回避되어 온 느낌이 들기도 하는 이 문제를 다시 제기하여 상당한 추적을 한 이 연구는 주목되어야 하리라 여겨지지만, 직접적인 사료가 거의 한정되어 있는 이 문제는, 당시 백제의 정치관계, 한반도의 삼국관계, 백제를 중심으로 하는 中國·百濟·倭의 국제관계에 대한 폭넓은 시야와 깊은 이해를 갖출 때, 설득력 있는 결론에 도달될 수 있을 것이다.

武寧王陵의 발굴을 계기로 백제사 연구에 대한 관심이 고조되었다고 했지만, 실제로는 별로 괄목할 만한 성과가 거두어지지 않았음을 살폈다. 이처럼 백제사 연구의 진척이 어려운 것은 한국 古代史 연구자의 절대 수의 부족에 근본적인 원인이 있지만, 직접적으로는 사료상의 제약에 기인되는 바 크다고 하겠다. 국내 측의 관계 사료는 영성하고, 중국 측 자료나 《일본서기》에 대한 조예는 깊지 못한 때문에, 이에 대한 본격적 접근을 꾀하지 못하는 것 같다. 그러나 이제 한국 고대사의 체계화는 백제사에 대한 이해를 심화시키지 않고서는 불가능하다는 점이 인식되기에 이르렀다. 백제의 건국 사정이나 그 정치 사회체제, 그리고 당시 東아시아 국제사회에서의 백제의 위치 등의 문제는 한국 고대사 전반의 올바른 이해를 위한 관건임이 분명하기 때문이다. 그러므로 앞으로 중국 및 일본의 고대사와 관계 사료에 깊은 知見을 갖고 이 문제에 접근할 수 있는 고대사 연구자의 등장이 緊切하다 하겠다.

## 6. 맺음말

지금까지 우리는 1971-72년의 2년간에 걸쳐 이루어진 한국 고대사 연구의 실제를 몇 분야로 나누어 살펴보았다. 이 과정에서 논평자 천학의 소치로 여러 勞作들의 진의가 제대로 파악되지 못한 것도 적지 않으리라 생각한다. 그리고 실상 많은 결점을 지적한 것은 오늘보다는 내일의 古代史學을 위한 만용 곁들인 충정에서인 것이다. 적어도 여기에서 거론된 논문들은 일정한 구실을 해낸 것임이 분명하다고 하겠다. 그런데, 이러한 일별을 통해 정치 사회 면과 사상 면에서 굵직한 성과들을 확인할 수 있었던 것은 한국 고대사 연구의 진척을 말해 주는 반가운 일이었다. 특히, 중진학자들의 풍요한 업적과 신진 소장학자들의 괄목할 만한 성과를 접할 수 있었던 것은 어려운 여건 아래에서도 이 분야의 연구가 발전해 나가고 있음을 말해 주는 것이다. 훈련된 학자들이 증가되고 방법론의 심화과정을 거쳐 고대사 연구가 새로운 단계로 접어들 날이 다가오고 있음을 豫期할 수 있다고 하겠다.

그런데, 여기서 이러한 전망과 관련하여 약간의 반성이 필요하지 않을까 싶다. 첫째로, 논문 작성이 세련되어야 하겠다. 전개과정에서의 논리적 당착과 뜻이 안 통하는 敍述 등 수준 이하의 결함이 여러 논문 속에서 看取되었다. 그리고 參用한 선구적인 관계 업적을 註記하는 데 소홀해서 연구사적인 파악에 혼란을 초래하는 일도 없지 않았다. 이러한 점들에 대한 관심은, 작게는 각 논문의 생명에 관계되고, 크게는 학계의 수준에 그대로 이어지는 것이기 때문에 연구자 각자의 반성이 있어야 하겠다. 둘째로, 보조과학의 올바른 원용에 보다 깊은 관심이 기울여져야 하겠다. 한정된 사료를 지닌 채, 오랜 동안의 문헌고증작업이 축적된 오늘날, 한국 고대사의 연구는 고고학, 인류학, 종교학 등 여러 보조과학의 성과와 방법을 과감히 받아들임으로써 새로운 활로를 열 수 있을 것이다. 그러나 이 같은 보조과학의 원용 자체가 충분한 이해 없이 조잡하게 이루어질 때 범하게 되는 잘못과 어리석음을 또한 소홀히 생각해서는 안 되겠다. 그러므로 이들 보조과학에 대한 올바른 知見을 갖도록 엄격한 훈련을 쌓는 일이 적극 권장되어야 할 것이다. 셋째로, 비판적, 객관적 연구자세가 가다듬어져야 하겠다. 근래 한국사에 대한 관심이 높아지고, 그 방향이 지금껏 일제의 식민주의적 사관에 의해 왜곡되었던 것을 바로 잡고, 주체적 역사인식을 강조하는 쪽으로 나가게 되면서 상당한 역작용이 뒤따르는 것 같다. 특히 한국 전통문화의 고유성을 강조하고, 그 遠古性을 내세우려는 소박한 생각은 엄밀한 비판을 缺한 논증과 객관적 타당성을 失한 해석을 낳아, 고대사의 올바른 체계화를 방해할 위험이 없지 않은 것이다. 따라서 이러한 비과학적 연구 자세를 항시 경계하지 않으면 안 될 것이다. 이상의 몇 가지 점은 우리가 바라는 희망찬 내일의 한국 고대사학을 위해 반드시 음미되어야 할 바라고 생각한다.

# 高麗史 연구, 1984-1986

## 1. 머리말

1984-86년의 3년간에 걸친 高麗史의 연구 성과는 우선 그 풍성한 양에 놀라게 된다. 10권에 가까운 研究書·編著書와 200편이 넘는 논문이 발표된 것이다. 이것은 약 15년 전인 1971년의 《歷史學報》 49집에 1969-70년의 2년 동안 발표된 고려사 논문 약 20편을 대상으로 이 '回顧와 展望'이 씌어져 게재되던 사정과 견주어 볼 때, 참으로 今昔之感을 느끼게 해 준다. 그동안 새로운 연구자가 많이 배출되는 가운데 연구의 축적이 이루어진 결과라 하겠다.

이처럼 많은 양의 연구 성과가 발표되었지만, 시기별 분야별로 고른 분포를 보여 주고 있다. 정치, 경제, 사회의 각 방면은 물론, 思想史, 史學史 관계의 논문도 많으며, 시기적으로도 고려 후기를 집중적으로 다룬 업적들도 많이 나타나기에 이르렀다. 이러한 사실은 오늘날 한국사에 대한 사회 일반의 관심이 고대사와 근대사로 양분되어 있는 듯한 경향을 보여 주지만, 이와는 별도로 중세사로서의 고려사에 대한 연구가 부단히 진전 확대되고 있음을 뜻하는 것이다.

근래 고려사 연구와 관련하여 주목되는 점은 회고와 반성의 기회가 많았다는 사실이다. 金塘澤이 1984년 12월의 《歷史學報》 제104집에서 그 이전 5년간의 고려사 연구를 각 분야별로 상세하게 회고 전망하고, 朴龍雲이 1985년 12월의 《韓國史硏究彙報》 제51호에서 1984년의 업적을 논저별로 소개 논평한 것은 정기적 점검에 속하는 일이었다. 그 밖에, 李基白은 1983년 12월에 학술원에서 편집·발간한 《韓國學入門》에 실린 〈高麗 門閥貴族社會의 形成과 展開〉를 통해 무신란 이전의 고려사회에 대한 연구 성과를 체계적으로 종합 정리하였다. 또한 姜晋哲은 1984년 6월의 《震檀學報》 제57호에 〈韓國學硏究 半世紀－中世史〉를 기고하여, 일제시대로부터 그즈음에 이르기까지의 고려사 연구를 시기별 분야별로 방대한 스케일 아래 상세하게 검토하였다. 그리고, 邊太燮도 1986년 5월에 나온 《高麗史의 諸問題》의 序說인 〈高麗史의 새 探究〉를 통해 역시 종전의 연구 성과를 부문별로 개관하였다. 이러한 경향은 고려사 연구의 비약적 발전을 위한 모색의 뜻을 지닌다고 하겠다.

지난 3년간의 고려사 연구를 살피게 될 이 글에서는, 앞에서 지적한 방대한 논저의 양과 비교적 잦았던 회고와 반성의 기회를 감안하여, 그 개략만을 훑어보는 데 그치고자 한다. 다행스럽게도 每年別로 이루어지는 《韓國史硏究彙報》의 〈回顧와 展望〉을 통해 논문들에 대한 개별적 논급이 이루어질 수 있을 것으로 여겨진다. 이 글에서는 硏究書·論著書 및 제 분야의 주요 연구 성과를 간략하게 개관한 다음, 고려 초의 豪族과 고려 후기의 정치와 사회를 다룬 연구에 대해서 중점적으로 살펴보려고 한다.

## 2. 研究書·編著書 및 사료 정리

고려사를 다룬 연구서로 먼저 주목되는 것은 李熙德의 《高麗儒敎政治思想의 硏究》(一潮閣, 1984)이다. 이 책은 고려의 天文·五行說과 孝思想을 구명함으로써 유교정치사상에 접근하려 한 것으로, 종전에 발표한 10편의 논문을 종합 정리하여 펴냈다. 천문·오행설이란 결국 德治를 지향하는 天人合一說을 바탕으로 하는 것이며, 孝思想은 被治者에게 충성을 장려하기 위한 것이라는 시각에서 유교이념의 윤리적 본질을 파악하고자 한 연구인 만큼, 이 力著는 유교화의 길을 걷는 고려사회의 모습을 알려주는 데 크게 기여하였다.

다음으로 출간된 연구서로 李樹健의 《韓國中世社會史硏究》(一潮閣, 1984)가 커다란 성과를 거둔 업적으로 손꼽힐 수 있는 것이다. 여기에서 연구의 대상으로 삼은 시기는 후삼국시대부터 조선 초기에 이루는 광범위한 것이지만, 고려시대가 중심을 이루고 있거니와, 특히 고려를 전·후기로 나누어 土姓을 摘出 정리한 작업이 크게 돋보이는 것이라 하겠다. 土姓은 《世宗實錄地理志》에 처음 나타나므로, '그 지방의 區劃當初부터 《世宗實錄地理志》의 편찬 당시까지 그 지방에 토착하면서 그 곳 地名을 본관으로 하는 지배적인 姓氏集團'이라고 정의되거니와, 이 같은 土姓의 존재와 진출이 당시 고려사회의 건실한 基層構造를 말해 준다는 점에서 의미심장한 것이다. 이 책에 대해서는 李泰鎭의 서평이 있다(《社會科學論評》4, 1986).

고려시대와 조선 초기를 연구대상으로 한 專著로 金成俊의 《韓國中世政

治法制史研究》(一潮閣, 1985)가 나온 것도 뜻 깊은 일이다. 이 책은 저자가 일찍이 〈其人의 性格에 대한 考察〉(《歷史學報》10, 1958 ; 11, 1959)을 발표한 이래 고려와 조선 초에 걸쳐 사회·법제 ·정치에 관해 꾸준히 연구한 성과들을 새로 다듬어 묶은 것인데, 모두 13편의 논문이 수록되어 있다. 다년간 연구생활에 전념한 노학자의 선구적 업적들을 새롭게 꾸며진 단행본을 통해 다시 접하는 감회가 크거니와, 이에 대한 보다 자세한 소개와 비평은 姜晋哲과 李秉烋의 서평을 참조하기 바란다(《歷史學報》111, 1986 및 《大丘史學》28, 1985).

思想史 분야의 연구서로 출간된 許興植의 《高麗佛教史研究》(一潮閣, 1986)는 우선 대작이라고 말할 수 있으니, 34편의 논문이 무려 900면이 넘는 두터운 책 속에 수록되어 있는 것이다. 저자는 이 책이 '一般史의 하나'로 취급되기를 바란다고 하여, 불교를 종교의 입장에서가 아니라 역사학의 입장에서 다루었음을 분명히 하면서, 고려 불교의 종파, 불교계의 조직, 僧政의 문제에 깊은 관심을 갖고 다각도에서 여러 가지를 다루고 있거니와, 특히 흥미로운 것은 후반부에 있는 불교사 관계의 금석문, 고문서 등에 대한 소개, 해설인데, 그 가운데는 저자 자신이 발굴해 낸 것이 적지 않기 때문이다. 그러나 이 저술에 대해서는 이 방면의 연구 성과와 관련하여 별도로 비판 평가될 기회가 마련되어야 할 것이다.

사상사 분야에서는 또한 철학 측에서 유학 연구서를 냈으니, 金忠烈의 《高麗儒學史》(高麗大學校出版部, 1984)가 그것이다. 여기에서는 삼국시대의 유학으로부터 조선 초의 性理學에 이르기까지 오랜 시기를 연구대상으로 삼고, 유학의 본거지인 중국의 그것과 관련지어 설명하는 가운데 상당한 성과를 거두었지만, 그동안 축적된 한국사학에서의 연구 성과를 반영시키지 못한 것이 결함이라 하겠다.

1970년대 이래 고려사 연구의 쟁점이 되어 온 것이 이른바 貴族制說과 官僚制說의 대립이었다. 그런데, 그 논쟁의 당사자이기도 했던 金毅圭는 지금까지 이 문제를 직접 다룬 논문들과 그것을 이해하는 데 도움이 될 논문들을 뽑아 체계적으로 배열하고, 자신이 새로 총설을 써서 《高麗社會의 貴族制說과 官僚制說》(知識產業社, 1985)이라는 제명의 책으로 編刊하였다. 이 논쟁에 처음부터 참여한 金毅圭, 朴菖熙, 李基白, 邊太燮, 朴龍雲 등의 낯익은 논문들과 뒤에 이 문제에 개입한 金龍善, 韓忠熙, 盧明鎬 등의 새로운 논문들로 이루어진 이 책은 어떤 면에서는 고려사 연구의 현 단계를 가장 잘 나타내 주는 것이라고 말할 수 있을 것이다.

慶熙大學校 傳統文化研究所에서 편찬한 《崔冲研究論叢》(慶熙大學校出版局, 1984)도 崔冲이란 인물을 주제로 朴性鳳, 李乙浩를 비롯한 사학자, 철학자들 다수가 각기 글을 써서 여러 측면에서 접근하고 있어서 흥미롭지만, 그 내용은 지금까지의 연구를 종합하는 수준에 머물고 있다. 이에 대하여, 邊太燮 編 《高麗史의 諸問題》(三英社, 1986)는 還甲記念論文集의 變形인 셈인데, 24편의 논문을 싣고 있어서 고려사 논문을 풍성하게 하는 데 一翼을 담당하였다.

근래 한국사에 대한 내외의 관심이 높아지는 가운데, 독자로 하여금 직접 당시 사람들의 말과 생각에 접하게 함으로써 고려시대와 그 문화를 살필 수 있게 한다는 취지에서 나온 것이 李基白·閔賢九 編《史料로 본 韓國文化史〈高麗篇〉》(一志社, 1984)이다. 《高麗史》를 비롯한 여러 책에서 사료를 뽑아 번역을 하고, 해설을 덧붙여 일정한 체계를 갖추게 했으며, 원문을 附載하였지만, 보완의 여지가 적지 않을 것이다.

이 동안에 있었던 성과로 高麗史의 概說書인 《高麗時代史》(上)(一志社, 1985)이 朴龍雲의 저작으로 출간된 것을 지나쳐 버릴 수 없다. 이 책은 上·下 兩卷에 걸쳐 5章으로 계획된 고려사 개설 가운데 전반부에 해당하는 것으로, 뒤이어 무신정권시대 이후를 다룰 후반부의 하권이 나오면 고려사에 관심을 갖는 이들에게 좋은 길잡이가 될 것으로 믿는다.

끝으로 사료 정리와 관련된 두 가지 업적을 들고자 한다. 그 하나는 許興植 編著《韓國金石全文》(中世 上·下)(亞細亞文化社, 1984) 2책인데, 고려시대의 금석문 649건을 싣고 있는 방대한 자료집이다. 종전의 《朝鮮金石總覽》(上)에 있는 것과 뒤이어 나온 李蘭映 編《韓國金石文追補》, 黃壽永 編《韓國金石遺文》의 내용을 합하고, 다시 새로운 자료를 추가한 다음, 그것을 古代, 中世上, 中世下의 3책으로 나눈 것 가운데 뒤의 두 책인 셈인데, 이것을 정리하는 데 쏟았을 편자의 노고는 충분히 짐작되지만, 이것이 신빙성 높은 史料로서의 지위를 확보하기 위하여서는 앞으로 판독과 교정에 철저를 기하면서 상당한 보완이 뒤따라야 할 것이다.

사료 정리로서의 의미를 지니는 또 다른 하나는 秦星圭 譯註《西河集》(一志社, 1984)의 출간이다. 林椿의 문집을 註釋을 곁들여 번역함으로써 앞으로 이 자료를 이용하는 사람들에게 상당한 도움을 주게 될 것으로 기대된다.

## 3. 여러 分野의 주요 研究成果

지난 3년간 발표된 고려사 논문 200여 편을 분야별로 나누어 보면, 정치사 분야가 약 80편, 사회경제사 분야가 약 60편, 사상사 분야가 약 40편, 사학사 및 자료해설을 다룬 것이 20여 편이었다. 이것들 가운데 고려 초의 豪族 문제를 다룬 경우와 고려 후기의 정치·사회를 대상으로 한 것들을 제외하고, 연구의 경향을 알려준다고 여겨지는 논문들을 중심으로 매우 간단하게 분야별로 연구 성과를 훑어보기로 한다.

정치사 분야에서는 여러 측면에서 고려의 정치적 구조를 추구한 노작들이 발표되었는데, 科學制에 있어서의 절차문제 전체와 관련하여 주제에 접근한 柳浩錫의 〈高麗時代의 國子監試에 대한 再檢討〉(《歷史學報》 103, 1984)와 〈高麗時代의 覆試〉(《全北史學》 8, 1984)가 흥미 있는 것이었으며, 金基德의 〈高麗朝의 王族封爵制〉(《韓國史硏究》 52, 1986)도 중요한 문제를 다룬 것이었다. 지방제도에 관한 논문도 몇 편 발표되었는데, 그 가운데에는 監務制를 다룬 元昌愛의 〈高麗 中·後期 監務增置와 地方制度의 變遷〉(《淸溪史學》 1, 1984)과 事審官制를 동태적 입장에서 재검토한 李純根의 〈高麗時代 事審官의 機能과 性格〉(《高麗史의 諸問題》, 1986)도 포함되어 있다.

정치사 분야의 논문들 가운데 대외관계를 다룬 것들이 많다는 점이 주목된다. 고려 초의 契丹과의 관계로부터 고려 말의 東寧府征伐에 이르기까지 전시기에 걸쳐 16편의 논문을 찾아볼 수 있는데, 그 내용도 다양하여, 趙啓纘의 〈高麗 武臣執權期의 對金關係考〉(《東亞大學校大學院論文集》 8, 1984), 高昌錫의 〈麗·元과 耽羅와의 關係〉(《濟州大學校論文集》 17, 1984),

南仁國의 〈高麗前期의 投化人과 그 同化政策〉(《歷史教育論集》8, 1986) 등에서 살필 수 있는 바와 같이 여러 가지 관점에서 대외관계의 문제에 접근하고 있다. 대외관계는 역사의 내재적 발전과는 상당한 거리가 있다고 하여 한동안 관심의 대상에서 벗어난 감이 있었다. 그러나 올바른 歷史像을 세우기 위하여 대외관계에 대한 깊은 이해가 필요한 것이며, 그런 뜻에서 이것을 다룬 논문이 많아졌다는 것은 좋은 현상이라고 하겠다. 다만, 대외관계를 평면적으로 기술하는 데 그친다든가, 그릇된 관점에서 대외관계를 다루는 경우, 고려사의 체계적 이해에 아무런 도움도 주지 못할 뿐 아니라 오히려 역작용을 할 수도 있다는 점이 유념되어야 할 것이다.

사회경제사 분야에서 먼저 주목되는 것은 토지제도에 대한 연구 성과인데, 그것은 크게 세 방면에서 살필 수 있다. 첫째는 종래 밝혀지지 않았던 새로운 地目들에 대한 연구로서, 安秉佑의 〈高麗의 屯田에 대한 一考察〉(《韓國史論》10, 1984)과 洪承基의 〈高麗前期 家田과 朝家田의 稅額·租額과 그 佃戶의 經濟的 地位〉(《歷史學報》106, 1985)가 이에 해당된다고 하겠다. 둘째는 高麗後期의 土地制度에 대한 새로운 관심의 결과로서 나온 박경안의 〈高麗後期의 陳田開墾과 賜田〉(《學林》7, 1985)과 李景植의 〈高麗末 私田의 家産化와 私田捄弊論〉(《歷史教育》55, 1984)을 비롯한 一連의 논문들이다. 이상의 연구들은 견실한 실증적 방법에 의해 그 地目과 새로운 토지관계 이해에 큰 진전을 가져 왔다. 셋째는 토지의 소유관계를 다룬 것으로, 朴鍾進의 〈高麗初 公田·私田의 性格에 대한 재검토〉(《韓國學報》37, 1984)는 소유권에 입각한 공적 소유지와 사적 소유지 및 租의 地代的 性格과 地稅的

性格으로의 區分을 중층적으로 적용하여 公·私田의 개념을 추출한 것인데, 홍미로운 문제 제기를 한 것으로 여겨진다. 그 밖에도 토지제도를 다룬 논문이 수편 더 있거니와, 다른 데에 비해 견실한 성과를 거두고 있는 것이 이 분야의 연구라 하겠다.

社會經濟史 분야에서 部曲制와 部曲民에 대한 일련의 논문들도 홍미로운 것들이었다. 朴宗基의 〈高麗 部曲制의 構造와 性格〉(《韓國史論》 10, 1984)과 〈高麗의 部曲史〉(《高麗史의 諸問題》, 1986) 및 오일순의 〈高麗 前期 部曲民에 관한 一試論〉(《學林》 7, 1985)이 대표적인 것들인데, 지금까지 郡縣制 또는 신분제에 주목하여 이 문제에 접근했던 바와는 달리 새로운 시각에서 收取體制의 운영이나 田柴科의 田地耕作과 관련하여 部曲制와 部曲民을 추적했다는 점에 특징이 있다. 사료 해석과 논증 과정에 문제점이 없지 않으나, 中國 部曲制를 돌아보고, 고려 사회경제 면과의 유기적 관계를 검토하면서 새로운 시도를 하였다는 것은 값지게 여겨지며, 계속적인 검토가 기대된다.

재미있는 사실은 이 기간에 《高麗史》 〈刑法志〉를 검토한 논문이 여러 편 발표되었다는 점이다. 辛虎雄의 〈《高麗史》 刑法志의 檢討〉(《南都泳紀念史學論叢》, 1984)가 나온데 뒤이어 尹熙勉의 〈《高麗史》 刑法志 小考〉(《東亞研究》 6, 1985)가 발표되었던바, 科條的 記事와 編年的 記事가 그 안에 함께 수록되어 있음을 주목하면서 고려사회의 법제에 대한 관심을 환기시켰는데, 특히 후자의 경우 지금까지의 諸說을 검토하는 가운데 고려의 독자적 律令의 존재를 시인하며 그 편찬의 시기를 成宗代로 추정하였다. 한편 鄭

容淑의 〈《高麗史》 刑法志 奴婢項의 檢討〉(《韓國史硏究》 46, 1984)는 《高麗史》 〈刑法志〉의 독특한 내용을 이루는 '奴婢' 項目에 대하여 살펴본 것이다. 이 논문들을 통하여 《高麗史》의 各志가 지니는 사료적 성격을 면밀하게 검토할 필요가 있음을 절감하게 되었다고 하겠다.

고려시대의 사회정책을 다룬 연구 성과들 가운데 朴杰淳의 〈高麗前期의 賑恤政策〉(《湖西史學》 12, 1984 ; 13, 1985)이 자연재해의 상황과 그에 대한 국가의 시책을 폭넓게 다룬 노작으로 주목되지만, 다소 방만한 느낌을 주었다. 또한, 高麗社會의 官吏服務規式의 一端으로서의 相避制를 고찰한 金東洙의 〈高麗時代의 相避制〉(《歷史學報》 102, 1984)는 고려귀족사회의 특징적 모습을 알려 주는 뜻있는 연구였다.

사상사 분야를 살피면, 약 40편의 관계 논문 가운데 24편이 불교사를 다룬 것이었다. 高麗初期의 豪族聯合政權으로부터 光宗代의 專制政治에 이르는 정치적 추이과정과 당시 佛敎界의 敎·禪 관계를 꾸준히 추적해 온 金杜珍은 〈玄暉(897-941)와 坦文(900-975)〉(《歷史와 人間의 對應》, 1984)과 〈諦觀의 天台思想〉(《韓國學論叢》 6, 1984)을 발표하였는데, 앞의 논문에서는 두 僧侶의 對比되는 敎禪融合思想을 다루면서 고려시대 전반에 걸친 融合思想의 추세를 전망하고 있다.

許興植은 활발한 연구 활동을 벌여 많은 성과를 공포하였다. 그의 관심은 王室의 祖上崇拜와 관련된 佛敎的 禮制를 다룬 〈佛敎와 融合된 高麗王室의 祖上崇拜〉(《東方學志》 45, 1984)라든가, 高麗의 五敎九山說을 비판한 〈高麗의 五敎는 宗派인가〉(《閔錫泓記念史學論叢》, 1985), 〈高麗初 禪

宗九山派說의 疑問點〉(《高麗史의 諸問題》, 1986)에 나타나는 바와 같이 다양하지만, 새로운 자료의 발굴에 곁들여 高麗後期 大藏經의 中國 移安을 추적한 〈高麗에 남긴 鐵山瓊의 行跡〉(《韓國學報》 39, 1985)에서 장기를 발휘하고 있다. 이 같은 업적들이 《高麗佛教史研究》로 묶여졌음은 앞에서 언급한 바와 같다.

고려 후기의 불교를 다룬 것으로서 秦星圭의 일련의 논문들이 있다. 그 가운데 무신집권기 불교의 새로운 모습과 관련하여 연구한 〈高麗後期 修禪社의 結社運動〉(《韓國學報》 36, 1984)과 〈眞覺國師 惠諶의 生涯와 思想〉(《高麗史의 諸問題》, 1986)이 주목되는데, 불교사상을 어떻게 체계적이며 평이하게 재구성하여 제시할 수 있는가 하는 방법상의 문제를 제기해 준다고 여겨진다.

한편, 蔡尙植은 〈高麗後期 佛教史의 전개양상과 그 경향〉(《歷史教育》 35, 1984)을 통하여 무신란 이후의 고려불교를 통관하는 한편 〈至元 15년(1287) 仁興社 刊 《歷代年表》와 《三國遺事》〉(《高麗史의 諸問題》, 1986)에서는 《三國遺事》 찬술에 밑바탕이 된 《歷代年表》를 새로 발굴 제시하였다. 뒤의 논문은 《三國遺事》 편찬의 배경을 밝혀 줄 뿐만 아니라, 당시의 사상적 경향에 대해서도 상당한 시사를 주는 자료의 발굴을 기초로 하여 이루어진 것인 만큼, 크게 주목되어야 할 것이다.

그 밖에 고려 사상사의 새로운 측면을 추구하고 있던 梁銀容은 〈高麗了圓撰 法華靈驗傳의 研究〉(《韓國文化와 圓佛教思想》, 1985)와 〈高麗道教의 歷史資料〉(《韓國宗教》 10, 1985)를 통하여, 불교와 도교의 양면에 걸친 그의 학문적 관심을 나타내 주었다. 그리고 고려 말기로 내려와 유불 교체기의 사상가들과 斥佛論에 대한 논문들이 여러 편 나타나는 것도 새로운 경향으로 간주되었으나 알차고 독창적인 것은 별로 눈에 띄지 않았다.

사학사 관계의 논문도 많이 발표되었다. 曉星女大 韓國傳統文化研究所의 《韓國傳統文化研究》(創刊號)는 《三國遺事》 特輯으로 꾸며져 관계 논문 10여 편을 싣고 있는데, 《三國遺事》에 실린 설화를 고찰의 대상으로 한 것이 많았다. 《三國遺事》에 대해서는 그것을 篇目별로 검토 연구해 온 李基白이 〈《三國遺事》 王曆篇의 檢討〉(《歷史學報》 107, 1985)를 발표하여, 그 王曆篇의 편찬물로서의 성격에 주의를 환기시키는 한편 근래 과열된 《三國遺事》에 대한 연구가 평정을 되찾아 실증적인 방향으로 나아가야 할 것임을 강조한 것은 주목할 바라고 여겨진다.

지금까지 사학사 연구가 《三國史記》와 《三國遺事》에 치우쳐 온 경향이 컸던 데 대하여, 李奎報의 〈東明王篇〉, 覺訓의 《海東高僧傳》, 李承休의 《帝王韻記》에 대한 논문이 발표된 것은 괄목할 만한 현상이었다. 金哲埈의 〈李奎報 '東明王篇'의 史學史的 考察〉(《東方學志》 46, 47, 48, 1985)은 〈東明王篇〉이 지니는 古代的 요소를 중시하면서 李奎報의 傳統에 대한 폭넓은 認識에 바탕한 歷史意識을 높이 평가하였다. 金相鉉은 〈《海東高僧傳》의 史學史的 性格〉(《鄭在覺紀念東洋學論叢》, 1984)을 통하여 이 책에 대한 종합적 검토를 하면서 史書로서의 한계성을 지적하였고, 劉璟娥의 〈李承休의 生涯와 歷史意識〉(《高麗史의 諸問題》, 1986)은 《帝王韻記》의 儒教史觀은 《三國史記》의 전통을 계승하는 것이지만, 그 민족사에 대한 자긍의식과 독자성의 인식이라는 면에서는 〈東明王篇〉과 《三國遺事》의 계열을 따른다 하여 이 사서를 높이 사고 있다. 그 밖에, 개설적인 것이지만, 金相鉉의 〈高麗後期의 歷史意識〉(《韓國史學史의 研究》, 1985)에서는 지금까지의 이 방면의 연구 성과가 충실히 종합 정리되어 있다.

이상의 개관은 매우 소략하고, 분야에 따라 詳略이 같지 못하였으나, 다양한 연구 성과의 일단은 드러났으리라 믿는다. 역사학 이외의 학문 영역에서 이루어진 연구들도 적지 않았지만, 대개가 논의의 대상에서 벗어나는 것들이었음을 부언해 둔다.

## 4. 高麗初의 豪族에 대한 다양한 연구

후삼국시대를 거쳐 고려왕조의 확립에 이르기까지의 정치적 사회적 변화에 주도적 역할을 한 것은 豪族勢力이었다. 그러므로 고려사의 출발은 호족세력의 동향과 관련지어 이해되어 왔거니와, 지난 3년 동안 이에 대한 많은 논문들이 발표되었다.

호족에 대한 많은 문제 가운데, 그 실체의 파악이 지금껏 미흡한 상태로 남아 있었다고 할 수 있거니와, 그것을 특정 지역과 연관 지어 추구한 연구로 金甲童의 〈高麗建國期의 淸州勢力과 王建〉(《韓國史研究》 48, 1985)과 朴敬子의 〈淸州豪族의 吏族化〉(《院友論叢》 4, 1986)가 발표되어 주목을 끌었다. 두 경우 모두 淸州의 호족을 다루고 있는데, 전자는 高麗 建國初의 淸州 계통 세력의 謀叛을 淸州人戶 一千의 鐵原으로서의 徙民과 연관 지어 파악하면서 그에 대한 王建의 대응책으로 巡幸과 築城을 들고 있으며, 후자는 淸州의 龍頭寺幢竿記를 분석하여 金氏, 韓氏, 慶氏를 이 地域의 豪族으로 파악하고, 그들 가운데 일부의 上京從仕와 一部의 在地土着勢力으로의 成長을 밝히려 하였다. 호족의 실체와 그 추이를 살핀다는 점에서 후자의 착상은 매우 흥미로운 것이었다. 그러나 이 두 편의 논문은 구체적인 실마리를 통하여 淸州勢力과 高麗 중앙정부와의 관계를 밝히거나 그 지방사회에서의 변신을 추구하는 데에는 미흡한 것이었다. 金甲童은 高麗初의 州를 그 지방 출신의 호족과 관련지어 이해한 〈'高麗初'의 州에 대한 考察〉(《高麗史의 諸問題》, 1984)을 발표하기도 했다.

종래 호족에 대한 관심은 그들이 어떤 형태로 건국 초의 고려에 정치적 영향을 미쳤으며, 그에 대한 고려의 정책은 어떠한 것이었는가였다고 말할 수 있다. 이와 관련하여, 高麗初에 王室과 親屬關係를 갖는 부류들 가운데 '鄕' 또는 '鄕里'로 지칭되는 연고지의 親屬勢力들이 중요한 의미를 지닌다는 점을 惠宗의 羅州, 千秋太后의 黃州, 穆宗의 忠州, 玄德太后의 善州를 事例로 들어 밝힌 盧明鎬의 〈高麗初期 王室出身의 '鄕里'勢力〉(《高麗史의 諸問題》, 1984)이 주목된다. 여기에서 말하는 '鄕里'는 非父系的인 系譜로 연결되는 親屬의 貫鄕을 뜻하는 것이며, 이 같은 '鄕里'의 制度 또는 慣例를 통한 血族關係網의 구성은 各地의 호족세력과 중앙을 이어주는 것으로, 豪族聯合的 政府의 존재와 직결된다는 것이다.

한편, 각 지방 호족에 대한 고려의 정책은 王建의 혼인정책 속에 두드러지게 나타나는데, 鄭容淑의 〈高麗初期 婚姻政策의 추이와 王室族內婚의 성립〉(《韓國學報》37, 1974)은 바로 이 문제를 다루고 있다. 여기에서 흥미있게 여겨지는 것은 太祖 王建이 정치적 성장의 단계에 따라 그에 상응하는 세력을 대상으로 하여 정략혼인을 하지만, 光宗에서부터는 호족세력의 포섭보다는 왕실의 순수혈통 유지를 통한 초월적 존재로의 부상을 위해 族內婚의 혼인양식으로 바꾼다는 점이다.

위의 두 논문은 문제의식이나 접근방식이 좋은 것이었다고 여겨지며, 그 후에 전개되는 고려사회의 정치적 사회적 구조에 대한 상당한 시사를 함축한다고 생각된다. 전자의 경우, 혈족을 중심으로 한 親屬關係에 초점이 두어진 것이었지만, '鄕里' 勢力의 在地的 背景을 추구하여 호족의 존재형태를 새로운 시각에서 제시할 수 없었을까 하는 욕심을 자아내기도 한다.

고려가 통일왕조로서 확립되는 길을 걷게 되는 光宗代 이후의 변혁은 왕권의 강화를 뜻하는 동시에 호족세력의 退縮과 성격변화를 말해 주는 것이었다. 이 문제를 새로 다루어 우리의 이해를 넓힌 논문으로 崔圭成의 〈高麗初期官僚體制와 政治擔當勢力의 變遷〉(《鄭在覺紀念東洋學論叢》, 1984)과 全基雄의 〈高麗 光宗代의 文臣官僚層과 '後生讒賊'〉(《釜大史學》9, 1985) 및 〈高麗 景宗代의 政治構造와 始定田柴科의 성립기반〉(《震檀學報》59, 1985)이 있다. 崔圭成의 논문은 光宗의 개혁정치가 호족세력을 숙청하고, 유교주의적 관료정치를 이룩한다는 일관된 목표에 좇아 추진되었고, 이때에 육성된 官僚群을 바탕으로 고려 초기의 專制王權이 확립된다는 점을 밝히려 하였다. 全基雄은 앞의 논문에서는 崔圭成의 경우와 똑같은 논지로 光宗의 개혁정치를 주목하였는데, 뒤에 崔承老가 지적한 문제의 '後生讒賊'은 改革을 주도한 文臣官僚層과는 다른 별도의 세력으로 政爭에 동원되어 참소를 행한 하급관리, 僧侶, 解放奴婢 출신자, 또는 侍衛軍을 지칭하는 것으로 보았다. 이어서 景宗代의 정치적 추세를 면밀히 검토한 뒤의 논문에서는 문신관료 세력이 호족 계열의 구세력에 의한 반동적 움직임을 막아내면서 마침내 정치 사회의 주역으로 등장하는 것을 논술하고, 이때 9품체계의 班體制에 입각한 始定田柴科의 성립으로 관료들의 경제기반이 확보됨으로써 고려관인사회 형성의 바탕이 마련되었음을 구명하려 하였다.

이 일련의 연구는 금석문 자료를 이용하면서 고려 초기의 정치상황을 정밀하게 검토하여 光宗의 개혁정치가 별다른 단절 없이 景宗代에 계승됨을 밝혔다는 점에서 그 관점이나 논지가 일치하고 있다. 특히 全基雄이 始定田柴科를 정치사회적 시각에서 분석한 작업내용과 光宗代의 정치세력과 인물을 적출 분석한 것은 인상적이었다. 그러나 이 논문들은 너무 많은 추측에 의존할 수밖에 없었다는 점에서 불안감을 주었고, 고려건국 초부터 등장하는 '官僚群' 또는 '官僚勢力'이 고려 귀족사회의 형성과 어떻게 연관되는가도 불투명하게 처리된 것으로 여겨진다.

그 밖에, 고려왕조의 후삼국 통일은 당시 널리 사용된 '三韓'이라는 領域觀과 '朝鮮'을 출발점으로 하는 역사의식을 포괄하는 민족적인 一國家意識에 의하여 뒷받침될 수 있었다고 주장한 金光洙의 〈高麗建國期의 一國家意識의 理念的 基礎〉(《高麗史의 諸問題》, 1986)도 이 시기 호족의 동향과 역사적 추이를 시사해 주는 논고였다.

지금까지의 통설은 후삼국시대로부터 고려 초기에 걸치는 시기의 강력한 호족세력의 존재를 인정하고, 太祖 王建의 고려 국가는 호족을 매개로 하여 간접적으로 전국에 대한 지배력을 행사할 수 있었을 따름이라는 것이며, 그것을 호족연합정권으로 지칭하였다. 이러한 통설에 대하여 정면에서 비판을 가한 것이 朴菖熙의 〈高麗初期 豪族聯合政權說에 대한 批判〉(《韓國史의 視角》, 1984)이며, 이 논문의 취지를 부연하여 확대시킨 것으로 嚴成鎔의 〈高麗初期 王權과 地方豪族의 身分變化〉(《高麗史의 諸問題》, 1986)가 있다. 이 논문들은 고려 초 호족들의 王建에의 歸附가 臣屬的 상하관계인 군신관계란 점을 강조하고 있으며, 王建의 다양한 혼인관계도 중앙 진출을 꾀하는 호족들의 적극적 자세를 나타낸다는 점에서 중요한 의미를 지닌다는 것이다.

이와 같은 새로운 주장은 이 시기의 정치·사회사의 연구를 자극하는 경청할 만한 문제제기라고 생각된다. 지금까지 호족에 대한 깊은 관심 때문에 상대적으로 後百濟, 泰封, 또는 建國 初의 고려의 국가적 기능이나 통치체제 자체에 대한 연구는 도외시되었던 감이 없지 않았다. 그러나 호족의 흥기와 역할은 이 시기의 한국사의 발전을 특징짓는 것이며, 그들의 강력한 정치적 영향력을 뜻하는 豪族聯合政權說의 취지 자체는 대국적인 면에서 否定되어야 할 이유가 박약한 것이 아닐까. 요컨대, 이제껏 간과된 당시의 국가체제에 대한 연구를 심화시키면서 생동하는 호족세력과의 관계를 합리적으로 설정하는 것이 필요할 터이지만, 그것이 반드시 豪族聯合政權說을 부인하는 것으로 귀결되어야 할 필요는 없는 게 아닌가 생각된다.

이상에서 소개한 바와 같이 이즈음 호족에 대한 연구는 괄목할 만한 것이었다. 특정한 지역과 연관하여 호족의 실체를 파악하려는 시도라든가, 高麗 初의 豪族聯合政權說의 비판 같은 것은 분명히 새로운 방향의 모색을 말해 주고 있다. 이 시기가 일대 전환기였던 만큼, 보다 넓은 시야 속에서 견실한 실증을 바탕으로 이 문제에 대한 심도 깊은 연구의 진전을 기대해 본다.

## 5. 고려 후기의 政治와 社會에 대한 새로운 접근

지난 1984-86년의 3년간에 걸친 고려사 연구에서 두드러진 특징으로 나타나는 바로서 또한 고려 후기사회에 대한 깊은 관심을 들 수 있다. 지금껏 무신정권기에까지만 미치던 고려정치사의 연구가 그 이후의 시기로 확산되었을 뿐 아니라, 이 시기의 정치·사회 체제를 전기의 그것과 구분하여 별도로 이해하려는 접근방식이 여러 편의 논문 가운데에 반영되고 있는 것이다. 종래에 고려 후기가 조선의 건국과 관련하여 부수적으로 취급되던 데 비하며, 이러한 경향은 고려사 연구의 커다란 발전을 반영하는 것이라 하겠다.

먼저, 정치사의 시각에서 무신집권기를 다룬 논문들이 주목되는데, 金塘澤의 〈高麗崔氏武人政權과 王權〉(《韓國學報》 42, 1986)은 강력한 최씨정권의 집권자가 國王의 廢立은 마음대로 하면서도 스스로 王이 될 수 없었던 것은 무슨 까닭인가 하는 소박하면서도 중요한 문제의식에서 출발한 연구였다. 그리하여, 국왕의 권위가 지니는 지대한 사회적 의미와, 그 권위를 이용하여 정권을 유지하는 편이 현명하다고 생각한 최씨 집권자들의 입장이 드러나고, 최씨 정권에 대한 불만이 결국 고려국왕과 고려왕조를 부인하여 신라·고구려·백제의 부흥운동으로 이어진다는 견해가 피력되고 있다. 흥미 있는 문제를 논리적으로 다루어 경청할 만한 결론에 도달하고 있지만, 커다란 주제를 너무 단순 소박하게 처리한 느낌을 지울 수 없다.

한편, 최씨 정권의 무력적 기반을 이루던 都房에 대하여는 柳昌圭의 〈崔氏武臣政權下의 都房의 설치와 그 向方〉(《東亞硏究》6, 1985)에서 다루어지고 있는데, 都房은 崔忠獻의 門客이 조직화된 것이며, 그 구성원은 중앙의 관직을 갖거나 중앙군에 소속된 존재였다는 주장이 주목된다. 또한, 무신집권기의 절반은 대몽항쟁의 시기와 겹쳐지거니와, 그때의 江華遷都와 江都의 경영에 대하여 살핀 尹龍爀의 〈高麗의 對蒙抗爭과 江都〉(《高麗史의 諸問題》, 1986)는 당시 정치적 국면의 一隅를 흥미 있게 조명해 준 것이다. 江華遷都가 공적인 대의명분과 사적인 정치적 이해가 뒤섞인 채 논의되다가 崔怡의 독단으로 결행되는 과정을 밝히고, 천도 이후의 宮闕, 官衙, 邸宅, 民居의 구성 및 三城을 중심으로 한 방어시설의 築造를 고찰하였는데, 문헌 자료뿐만 아니라 유물 유적까지도 검토하면서 차분하게 문제에 접근하였다.

고려 후기의 정치사는 고려가 오랜 동안의 대몽항쟁 끝에 元의 駙馬國으로 떨어져 버리는 忠烈王代로 접어들면서 새로운 단계에 들어간다. 이 시기의 정치문제를 새로운 관심 아래 고찰한 것이 金光哲의 一連의 논문이니, ①〈高麗 忠烈王代 政治勢力의 動向〉(《昌原大論文集》7, 1985), ②〈高麗 忠宣王의 現實認識과 對元活動〉(《釜山史學》11, 1986), ③〈洪子藩 硏究〉(《慶南史學》1, 1984)가 그것이다. ①은 武臣執權期가 종식되면서 元의 간섭기로 접어드는 忠烈王代 초기의 정치상황을 주요인물의 분석을 통해 검토한 것으로, 元이나 王室을 배경으로 하는 公主 怯怜口, 鷹坊關係者, 內僚輩들의 勢力伸張과 王의 왕권강화에 대한 집념이 결국 側近政治를 지향하게 만들었음을 해명하려 하였다.

②는 忠烈王代의 정치적 사회적 실태를 世子時節의 忠宣王의 현실인식을 통해 살피면서, 忠宣王이 소외된 朝廷官僚들과 연결을 맺어 受禪 卽位와 改革政治를 준비하고 있었음을 重視하였다. ③은 忠烈王代, 특히 忠宣王이 受禪 卽位했다가 곧 忠烈王이 復位하면서 忠烈王派와 忠宣王派의 대립 갈등이 격화되는 忠烈王代 말엽에 크게 활약하는 洪子藩의 政治活動을 높이 평가하면서 그가 올린 '便民十八事'도 살핀 것이다.

위에 소개한 金光哲의 연구는 오랜 동안 관심 밖에 놓여 있었던 忠烈王代의 정치상황을 주제로 삼은 참신한 것으로서, 그 시기와 접근방식을 달리하면서 열정적으로 추구하여 새로운 국면을 제시해 줄 수 있었다는 점에서 평가받아야 할 것이지만, 정치세력을 체계적으로 類型化시키고, 일관된 연구의 방향을 정립시키는 방법상의 재검토가 요청된다고 하겠다.

이 시기의 정치에 대한 고찰은 새로 나타나는 개혁기관이나 여러 형태로 제시되는 改革案을 대상으로 삼아 검토 연구하게 되는 경우가 많은데, 盧鏞弼의 〈洪子藩의 便民十八事에 대한 研究〉(《歷史學報》102, 1984)와 姜順吉의 〈忠肅王代의 察理辨違都監에 대하여〉(《湖南文化研究》15, 1985)가 그에 해당된다고 하겠다. 전자는 같은 주제를 다룬 金光哲의 논문과 거의 동시에 나왔지만, 忠烈王 22년에 洪子藩이 올린 18條目에 걸친 정책 건의를 집중적으로 검토한 것이다. 당시 고려사회가 당면했던 사회경제적 諸局面과 洪子藩의 온건한 改革的 입장을 요령 있게 제시하고 있다. 후자는 忠肅王代에 개혁정치를 위한 田民辨正機構로 3次에 걸쳐 설치되었던 察理辨違都監의 개혁활동과 그 성격을 추적한 연구로서, 그때에 下教된 14條目의 改革案과

改革當事者의 분석을 통해 주로 忠肅王과 忠宣王 추종세력의 대립관계에 치중하여 政治의 실제에 접근하려 하였다. 공백을 메워 주는 중요한 연구들이지만, 특히, 후자의 경우에 정치세력의 성격 구분에 신중한 검토가 필요하리라고 여겨진다.

忠宣王은 元의 압력에 의해 重祚의 쓰라린 경험을 하게 되거니와, 그가 두 번째로 王位에 오른 다음 시행하는 새로운 措置 가운데 가장 주목되는 것이 鹽法의 개혁이있다. 鹽의 국가에 의한 專賣制를 내용으로 하는 이 개혁은 당시의 재정경제 문제와 직결되는 동시에 鹽戶 · 鹽布와 관련하여 일반 백성들의 생활에도 적지 않은 영향을 미치는 것이었던바, 기이하게도 이에 대하여 거의 같은 때에 3편의 논문이 발표되었으니, ① 姜順吉의 〈忠宣王의 鹽法改革과 鹽戶〉(《韓國史研究》 49, 1985), ② 權寧國의 〈14세기 榷鹽制의 成立과 運用〉(《韓國史論》 13, 1985), 및 ③ 洪鍾佖의 〈高麗後期鹽業考〉(《白山學報》 30 · 31 合輯, 1985)가 곧 그것들이다. ③의 경우 그 제목이 시사하는 바와 같이 고려시대의 鹽業 전반을 해설식으로 다룬 부분이 많아 區分되지만, ①과 ②는 한결같이 忠宣王의 개혁정치로서의 鹽 專賣制의 실시를 여러 각도에서 추적하여 그것이 국가재정을 위해 실시되고, 鹽戶의 부담이 과중하여 苦役 또는 賤役으로 간주되는 사정을 밝히고 있다. 다만, ②에서 鹽法 실시의 배경을 流民增大로 인한 노동력의 창출과 農耕地의 개간에 병행하는 鹽産地의 개발 확대에서 찾고 있는 점이 이채롭게 여겨진다. 이 문제는 그 자체의 중요성뿐만 아니라, 고려 후기에 나타나는 사회경제적 변혁의 커다란 의미를 시사한다는 점에서도 주목되는 것인바, 앞으로 鹽法의 실시로 인한 財政關係의 변화에 대한 철저한 검토가 뒤따라야 할 것이다.

高麗가 元의 駙馬國으로 있는 동안 활약한 인물에 대한 연구로 高惠玲의 〈方臣祐(1267-1343) 小論〉(《歷史와 人間의 對應》, 1984)이 있는데, 고려인 宦官으로 元 宮闕에 入侍하면서 고려에 큰 영향을 미친 方臣祐의 行蹟과 정치활동을 통해 당시 고려가 처한 정치상황의 일단을 흥미있게 부각시켰다. 또한, 李楠福의 〈柳淸臣과 그 史料에 對하여〉(《釜山史學》 9, 1985)는 당시 譯官 출신의 政丞 역임자였던 柳淸臣을 瀋王派라 하여 姦臣傳에 立傳한 《高麗史》의 史料的 신빙성에 이의를 제기한 것이지만, 그 이의 자체가 소박하여 충분한 설득력을 지니지 못하는 것 같다. 그 밖에 이 시기의 對元關係와 관련하여 忠烈王의 十數次에 걸친 元에의 入朝가 지니는 의미를 추적한 金惠苑의 〈忠烈王 入元行蹟의 性格〉(《高麗史의 諸問題》, 1986)이 있지만, 평면적 고찰에 머물고 말았다.

고려 말로 내려와서, 고려와 조선의 왕조교체에 주역을 담당한 李成桂의 세력 성장을 다룬 것으로 許興植의 〈高麗末 李成桂(1335-1408)의 세력기반〉(《歷史와 人間의 對應》, 1984)과 柳昌圭의 〈李成桂의 軍事的 基盤〉(《震檀學報》 58, 1984)이 있다. 전자는 《龍飛御天歌》와 《太祖實錄》(總書), 《高麗史》의 記事에 따라 李安社의 東北面 정착으로부터 李成桂의 威化島 回軍까지 李成桂 家門의 전개과정을 훑은 것인데, 史料批判이나 池內宏 등의 先行硏究에 대한 논급을 결하고 있다. 후자는 李成桂의 先代가 東北面에 이주하면서부터 流移民들을 통솔하게 되었고, 그들 流移民 중심의 家別抄集團이 바로 李成桂의 강력한 軍事集團을 이루게 되었다는 새로운 사실을 밝힌 것이다.

그 밖에 이 시기의 軍事關係 논문으로, 倭寇에 대처하여 이루어지는 戍所의 설치와 山城·邑城의 修築을 살핀 車勇杰의 〈高麗末 倭寇防守策으로서의 鎭戍과 築城〉(《史學硏究》 38, 1984)이 주목되며, 또한 고려 후기의 군사지휘체계와 관료체제에 관련되는 문제로서, 鷹揚軍上將軍이 兵部尙書를 겸하여 武班을 대표하게 되는 班主制의 成立과 內容을 밝힌 閔賢九의 〈高麗後期의 班主制〉(《千寬宇紀念韓國史學論叢》, 1985)도 있다.

사회경제사의 측면에서 토지제도 이외에도 고려 후기라는 시기를 별도로 파악하여 연구의 대상으로 삼는 경향이 나타나고 있는데, 收取體制를 다룬 李貞熙의 〈高麗後期 徭役收取의 實態와 變遷〉(《釜大史學》 9, 1985)이 먼저 눈에 띈다. 이 논문에서는 高麗後期의 常徭를 종전의 貢役이 物納化된 것으로 보고, 役의 직접 징발로부터 物納으로의 변화는 人身課稅가 資産課稅로 이행함을 뜻한다 하여 중시하였다. 근래, 고려 후기에 세제의 변화가 나타난다는 점을 몇몇 연구자가 지적하고 있거니와, 이 연구는 동일 필자의 〈高麗時代 徭役의 運營과 그 實態〉(《釜大史學》 8, 1984)에 뒤이어 나온 것으로, 高麗時代 收取體制 전반에 걸쳐 검토하는 가운데 얻는 전진적인 성과라는 점에서 주목된다 하겠다.

이 시기에 경제관계를 다룬 또 다른 주목되는 논문으로 金東哲의 〈고려말의 流通構造와 商人〉(《釜大史學》 9, 1985)이 있다. 이것은 貢物代納制의 실시와 民間手工業의 발달로 고려 후기에 流通經濟가 크게 발달되면서 商人신분에도 큰 변화가 나타난다는 점을 부각시키고자 하였지만, 실증의 뒷받침이 보강되어야 할 것이다.

高麗後期社會의 면모를 현존하는 당시의 戶籍을 통해 살핀다는 뜻에서 이루어진 연구가 白承鍾의 〈高麗後期의 八祖戶口〉(《韓國學報》 34, 1984)라 하겠다. 여기에서는 이 시기의 戶籍 11件을 통해 八祖戶口가 士大夫 일반을 대상으로 널리 시행되었고, 그것은 入仕, 蔭敍, 事審官, 限職의 제도를 실시하는 데 활용되었으리라는 점에서 고려사회의 귀족적 성격을 뜻한다고 해석하였다. 그 밖에 고려 후기에 지방의 在地勢力으로 큰 비중을 차지하게 되는 品官層에 대하여 고찰한 朴恩卿의 〈高麗後期 地方品官勢力에 관한 研究〉(《韓國史研究》 44, 1984)가 있으나, 지금까지 閑良에 대한 연구를 통해 괄목할 만한 성과를 거둔 이 방면의 많은 기성 업적들이 거의 외면되고 있는 점을 지적하지 않을 수 없다.

고려 후기를 다른 논문은 토지제도, 대외관계, 사상 등 각 분야에 걸쳐 더 많이 찾아지거니와, 이 같은 고려 후기사 연구의 진전이 보다 충실한 高麗史像의 수립에 도움 되는 방향으로 이루어지기 위해서는 무신란의 격변과 駙馬國體制의 의미가 깊이 성찰되는 가운데 이 시기에 대한 體系的 이해의 중요성이 인식되어야 할 것이다.

## 6. 나머지 말

지금까지 1984-86년의 3년간에 걸쳐 이루어진 고려사의 연구를 훑어보았다. 많은 연구 성과를 제한된 기간 안에 살피는 과정에서 뜻하지 않은 遺漏와 오해가 없지 않았을 것인바, 관계 研究者들의 양해를 구할 뿐이다. 이제 몇 가지 소감을 덧붙이면서 이 글을 마무리 지으려 한다.

첫째, 연구의 양적 확대에 뒤따르는 후속 조치가 필요하다는 점이다. 많은 논문이 발표되고, 연구의 질적 향상이 이루어지는 것은 분명한 사실이지만, 그 가운데에는 수준 미달의 것도 많이 포함되어 있다. 학술잡지의 엄정한 편집 자세와 활발한 비판 풍토의 조성이 강조되어야 할 것이다. 그리고 동일한 주제의 논문이 동시에 발표되는 사례가 많은데, 불필요하게 정력을 낭비하는 일을 줄이기 위해서는 적어도 석사·박사학위논문의 경우만이라도 대학 간에 연구 계획이 공개되고 교환되는 체제가 수립되어야 하겠다.

둘째, 고려사 연구가 질적으로 심화되기 위한 근본적 방향이 모색되어야 하겠다는 점이다. 많은 연구자의 배출로 연구의 주제 선정이나 성과 면에서 어떤 한계에 접근하는 듯한 현상마저 보이는데, 이것은 결국 사료의 발굴 보충과 새로운 연구 방법의 모색을 통하여 지양되어야 할 것이다. 그런 점에서, 고문서, 금석문, 족보류에 있는 새로운 사료에 대한 학문적인 역주 작업도 긴요한 일로 대두된다고 생각된다. 연구 방법의 면에서는, 간단한 문제가 아니지만, 비교연구의 방법에 우선 깊은 관심을 기울여야 하지 않을까 한다.

셋째, 사회 일반의 한국사에 대한 관심이 고대사와 근대사에 양분되어 있는 상황에 대한 대처의 문제이다. 머리말에서 언급한 대로 이 같은 현상이 고려사의 연구에 별다른 영향을 미쳤다고는 생각되지 않지만, 이것이 장기화될 때 고려사 연구를 위축시킬 뿐만 아니라, 사회 일반의 역사의식에 그릇된 영향을 미칠 것은 必至의 사실이라는 점에서 깊이 고려되어야 할 것이다. 물론 이것은 한국사학 전체의 문제인 만큼, 고려사 연구자의 차원에서가 아니라 학계 전체에서 대처방안이 검토되어야 하겠다. 그러나 고려사 연구자로서는 한국사를 통하여 고려사가 지니는 중요한 의의를 항상 인식하면서, 고려사 연구자로서의 위치에서 한국사의 체계화를 위하여 진력하는 자세를 취할 때, 그것이 고려사에 대한 관심을 높이는 데 적지 않은 영향을 미칠 것으로 믿어 마지않는다.

# 總說—韓國史 연구, 1993-1995

## 1. 머리말

1993-95년의 3년 동안 韓國史學은 예년의 경향대로 많은 저서와 논문이 量産되는 가운데 풍성한 수확을 거두었다. 수십 권이 넘는 研究書가 출간되고, 2,000편을 상회하는 논문이 발표됨으로써 한국사학은 滿開한 모습을 보여주었다. 비록 적지 않은 문제점을 지닌다 하더라도, 이와 같은 많은 연구 성과의 축적은 한국사학의 확대와 발전을 뜻하는 것으로 여겨진다.

특히 이 시기는 해방 50주년을 맞은 뜻 깊은 때이므로 그와 관련하여 주목되는 움직임이 있었으며, 그동안의 한국사학의 성과를 되돌아보는 행사가 열리기도 하였다. 그리고 東學農民蜂起 100주년의 열기는 학계를 크게 들뜨게 만들었던 것이다.

이러한 가운데, 한국사 시대구분에 대한 논의가 여러 번 이루어졌는데, 이것은 이 시기의 학문적 성과가 한국사에 대한 새로운 체계화를 요청할 만큼 크게 축적되었음을 뜻하는 바라고 하겠다. 이 점 또한 한국사학의 성장을 시사하는 것이라고 여겨진다.

이처럼 여러 측면에서 많은 성과를 거둔 1993-1995년 3년간의 한국사학의 발전과 문제점을 살피려는 것이 바로 이 글의 목표이다. 구체적·개별적 검토보다는 총체적·개략적 사항에 중점을 두고 논급하기로 한다.

## 2. 學界의 일반적 동향

### 1) 해방 50주년 기념 학술행사

1993년 2월에 새 정부가 들어서면서 文民時代의 복귀를 표방하고, '역사 바로 세우기'를 내세우는 가운데 司正과 개혁을 추진하였다. 오래 계속된 군사정권의 분위기에서 벗어나는 동시에 해방 후 반세기를 맞이하는 시점에서 정부의 시책은 참신감을 주면서 상당한 호응을 얻기도 하였다.

이때의 새로운 시책으로 舊총독부 건물의 철거가 추진되었다. 일제 식민지 지배의 상징인 이 건물의 철거에 대해서는 어두운 과거를 청산하고, 민족의 자존심을 회복한다는 차원에서 적극 찬성하는 여론이 강했지만, 그 건물 자체는 수치스러울망정 엄연한 역사성을 지니는 만큼, 그것을 없애는 것은 또 하나의 역사자료 인멸이라는 점에서 조심스럽게 반대하는 사람들도 적지 않았다. 그러나 정부는 독립유공자 단체 등의 강력한 뒷받침을 받으며 철거 방침을 굳히고 단행하는 한편 그 자리에 景福宮의 옛 殿閣들을 복원하는 사업을 진행시키게 되었다.

그런데, 그 과정에서 국립박물관 이전 문제가 제기되어 상당한 파장을 일으켰다. 구총독부 건물의 철거는 그 안에 자리 잡고 있던 국립박물관을 서울 龍山의 새 부지에 새로 건립하여 이전한다는 계획 아래 추진될 수 있었던 것인데, 새 박물관이 건립되는 약 10년의 기간을 기다리지 않고, 우선 구총독부 건물의 철거를 강행한다는 정부 방침이 드러나면서 상당한 비판과 저항이 야기되었던 것이다. 끝내 정부의 방침대로 바로 옆에 임시건물을 마련하여 소장품의 훼손 위험을 무릅쓰고 급작스러운 박물관의 이전을 강행하면서 구총독부 건물을 철거하였던 것인데, 이 일의 전말을 통하여 우리 사회가 온전한 박물관의 건립과 정상적인 이전에 필요한 10년을 기다릴 수 없을 만큼 초조와 격동 속에 있으며, 이토록 중요한 文化 정책의 결행이 정치논리에 따라 좌우될 수밖에 없는 상황 속에 처해 있었음을 실감하게 되었다.

이 시기에 親日派 관계의 서적들이 간행되면서 그 문제가 크게 거론된 것도 흥미로운 일이었다. 반민족연구소에서는 《親日派 99인》 3책(1993년)과 《청산하지 못한 역사》 3책(1994년)을 펴냄으로써 약 160명의 인물을 친일파로 지목하여 그들을 비판 성토하였다. 지금까지 문학과 같은 특정 분야에서가 아니라 전반적으로 친일파 문제를 다룬 적이 거의 없었는데, 이때 상당한 조사와 검토를 토대로 본격적인 접근을 함으로써 식민지 지배에서 벗어난 지 반세기가 지난 현재의 시점에서 우리에게 뼈아픈 경험을 되새기고 自省할 수 있는 계기를 마련해 주었다.

그런데, 그 가운데에는 李完用, 宋秉畯과 같은 親日賣國의 인물들 다수가 들어 있지만, 또한 일제 시기에 교육·문화·학술의 여러 부문에서 선구적 역할을 하였고, 해방 후에도 지도적 위치에 섰던 인사들이 대거 포함되어 있어서 커다란 충격을 주었다. 또한, 그 내용 가운데에는 정확하지 않은 대목이 나타나 의아심을 자아내기도 하였다. 결국, 친일파 문제는 그 사안의 중요성에도 불구하고, 그 기준의 설정과 사실 추적에 있어서 매우 어렵고 까다로운 것임을 일깨워 주었다고 하겠는데, 앞으로 이 문제는 감정을 앞세워 섣부르게 다루기보다는 좀더 신중하고 정확하게 접근하여 엄정한 비판을 가하면서도 우리의 역사 경험을 손상시키지 않도록 해야 할 것이다.

1995년은 해방된 지 50년이 되는 해였으므로 光復 50주년을 기념하는 학술 행사가 활발히 전개되고, 한국사학의 성장과 반성에 대한 논의도 있었다. 광복 50주년기념사업회에서는 여러 차례에 걸쳐 학술대회를 개최하여 일제유산의 극복 · 광복후 사회변동 · 사회발전 · 교육의 발전 등을 주제로 다루었는데, 그 논의에 한국사학자들도 참여하였다.

韓國史學의 발전에 대해서는 《韓國學報》 제 79집(一志社, 1995년 6월)에서 古代史, 高麗時代史, 朝鮮時代史, 近 · 現代史로 나누어 중요한 업적과 성과를 중심으로 점검이 이루어졌다. 또한, 韓國精神文化硏究院에서는 '光復 50周年 國學의 成果'란 주제의 대규모 학술회의를 개최하였는데(1995년 12월), 여기에서 國史學은 國語學, 國文學, 哲學 · 宗教, 藝術, 民俗學, 考古學과 더불어 독립된 분과로 다루어졌던바, 해방 이후 반세기 동안의 회고와 반성이 古代 · 高麗 · 近世 · 近代 · 現代別로 다루어졌고, 전체적인 槪觀도 시도되었다. 한결같이 그동안의 커다란 발전이 강조되면서 앞날의 연구방향 모색에 큰 관심을 표시하였다. 이러한 광복 50주년 기념행사와 별도로 1994년에 震檀學會가 창립 60주년을 맞아 기념행사를 하며《震檀學會六十年誌》를 간행한 것도 뜻 깊은 일이었다.

### 2) 學會의 증가와 地方史 연구의 활성화

1992년에 伏賢朝鮮史研究會가 설립되어《朝鮮史研究》를 내기 시작하였고, 1995년에는 京畿史學會가 창립되어 기념학술발표회가 열렸다. 그 밖에도 이즈음에 한국사연구와 관련된 많은 학회가 새로 창립되어, 그 학술잡지에 수많은 논고가 발표되는 실정이다.

역사학 관계 學會로서는 全國歷史學大會를 주관하는 歷史學會, 韓國史研究會, 東洋史學會, 西洋史學會, 歷史教育研究會, 考古學會, 美術史學會, 經濟史學會, 科學史學會를 먼저 손꼽을 수 있고, 각 지방에 있는 大丘史學會, 釜山史學會, 湖西史學會, 全南史學會가 상당한 활동을 벌여 왔다. 그런데, 여러 전문분야의 학회가 속속 창립되고, 한국사의 각 시대별 연구모임이 활발해짐에 따라 그것이 학회로 발전하게 되는 현상이 나타나면서 학회의 수가 크게 늘게 되었다. 그리하여 古代史 분야에만도 韓國古代史研究會, 韓國上古史學會, 韓國古代學會 등이 있으며, 전문분야의 경우 수많은 학회와 연구소가 활동을 하고 있다. 아마도 그동안 이룩된 한국사학의 발전은 이와 같은 학회의 증설을 통해 피부로 느낄 수 있을 것이다.

학회의 증설은 연구자의 증가와 연구내용의 확대를 반영하는 것인 만큼, 곧 한국사학의 성장과 발전에 직결된다고 말할 수 있지만, 몇 가지 문제점을 수반하는 것도 사실이다. 우선, 많은 논문이 합당한 검토과정을 거치지 않고,

곧바로 활자화되는 경우가 많아질 수 있고, 그것은 곧 水準의 저하 가능성을 시사하는 것이다. 우선 전문분야 학회나 세분된 각 시대별 학회가 활성화됨에 따라 전통이 오랜 母學會의 기능이 空洞化할 우려가 있다는 점도 지적될 수 있다. 그리고 학회나 연구기관을 표방하는 것들 가운데에는 순수한 학문의 연구보다는 어떤 정치적 목적이나 이해관계를 밑바탕으로 하여 창립 운영되는 사례도 적지 않다고 여겨진다.

이렇듯 학회의 증가에 대하여 유의해야 할 점도 있으나, 그것 자체는 한국사학의 발전에 활력을 주는 것이라고 여겨진다. 우리는 필요한 새 학회의 설립에 따뜻한 관심을 가지고 그것이 바람직한 방향으로 나아가는가를 지켜보아야 할 터이고, 새로 학회를 세우려 할 때에는 기존 학회와의 조화 발전을 배려하는 자세를 취해야 할 것이다. 또한 수많은 학회와 그 잡지들은 우리 학계의 비판적 풍토가 건실해짐으로써 그 성격과 수준이 뚜렷이 드러나게 될 수 있으리라 생각된다.

한국의 地方史 연구는 그 연원이 前近代 시대의 邑誌 편찬에까지 거슬러 올라갈 수 있다. 그러나 이즈음 지방사 연구의 활성화에 중요한 계기를 마련한 것은 1970년대에 있었던 市·郡 단위의 文化院 설치였다고 말할 수 있다. 그 무렵 국가의 경제정책과 관련 있는 지역개발과 맞물려 시·군의 문화원은 지방의 문화적 자산의 재발견에 관심을 쏟을 수 있게 되었던 것이다. 그 후 지방자치가 실시됨에 따라 도·시·군의 각급 지방자치단체는 자신의 정체성을 확고히 하기 위해 역사와 전통에 크게 의존하려는 생각을 가지게 되었으며, 그것이 지방사 연구를 크게 북돋아 주게 되었던 것이다.

먼저 종전에 지방사 연구의 진척에 크게 기여한 全南大學校의 湖南文化研究所, 仁川教育大學校의 畿甸文化研究所, 安東大學校의 安東文化研究所 등 각 지방에 있는 대학부설 연구소의 존재를 중시하지 않을 수 없다. 그러나 그것들이 손꼽을 정도의 몇 군데에 지나지 않았고, 그 성격도 특정 지역의 연구에 한정되기보다는 한국의 전통문화를 다루며 그 지역문화에 중점을 두어 접근하는 경향이 컸다.

그에 비해 이즈음의 연구 상황은 각 지방에 그 지역의 역사와 문화를 관심의 대상으로 하는 연구단체가 많이 결성되고, 거기에서 나오는 논집을 비롯한 간행물들이 굉장한 양에 달하는 것이다. 이를테면, 慶南鄕土史研究協議會의 《慶南鄕土史論叢》, 湖南鄕史會의 《湖南鄕史會報》, 公州鄕土文化研究會의 《熊津文化》, 富川歷史研究所의 《富川史研究》 등 특정 지역의 지방사 연구만을 다루는 경우인데, 그러한 사례는 수십 군데가 넘으리라 추정된다. 또한 서울특별시가 《서울六百年史》(人物篇)를 출간하고, 京畿道가 《京畿金石大觀》을 시리즈로 펴내는 것도 지방사 연구의 활성화를 시사하는 또 다른 사례가 될 수 있을 것이다.

이처럼 여러 형태로 나타나는 지방사 연구의 확대와 팽창은 새로운 자료의 발굴 정리에 상당한 도움을 주고, 향토문화에 대한 관심의 고조를 통해 한국사학의 저변을 확대시킨다는 점에서 크게 환영하고 성원해야 할 바라고 하겠다. 그러나 지방사 연구가 학문적으로 체계화되고, 그 자체가 독자적 영역을 확보하기 위해서는, 앞으로 정예화된 연구와 자료의 수집 간행이 峻別되고, 소박한 애향심과 가문의식에 근거한 인물의 推重작업이 극복되는 방법상의 반성이 필요하리라 생각된다.

## 3. 주요 成果와 爭點

### 1) 새 槪說書들의 편찬

이 시기에 국사편찬위원회가 기획 주관한 《신편한국사》가 간행되기 시작하였다. 1973년부터 5년에 걸쳐 한국사의 연구 성과를 종합하여 《한국사》 25권을 펴낸 바 있는 국사편찬위원회에서는 그 이후 약 20년이 흐르는 동안 많은 연구 성과가 나오고, 새로운 연구자가 배출된 점을 감안하여 방대한 체계를 갖춘 한국사 개설서를 새롭게 편찬 간행할 계획을 세웠던 것인데, 그 결과물이 1993년부터 나오게 되었다. 그리하여, 모두 60책으로 계획된 《신편한국사》는 1993년에 고려시대 부분 4책, 1994년에 고려시대 및 조선시대 부분 6책, 1995년에 고대, 고려, 조선시대 부분 6책이 간행되기에 이르렀다.

또한 이와는 별도로 한길사에서 기획 편찬한 《한국사》 27책이 1994년에 간행되었다. 학계의 연구 성과뿐 아니라 '현재의 역사의식'을 종합한다는 취지 아래 '民撰'의 한국사를 표방하며 상당한 기간 동안의 기획 집필과정을 거쳐 간행된 이 책에는 170여 명의 집필자가 참여하였다. 1980년대의 정치적 사회적 변혁을 인식의 배경으로 삼아 진보 사학적 연구경향을 적극 수용하여 펴낸 것이 이 책이라고도 말할 수 있다.

《신편한국사》는 객관적 인식을 강조하며 한국사의 내재적 발전이 담긴 거질의 개설서를 목표로 편찬되었지만, 그 체재는 20년 전의 그것과 거의 비슷한 상태에서 분량이 두 배 이상 확장된 모습을 보여 준다. 막대한 인력과 예산이 투입되어 추진된 이 사업에 대한 총체적 평가는 그것이 마무리된 다음에 이루어질 수 있을 터이나, 그동안의 연구 성과를 얼마나 충실하게 반영하였고, 어느 정도로 체계적인 한국의 歷史像을 제시할 수 있을 것인가가 궁금한 점이라 하겠다.

이에 비해 한길사의 《한국사》는 뚜렷한 특징을 드러내는 책이다. 역사인식의 신선성과 현재성을 강조하고, '분단체제적' 역사인식의 틀에서 벗어나는 것을 목표로 삼으며, 北韓의 역사를 포함하여 다루고 있는 것이다. 그러나, 여기에서 근·현대사의 비중이 너무 커서 보기에 따라서는 전체의 韓國史像이 불균형하게 느껴지는 측면이 있고, 시대와 분야에 따라서는 사실의 제시가 미흡하거나 치우친 감을 주기도 한다. 역사적 사실이 서술자의 주관적 선택에 따라 좌우된다 하더라도 이 거질의 개설서 속에서 좀더 상세하고 보편적인 사실 파악을 기대하는 '일반 지식인'도 있으리라 여겨진다.

아무튼 이 시기에 거질의 두 개설서가 편찬되었다는 것은 특기할 만한 일이다. 많은 학자들이 동원되고, 경우에 따라서는 같은 필자가 두 군데에서 비슷한 항목을 집필한 흥미로운 경우도 보이지만, 대체적으로 말하여 한국사학은 그만큼 역량이 커졌고, 또한 관점과 해석을 달리하는 다양성을 가지게 되었다고 말할 수 있을 것이다.

### 2) 時代區分 논의의 심화

기이하게도 이 시기 비슷한 때에 네 군데에서 한국사 시대구분에 대한 논집이 출간되었다. ① 國史編纂委員會의 《國史館論叢》 제50집이 한국사 시대구분을 다룬 8편의 논문과 종합토론을 게재하였다(1993년 12월). ② 韓國 古代史 硏究會에서는 그 학술잡지를 《古代와 中世, 韓國史의 時代區分》이란 특집 명칭을 내세워 간행하면서 이와 관련된 6편의 기획논문을 실었다(1995년 2월). ③ 翰林科學院叢書 가운데 하나로 간행된 《韓國史 時代區分論》은 車河淳 외 4인의 공저로 되어 있는데, 관계되는 논문 5편과 그것에 대한 세미나 속기록을 싣고 있다(1995년 4월). 끝으로 ④ 韓國精神文化硏究院의 《韓國史의 時代區分에 관한 硏究》는 이 문제를 다룬 18편의 논문이 실린 연구서였다(1995년 8월).

시대구분론은 역사의 체계적 인식을 위해 매우 긴요한 것이다. 일찍이 1960년대 후반에 한국사 시대구분론이 활발히 논의되었던 것은 해방 이후 그 시기까지 축적된 연구 성과를 결산하는 의미를 지니는 것이었다. 그러므로 다시금 이때에 이르러 이 문제에 관심이 모아지는 까닭은 1970년대 이후의 한국사 연구가 어떤 結節點에 이르렀음을 시사한다고 여겨진다.

시대구분론을 다룬 위의 네 책은 내용과 특성을 달리하고 있다. ①은 한국사 시대구분을 전반적으로 다루며 中世·近代·現代의 起點을 따지고, 南北韓 학계의 이견에 대해서도 검토하였다. ②는 한국사 시대구분의 문제 가운데 고대와 중세의 분기점을 찾는다는 측면에서 고대의 출발과 종점을 모색하는 형태로 논의를 전개시켰다. ③은 한국사 시대구분 문제 전체를 취급하였지만, 역사이론의 측면에서 시대구분론을 총체적으로 검토하고, 한국사 시대구분론에 대한 연구사적 고찰을 한 다음, 각론 격으로 農業技術史·社會史·政治

史의 입장에서 새로운 시대구분을 시도하고 있는 짜임새를 보여 준다. ④는 이 문제를 매우 다양하게 다룬 것으로, 高句麗史 · 百濟史 · 新羅史 · 伽倻史의 시대구분을 시도하는가 하면, 美術史 · 文學史 · 法制史 · 國語史의 시대구분 문제를 취급하는 한편 고대와 중세의 전환, 근대의 기점 등 전체적인 면에 대한 논의도 포함시키고 있다.

이상과 같은 시대구분 논의는 일부 중복된 내용이 있고, 상당히 산만한 모습을 드러내기도 하지만, 몇 가지 점에서 새로운 방향의 제시를 시사한다고 여겨진다. 첫째로, 시대구분을 다양한 측면에서 자유로이 시도하려는 모습을 보인다는 점이다. 이미 언급한 바와 같이 정치 · 사회 · 법제 · 미술 · 문학 등 여러 분야에서 독자적인 시대구분이 시도됨으로써 이 문제를 어떤 선입견이나 미리 설정된 틀에 얽매이지 않고 자유로이 생각하려는 경향을 확산시키고 있는데, 이것은 시대구분이 역사의 발전을 체계적으로 파악하기 위한 효용성 있는 수단이라는 원래의 의미에 접근함을 뜻한다고 하겠다. 고구려 · 백제 등 각 왕조별 시대구분이 시도되는 것도 마찬가지 의미를 지닌다.

둘째로, 시대구분에 대한 이론적 접근과 他國史의 사례 검토에 관심을 기울이면서 그 본질에 접근하고 있다는 점이다. ③에서 시대구분의 타당성과 효용성이 검토되고, 그것이 항상 수정될 수 있는 作業假說로서의 의미를 지닌다는 점이 지적된 것은 커다란 시사를 두는 것이었고, ①과 ④에서 中國史와 西洋史에서의 시대구분 논의를 소개한 것도 상당한 도움을 줄 수 있는 내용이었다. 특히 이 문제에 대한 토론 내용이 곁들여지면서 핵심에 육박하는 모습을 보여주었는데, ③에서, 韓國史 · 東洋史 · 西洋史 각 분야의 학자들이 참가하여 진행한 토론은 상당한 깊이를 지니는 것이었다.

셋째로, 한국사 시대구분에서 아직 삼분법의 위력이 여전히 크지만, 그것을 지양하려는 노력도 상당히 크다는 점이 주목된다. 삼분법적 시대구분은 서양 근세의 인문주의자들에 의해 창안되고, 거기에 史的 唯物論의 사회구성체 이론이 가미되어 세계사의 발전단계로 설정된 古代奴隷制社會, 中世封建制社會, 近代資本制社會의 삼구분이 중심내용을 이루며, 1930년대에 사회경제사학 계열의 학자들이 이것을 처음으로 한국사에 도입 적용했음은 널리 알려진 사실이다. 이 주장은 여러 가지 요인으로 상당한 영향력을 발휘하였고, 특히, 1980년대에 새로운 여건 아래 유물사관이 다시 주목을 끌면서 일부 학자들 사이에는 맹신하는 경향도 나타났다. 앞서 제시한 시대구분 논의에서도 고대, 중세, 근대의 구분을 전제로 하여 이 문제에 접근하려는 입장도 쉽게 드러난다.

그러나 이러한 삼분법이 지니는 문제점은 여러 면에서 비판되고, 그것을 극복하려는 움직임도 여러 형태로 나타났다. 삼분법이 실제로 어떻게 적용되는가를 검토하면서 그것을 통렬하게 비판한 ③의 어떤 논문에 의하면, 한국사에서 中世로 이행하는 시기를 어떻게 설정할 것인가에 대해, 극단적으로 삼국시대 초기로 보는 견해와 15세기 조선 초기를 중세사회 성립기로 보는 說 사이에는 1,500년의 격차가 있는바, 이것은 사회구성체이론에 입각한 삼분법적 시대구분론이 얼마나 기계적이요 도식적인가를 극명히 표시한다는 것이다. 또 다른 논문에서는 서양사에서도 삼분법적 시대구분론은 이미 대다수 역사학자들에 의해 외면당하고 있는바, 이것이 서양 문명권을 넘어서 모든 역사에 보편적으로 적용될 수 있는가는 의문스러운 일임이 지적되고 있다. 한국사의 시대구분 문제를 자유스럽게 생각해 보려는 움직임은 실상 이와 같은 삼분법에 대한 비판과 상통하는 방향의 것이라 하겠다.

시대구분론은 이제 한국사 연구 성과의 축적과 그 체계화의 필요성 때문에 새로 재개되어 활발한 논의를 낳았으나, 아직 뚜렷한 결론에 도달하지는 못하였다. 다양한 논의가 전개되는 동시에 그것들을 종합하고 정리하는 노력이 뒤따라야 할 것이다. 그러나 이 문제가 어떤 합일점을 찾기보다는 연구의 성과를 점검하고, 연구 방법론에 대한 성찰을 요청하는 측면에 또 다른 의미가 있는 만큼, 이 시기의 시대구분 논의는 한국사 연구에 큰 활력을 주었다고 여겨진다.

### 3) 東學農民蜂起 100주년 기념 학술행사의 虛實

1994년은 동학농민봉기가 있은 지 100년이 되는 해였고, 이것을 기념하는 학술회의와 논저의 발표로 떠들썩하였다. 그에 관한 연구 성과에 대해서는 상세히 논급할 여유가 없지만, 일련의 학술행사는 학계의 큰 관심아래 진행된 만큼 그 개략적 정황만이라도 간단히 다룰 필요가 있을 것 같다.

우선, 이 무렵에 있었던 학술회의를 훑어보면, 그에 쏠렸던 높은 관심을 알 수 있을 것이다.

① 동학농민혁명100주년기념학술대회(全州文化放送, 전주, 1993년 5월)
② 동학농민혁명시민강좌(동학농민혁명100주년기념사업회, 전주, 1993년 8월)
③ 동학농민100주년기념국제학술대회(동학혁명100주년기념사업회, 서울,

1993년 10월)

④ 동학농민혁명100주년기념학술회의(동학농민혁명기념사업회, 고부, 1994년 5월)

⑤ 동학농민혁명100주년기념학술대회(동학농민혁명기념사업회, 전주, 1994년 6 월)

⑥ '94 동학농민혁명100주년기념학술회의(한국정신문화연구원, 성남, 1994년 9월)

⑦ 동학혁명100주년기념 학술대회(동학혁명100주년기념사업회, 서울, 1994년 9 월)

⑧ 갑오농민전쟁100주년기념학술회의(한국사연구회, 1994년 10월)

이상 개략적으로 조사된 학술회의가 8차에 달하였는데, 그 발표 내용은 대개 논문으로 활자화되었고, 그 밖에도 수많은 논저가 여러 형태로 출간되었다. 아마도 한국사의 한 主題와 관련하여 짧은 기간 동안 이렇듯 많은 학술회의와 논저로 온 나라에 붐을 조성했던 사례를 따로 찾아보기는 힘들 것이다. 그만큼 이 문제는 중요하고, 흥미로운 것이었다고 할 수 있다.

일련의 학술행사를 통하여 언뜻 느껴지는 점은 이 커다란 문제를 객관적으로 올바르게 구명한다기보다는 어떤 견해 내지 해석을 강조하는 모임으로 되어버리는 경우가 적지 않았다는 것이다. 이것은 그동안 연구가 상당히 축적되었음을 뜻하는 동시에, 우리 근·현대사의 큰 맥락을 이루는 이 문제에 대한 접근방식이 경화되어 있음을 시사하는 것이 아닌가 한다.

이 역사적 대사건은 동학과 농민을 주축으로 하여 '봉기' '혁명' '전쟁' 등 다양한 표현으로 성격이 규정되고 있어 쟁점을 이루지만, 수많은 학술행사가 있었음에도 불구하고 그 해명에 도움이 될 비교사적 검토가 거의 눈에 띄지 않는다는 사실도 짚고 넘어가야 할 일이라고 생각된다. 뿐만 아니라 이것과 같은 시기에 발생한 淸日戰爭은 마찬가지로 중요한 의미를 지니는 큰 문제임에도 불구하고 학계의 관심이 너무나 미미하였다는 사실을 보더라도 우리의 좁은 시야와 편향된 관심은 반성할 여지를 지닌다고 여겨진다.

## 4. 史料의 정리

사료의 수집 정리는 국사편찬위원회에서 치력하여 많은 실적을 올렸다. 종전부터 진행시켜 온 《各司謄錄》의 간행을 계속하는 한편 《駐韓日本公使館記錄》의 影印 작업을 완료하였으며, 《韓民族獨立運動史資料集》, 《大韓民國資料集》, 《南北韓關係史料集》 등을 정리 출간하고 있다. 이 기관에서는 《備邊司謄錄》을 비롯한 주요사료의 번역작업도 진행시키고 있는데, 이러한 사료의 정리 간행은 양적으로 엄청난 분량에 달한다.

근년의 사료정리와 관련하여 주목되는 현상은 고문서의 수집 정리라 하겠다. 서울대학교 도서관에서 규장각 소장의 고문서를 정리 간행한 《古文書》가 10여 책에 달하고, 한국정신문화연구원에서 수집 간행하여 《古文書集成》이란 이름으로 펴낸 것도 약 20책에 이른다. 특히, 1990년에 결성된 韓國古文書學會에서는 고문서의 수집 정리를 후원하는 한편 연구발표와 학술지 간행을 통해 활발한 활동을 벌이고 있다.

고문서의 정리는 아직 수집에 치중할 단계라고 말할 수 있다. 여기저기 흩어져 있는 것들을 모아서 影印의 형식을 빌려 부지런히 刊行하고 있는 상태인데, 이 일이 散逸될 위기에 처한 귀중한 사료들을 살려내는 값진 것임은 분명한 사실이다. 그러나 궁극적으로는 이 고문서들이 判讀되어 쉽게 이용될 수 있게 되어야 할 터인데, 이러한 점에서, 이 시기에 수정·증보되어 새로 출간된 《韓國上代古文書集成》(李基白 編著)은 훌륭한 본보기가 될 수 있을 것이다.

사료의 정리 작업으로 특기해야 할 사항은 《朝鮮王朝實錄》의 國譯이 완료되었다는 것이다. 오랜 기간에 걸쳐 民族文化推進會와 世宗大王紀念事業會에서 함께 추진하여 온 이 번역사업이 1993년에 완료되었고, 이것을 기념하는 학술회의가 민족문화추진회의 주관으로 개최되어서 실록 자료와 관련된 발표와 토론이 전개되었다(1994년 3월). 그런데, 흥미로운 점은 북한에서도 이 작업을 추진하여 남한보다 먼저 《리조실록》으로 간행 유포하였다는 사실이다. 폐쇄된 사회주의 국가체제 속에서 이러한 대규모 학술사업이 이루어졌고, 그 내용도 상당한 수준의 것이라는 점에 대하여 많은 사람들이 주목하면서 남북이 분단된 뼈아픈 현실을 새로 실감하였지만, 두 國譯本이 함께 보완적으로 이용될 수 있음을 스스로 위안할 수밖에 없을 것이다.

《국역조선왕조실록》의 완간은 한국사 연구에 커다란 도움을 줄 터이지만, 그 밖에도 國學 여러 부문에도 상당한 영향을 미치리라 여겨진다. 특히 이 일에 뒤이어 《국역조선왕조실록》을 CD롬에 수록하는 작업이 이루어짐에 따라 그 내용이 컴퓨터를 통해 쉽게 검색될 수 있게 되었으며, 이에 이르러 《국역조선왕조실록》은 문학·방송 등 비학문 분야 곳곳에 가까이 다가갈 수 있게 되었다.

## 5. 나머지 말

지금까지 1993-1995년의 한국사학의 개황을 간단히 일별하였다. 몇 가지 측면에 대하여 다루면서 대체로 구체적 사실을 적시하는 방식을 택하였으나 매우 좁은 일면을 논급하는 데 그친 것 같다. 그러나 한국사 연구가 크게 발전하는 가운데 새로운 발전을 모색하는 모습은 어느 정도 제시되었으리라 생각한다.

이 글을 마무리하며 한국사학이 당면한 몇 가지 문제를 말할 필요가 있을 것 같다. 우선 비판적 풍토의 조성이 절실히 요청된다 하겠다. 수많은 저서가 쏟아져 나오지만, 대부분은 서평의 대상이 되지 못한 채 잊혀지고 마는데, 연구자 자신들이 논문은 쓰지만, 서평은 기피하고 있는 실정이다. 이러한 비판 부재의 분위기 속에서 정체가 불확실한 연구단체가 만들어지고, 수준에 미달하는 논저들이 활자화되어 학계를 혼탁시키기도 한다. 특히 특정한 시대의 경우는 학문과 非學問이 혼효되어 한국사의 학문성이 침해당하는 느낌을 주기도 한다. 형식적인 학술회의가 자주 열리기보다는 한국사 관계 연구 성과에 대하여 비판하고 토론하면서 학계의 학문적 분위기를 정화시키고 수준향상을 도모하는 일이 긴요하다고 여겨진다. 이 점이 바람직한 방향으로 개선되지 못할 경우, 한국사는 外華內貧의 상태를 연출하며 뒷걸음칠 우려가 있다.

또한 한국사의 학문성을 견지하고, 학계의 조화를 도모하기 위한 노력이 필요하다고 생각된다. 1980년대의 정치적 사회적 갈등을 경험하며 民衆史學이 대두하여 實踐史學을 표방하고, 소장학자들이 별개의 연구단체를 만들어 활동하는 가운데, 全國歷史學大會는 썰렁한 장소로 되어 버리고 말았다. 한국사와 현실문제는 학자의 견해와 입장에 따라 다양한 형태로 존립할 수 있는 것이다. 그러나 한국사가 민족이란 이름 앞에 타락하거나 정치운동의 도구로 전락할 수는 없다고 생각된다. 그리고 얼마든지 자유스러운 학문적 입장을 견지하면서도 韓國史學이라는 공통의 場 속에서 모든 연구자는 함께 참여하여 담론하는 자세가 절실히 요구된다고 하겠다. 일제의 압제기를 경험하며 성장한 근대 한국사학의 전통은 값진 것이며, 그 토양 위에서 우리는 함께 그것을 극복하기 위해 노력하고 있는 것이다.

끝으로 한국사는 동양사와 서양사에 눈을 돌리고, 시야의 확대와 방법의 세련화에 마음을 써야 하리라 생각된다. 오늘날 온 사회가 국제화 · 세계화를 외치고 있거니와, 그것과는 별도로 세계의 학계와 함께 호흡하면서 한국사의 발전을 넓은 안목에서 설득력 있게 체계화시키는 노력이 필요하다는 뜻이다. 이러한 지적은 일찍부터 제기되어 왔지만, 21세기를 맞이하면서 지구촌을 운위하게 되는 이즈음에 이르러 그 필요성은 한층 더 커지고 있는 것이다.

# Ⅳ. 高麗史 연구의 성과

# 高麗史研究의 回顧와 反省, 1945-1995

## 1. 머리말

해방 후 50년간 한국사의 연구는 커다란 진전을 보았다. 흔히 중세사로 일컬어지는 高麗時代史의 경우도 양적으로나 질적으로나 눈부신 발전을 이룩하였다. 종래 古代史에 덧붙여지거나 또는 朝鮮時代史의 前史로서 소략히 파악되는 고려시대사가 독자적인 연구영역으로 확립되었고, 한국사의 발전을 밝혀 주는 귀중한 업적들을 낼 수 있게 되었다. 그리하여 오늘날 연간 100여 편의 논문이 발표되는 高麗時代史 부문은 한국사 연구에서 뚜렷한 위치를 차지한 채 활기를 더하여 가고 있다 하겠다.

이와 같은 고려시대사에 대한 연구의 발자취와 그 축적내용을 살펴보는 것은 뜻 깊은 일이라고 여겨진다. 해방 후 50년간의 연구 성과에 대한 점검은 차후의 연구를 전망하는 데에도 커다란 도움을 줄 것이다. 특히 해방과 더불어 남·북이 분단되고 그 이후 대한민국에서 한국사 연구는 북한과 단절된 상태에서 진행되어 온 점에 비추어, 그것은 더할 나위 없이 큰 의미를 지니게 되리라 생각한다.

그러나, 여기에서는 지금까지의 고려사 연구를 되돌아보되, 매우 한정된 범위 안에서 제한적으로 살펴볼 것이며, 북한의 성과에 대해서도 검토의 대상에서 제외될 것임을 밝혀두고자 한다. 이즈음의 과거의 연구에 대한 회고와 검토가 많이 이루어졌고, 특히 고려시대의 경우에도 시기별 분야별 점검이 여러 번 행하여졌기 때문에 비슷한 일의 반복은 될수록 피하는 것이 좋지 않을까 생각된다. 북한 업적의 경우, 근래 많은 자료가 입수되어 그 내용에 어느 정도 접할 수 있으나, 그 연구의 全貌를 살피는 것은 벅찬 과제일 뿐만 아니라, 그것을 우리의 한국사 연구와 대비하여 논급하며 성과를 검토할 방법 자체가 쉽사리 강구될 수 없는 것이다. 이러한 점을 미리 밝힘으로써 이 글의 한계를 분명히 해 두려고 한다.

이 글에서는 우선 연구의 배경과 추세에 관심을 기울여 보고자 한다. 따라서 그만큼 개별업적이나 분야별 점검은 소략해질 것이다. 또한 網羅主義보다는 중요하다고 여겨지는 것들을 선별하여 정리하는 과정에서 자연히 연구자 중심으로 검토가 진행되는 경우가 많으리라 여겨진다. 그리고 많은 업적이 양산되었으나, 학문적 評定이 확실히 이루어지지 못한 1990년대의 연구 성과에 대해서는 상대적으로 간략히 취급할 수밖에 없었다는 점에 대해서도 양해를 구하고자 한다.

## 2. 새 研究의 출발(1945-1961)

해방 이후 50년간의 高麗史 연구는 편의상 세 시기로 나눌 수 있다. 제1기는 1945년부터 1961년까지로 종전의 유산을 이어받으며 새롭게 연구를 시작하지만, 남북의 분단, 6·25동란 등으로 커다란 타격을 받게 되고, 결국 李丙燾의 《韓國史》 '中世篇'(乙酉文化社, 1961)과 金庠基의 《高麗時代史》(東國文化社, 1961) 간행으로 일단락을 짓게 되는 시기이니, 넓은 의미에서 출발기로 규정할 수 있을 것이다. 제2기는 1960년대 대부분의 시기와 그 후 1978년 초까지의 16, 7년 동안인데 고려사의 연구가 크게 진척 발전되어 연구의 기틀이 완전히 잡힌 위에 중요한 성과들이 나타나고, 그 결과 高麗史像이 貴族社會論을 바탕으로 일단 정리되는 때라고 하겠다. 이 시기의 하한은 국사편찬위원회 편찬의 《한국사》 가운데 '高麗篇' 5책(제4-8권)이 완간되고(1975), 그것들을 보완하는 《韓國史論》 '高麗篇'(1977)이 출간되는 시기를 고려하여 잡은 것이다. 제3기는 앞 시기에 뒤이어 1995년까지의 시점이니, 커다란 여건의 변화를 배경으로 하여 고려사 연구가 다양한 형태를 띠고 복잡한 의미를 함축한 채 전개되고 있는 상태라고 생각된다. 놀랄 만한 연구논저의 양적 팽창과 주목되는 연구 성과의 출현이 이 시기 고려사 연구의 진취적이며 발전적 모습을 알려 주지만, 그 안에는 연구의 방향과 방법을 둘러싼 많은 문제점들이 도사리고 있다. 그러므로 이 시기는 발전과 변화 속에서 새로운 연구를 모색하는 때로 이해할 수 있을 것이다. 이렇게 구분한 세 시기를 단위로 삼아 연구의 흐름과 주요 성과를 훑어보려고 한다.

1945년 해방과 더불어 한국사 연구에 새로운 장이 열렸다. 일제의 민족말살

정책에 따라 한국어와 한국사에 대한 연구는 완전히 봉쇄당한 상태에 있었는데 해방을 맞이함에 따라, 그 연구가 즉시 재개될 수 있게 된 것이다. 해방된 다음 날 그동안 해산당하였던 震檀學會의 옛 회원들이 모여서 學會의 재건을 결의하고 곧 본격적인 활동에 착수하였다. 이어서 京城大學이 재건되고, 史學科가 갖추어져 한국인 교수진과 학생들이 주인공으로 되었다. 비슷한 시기에 國立博物館이 설치되고, 國史編纂委員會의 전신인 國史館이 만들어졌다. 이렇게 學會, 大學, 硏究機關이 등장하는 가운데 한국사 연구가 새로 시작되고, 高麗史 분야의 업적도 나올 수 있게 된 것이다.

일제 시기의 고려사 연구는 池內宏, 今西龍 등 日本人 學者들의 歷史地理와 對外關係에 치중된 성과가 상당히 축적되어 있었다. 한국인으로서는 白南雲이 唯物史觀의 입장에서 고려사회를 통관한 야심작 《朝鮮封建社會經濟史 上》(1937)을 출간하였고, 李丙燾, 金庠基 등 實證史學者들이 思想史, 韓中關係史 방면에서 심오하고 체계적인 연구 논문들을 발표한 바 있었다. 물론 일본인 학자들과 한국인 연구자들을 더 들 수 있으나, 위에 든 사람들이 대표적 존재였다.

일본인 학자들은 당시 연구의 주도권을 잡고 있었고 滿鮮史觀의 테두리 안에서 文獻考證的 방법에 치중하면서 상당한 업적을 냈지만, 한국사의 내재적 발전을 몰각시키며 他律性論을 내세우는 방향으로 나아가고 있었다. 그 가운데 《滿鮮史硏究》 '中世篇' 3책으로 정리되는 池內宏의 연구는 중후한 면모를 지니는 것이었다.

白南雲의 업적은 당시로서는 독보적이었다. 唯物史觀에 입각한 세계사적 발전법칙을 내세워 독자적으로 고려사를 체계화하려 시도하였는데, 방대한《高麗史》자료를 정리하여 토지제도를 기축으로 하는 고려사회 전체의 역사적 발전에 조명을 가하려 한 큰 스케일의 연구였던 것이다. 그러나 이 책은 실증적 방법이 결여되고, 일방적으로 법칙을 적용하는 데에서 오는 치명적 결함을 지니고 있어서 혹독한 비판을 받기도 했다. 그럼에도 불구하고, 당시 학문적으로 不毛地와 같았던 여건 속에서 白南雲이 日帝官學者들의 停滞性論과 맞서면서 상당한 정도의 구체적 내용을 담은 大著를 낼 수 있었다는 것은 특기할 만한 일로서 高麗史 연구에 귀중한 유산을 남겼던 셈이다.

李丙燾는 震檀學會를 창설하여 일제 시기 한국인 학자들의 한국사 연구를 주도했던 사람으로 古代史가 주 관심분야였으나 그와 병행하여 조선시대 儒學史와 고려의 지리도참사상에 대해서도 많은 연구를 하였다. 그는 고려사회의 側面史로서 지리도참사상이 매우 중요하다고 생각하여 그것에 관한 여러 편의 논문을《震檀學報》등에 발표했었다. 그와 더불어 金庠基는 張保皐의 해상활동, 고려의 對宋貿易關係 등 동아시아 세계 속의 고려의 국제적 위상과 그 對外交涉에 깊은 관심을 갖고 그러한 주제들을 대상으로 연구를 진행시켰다. 이 두 사람의 실증을 토대로 한 견실한 연구는 높은 수준의 것이었다.

해방된 다음 고려사 분야에서의 첫 연구 성과는 李丙燾와 金庠基가 앞에서 지적한 일제 시기의 연구내용을 확대 보완하여 내놓은 硏究書였다. 李丙燾의《高麗時代의 硏究》(乙酉文化社, 1948)와 金庠基의《東方文化交流史論攷》(乙酉文化社, 1948)가 바로 그것이었다. 李丙燾의 책은 고려시대를 풍미한 지리도참사상을 고려 전 시기를 통해 통관하며 정치적 대세와 연관지어 검토한 것으로 이후 고려사 연구에 귀중한 이정표를 놓은 셈이었다. 金庠基의 책은 종전의 연구에 武臣政權의 통치기구에 대한 논문을 추가하여 엮은 것인데, 하나의 研究書로서 지니는 주제의 일관성은 미약하지만, 고려사 연구를 위한 값진 디딤돌의 의미를 지니는 것이었다. 이 두 책의 간행은 해방 이후 고려사 연구의 시작을 알리는 동시에 그 방향과 수준을 제시하는 것이었다는 점에서 의미심장한 일이었다.

해방 이후 한국사 연구가 본격적으로 시작되고 고려사 분야에서 앞서 말한 연구서의 출간이 이루어졌음을 지적했으나, 새로운 연구의 축적은 좀처럼 이루어지지 못하였다. 한국인 학자들이 대학과 연구기관의 중심이 되었으나, 그것을 운용하고, 또한 고조되는 한국사에 대한 국민적 관심에 부응하는 여러 가지 일을 펼쳐 나아가기에 旣成의 인력은 너무나도 부족하였다. 게다가 해방 직후의 복잡한 정황 속에서 학계를 떠나는 인사들도 나타났으니, 앞서 논급한 白南雲은 학술·교육활동을 뒤로 하고 정치활동에 투신했다가 越北의 길을 걸었다. 해방과 동시에 재건된 震檀學會가 1947년에 비로소 學報를 복간하는 것이 당시의 사정을 시사하는 것이었다.

그러나 해방된 韓國이 통일국가 건설에 실패하여 南·北韓의 분단이 초래되고 급기야 6·25동란이라는 민족상쟁의 비극을 맛보게 됨에 미쳐서 사태는 더욱 불안하고 어려워지게 되었다. 많은 학자가 희생당하였고, 남북의 대립이 고착화되었다. 남한과 북한은 상이한 이념과 체제 아래 일체의 상호 교류가 봉쇄당한 채 별도의 역사 연구를 진행시키게 된 것이다. 그리하여, 南韓의 韓國史學界가 전란의 상흔을 안고, 평양의 북한학계와 두절된 채 새롭게 韓

國史 연구의 태세를 가다듬게 되는 것은 휴전이 이루어져 정부가 환도한 다음인 1955년 이후라고 말할 수 있다.

새롭게 열린 한국사 연구의 場엔 새 세대 학자들이 등장하였다. 해방의 소용돌이 속에서 수학한 이들은 이미 歷史學會를 결성하고(1952) 《歷史學報》를 간행하기 시작했던바, 그들이 점차 연구의 주역으로 대두한 것이다. 또한, 반공 이념이 강화된 상태에서 진보적 연구는 크게 제약을 받게 되었다. 唯物史觀은 금기시되어 白南雲의 연구 성과는 제대로 인용되기조차 어려운 분위기였다. 다른 한편, 6·25동란 이후 大學의 두드러진 성장이 연구 여건의 개선에 다소간의 도움을 주기도 했다.

이러한 가운데 고려사 분야의 새로운 연구 성과들이 발표되기에 이르렀다. 《震檀學報》나 《歷史學報》, 또는 1958년 國史編纂委員會를 주축으로 결성된 韓國史學會의 《史學硏究》와 같은 전문학술잡지를 통해서, 그리고, 각 대학교의 논문집이나 元老學者의 回甲紀念論文集을 이용해서 한국사 논문들이 발표되었는데, 그중에 고려사 관계 논문이 여러 편 포함되어 있는 것이다.

이 무렵 고려사 논문을 발표한 사람들로 姜大良(對外關係), 尹武炳(歷史地理), 金龍德(政治, 地方制度), 李基白(兵制), 曺佐鎬(科擧制), 邊太燮(武臣亂, 兩班), 閔丙河(武臣亂), 金成俊(其人), 千寬宇(閑人), 韓㳓劤(足丁), 安啓賢(佛敎) 등을 먼저 들 수 있는데, 이들은 대개 해방 이후에 등장한 신진의 학자들이었다. 물론 기성학자라 할 수 있는 李丙燾(南班), 金庠基(對外關係), 申奭鎬(倭寇), 柳洪烈(貢女), 趙明基(佛敎) 등의 논문도 간간이 발표되었으나, 신진학자들의 의욕적 연구가 한결 더 돋보이는 형국이었다.

이렇게 해서 새로 출발하는 고려사 연구는 넓은 의미의 政治制度와 社會身分에 치중하는 양상을 보여 주었는데, 이것은 고려사회의 구조와 그 내재적 발전에 대한 관심에서 유발된 것이었다고 여겨진다. 그러나 이 시기의 고려사 연구는 아직 독자적 연구영역으로 확립되지 못한 인상을 준다.

해방과 더불어 새로 출발한 고려사 연구는 1961년에 李丙燾의 《韓國史》 '中世篇'과 金庠基의 《高麗時代史》가 출간됨으로써 첫 단락을 짓는다고 할 수 있다. 前者는 이때까지의 연구 성과를 수렵하면서 고려사의 발전상을 폭넓게 서술한 데 비하여 後者는 방대한 《高麗史》 기록의 분석과 정리를 통해 충실한 사실의 재구성과 기술에 치중하였다는 차이는 있으나, 모두 원로학자가 저술한 거질의 개설서라는 공통점을 지닌다. 일제 시기 이래의 고려사 연구가 선구적 학자였던 두 사람에 의해 종합 정리됨으로써 草創期가 마무리되는 동시에 새로운 관심과 연구의 토대를 마련했던 셈이다.

## 3. 硏究의 정착과 貴族社會論의 확립(1961-1977)

### 1) 고려사 연구의 정착

1960년의 4·19혁명과 1961년의 5·16군사쿠데타를 거치며 당시 한국 사회는 커다란 변혁과 충격을 경험하였다. 그러한 가운데 스스로에 대한 역사적 省察의 필요성이 제고되었고, 그것이 한국사에 대한 깊은 관심을 불러 일으켰다. 그와 동시에 韓國史學界는 일제의 植民主義的 韓國史觀에 대한 비판이라는 새로운 과제에 당면하게 되었다. 그리하여 한국사에 대한 주체적 인식과 발전적 이해의 방향이 모색되었고, 그것은 결국 한국사 연구의 필요성을 재인식시켜 주는 결과를 낳았다. 이와 같은 추세 속에서 韓國史硏究會가 설립되어(1967) 한국사학 전문학술지인 《韓國史硏究》가 나오게 되었고, 또한 대학에서의 국사 교육이 강화되었다.

이러한 여건 아래 고려사 연구도 점차 활기를 띠었다. 먼저 주목되는 것은 1961년 11월 韓國史硏究會가 개최한 '高麗社會의 性格'이라는 주제의 學術發表會이다. 여기에서 朴性鳳, 邊太燮, 金成俊, 金龍德, 閔丙河가 貴族勢力의 對立, 武臣亂을 통한 身分制度 變質, 政房, 鄕·所·部曲 問題, 地方制度 등의 문제를 발표하고, 뒤이어 토론을 벌였다. 고려사 자체만의 문제를 갖고 고려사 연구자들이 발표와 토론의 자리를 마련했으며 고려사회의 구조와 성격에 대한 진지한 문제의식을 보여 주었다는 점에서 고려사 연구의 진전에 큰 의미를 지니는 행사였다.

이어서 1963년 11월에는 高麗史硏究會가 결성되었다. 姜晋哲, 金成俊, 李基白, 李佑成의 4인이 《高麗史》의 〈志〉(食貨志, 選擧志, 兵志)를 檢讀할 목적으로 작은 모임을 만든 것인데, 정기적인 강독 토론의 장을 마련하여 약 5년간 지속된 이 연구회는 고려사 연구를 크게 진작시키는 구실을 했다. 4인의 구성원 이외의 연구자에도 참여가 허락된 검독의 자리에서는 진지한 학술토론이 전개되었고, 그 구성원들은 연이어 고려사의 중심 문제를 다룬 수준 높은 논문들을 발표하였다. 연구회의 이름으로 나온 직접적 성과는 李基白의 《高麗史 兵志 譯註(1)》(1969)에 지나지 않지만(뒷날 金成俊도 〈高麗史 選擧志 譯註〉를 《大丘史學》과 《湖西史學》을 통해 발표하였음), 그것은 이 무렵 값진 고려사 연구의 産室로서 학계의 주목을 끌었다.

1960년대 후반기부터 한국사학계는 時代區分論에 깊은 관심을 기울이기 시작하였다. 당초 정부의 경제개발정책과 관련하여 한국의 近代化 문제가 관심거리로 등장하다가 韓國史에 대한 고조되는 관심과 연결되어 그것이 한국사의 시대구분 문제로 확대되었던 것인데, 그동안 축적된 한국사 연구의 체제화에 대한 요망도 상당한 작용을 하였을 것이다. 그런데, 시대구분 문제에서 고려사의 위치가 중요하게 부각되었다. 특히 고려사를 양분하는 武臣亂이 흥미로운 문제를 제기해 주기도 하였다. 1970년 韓國經濟史學會가 그동안의 많은 논의를 종합하여 펴낸 《韓國史時代區分論》에는 시대구분론상의 고려사의 성격, 위치와 관련하여 姜晋哲, 金哲埈 등이 상이한 주장을 담은 논문을 싣고 있다. 이러한 논의가 고려사에 대한 관심을 높이고, 그 연구에 커다란 자극을 줄 수 있었다.

### 2) 연구의 발전과 확충

고려사 연구가 안정되어 가는 추이 속에서 중요한 업적들이 정리 발표되었다. 우선 李基白의 兵制史 연구 성과를 꼽을 수 있다. 그는 1950년대 후반부터 고려의 兵制를 연구하기 시작하여 꾸준히 작업을 진전시키면서 관계 논문들을 발표하다가 1968년 《高麗兵制史研究》(一潮閣)라는 연구서를 냄으로써 일단락을 지었다. 이 연구는 軍班氏族의 존재를 실마리로 하여 고려사회에 田柴科의 뒷받침을 받는 專門的인 軍人層이 존재하였음을 확인하고, 그들이 中央軍인 二軍·六衛의 구성원이 되는 고려 병제를 唐의 府兵制와 다른 고려 특유의 軍班制였음을 내세운 것이었다. 이러한 결론은 姜晋哲과의 府

兵制 논쟁을 유발시켜 커다란 학문적 과제를 남겨 주었던 셈이지만, 이 연구는 방법과 성과의 면에서 커다란 영향을 미쳤다. 우선, 문제의식이 분명했고, 史料의 檢索과 비판이 철저하였으며 다방면에 걸친 심층적 분석과 명료한 논증으로 사실에 접근코자 하였다. 唐, 宋의 경우와 구분되는 고려의 사회와 제도에 대한 이해를 심화시켰고, 고려사 연구가 武臣亂을 경계로 前·後期로 구분되어 이루어져야 할 것임을 분명히 했던 것이다.

다음으로 邊太燮의 政治制度에 대한 연구가 괄목할 만한 성과를 거두었다. 일찍이 武臣亂과 文·武班身分體制에 관심을 갖고 연구에 착수한 그는 고려의 중앙정치기구와 지방행정제도로 연구범위를 넓혀 갔던 것인데, 일련의 성과를 종합하여 1971년에 《高麗政治制度史硏究》(一潮閣)를 간행하였다. 고려의 정치체제는 사실상 中書門下省이 단일한 議政機關으로서 최고의 지위를 차지하고 있었고, 그러한 중심적 기능은 後期에 都堂으로 옮아가는 것이었음을 논증하고, 지방제도에서의 중앙과 지방 주현과의 直牒 관계, 京畿의 독자적 통치체제 등을 구명한 것이 특기할 사항이라 하겠다. 이 연구는 고려사의 핵심 문제라고 할 수 있는 중앙정치체제와 지방제도를 정면에서 본격적으로 다루어 체계화한 개척적 성과였고, 시종 정치체제의 발전을 동태적으로 파악하여 고려의 독자적 지배구조의 대강을 확실하게 제시했다는 점에서 고려사 연구에 커다란 족적을 남길 수 있었다.

이 무렵의 고려사 연구에 크게 기여한 업적으로 李佑成의 社會史 연구를 들어야 할 것이다. 그의 연구 주제는 다양하지만, 身分과 土地에 주축을 두는 社會史的 연구가 본령이라 할 수 있는데, 일련의 업적은 1974년 〈高麗社會

諸階層의 硏究〉라는 박사학위논문으로 종합 정리되었다. 그것은 상당한 시간이 흐른 다음 증보되어 《韓國中世社會硏究》(一潮閣, 1991)로 출간되었으나, 중심내용에는 별 변화가 없었다. 그는 村落構造, 部曲을 고찰하면서 村長·村正, 部曲民에 초점을 맞추었고, 閑人, 白丁과 鄕吏, 軍人의 신분을 토지제도에 대한 연구를 통해 해명하려고 했다. 그의 연구는 直截한 사료제시와 간명한 論證을 특징으로 하면서 많은 문제를 해결하였다. 功蔭田柴의 해명을 통해 고려 貴族社會의 경제적 토대를 이해할 수 있는 중요한 단서를 마련했고, 永業田을 연구함으로써 土地國有制論을 비판하고 私的 土地所有의 실제를 내세울 수 있는 논거를 구축했다. 그리고 吏에 대한 연구는 고려 후기 新興士大夫의 대두와 성장이라는 커다란 사회적 변혁의 새 學說을 제시하였다.

한편, 고려사 연구의 커다란 과제인 土地制度史는 姜晋哲에 의해 본격적으로 검토되었다. 그는 1963년에 상당한 준비 끝에 〈高麗의 軍人田〉이라는 논문을 발표하였고, 이어서 연구를 축적하며 관계 논고들을 내놓았던바, 그 대강은 1965년의 〈韓國土地制度史 上〉에 나타나지만, 일련의 연구의 결집은 1980년의 《高麗土地制度史硏究》(高麗大學校出版部)로 이루어졌다. 이것은 고려 田柴科體制에 대한 專著로 白南雲 이래 토지제도를 정면에서 다룬 한국사학계의 첫 업적이었다. 이것은 田柴科의 성립과정과 그 구조 속의 모든 지목을, 더 나아가 국가의 수취체제까지 다룬 포괄적 내용을 지니는 것이었다. 그 속에서 주목되는 것은 公田과 私田의 差率收租(1/4과 1/2)를 地稅와 地代로 구분지어 파악하고 그 경영에 있어서는 民田의 경우를 들어 미분화 상태의 零細農民이 自營하면서 가혹한 수취를 당하는 고대적 토지지배관계가 보편적으로 구현되었다고 보는 점인데, 이것이 그의 高麗古代說, 즉 田柴科體制下의 고려사회가 土地支配가 미숙한 古代社會였다는 주장의 유력한 근거가 되었다. 그는 軍人田柴科를 농민인 군인이 원래 지녔던 民田 위에 免稅權이 지급된 것으로 보고 그와 관련해 고려의 兵制를 府兵制로 이해하였던바, 이상과 같은 姜晋哲의 토지제도 연구는 약간 도식적이라는 느낌을 주지만, 방대하고 치밀한, 이 부분에서의 독보적 연구로서, 하나의 이정표를 세운 것이라 하겠다.

이 시기에 知性史와 思想史의 측면에서 연구결과를 발표한 金哲埈의 경우도 중요하다. 고대사 연구자인 그는 新羅末·高麗初의 轉換期에 나타나는 精神界의 변화를 中世知性의 대두·성장으로 이해하고 佛教에서 諦觀과 義通의 활약이 뜻하는 天台思想의 이해체계 수립과 儒教에서 崔承老의 時務策이 보여 주는 儒教政治理念의 확립을 주목하여 고려사에 접근하였고, 그 성과가 《韓國古代社會研究》(知識産業社, 1975)의 '附篇'으로 정리되었다. 그는 총체적인 생활경험을 문화역량으로 보며 독특한 직관적 방식으로 문제에 접근하였는데, 金富軾과 李齊賢의 儒教史觀이 基層文化와 유리되고 事大的이라 하여 크게 비판하였다.

또한 동양사학자로서 고려사 분야에서 중요한 업적을 쌓은 高柄翊이 주목된다. 그는 중국사를 연구하면서 고려와 元의 관계를 추적하여 연구를 쌓았고 그 내용이 《東亞交涉史의 研究》(서울大學校出版部, 1970) 속에 정리되었는데, 특히 征東行省에 관한 장편의 논문에서 이것이 고려와 元 사이의 연락기관임을 논증하며 양국의 관계를 綜觀하였던바, 이는 고려의 對元關係를 체계화시킨 중요한 연구였다. 고병익은 따로 《三國史記》에 대한 새로운 연구를 시도하여 크게 주목받았는데, 그것도 이 연구서에 수록되었다. 역시 동양사학자인 李龍範도 발해 및 거란과 관련된 연구를 진행시켜 고려의 대외관계 구명에 크게 기여했다.

이상에서 이미 기성학자로 활약한 研究者들의 연구 성과를 주로 著書 중심으로 살펴보았거니와, 이 시기에는 새로 등장하는 신진의 학자들도 적지 않았다. 1960년대 중엽부터 나타나는 연구자들은 넓게 보아 해방 이후 제2세대에 속한다고 할 수 있는데, 가장 선두에 설 수 있는 河炫綱은 고려 지방제도 연구에 진력하여 많은 성과를 냈다. 특히 西京의 정치적 성격과 행정 구조를 파헤쳐 큰 주목을 받았는데, 이러한 업적들을 정리하여 《高麗地方制度의 研究》(韓國研究院, 1977)로 출간하였다. 文炯萬은 고려시대에 '歸鄕'이 지니는 의미를 새롭게 추적하였고, 金潤坤은 高麗末期에 政房이 尙瑞司로 바뀌는 정치적 의미를 고찰하고 뒤이어 新興士大夫의 등장을 정리하였다.

朴菖熙는 무신집권기의 李奎報를 중심으로 하는 문신들의 동향과 현실인식을 살피는 한편 貴族社會論을 비판하고 官僚制社會論을 제시하면서 그것을 뒷받침하기 위해 功蔭田柴法을 재검토하는 등 크게 활약하였다. 李熙德은 祿俸制에 관심을 가졌다가 뒤에는 孝를 통해 유교사상을 살피고자 하였다. 閔賢九는 辛旽을 통해 공민왕의 개혁정치를 살폈고, 이어서 祿科田을 검토하였으며, 고려 후기의 새로운 지배세력으로서 權門世族을 고찰하였다. 金光洙는 同正職과 胥吏職을 연구하여 고려의 관료체계와 중간계층에 대한 이해를 넓혔으며, 地方學校와 三韓功臣을 대상으로 고려 초기사회의 연구를 쌓아갔다. 金南奎는 兩界의 兵馬使에 대한 검토를 시작으로 북방지역 통치 체제의 연구에 착수하였다.

1970년대에 들어와 金毅圭는 蔭敍의 연구 성과를 발표하여 고려 사회구조의 중요한 측면을 살폈다. 宋春永은 御史臺를 통해 고려 정치제도의 일면을 살폈고, 동시에 朴龍雲도 臺諫制度를 연구하여 고려 言官體系를 살피는 한편 고려 귀족가문의 분석 검토 작업을 진행시켰다. 朴庚子는 鄕吏制度를 살펴 지방행정구조 이해의 길을 열었다.

洪承基는 雜類에 접근하여 고려 사회구조에서 下位에 자리 잡은 신분층에 관심을 기울였는데, 이러한 연구방향은 工匠을 거쳐 賤民으로 향하였고, 뒤에 奴婢의 체계적 정리로 이어졌다. 許興植은 과거제도의 역사적 검토로부터 연구에 착수하여 國師·王師에 대한 고찰을 거쳐 佛敎史로 관심의 폭을 넓혀가면서 정력적으로 활동하였다. 崔柄憲은 新羅末 高麗初의 불교사 연구를 통해 고려사로 관심을 확대시키며 風水地理說을 살폈고, 金杜珍도 신라 불교의 연구를 뒷시대로 끌고 내려와 고려 초 승려 順之를 고찰하였다.

조선시대사 연구자로서 고려시대로 올라와 관심의 폭을 넓힌 경우도 있었다. 李樹健은 《세종실록지리지》를 검토하는 가운데 실마리를 찾아 北方移民 문제를 다루고 土姓을 고찰하게 되었다. 李泰鎭은 고려 초기의 정치제도로 연구대상을 확대하여 宰府를 살피고 金致陽의 亂도 분석 검토하였다. 그 밖에 金昌洙, 宋炳基, 李起男도 각기 惡少, 農莊, 詞林院을 고찰하여 주목되는 성과를 거두었으나 그 후 고려사 연구를 이어가지 않았다. 그리하여 고려사를 연구하는 인력이 상당히 증가하였고 그에 따라서 연구 분야도 다양하게 확대되었다.

이 시기 일본학계에서의 고려사 연구를 간단히 살필 필요가 있다. 해방 이후 일본의 한국사 연구는 변모 축소되지만, 새로운 분위기 아래 상당한 진전을 보게 되는데, 그 중심인물이라고 말할 수 있는 旗田巍는 바로 고려사 연구자로서 중요한 업적을 내놓았다. 그는 특히 郡縣制와 土地制度에 깊은 관심을 갖고 연구하여 고려의 군현제가 在地의 豪族勢力 또는 族團勢力을 그대로 인정하여 그 强弱大小에 따라 상이한 邑格을 부여받고 그것들이 누층적으로 편성된 특이한 것임을 주장하는 한편 토지제도에 있어서는 公田의 실체를 밝히고, 均田制의 실시를 부인하고, 土地私有의 실제를 田券을 통해 증명함으로써 土地國有制論의 批判에 결정적 역할을 하였던바, 그의 일련의 업적은 《朝鮮中世社會史の硏究》(法政大學出版局, 1972)로 종합 정리되었다. 그는 史料處理, 문제점의 摘示, 合理的 推論 등 연구 방법에 있어서 세련된 위에 韓國史를 지난날의 日帝 御用史家들과는 달리 발전적으로 이해하려고 하는 건실한 입장에 서서 연구를 진행했기 때문에 긍정적 성과를 얻을 수 있었다고 여겨진다.

일본에서는 戰後 世代라고 할 武田幸男이 官階 문제와 토지제도를 연구하고, 北村秀人이 征東行省과 所 제도를 고찰하였고, 有井智德과 浜中昇은 토지제도에 대한 논문들을 발표하였다. 이들과 함께 일본에서 활동한 金鍾國은 무신정권과 향리를 연구하였다. 한편, 戰前에 활동했던 末松保和가 뒤에 兩班과 兵馬使를 연구해 주목받기도 했다. 일본에서는 1951년 天理大學에 朝鮮學會가 결성되어 《朝鮮學報》를 발간하였고, 1959년 朝鮮史硏究會가 조직되어 1965년부터 《朝鮮史硏究會論文集》을 내기 시작함으로써 한국사 연구가 새로이 활기를 띠게 되었던 것이다.

### 3) 고려 貴族社會論의 확립

지금까지 훑어본 것처럼 1960년대를 지나 1970년대에 들어오면서 고려사 연구는 활기를 띠며 전개되었고, 연구자도 증가하고 연구업적도 상당히 축적되어 갔다. 이러한 연구의 진전이 고려 사회의 성격문제를 둘러싸고 貴族制論과 官僚制社會論의 논쟁을 유발시켰다. 당초 고려를 흔히 귀족사회로 지칭해 왔다. 특히 蔭敍制가 연구되고 功蔭田柴가 중요하게 부각되면서 고려를 귀족사회로 이해하는 데 상당한 이론적 근거를 갖게 되었고, 따라서 그것은 정설로 굳어져 갔다. 이런 상태에서 朴菖熙는 1973년 6월 전국역사학대회에서 官僚制社會論을 주창하였고, 그 내용을 보완하여 논문으로 발표하였다. 그는 고려의 科擧制 실시를 매우 중시하여, 그것을 통해 선발된 科擧官僚가 고려사회를 운용하는 데 주축을 이루었음을 내세웠고, 따라서 고려사회는 귀족사회가 아니라 관료제사회였다는 주장을 개진하였다. 그는 이 주장에 막스 베버의 家產官僚制說을 원용하기도 했다.

이에 대한 반론이 곧 제기되었다. 金毅圭는 고려사회의 관료적 요소를 일부 인정하면서도 관인지배층이 蔭敍로 충원되는 귀족적 요소가 더욱 강하다고 주장했다. 李基白은 科擧制 자체가 신분제 사회 속에서 시행된다는 점을 들어 귀족사회론을 옹호하였다. 朴龍雲은 용어의 분석 검토를 통해 관료제론을 비판하고 귀족사회론을 지지하였다. 그에 대한 박창희의 재반론이 있었으나 대세는 귀족사회론 쪽으로 기울어져 갔다.

이러한 가운데 국사편찬위원회가 주관한 《韓國史》 편찬사업이 진행되어 '高麗篇'이라고 말할 수 있는 5책이 1975년 말까지 모두 간행되었고, 研究史의 형식을 빌려 그것을 보완하는 《韓國史論》 '고려편'이 1977년에 나왔다. 당시 학계의 역량이 모아져 출간된 《한국사》의 고려부문은, ① 《고려 귀족사회의 성립》, ② 《고려 귀족국가의 사회구조》, ③ 《고려 귀족사회의 문화》, ④ 《무신정권과 대몽항쟁》, ⑤ 《고려 후기의 사회와 문화》 등 5책으로 구성되었는데, 李基白, 邊太燮, 姜晋哲, 李龍範을 중심으로 하는 연인원 51명(중복을 제외한 실인원은 31명)이 필진으로 참여하였다. 해방 이후 한국에서의 고려사 연구 성과가 일단 종합 정리되었다고 말할 수 있을 것이다.

이 책에서 고려사회는 귀족사회로 규정되었다. 앞부분의 3책이 귀족사회 또는 귀족국가라는 용어를 册名과 함께 제시하고 있을 뿐 아니라, 그 내용을 통해서도 그러한 서술을 쉽게 접할 수 있다. 이로써 고려 귀족사회론은 정설로서 일단 확인받은 셈이다. 이 시기의 꾸준한 고려사 연구의 발전이 이 시리즈를 통해 일단락된다고 볼 때, 그 속에 구현된 貴族社會論은 의미심장한 것이라고 하겠다.

이 《한국사》 '고려편' 시리즈는 무신정권 이후의 고려 후기 부분에 상당한 분량을 할애하였는데, 이것은 그동안의 연구 성과를 반영하는 것으로서, 중요한 특색을 이룬다고 할 수 있다. 즉 武臣執權期가 한 책을 이루었고, 그 뒷시기의 권문세족과 新興士大夫가 부각되고, 말기의 농장 문제가 비중 있게 다루어졌다. 또한 여기에서 고려의 문화를 큰 비중으로 다루고 있는 점도 매우 주목된다. 이것은 고려의 풍부한 문화내용에 대한 인식을 새롭게 해 주는 동시에 고려사회에 대한 이해의 폭도 그만큼 넓혀 주는 것이기 때문이다. 이 《한국사》는 전반적으로 많은 필진이 집필하는 데에서 오는 여러 결함을 지니지만, 고려부문의 경우 그동안의 연구 성과를 결집시켜 고려사를 체계화한 획기적 사업으로 평가될 수 있는 것이었다. 이제 고려사는 많은 연구자들이 새롭게 연구하고, 그 성과를 종합 정리하여 체계적 歷史像을 제시함으로써 韓國史上 古代, 朝鮮時代와 대등한 中樞的 시기로 확립된 것이다.

## 4. 研究의 擴張·分化와 새로운 摸索(1978-1995)

### 1) 새로운 한국사 연구 동향 속의 연구자 증가

1970년대 말엽에 이르면 독재정치가 강화되어 가다가 1979년 박정희 대통령 시해사건으로 새로운 변혁의 단서가 마련되었다. 그러나 상당한 혼돈 끝에 1980년 다시금 軍部勢力이 정권을 장악하고 암울한 통제의 시기가 시작되었다. 이 무렵 군부독재정치와 그에 맞선 민주화운동으로 한국사회는 큰 진통을 겪었다. 1987년에 이르러 6월 항쟁을 계기로 비로소 民主體制 회복의 길이 열리게 되었고, 마침내 1993년부터 이른바 文民政府의 시대가 열리게 되었거니와 그동안의 한국 사회가 겪은 격동과 변혁은 매우 큰 것이었고, 그러한 가운데 한국사의 연구도 커다란 소용돌이 속에서 복잡한 양상을 지니며 진행되었다.

이 시기 한국사 연구 동향과 관련하여 우선 지적할 것은 국수주의적 在野史家들의 대두와 그로 인한 연구 분위기의 혼탁이다. 이미 1970년대 말엽부터

정권의 독재화 경향에 편승하여 모습을 나타냈던 그들은 1980년대에 들어와 軍部政權의 비호를 받으며 한국사학계를 압박하였다. 그들의 입장은 비판적인 연구 방법을 거부하며 한국사의 美化 작업을 지상과제로 내세우는 비학문적인 것이었으나 민족을 앞세워 상당한 돌풍을 일으켰다.

다음으로 民衆史學의 대두와 영향력 확장이 주목해야 할 대목이다. 이미 1970년대부터 독재체제와 재벌 위주의 경제성장정책에 비판적이었던 민중운동이 시작되었었는데, 1980년대에 새로운 정치적 사회적 격동과 연계되어 그것이 크게 확산되면서 한국사학에도 새 바람을 일으키게 되었다. 민중을 역사의 주체로 내세우고, 민중에 의한 社會變革을 실천적 과제로 표방하는 동시에 남·북한의 분단 상황과 그 극복에도 큰 관심을 표시하는 민중사학론자들이 등장하였다. 이 무렵 修正主義史觀의 영향으로 한국 근현대사에 대해 북한을 두둔하고, 남한의 정권과 지도자를 비판하며 6·25동란을 미국 측의 음모로 보는 시각이 확산되는 가운데, 그들 대부분은 기존의 한국사학에 대해 체제 순응적이라 하여 비판적 입장을 취했던바, 그 이면에는 오랫동안 금기시된 史的 唯物論의 작용도 적지 않았다. 1987년 6월 항쟁을 계기로 재야사가들은 위축된 반면, 민중사학의 위세는 더욱 커졌다.

이러한 민중사학의 영향력 증대와 시기를 함께 하여 북한의 연구 성과들이 널리 알려지게 되었다. 그동안 냉전체제가 가시고, 특히 1991년에 구소련이 붕괴되며 남·북한 사이에도 관계의 변화가 나타났다. 이와 같은 상황이 그동안 두절되었던 북한의 학문적 성과에의 접근을 가능케 했던 것인데, 한국 출판업계의 발 빠른 상업주의가 편승하여, 그동안 볼 수 없었던 북한의 한국사 관계 연구 자료들이 물밀 듯이 수입 복간되었던 것이다.

이 시기에 진행된 한국사 연구를 이해하는 데 간과될 수 없는 점이 연구자의 격증과 그에 따른 論著의 폭발적 증가 현상이다. 1970년대에 많은 대학교가 대학원을 증설함에 따라 대학원생이 점차 많아지다가, 1980년대에 접어들어 대학입학정원이 정책변화에 의해 倍加되자 필수과목인 교양한국사를 담당할 대학의 교·강사에 대한 수요가 급증하는 현상이 나타났다. 한국사를 전공하는 많은 碩·博士가 배출되고, 그들이 교수요원으로 충당되었는데, 특히 講師의 수는 폭증되었던 것이다. 그에 따라 수많은 석·박사 논문이 나오고, 젊은 연구자가 많이 배출되었다. 이 시기에 많은 연구서가 나오는 것은 박사학위 논문이 출간된 사례가 많은 때문이었다.

이처럼 한국사 연구자가 크게 늘어나고 많은 논저가 나오는 것과 병행하여 새로운 學會들이 등장하였다. 일찍이 한국의 역사학을 망라하는 歷史學會가 결성되었고, 그 뒤에 韓國史學會가 따로이 조직되었음을 앞에서 말한 바 있거니와, 이 시기에 한국사의 각 시기를 전문으로 다루는 학회들이 나타나게 되었다. 그러한 맥락 속에서 고려사를 대상으로 하는 韓國中世史學會도 만들어졌다(1993년). 특기할 사항은 이 학회는 서울이 아닌 大邱(嶺南大學校)를 중심지(연락처)로 하여 전국 규모의 학술단체로 발족했다는 점인데, 부산과 대구 지역의 고려사 연구자를 주축으로 하여 학술지 《한국중세사연구》를 출간하기 시작함으로써(1994년) 장차 활발한 활동을 기약하였다.

이와 같은 배경과 여건 속에서 고려사의 연구는 활발하게 이루어졌다. 대체로 고려사 연구는 이 시기의 격동과 변혁으로부터 비교적 적은 영향을 받았다고 말할 수 있으나, 새로운 추세 속에서 양산되는 논저들 가운데에는 수준에 미치지 못하는 것들이 적지 않아서 문제점을 드러냈거니와, 그 연구의 경향을 살피면, 앞 시기에 구축된 귀족사회론의 방향에 따라 연구를 분화 확장시키는 경우, 종래의 연구를 비판하면서 새로운 역사상을 추구하는 경우, 아직 연구가 크게 부족한 고려 후기 사회에 깊은 관심을 갖고 연구하는 경우 등등 다양하다고 여겨진다.

### 2) 史料 정리와 槪說書 간행

이 시기 고려사 연구의 진전과 관련하여 나타난 몇 가지 사항이 주목된다. 우선 史料의 체계적 수집과 정리를 들 수 있다. 金石文 부문에서 許興植은 고대와 고려의 것들을 정리하여 《韓國金石全文》 3책을 냈는데(亞細亞文化社, 1984), 그 가운데 고려를 다룬 2책(中世 上·下)은 금석문 649건을 싣고 있다. 일찍이 일제 시기에 나온 《朝鮮金石總覽 上》에 고려시대의 금석문 자료 다수가 게재되었고, 상당한 기간이 지나 李蘭映 編 《韓國金石文追補》(中央大學校出版部, 1968)와 黃壽永 編 《韓國金石遺文》(一志社, 1976)이 출간되었던 것인데, 위의 내용들을 합치고 다시 새로운 자료를 추가하여 이 책을 펴냈던 것이다. 이로써 史料로서 새로운 금석문 자료를 확보하게 되었으나, 판독과 교정에 상당한 보완을 필요로 한다고 여겨진다.

金龍善은 고려시대의 墓誌銘만을 수집 정리하여 《高麗墓誌銘集成》(翰林大學校出版部, 1993)을 펴냈다. 이것은 앞서 지적한 《朝鮮金石總覽》 등 기존의 자료 가운데 묘지명을 골라 그것들에 대해 새로이 정확한 판독을 가하고, 다시금 족보 등 여러 가지 자료로부터 새 내용을 추가하여 편찬한 것으로 306명의 인물을 다루었다. 이 가운데 《高麗史》〈列傳〉에 오른 사람은 96명에 불과하다는 점에 비추어, 고려사 연구에 귀중한 새 자료를 제공해 준다고 여겨진다.

또한 古文書에 대한 수집과 정리도 주목되는 대목이다. 일찍이 許興植은 《韓國의 古文書》(民音社, 1988)를 펴내어 그 가운데 고려시대의 고문서를 다수 수록해서 참조토록 한 바 있다. 그런데 다시금 李基白이 《韓國上代古文書資料集成》(一志社, 1987)을 편찬함으로써 고려시대 고문서가 史料로서 정확하게 활용될 수 있는 길이 열렸다고 할 수 있다. 이 책에는 당초 150점의 고문서가 수록되었는데, 그 가운데 신라시대의 것은 8점에 불과하고 나머지는 모두 고려시대의 것이거니와 책의 뒷부분에 원본을 사진으로 찍어서 독자들로 하여금 편자가 앞에서 한 판독 내용을 뒤에서 확인할 수 있게 한 점이 크게 돋보인다. 이 책은 뒤에 14점을 추가하여(고려의 것은 11점) 1993년에 증보판을 냈다.

이 시기에 개설서와 그에 준하는 책들이 나왔다. 1983년에 李基白·閔賢九가 공편한 《史料로 본 한국문화사》 '고려편'(一志社)이 나왔는데, 이것은 고려의 역사를 문화사 중심으로 훑어보되 독자로 하여금 原史料와 직접 만날 수 있게 한다는 취지에서 《高麗史》와 문집 등에서 관련 사료를 적출해서 國譯하여 해설을 곁들인 채 제시한 것이다. 뒤에 原史料를 그대로 부재하여 함께 참조토록 하였다.

1985년과 1987년에 걸쳐 나온 朴龍雲의 《高麗時代史 上·下》(一志社)는

본격적인 개설서로서 그동안 학계의 연구 성과를 광범위하게 수렴하여 펴냄으로써 충실한 내용을 갖출 수 있었다. 고려사를 前半部에서 귀족사회의 성립 과정과 그 構造로 서술하고, 後半部는 무신정권과 권문세족·신진사류의 사회로 살핌으로써 무신란 이후의 후기에도 큰 비중을 두었다. 전체적으로 보아 제도와 사실을 면밀하게 드러내 다룬 노작으로서 고려사 이해에 큰 도움을 주는 것이었다.

1994년에는 한길사가 기획한《한국사》27권이 모두 나왔고, 그 가운데 고려사 부분은 2책을 차지했다. '진보사학적 연구 경향 및 업적'을 크게 참용한다는 목표 아래 소장 학자들이 대거 집필에 참여한 이 책의 고려사 부문 편차를 살피면, '序說'·'지배체제'·'토지 소유구조와 농민'·'사회구조와 유통경제'·'농민항쟁과 대외관계'·'사상과 문화'로 구성되어 있어서, 고려시대를 시기의 구분 없이 하나로 묶어 파악하면서 특히 사회경제사와 농민을 중시했다는 점이 특징으로 드러난다. 역사의 서술보다는 '論旨'에 무게가 주어졌다고 여겨지는데, 거기에는 편집자들이 집필자에게 기대한 '통일된 일정한 방향성'이 어느 정도 작용했으리라 여겨진다. 이 책에서 느껴지는 체계성과 명료성 뒤에는 많은 사실의 누락과 예술·문화의 외면이라는 문제점이 도사리고 있다고 여겨진다. 1995년에는 국사편찬위원회가 60책으로 기획한《(신편)한국사》의 고려 부분 10책 가운데 일부가 간행됨으로써 이 시기 개설서 간행의 활발한 모습을 더욱 확실하게 보여주었지만, 그에 대한 본격적 논의는 完刊될 때까지 기다려야 것이다.

### 3) 연구의 진전(1)—기성 학자의 심화된 연구활동과 업적의 축적

이 시기 연구자들의 동향을 살피면, 우선 앞 시기에 중요한 업적을 낸 해방 후 제1세대 학자들이 주목된다. 李基白은 이 시기에 고대사 연구에 致力하고 있지만, 고려 건국 당시 豪族의 존재를 중시하여 豪族聯合政權說을 제시하였고, 또한 고려귀족사회론을 구축하는 데 중요한 구실을 했던 論稿들을 정리하여, 《高麗 貴族社會의 形成》(一潮閣, 1990)을 출간하였다. 한편 邊太燮은 정치제도에 대한 연구를 계속 확대하면서 式目都監, 三司, 中樞府 등 새로운 官署들을 연구하는 동시에 史學史 방면의 연구를 진행시켜 《"高麗史"의 연구》(三英社, 1982)를 펴냈다. 李佑成은 주로 조선시대 사상사 방면으로 관심분야가 옮아간 듯한 느낌을 주지만, 그의 연구업적을 《한국중세사회 연구》(一潮閣, 1991)로 정리한 것은 이 시기의 일이었다.

앞 시기에 이어 가장 왕성한 연구활동을 한 사람은 姜晋哲이었다. 그는 고려 토지제도 연구의 대상 시기를 고려 후기로 내려잡아 農莊 문제의 해명을 시도하는 한편 그의 差率收租의 이론을 부분적으로 수정하였는데, 私田租 1/2은 그대로였으나, 公田의 경우, 전기에 1/4이던 것이 후기에 1/10로 바뀐다고 주장했다. 이것은 그동안 李成茂, 金容燮 등이 1/10租설을 제기한 데 자극받아 수정한 것인바, 그의 새로운 연구는 《韓國中世土地所有研究》(1989)로 집성 정리되었다. 일찍이 1950년대에 고려사 연구를 시작하여 其人制, 政房 문제 등을 연구했던 金成俊은 高麗史研究會의 구성원으로 활약한 바 있거니와, 이때에 《韓國中世政治法制史研究》(一潮閣, 1985)를 펴내는데, 고려 태조의 정치사상, 末葉의 對外政策 등도 다루었다. 같은 세대의 학자인 閔丙

河도 이 무렵 연구서로 《高麗武臣政權研究》(成均館大學校出版部, 1990)를 출간하였다.

이 시기에 들어와 해방 후 제2세대로 규정되는 사람들이 중견학자로 성장하며 많은 업적을 냈다. 河炫綱은 고려왕조가 성립하는 시기의 호족을 중심으로 하는 정치적 사회적 여러 문제를 추구하여 체계화시키고, 그것을 지난날의 지방제도 연구서와 합하여 《韓國中世史研究》(一潮閣, 1988)로 간행하였다. 일찍부터 王建 先代의 家勢가 빈약한 것이었다는 점을 강조해 온 그는 고려 초기의 국왕과 호족의 互惠關係를 축으로 하여 당시 정황을 이해 정리하였던바, 그러한 입장은 이미 우리에게 친숙하게 알려져 있다. 金南奎는 兩界의 兵馬使로부터 시작한 양계의 지방 제도에 대한 연구를 꾸준히 계속하여 《高麗兩界地方史研究》(새문사, 1989)의 출간으로 마무리지었다. 고려 초기부터 무신집권기까지 특수지대인 양계에 대한 중앙의 통치방식과 그에 대응하는 지방 세력의 동향을 알 수 있게 되었다. 李熙德은 고려시대 天文五行說과 孝思想을 중심으로 하는 정치사상을 추적하여 《高麗儒教政治思想의 研究》(一潮閣, 1984)를 간행하였다. 여기에서, 천문·오행설이 덕치를 지향하는 天人合一說을 기초로 하고 있으며, 孝思想도 충성을 장려하기 위한 것임을 분명히 하였다. 朴菖熙는 이미 언급한 바와 같이 관료제설을 주창하여 귀족사회론을 비판하였는데, 그것이 많은 동조를 얻지 못하였음에도 불구하고, 自說을 보강하며 功蔭田柴에 대한 재검토를 시도하였고, 더 나아가 역시 정설화한 고려 초기의 호족연합정권설을 비판하였다. 이러한 그의 자세는 학문적으로 진지한 것이어서 고려사 연구에 큰 자극과 도움을 주었던바, 이러한 연구 성과들이 《韓國史의 視角》(永言文化社, 1984) 속에 종합 정리되었다.

金毅圭는 그의 蔭敍制 연구와 그 후에 제기된 귀족사회설과 관료제론의 논쟁을 정리하여 《高麗社會의 貴族制說과 官僚制說》(知識產業社, 1985)이라는 책을 편찬하였는데, 그 가운데에는 邊太燮, 朴菖熙, 李基白, 朴龍雲, 金龍善, 韓忠熙, 盧明鎬의 논고들도 함께 들어 있다. 朴龍雲은 활발한 연구 활동을 펼쳐서 《高麗時代 臺諫制度 硏究》(一志社, 1980)와 《高麗時代 蔭敍制와 科擧制硏究》(一志社, 1990) 등 연구서 두 책을 간행하였다. 전자는 고려 중앙정치조직에서 중요한 위치를 차지하는 臺官과 諫官, 즉 御史臺와 中書門下省郎舍를 대상으로 직제와 기능 등 여러 측면에서 고찰한 것인데, 고려 전 시기에 걸쳐 다루고, 삼국시대와 조선의 대간제도에 대해서도 관심을 표시하였다. 후자는 고려사회의 성격과 긴밀한 관계에 있는 과거제와 음서제에 대해 고찰한 것인데, 기왕에 과거제에 대해서는 許興植이, 음서제에 대해서는 金毅圭와 金龍善이 연구한 바 있으나, 새롭게 별도의 연구를 진행시킨 것으로 많은 사례의 조사 검토가 돋보인다고 하겠다.

洪承基는 신분문제에 대한 연구를 추진하여 특히 奴婢를 집중적으로 다루어서 《高麗貴族社會와 奴婢》(一潮閣, 1987)를 출간하였다. 고려의 공·사노비를 본격적으로 다루어 그 실태와 신분적 지위는 물론 후기에 들어와 노비 출신 인물들이 정치적으로 진출하는 데까지 관심을 기울인 이 연구는 개척적인 것으로 중요한 위치를 차지한다. 그는 무신정권에 관심을 갖고 《高麗武人政權研究》(서울大學校出版部, 1995)를 편찬하기도 했다. 許興植은 이 시기에 가장 많은 연구서를 펴낸 학자로서, ①《高麗社會史研究》(亞細亞文化

社, 1981), ②《高麗科擧制度史硏究》(一潮閣, 1981), ③《高麗佛教史硏究》(一潮閣, 1986), ④《韓國中世佛教史硏究》(一潮閣, 1994)를 연이어 저술하였다. ①은 고려말기의 이른바 國寶戶籍을 집중적으로 검토하여 당대의 가족구조와 신분구조를 재구성하는 한편 고려시대의 戶口單子들을 수집 분석한 연구서이며, ②는 고려 과거제도에 대하여 그 성립과정, 응시자격, 禮部試와 國子監試 등을 중심으로 검토한 것인데, 과거제에 대한 첫 연구서였다. ③과 ④는 고려불교사에 대한 방대한 연구의 결집으로, 宗派, 사상, 僧政組織 등 많은 문제를 종횡으로 다루었지만, 특히 새로운 자료의 수집, 해설, 분석이 크게 돋보인다. 黃雲龍과 申千湜은 각기 《高麗 閥族에 관한 硏究》(親學社, 1978)와 《高麗教育制度史硏究》(螢雪出版社, 1983)를 출간함으로써 학술 활동을 표출시켰다.

연구서를 간행하지 않았으나, 金潤坤은 무신 정권기의 지배기구와 대몽항쟁기의 草賊의 활동을 검토하였고, 閔賢九는 整治都監의 개혁 등을 고찰하고 恭愍王代의 개혁정치를 계속 천착하는 한편 고려의 후삼국 통일을 검토하기도 했다. 金光洙는 고대사를 연구하면서, 고려 초의 호족에도 관심을 기울여 村主層의 성장과 호족으로의 변신과정을 추적하여 큰 성과를 거두었다.

李樹建은 조선시대사와 연계되는 고려 土姓의 연구를 마무리하여 《韓國中世社會史硏究》(1984)를 펴냈는데, 이것은 지방에 토착하는 지배적 姓氏集團인 土姓을 전국적으로 摘出 整理하여 고려사회의 基層構造 해명에 크게 공헌한 업적이었다. 원래 철학 연구자인 金忠烈은 고려시대 유학을 통관하여 《高麗儒學史》(1984)를 저술하였다. 佛教史 분야에서 新羅 禪宗을 연구했던 金杜珍은 다시금 《均如華嚴思想研究》(1981)를 저술하여, 고려 초 光宗의 專制政治를 뒷받침해 준 것이 均如의 性相融會思想임을 추구하였다. 역시 新羅佛教史를 연구해 온 崔柄憲은 고려 佛教史로 관심을 돌려, 華嚴宗과 法相宗을 당시의 政治勢力과 연관지으며 고찰하였다.

金容燮은 해방 후 제1세대에 속한다고 보아야 할 朝鮮後期經濟史 연구자이지만, 고려의 토지에도 관심을 갖고 量田制와 田品制를 검토하여 새로운 시각에서 私的 土地所有의 발달과 九等田品制의 實際를 추적하였다. 李成茂는 朝鮮의 兩班을 연구하는 과정에서 그 경제적 기반과 관련하여 土地制度에 관심을 갖고 접근하여, 高麗의 공전·사전·민전의 개념을 재정리하며 民田의 租가 1/10이었다고 주장하여 큰 영향을 미쳤다. 그 밖에 金泰永과 李景植은 科田法을 중심으로 하는 朝鮮前期 土地制度史 연구자이지만, 고려의 토지제도에 대해서도 관심을 기울였다. 또한, 李泰鎭은 農法의 발달과정을 살피면서 고려시대에 보편적인 休耕農法이 고려 말 新興士族의 주도적 역할에 의해 극복된다는 주장을 펼치는 동시에 고려 후기 人口의 증가를 醫學의 발달과 연결시켜 추적함으로써 많은 관심을 끌었다.

日本에서는 이 시기에 이르러 周藤吉之가 《高麗朝官僚制の研究》(法政大學出版局, 1980)를 펴냈는데, 그는 일제 시기에 활약했던 사람으로 宋史 전문가답게 고려의 중앙관제를 宋과 연관 지어 살펴봄으로써 많은 示唆를 주었으나, 자료의 나열과 제시가 풍부한 데 비해 실체 구명에는 미흡한 느낌을 준다. 有井智德은 朝鮮과 高麗時代에 걸쳐 社會經濟史를 연구한 성과를 정리하여, 《高麗李朝史の研究》(國書刊行會, 1985)를 출간하였던바, 그 가운데에는 高麗의 土地奪占과 民田의 所有關係에 대한 고찰의 내용이 들어 있다. 浜中昇은 연구서로 《朝鮮古代の経済と社会》(法政大學出版局, 1986)를 내놓았는데, 대부분은 고려 토지제도의 연구이고, 여기에서 이른바 免稅論, 즉 田柴科體制 아래 科田의 지급은 田租免除의 특권이 부수된 토지 자체의 지급임을 내세워 종래 收租權의 지급으로 이해한 통설을 부인하고 新說을 제기하였다.

### 4) 연구의 진전(2)—신진 학자의 다양한 연구 성과와 공동연구의 허실

앞에서 研究史上 제3기에 이루어진 해방 후 제1세대와 제2세대 학자들의 연구 활동을 一瞥했거니와, 동시에 그들을 뒤잇는 새로운 연구자들이 다수 등장하여 활발한 학술활동을 벌였다. 대체로 1970년대 말부터 새로운 연구자들이 등장하였고, 특히 1980년대에 들어와 연구자의 수가 크게 늘어나면서 제3기에는 고려사 연구자의 폭이 유례없이 두터워졌다. 이 시기에 등장하여 학술활동을 벌이는 연구자들은 넓게 보아 해방 후 제3세대라고 부를 수 있지만, 그 구조는 간단치 않다. 특히 이 시기 초엽에 등장하는 연구자들 가운데에는 이 기간 동안 중요한 연구 성과를 거두며 두각을 나타내는 사람이 많은데, 그들로부터 가르침을 받은 이들이 이 시기 말엽에 새롭게 등장하는 경우도 있다. 이 시기에 이르러 박사학위를 받으면, 곧 학위논문을 책으로 내는 경향이 커지면서, 저서의 출간과 거의 비슷한 시기에 학계에 등장하는 사례도 나타난다. 이러한 점들을 고려하면서 이 시기에 활동하는 새로운 연구자들의 동향과 연구의 성과를 박사학위논문과 저서를 중심으로 간략히 훑어보고자 한다.

이 시기 초반에 학계에 등장하여 활동을 벌인 학자로서 高麗前期의 정치체제와 사회구조의 해명에 힘쓴 張東翼, 金龍善, 盧明鎬, 朴宗基를 들 수 있다. 장동익은 일찍이 관료로의 진출과 兼職制 및 銓注權을 중심으로 정치제도의 연구에 나섰다가 뒤에 연구의 시기를 옮겨, 對元관계를 다루어 《高麗後期外交史研究》(일조각, 1994)를 펴냈고, 김용선은 貴族社會說을 확인하는 입장에서 蔭敍制度의 새로운 검토를 시도하여 저서를 출간하였다(《高麗蔭敍制度研究》, 한국연구원, 1988). 노명호는 친족관계에 천착하여 고려사회에서 부계와 모계가 함께 중시되는 兩側的 親屬組織이 근간을 이룬다는 점을 밝혔다. 박종기는 종래 신분제에서 천민의 집단으로 중요시되었던 部曲制를 郡縣制의 내부구조로서 재검토한다는 입장에서 추적하여 《高麗時代 部曲制研究》(서울대학교출판부, 1990)로 정리하였다.

또한 왕실과 과거제·교육제에 대해서 鄭容淑, 金基德, 柳浩錫, 林贊洙가 연구 성과를 쌓아 갔다. 정용숙은 고려왕실의 族內婚을 고찰하고(《高麗王室族內婚研究》, 새문사, 1988), 이어서 后妃를 역사적으로 살폈으며(《고려시대의 后妃》, 민음사, 1992), 김기덕은 왕족 및 異性을 대상으로 한 고려 封爵制를 전면적으로 검토하여 그것이 대외적으로 국가 체제를 示顯하고 대내적으로 秩序體系로 기능하는 것으로 파악하였다. 유호석은 고려 과거의 절차에 대한 문제제기에서 출발하여 전 시대의 과거제도를 검토하였는데, 國子監試는 禮部試의 예비시험이 아니라 조선시대의 進士試와 같은 자격시험이었다는 결론에 도달하였다. 고려 교육제도 전체를 역사적으로 고찰한 박찬수는 특히 國子監으로부터 國學으로 명칭이 바뀌는 중앙의 官學에 중점을 두면서도 지방의 鄕校와 私學에도 관심을 표시하였다.

사회경제사 분야에서는 崔貞煥, 安秉佑, 金琪燮, 朴鍾進, 金載名 등이 주목되는 연구 성과를 발표하였다. 최정환은 祿俸制에 접근하여 宰·樞兩府 재상의 녹봉규정을 중심으로 제도를 분석하였고(《高麗·朝鮮時代 祿俸制 研究》, 경북대학교출판부, 1991), 안병우는 屯田으로부터 연구를 시작하여 중앙과 지방, 그리고 왕실의 재정구조를 검토하였으며, 김기섭은 토지제도를 연구하여 田柴科 지급의 免稅說을 보강하며 田丁에 대한 새로운 해석을 꾀하였다. 박종진은 재정과 義倉에 대한 문제의식에서 출발하여 고려 賦稅制度의 구조와 성격을 구명코저 하였으며, 김재명은 고려 收取體制에 주목하여 租와 調를 田結稅로, 役과 雜貢·常徭를 人丁稅로 파악해서 그 실체와 관리체계를 고찰하였다. 일찍이 李惠玉도 수취체제의 구조와 변화를 살핀 바 있고, 尹漢宅은 특히 私田을 통해 토지의 소유관계나 경영형태를 구명하려고 했다.

고려 향촌구조와 사회변동의 부면에서 朴恩卿과 蔡雄錫이 새 연구자로 등장하였다. 박은경은 移住 문제와 향촌의 지배구조를 중심으로 지방사회를 고찰하였고, 채웅석은 本貫制를 내세워 지방의 사회구조와 지배체제를 살폈는데, 香徒, 土姓分定, 貢戶 파악을 本貫制 성립과 연관지었다. 또한, 朴玉杰은 이 시기 歸化人을 전반적으로 정리하였다.

고려사의 출발점을 이루는 新羅下代 豪族勢力의 대두와 왕건에 의한 후삼국 통일에 이르기까지의 정치과정과 왕권문제, 그리고 고려왕조의 확립과정에 대하여 申虎澈, 李純根, 金甲童, 全基雄, 趙仁成, 鄭淸柱, 黃善榮, 鄭景鉉 등이 다양한 견해와 연구를 펼치며 등장하였다. 신호철은 후삼국시대의 정치적 변혁에 관심을 갖고 견훤의 대두와 몰락을 추적하여《後百濟甄萱政權研究》(일조각, 1993)로 정리하였다. 이순근은 고려초 향리의 제도화를 살피고 지방세력의 실체를 추적하는 가운데 '豪族'이라는 용어에 대해 문제점을 지적하였으며, 정청주는 신라말 고려초의 지방세력을 호족으로 분명히 규정하면서 浿江鎭의 평산 박씨와 나주를 중심으로 한 서남해안지역의 여러세력을 구체적 사례로 삼아 호족의 동향을 추구하였다.

김갑동은 고려 건국 초 지방세력의 동향을 검토하고 지방세력이 지방제도속에 용해되는 사정을 살폈으며(《羅末麗初의 豪族과 社會變動 研究》, 고려대민족문화연구소, 1990), 전기웅은 光宗代의 개혁정치와 成宗代의 정치구도를 살피며 고려 관인사회의 형성과정을 추구하여 문신관료세력이 새 왕조의 정치적 주역으로 자리잡는다는 결론에 도달하였다. 조인성은 弓裔의 정치적 성장과정을 추구하여 그 정권이 강력한 호족과의 연대에 기반을 둔 것으로 파악하였고, 황선영은 태조 왕건이 전제적 왕권을 행사하였다는 관점에서 이 시기의 왕권을 살폈으며(《高麗初期王權研究》, 동아대학교출판부, 1988), 정경현은 고려 건국초의 武職과 병제에 관심을 갖고 접근하였는데 특히 고려의 二軍 六衛는 개경과는 무관하게 변경에서 防守에 종사하는 존재로 보았다.

고려 중기 이후 武臣政權과 對蒙抗爭에 이르는 변혁기의 연구에 두드러진 성과를 거두며 등장한 이는 金塘澤과 尹龍爀이었다. 김당택은 李義旼에 대한 검토로 시작하여 崔氏政權에 대한 다각도의 고찰을 거쳐 연구를 정리함으로써 王權의 문제를 포함하여 무신정권의 전모를 구명하는 데 일단락을 지었다(《高麗武人政權研究》, 새문사, 1987). 윤용혁은 무신집권기에 전개된 대몽항쟁을 집중적으로 고찰하였는데, 그에 대한 전면적 검토의 성과를 담은 《高麗對蒙抗爭史研究》(일지사, 1991)를 간행하였다. 그 밖에 金晧東은 무신집권기 文臣의 동향을 연구하였고, 李貞信은 민중의 반란을 살펴 《高麗 武臣政權期 農民·賤民抗爭 研究》(고려대민족문화연구소, 1991)를 펴냈다. 이보다 시기를 앞서서 顯宗대부터 毅宗대까지 高麗中期를 중심으로 정치세력의 동향을 분석하여 주목받은 학자는 南仁國이었다. 또한 權寧國은 무신정권기로부터 그 이후 고려 군사제도의 변화를 살핀 바 있다.

元干涉期 이후 高麗末期에 이르기까지의 정치적 사회적 변혁에 관심을 기울인 신진 학자들이 많이 등장하였는데, 高惠玲, 金光哲 등이 그 주인공이었다. 고혜령은 고려후기 사대부 문제와 李穀을 연관지어 살핌으로써 이 시기를 전진적으로 파악하려 하였다. 元干涉期의 정치는 종래 權門世族과 新興士大夫의 대립구도로 이해되어 왔는데, 김광철은 《高麗後期世族層研究》(東亞大學校出版部, 1991)를 통해 이에 대해 이의를 제기했고, 앞서 언급한 김당택이 그에 동조하였다. 그 밖에 劉璟娥와 李益柱가 각기 이 시기의 역사인식과 정치상황에 관심을 나타냈다.

무신란 이후 고려후기의 경제사에 대한 관심이 새롭게 고조되면서 토지제도, 농업기술, 寺院經濟 방면으로 새 연구자들이 등장하였다. 朴京安은 이 시기 陳田의 개간과 賜田의 지급이 이루어지고, 그것이 忠肅王代에 甲寅柱案으로 체계화되는 토지정책을 추구하였고, 魏恩淑은 12세기 이후의 농업기술 발전에 주목하여, 그것이 常耕化로 이어지고, 또한 小農民 농업경영의 안정, 더 나아가 富農層의 성장과 농장의 발달로 이어진다는 주장을 펼쳤다.

李炳熙는 武臣亂 이후 寺院의 농지경영형태의 변화와 商法·高利貸 활동의 성행을 중심으로 寺院經濟를 살폈고, 裵象鉉은 구체적 사례를 중심으로 寺院田을 연구하였다.

고려 후기 불교계의 새로운 움직임과 그에 뒤이은 性理學의 수용은 고려학술문화의 발전을 말해주는 중요한 국면인데, 이 부문 연구자의 등장도 크게 주목되는 점이다. 불교 쪽에서 秦星圭는 무신집권기의 知性史·佛敎史에 관심을 갖고 연구를 진행시키며 특히 修禪社에 주목하였고, 蔡尙植은 일찍이 天台宗의 白蓮社 結社를 주목하여 그 사회적 배경을 살피고, 一然을 새롭게 고찰하면서 불교사의 연구에 착수해 활발한 학술활동을 벌였는데, 그 성과를 《高麗後期佛敎史硏究》(1991)로 일단락지음으로써 무신집권기로부터 元干涉期에 걸친 고려 불교의 역사적 발전을 체계화시키고자 하였다.

한편, 性理學의 수용에 대해서는 李源明이 고려 중기 北宋 성리학의 전래로부터 무신정권기를 거쳐 원 간섭기에 본격적으로 성리학이 수용되는 과정을 살폈고(《高麗後期 士大夫와 性理學 受容》, 국학자료원, 1992), 邊東明은 원 간섭기에 집중시켜 性理學 受容의 주도계층과 사상적 동기 및 史書編纂활동의 동향을 검토하였다(《高麗後期性理學受容硏究》, 一潮閣, 1995). 이 연구들로 인하여 고려사회의 새로운 모습이 많이 밝혀질 수 있었다.

이 시기 연구 활동이 새로운 모습으로 주목되는 것은 젊은 연구자들의 결집과 공동연구의 수행이라 하겠다. 특히 1988년에 설립된 한국역사연구회는 민중사학을 표방하며 대학의 교양 한국사 교재로 《한국사강의》(한울아카데미, 1989)를 편찬하고, 1989년부터 학술잡지로 《역사와 현실》을 발간하는 등 활발한 활동을 해 왔다. 그 가운데 고려시대사의 경우 '14세기 민(民)의 동향과 개혁정치'라는 공동연구를 수행하여 《역사와 현실》 제7호(1992)에 게재하는가 하면, 그 예하의 '14세기 고려사회 성격 연구반'의 이름으로 《14세기 고려의 정치와 사회》(民音社, 1994)라는 큰 책을 출간하기도 하였다. 이 책은 공동연구의 소산으로 15편의 논문이 수록되었는데 元 干涉期의 고려사회를 정치적 변동, 경제질서의 재편성, 民의 동향과 개혁정치, 그리고 思想界의 새 동향 등 4부문으로 나누어 집중적으로 검토한 勞作이라고 할 수 있다. 그러나 공동연구란 것이 만에 하나라도 '시각의 차이를 극복'하며 특정한 결론을 유도하는 방향으로 나아가는 길이라면, 그것은 재검토의 대상이 될 수 있을 것이다.

이상에서 살핀 바와 같이 제3기의 17, 8년간은 한국사 연구의 여건과 분위기가 크게 변화하는 가운데, 고려사의 연구는 그동안의 연구 업적이 축적되고 새로운 연구자의 다양한 성과가 量産되면서 확장과 분화의 모습을 보여 주었고, 공동연구를 통해 새로운 길을 모색하기도 했다. 이러한 연구의 추이는 고려사 연구의 발전을 뜻한다고 할 수 있지만, 연구의 수준을 높이고, 한국사 속에서 고려사가 정당한 위치를 차지하기 위해서 연구자는 더욱 고민하고 분발해야 할 것이다.

## 5. 맺음말

지금까지 해방 이후 50년간 한국사, 그 가운데에서도 고려시대사의 연구가 진척된 과정을 살펴보았다. 硏究者 위주의 나열식 검토가 이루어진 느낌이 크지만, 그 내용을 종합하며 마무리를 짓고자 한다.

첫째, 고려사 연구는 오랜 기간에 걸쳐 꾸준히 진전되었고, 오늘날 두터운 研究者層을 지닐 수 있게 되었다. 이미 일제 시기부터 고려사 연구가 상당한 수준에서 수행되기 시작하였고, 그 후 각 시기마다 성장의 기틀을 마련하여 해방 이후 50년을 맞은 시점에서 해방 이후 제1, 제2, 제3 세대가 모두 연구에 참여하기에 이르렀다.

둘째, 연구는 축적되는 것이고, 학문은 전통을 저버릴 수 없는 것이라는 점에서, 일제 시기에 이루어진 白南雲의 《朝鮮封建社會經濟史 上》과 해방 직후에 출간된 李丙燾의 《高麗時代의 研究》와 金庠基의 《東方文化交流史論攷》는 고려사 연구에서 중시되어야 할 것이다. 이러한 맥락에서, 해방 후 제1세대가 이룩한 업적 가운데, 李基白의 《高麗兵制史研究》, 邊太燮의 《高麗政治制度史研究》, 姜晋哲의 《高麗土地制度史研究》와 李佑成의 《韓國中世社會研究》도 길이 기억되어야 할 것인데, 이것들은 단편적 연구가 아니라, 어떤 側面에서 고려사회 전체의 발전을 추적하여 체계화시켰다고 여겨지기 때문이다. 그에 뒤이어 제2세대의 勞作들이 쌓여 가고 있다고 할 수 있다.

셋째, 고려사 분야에서 지금껏 무엇을 연구해 왔고, 앞으로 무엇을 연구할 것인가. 경제사와 사상사, 그리고 對外關係史 연구에서 시작한 고려사 연구는 정치, 제도, 신분 등으로 관심을 넓혀 왔지만, 궁극적으로는 고려사회에 대한 이해를 심화시키는 방향으로 전개되었다고 생각한다. 貴族社會論의 확립과 추이를 통해 살핀 것처럼, 고려사회를 이해하기 위해 개별적으로 사회의 여러 부문에 대해 다각도로 추구하되, 그것들이 축적될 때, 체계화시키기 위한 노력이 시대구분논쟁이나 귀족제·관료제 논쟁으로 표현되었던 것이라 하겠다. 이러한 지금까지의 연구방향은 앞으로도 이어지리라 전망된다.

넷째, 오늘의 시점에서 고려사 연구의 쟁점은 무엇인가. 이 글에서 부각시킬 수 없었던 것이지만 간략히 몇 가지만 든다면, ①高麗王朝 초기의 政治形態, ②高麗社會의 性格, ③武臣亂과 武臣政權의 의미, ④田柴科體制下의 土地所有와 經營 관계, ⑤農業技術의 실제와 農民生活, ⑥地方統治와 鄕村組織 등을 들 수 있을 것이다.

끝으로 北韓의 연구에 대해 아무런 논급을 하지 못한 점에 대해 유감으로 생각한다. 다만 그 성과는 자료 정리, 즉 《고려사》의 번역이라든가 大藏經의 번역 같은 것은 적극 참용할 수 있지만, 서술과 해석이 문제되는 모든 논저가 일반적인 면에서 거론되기는 곤란하다는 점을 지적해 두고자 한다.

### 자료 1. 高麗時代史 研究書 一覽表


白南雲, 《朝鮮封建社會經濟史》(上), 東京 : 改造社, 1937.

李丙燾, 《高麗時代의 硏究》, 乙酉文化社, 1948(改訂版, 亞細亞文化社, 1980).

金庠基, 《東方文化交流史論攷》, 乙酉文化社, 1948.

李基白, 《高麗兵制史硏究》, 一潮閣, 1968.

高柄翊, 《東亞交涉史의 硏究》, 서울大學校出版部, 1970.

邊太燮, 《高麗政治制度史 硏究》, 一潮閣, 1971.

旗田巍, 《朝鮮中世社會史の硏究》, 東京 : 法政大学出版局, 1972.

金庠基, 《東方史論叢》, 서울大學校出版部, 1974.

金哲埈, 《韓國古代社會硏究》, 知識産業社, 1977.

河炫綱, 《高麗地方制度의 硏究》, 韓國硏究院, 1977.

黃雲龍, 《高麗 閥族에 관한 硏究》, 親學社, 1978.

姜晉哲, 《高麗土地制度史 硏究》, 高麗大學校出版部, 1980.

朴龍雲, 《高麗時代 臺諫制度 硏究》, 一志社, 1980.

周藤吉之, 《高麗朝官僚制の硏究》, 東京：法政大学出版局, 1980.

李基白 編, 《高麗光宗 硏究》, 一潮閣, 1981.

許興植, 《高麗 科擧制度史 硏究》, 一潮閣, 1981.

許興植, 《高麗社會史 硏究》, 亞細亞文化社, 1981.

金杜珍, 《均如華嚴思想硏究》, 韓國硏究院, 1981.

邊太燮, 《〈高麗史〉의 硏究》, 三英社, 1982.

洪承基, 《高麗貴族社會와 奴婢》, 一潮閣, 1983.

申千湜, 《高麗敎育制度史硏究》, 螢雪出版社, 1983.

陸軍本部 編, 《高麗軍制史》, 陸軍本部, 1983.

李樹健, 《韓國中世社會史硏究》, 一潮閣, 1984.

李熙德, 《高麗儒敎政治思想의 硏究》, 一潮閣, 1984.

金忠烈, 《高麗儒學史》, 高麗大學校出版部, 1984.

朴菖熙, 《韓國史의 視角》, 永言文化社, 1984.

有井智德, 《高麗李朝史の硏究》, 東京：國書刊行會, 1985.

金毅圭 編, 《高麗社會의 貴族制說과 官僚制說》, 知識産業社, 1985.

金成俊, 《韓國中世政治法制史硏究》, 一潮閣, 1985.

濱中昇, 《朝鮮古代の經濟と社會》, 東京：法政大学出版局, 1986.

이경복, 《고려시대 기녀연구》, 민족문화문고간행회, 1986.

許興植, 《高麗佛敎史硏究》, 一潮閣, 1986.

趙熹耕, 《高麗寫經의 硏究》, 미진사, 1986.

金塘澤, 《高麗武人政權硏究》, 새문사, 1987.

金龍善, 《高麗蔭敍制度硏究》, 韓國硏究院, 1987.

文暻鉉,《高麗太祖의 後三國統一研究》, 螢雪文化社, 1987.

徐鍾泰 外,《高麗末 朝鮮初 土地制度史의 諸問題》, 西江大學校 人文科學研究所, 1987.

河炫綱,《韓國中世史研究》, 一潮閣, 1988.

鄭容淑,《高麗王室族內婚研究》, 새문사, 1988.

黃善榮,《高麗初期王權研究》, 東亞大學校出版部, 1988.

宋芳松,《高麗音樂史研究》, 一志社, 1988.

姜晉哲,《韓國中世土地所有研究》, 一潮閣, 1989.

金南奎,《高麗兩界地方史研究》, 새문사, 1989.

李基白,《高麗貴族社會의 形成》, 一潮閣, 1990.

朴宗基,《高麗時代 部曲制 研究》, 서울大學校出版部, 1990.

朴龍雲,《高麗時代 蔭敍制와 科擧制 研究》, 一志社, 1990.

閔丙河,《高麗武臣政權研究》, 成均館大學校出版部, 1990.

金甲童,《羅末麗初의 豪族과 社會變動研究》, 高麗大學校 民族文化研究所, 1990.

黃雲龍,《韓國中世社會研究》, 東亞大學校出版部, 1990.

蔡尙植,《高麗後期佛教史研究》, 一潮閣, 1991.

李佑成,《韓國中世社會研究》, 一潮閣, 1991.

崔貞煥,《高麗 朝鮮時代 祿俸制研究》, 慶北大學校出版部, 1991.

尹龍爀,《高麗對蒙抗爭史研究》, 一志社, 1991.

李貞信,《高麗武臣執權期 農民 賤民 抗爭 研究》, 高麗大學校 民族文化研究所, 1991.

金光哲,《高麗後期世族層 研究》, 부산 : 東亞大學校出版部, 1991

鄭容淑,《高麗時代의 后妃》, 民音社, 1992.

申虎澈,《後百濟 甄萱政權研究》, 一潮閣 , 1993.

李基白 外,《崔承老上書文研究》, 一潮閣, 1993.

許興植,《韓國中世佛教史研究》, 一潮閣, 1994.

張東翼,《高麗後期 外交史 研究》, 一潮閣, 1994.

한국역사연구회,《14세기 高麗의 政治와 社會》, 民音社, 1994.

洪承基 編,《高麗武人政權硏究》, 서울大學校出版部, 1995.

辛虎雄,《高麗法制史硏究》, 國學資料院, 1995.

邊東明,《高麗後期性理學受容硏究》, 一潮閣, 1995.

尹漢宅,《高麗前期私田硏究》, 高麗大學校 民族文化硏究所, 1995.

申千湜,《高麗敎育史硏究 》, 景仁文化社, 1995.

金光植,《高麗武人政權과 佛敎界 》, 民族社, 1995.

## 자료 2. 高麗時代史 硏究 主要 博士學位論文 一覽表(未發刊)

李惠玉, 〈高麗時代 稅制硏究〉, 梨花女子大學校 大學院, 1985.

秦星圭, 〈高麗後期 眞覺國師 慧諶 硏究〉, 中央大學校 大學院, 1986.

盧明鎬, 〈高麗社會의 兩側的 親族組織 硏究〉, 서울大學校 大學院, 1988.

羅恪淳, 〈高麗鄕吏의 身分變化에 관한 硏究〉, 成均館大學校 大學院, 1988.

朴玉杰, 〈高麗時代의 歸化人 硏究〉, 成均館大學校 大學院, 1988.

朴恩卿, 〈高麗時代 鄕村社會構造와 本貫〉, 仁荷大學校 大學院, 1990.

鄭淸柱, 〈新羅末 高麗初 豪族硏究〉, 全北大學校 大學院, 1991.

趙仁成, 〈泰封의 弓裔政權 硏究〉, 西江大學校 大學院, 1991.

朴贊洙, 〈高麗時代敎育制度 硏究〉, 高麗大學校 大學院, 1992.

李相瑄, 〈高麗時代 寺院의 社會經濟的 位相에 관한 硏究〉, 高麗大學校 大學院, 1992.

朴京安, 〈14세기 甲寅柱案 硏究〉 , 延世大學校 大學院, 1992.

李炳熙, 〈高麗 後期 寺院經濟의 硏究〉, 서울大學校 大學院, 1992.

高惠玲, 〈14世紀 高麗士大夫의 性理學受容과 李穀〉, 梨花女子大學校 大學院, 1992.

鄭景鉉, 〈高麗前期 二軍六衛制 硏究〉, 서울大學校 大學院, 1992.

金晧東, 〈高麗武臣政權時代 文人知識層의 硏究〉, 嶺南大學校 大學院, 1993.

全基雄, 〈羅末麗初의 文人知識層 硏究〉, 釜山大學校 大學院, 1993.

柳浩錫, 〈高麗時代 科擧制의 運營과 變遷에 관한 硏究〉, 全北大學校 大學院, 1993.

朴鍾進, 〈高麗時代 賦稅制度 硏究〉, 서울大學校 大學院, 1993.

金琪燮, 〈高麗前期 田丁制 硏究〉, 釜山大學校 大學院, 1994.

安秉佑, 〈高麗前期 財政構造硏究〉, 서울大學校 大學院, 1994.

魏恩淑, 〈高麗後期 農業經營에 대한 硏究〉, 釜山大學校 大學院, 1994.

韓基汶, 〈高麗時代 寺院의 運營基盤과 願堂의 存在樣相〉, 慶北大學校 大學院, 1994.

金基德, 〈高麗封爵制硏究〉, 建國大學校 大學院, 1994.

南仁國, 〈高麗中期 政治勢力 硏究〉, 慶北大學校 大學院, 1994.

金載名, 〈高麗稅役制度史硏究〉, 韓國精神文化硏究院, 1994.

權寧國, 〈高麗後期 軍事制度 硏究〉, 서울大學校 大學院, 1995.

蔡雄錫, 〈高麗時期 '本貫制'의 施行과 地方支配秩序〉, 서울大學校 大學院, 1995.

裵象鉉, 〈高麗後期 寺院田과 그 經營에 關한 硏究〉, 嶺南大學校 大學院, 1995.

## 참고문헌

河炫綱, 〈高麗史硏究의 動向〉, 《現代 韓國歷史學의 動向》, 一潮閣, 1982.

李基白, 〈高麗 門閥貴族社會의 形成과 展開〉, 《韓國學入門》, 대한민국학술원, 1983.

姜晉哲, 〈한국학연구 반세기—중세사〉, 《震檀學報》 57, 1984.

邊太燮, 〈高麗史의 새 探求〉, 《高麗史의 諸問題》, 삼영사, 1986.

채웅석, 〈고려시대사 연구 반세기—1945-1995〉, 《韓國學報》 79, 1995.

# 高麗 土地制度史 연구의 성과

## 1. 머리말

고려사의 연구에서 토지제도의 분야가 차지하는 비중은 매우 큰 것이었다. 정치사나 사상사의 연구도 활발했지만 사회경제사에 대한 연구가 상당한 수준 아래 커다란 進境을 보여 주고 있는 것이 고려사 연구의 중요한 특징인데, 특히 토지제도의 연구가 고려 사회경제사 연구의 中核을 이루어 왔던 것이기 때문이다. 해방 이후 30년이 지난 1975년의 시점을 下限으로 살펴, 학술지에 발표된 고려 토지제도 관계 논문만도 거의 50편에 가깝다는 사실이 이 같은 사정을 말해 주고 있다. 고려의 토지제도 연구는 다른 시대의 경우에 비하여 전면적인 파악이 시도될 수 있었고, 이에 따라서 상당한 성과를 거둘 수 있었다는 점을 주의할 필요가 있다. 삼국시대나 통일신라시대는 사료의 절대적 부족 때문에 토지제도의 구명은 거의 불가능한 형편이고, 조선시대는 임진왜란 이후 후기사회의 경우 복잡한 사회관계에 대한 이해 부족과 산적한 史料量 때문에 지금껏 토지제도의 실체가 전반적으로 해명되지 못하고 있는 실정이다. 그러나 고려의 토지제도는 《高麗史》〈食貨志〉를 중심으로 해서 상당한 史料量이 확보되어 있는데다가 일찍이 사회경제사학의 학풍이 대두되면서 중요한 연구대상이 되어 白南雲의 《朝鮮封建社會經濟史 上》과 같은 大著가 나오는 가운데 연구가 활기를 띠어 본격적인 많은 업적이 나오게 되었던 것이다. 그리하여 오늘날에 이르러서는 그 전반적 성격이나 사회 신분구조와의 유기적 관계를 파헤치려는 단계에까지 고려 토지제도 연구의 수준은 향상되게 되었다.

이와 같은 고려 토지제도의 연구사를 훑는 것은 용이한 일이 아니다. 그러므로 여기에서는 해방 이전의 초기연구, 田柴科體制의 構造 解明, 公田制論의 비판 및 農莊을 중심으로 한 고려 후기 토지제도의 연구 등 몇 단락으로 나누어 개략적 소개를 하는 데 그치려 한다. 고려 토지제도 연구의 진전 상황을 점검하고, 장차 연구를 진행하는 데 다소 보탬이 되기를 바란다.

## 2. 초창기의 연구 실적

고려 토지제도에 대한 최초의 본격적 연구로는 白南雲의 《朝鮮封建社會經濟史 上》(1937)을 들지 않을 수 없다. 和田一郎의 《朝鮮의 土地制度及地稅調査報告書》(1920)가 한국 土地制度史에 대한 최초의 연구서라고 얘기되지만, 고려시대의 경우는 이 책의 첫 머리에 있는 개설적인 〈朝鮮土地制度要論〉 속에서 형식적으로 논급된 데 지나지 않는다. 그 후에 旗田巍의 〈高麗朝에 있어서의 寺院經濟〉(《史學雜誌》 43-5, 1932)와 周藤吉之의 〈麗末鮮

初에 있어서의 農莊에 就하여〉(《靑丘學叢》 17, 1934)가 토지제도와 깊은 관련을 지닌 논고로 발표되었지만, 田柴科體制를 中心으로 하는 고려 토지제도 자체의 본격적 연구와는 상당한 거리가 있는 것이다. 이렇게 생각할 때, 白南雲의 大著 《朝鮮封建社會經濟史 上》이 많은 문제점을 지님에도 불구하고 고려 토지제도 연구사의 첫 부분을 차지하게 됨은 당연한 일이라 하겠다.

白南雲은 고려사회를 封建社會로 파악한다는 線上에서 이 책을 저술하였는데, 그는 이에 앞서 統一新羅時代까지를 奴隷制社會로 다룬 《朝鮮社會經濟史》(1932)를 출간한 바 있다. 그러므로 《朝鮮封建社會經濟史 上》은 토지제도를 기축으로 고려의 사회구조 전반에 대한 역사적 조명을 가하면서도, 그 속에서 封建制의 징후를 찾아 이론적으로 합리화시키려는 성향을 자연히 강하게 보여 주고 있다. 특히 이 책의 기본적 입장은 유물사관에 입각한 것이어서 세계사적 발전법칙을 내세우면서도 마르크스주의의 공식을 일방적으로 적용시키는 데에서 멀리 벗어나지 못하고 있어 많은 논란의 대상이 되어 왔다. 그리하여 史學史的인 면에서 이 책의 저자인 白南雲에 대하여는 당시 일본인들이 내세운 정체성이론을 부정하였다는 점이 강조되기도 하고, 또는 그 주장이 구체적 연구에 입각한 歸納的 結論을 통해 얻은 것이 아니라 법칙을 일방적으로 적용한 것에 지나지 않는다고 하는 등 여러 가지 견해가 제기되곤 했다.

고려 토지제도의 해명이란 관점에서 살필 때, 이 책은 《高麗史》를 비롯한 주요한 관계문헌을 두루 훑어 이 시대의 모든 地目들에 대한 구체적 내용을 제시함으로써 고려 토지제도의 윤곽을 최초로 체계적으로 알려 주었다는 점에서 우선 그 특징을 들 수 있다. 물론 상당한 오류가 있지만, 대개의 경우 《高麗史》의 구체적 기록에 토대를 둔 서술 내용은 오늘날 우리가 지닌 고려 토지제도에 대한 知見의 밑바탕이 되어 있다. 이 점 《朝鮮封建社會經濟史 上》이 누리는 개척적 공로의 所以然이기도 하다.

다음으로 이 책에서 고려 토지제도의 역사적 발전이 想定되어 成宗·顯宗代까지의 확립기, 文宗代를 중심으로 한 발전기, 武臣執權時代의 改編, 그리고 高麗朝 崩壞期의 變化 등 4기로 구분하여 단계별로 考究 설명하고 있다는 점도 음미될 만한 것이다. 구분의 기준이나 설명의 내용 가운데에는 문젯거리가 되고 부당한 것이 있다 하더라도 고려사회에서의 토지관계의 발전을 보다 상세히 시기별로 이해하려 함으로써 그에 대한 구체적 인식에 커다란 도움을 주고 있음은 분명하다. 이 점은 뒷날 高麗 全時代의 토지제도를 田柴科制度만으로 이해하려 하거나, 또는 무신집권기를 기준으로 단순히 양분하려는 시각보다는 더 많은 시사를 줄 수 있었던 것으로 여겨진다. 그리고 이 책은 아울러 身分制·收取體制·政治·軍事制度 등 고려사회의 여러 부면을 아울러 취급하고 있는데, 이 점은 《朝鮮封建社會經濟史 上》이 개설서의 성격을 띠고 있으면서도 토지제도의 측면에서는 聯關的 立體的 파악을 꾀한 차원 높은 연구서임을 말해 준다고 하겠다.

이미 지적한 대로 이 책은 많은 논란이 되어 왔고, 특히 유물사관에 입각한 일방적·독단적 자세는 이 책의 가치를 상당히 저하시킬 뿐 아니라 경우에 따라서는 《高麗史》의 올바른 이해를 저해시키기까지 하는 것은 누구나 다 아는 사실이다. 그러나 지금으로부터 오래전, 1930년대에 고려 토지제도에 대한 이렇다 할 기존의 업적이 전무한 상태에서 이 정도의 구체적 사실을 제시할 수 있는 연구서가 나타났다는 것은 기적과도 같은 일이며, 유물사관에 입각한 부당한 독단을 없앤다면 이 책은 오늘날에도 많은 시사를 주는 역사적 大著로서의 지위를 그대로 지니는 것이라고 여겨진다.

1945년 이전에 나온 또 하나의 大作으로는 周藤吉之의 〈高麗朝로부터 朝鮮初期에 이르는 田制의 改革〉(《東亞學》3, 1941)을 들 수 있다. 周藤은 이에 앞서 〈麗末鮮初에 있어서의 農莊에 就하여〉를 발표한 바 있는데(이에 대해서는 뒤에서 言及할 것임), 다시금 이 논문을 발표하여 고려 토지제도 연구에 커다란 진척을 가져왔던 것이다.

고려 초의 田柴科로부터 말기의 科田法에 이르기까지의 변혁을 公·私田의 구분, 특히 私田에 치중하여 고찰한 이 논문은 결국 科田法 성립의 배경에 큰 비중이 놓이게 되었지만, 고려 全時代의 토지제도를 구체적으로 通觀한 점에 특징이 있다. 이 같은 구체성은 문헌상 나타나는 공·사전에 대한 실체파악에의 노력이라든가, 田租 收取形式의 實態 追究, 또는 토지와 職役과의 관련성 이해를 통해 드러나게 된 것으로서 바로 이러한 점에 커다란 성과가 있었던 것이다.

이 논문에서의 公·私田 개념은 조선 초의 기록을 토대로 한 고증을 고려 초까지 끌고 올라가 적용시키려 함으로써 무리를 낳아 公廨田柴의 일부도 私田으로 파악하는 잘못을 범하기도 했다. 그러나 여기에서 제시된 租의 歸屬에 따라 公·私田이 區分지어진다는 見解는 대체로 온당한 것으로서 높이 평가받을 만한 것이었다고 하겠다.

다른 한편, 이 논문에서 정확한 개념규정 없이 쓰인 封建制論은 생경한 느낌을 주어 실태파악에 주력하는 논지의 방향과는 다소의 위화감을 자아내기도 한다. 그러나 중후한 문헌고증에 바탕을 둔 이 연구는 오랫동안 생명을 지니고 이후의 토지제도 연구에 귀중한 뒷받침이 되어 왔던 것이다.

그 밖에 深谷敏鐵의 일련의 연구가 주목된다. 그는 〈鮮初의 土地制度一班一소위 科田法을 中心으로 하여〉(《史學雜誌》 50-5·6, 1939)를 발표하여 科田法에 대한 본격적인 고찰을 해서, 한국 토지제도사 연구를 본 궤도에 올려놓았는데, 특히 여기에서 제시된 토지지배의 三樣式, 즉 國家側의 '處分·管理의 機能에 바탕을 둔 土地支配', 田主側의 '收租의 權能에 바탕을 둔 土地支配', 佃客側의 '耕作權에 바탕을 둔 土地支配'가 동일한 토지에 동시에 적용되었다는 주장은 곧 토지소유의 질적 분할을 뜻한다는 것으로서, 이후 고려·조선을 막론하고 토지의 소유관계를 논할 때 으레 정설로 인용되어 대단히 큰 영향을 미쳤다. 그는 또한 토지공유를 강조하여, 收租權에 의해 區分되는 公田, 私田도 실상은 '公田 속의 公田', '公田 속의 私田'이라 하여 公田制度를 대원칙으로 내세워 이른바 公田制論을 확고한 기반 위에 올려놓는 데 큰 역할을 했다.

深谷은 계속하여 주로 조선의 토지제도에 대한 많은 논문들을 발표했는데, 그 가운데 〈朝鮮의 土地貫行 '並作半收' 試論〉(《社會經濟史學》 11-9, 1941)과 〈朝鮮에 있어서 近世的 土地所有의 成立過程〉(《史學雜誌》 55-2·3, 1944)은 고려에도 걸치는 것으로서 前者에서는 高麗時代의 私田 租率이 公田 租率 1/4과는 달리 1/2이었음을 내세우고, 後者에서는 그의 土地支配

의 三樣式에 대한 주장을 고려에 그대로 적용 설명하면서 收租權에 의한 公·私田의 下部構造로서 耕作權을 갖는 佃戶의 土地支配인 民田이 있었음을 주장한 것이 인상적이라 하겠다.

이상 白南雲·周藤吉之·深谷敏鐵의 연구를 살펴보았다. 그들은 각기 다른 입장에서 고려 토지제도에 관심을 가졌던 것이지만, 公田制 또는 土地國有制를 지지하는 점에서는 공통성을 보여 주었다. 또한, 이 논저들은 방대한 양의 대작들이었지만, 대체로 토지제도의 내면적 실체의 유기적 파악에는 미흡한 점들이 있었다. 이러한 점들은 초창기의 연구라는 면에서 어쩔 수 없는 한계성이었는지도 모른다. 그러나 고려 토지제도를 연구한 초기의 업적들은 당시 한국사의 어떤 부문에 대한 연구와 비교하더라도 뒤지지 않는 것들이었으며, 이들 선구적 업적에 힘입어 뒷날의 이 방면 연구가 활기를 띠고 많은 진척을 이룩할 수 있었다는 사실을 되새겨야 할 것이다.

### 3. 田柴科 體制의 구명

1945년 이후에 접어들면서 고려사 연구의 여건도 많이 달라지게 되었다. 이러한 가운데 유물사관에 입각한 몇몇 학자들의 사회경제사 관계 논저가 나타났지만 고려 토지제도 연구에 진전을 가져다 준 것은 거의 없었다. 그러다가 末松保和의 〈高麗初期의 兩班에 대하여〉(《東洋學報》 36-2, 1953)가 발표되면서 高麗初期의 田柴科制度를 주 대상으로 삼는 새로운 연구경향이 나타나게 되었다.

末松의 논문은 토지제도 자체의 규명보다도 고려의 지배층인 양반의 발생

· 성립 과정을 京畿制度와 田柴科의 발전을 통해 추구한 흥미로운 것인데, 田柴科를 중심으로 한 고려 초기의 토지제도 연구에 큰 성과를 거둔 귀중한 업적이었다. 우선 이 논문을 통하여 役分田으로부터 시작하여 景宗田柴科, 穆宗田柴科, 德宗田柴科를 거쳐 文宗田柴科에 이르러 완성되는 田柴科의 成立 · 發展過程이 段階別로 밝히 드러나게 되었다. 특히, 官階 · 公服 · 京畿와의 有機的 關聯 아래 田柴科의 내용이 분석됨으로써 고려 지배체제에서 田柴科가 차지하는 중요한 위치가 선명히 드러날 수 있었다. 그러나 田柴科에 포함되는 일체의 토지를 同一한 차원에서 다루면서 京畿 內에서의 給田을 주장한 것은 역시 이 논문의 한계를 말해 주는 것이었다.

田柴科를 중심으로 한 고려 초기 토지제도의 구조 해명은 그 후 旗田巍에 의하여 큰 발전을 보게 되었다. 旗田巍는 〈高麗時代 土地의 嫡長子相續과 奴隷의 子女均分相續〉(《東洋文化》 22, 1957)이란 논문을 통하여 고려시대 田丁의 존재를 중시하여, 이것이 軍人 · 其人 · 鄕吏 등 국가의 職役을 부담하는 이들에게 주어진 특정한 토지로서 관료에게 주어진 職田, 또는 田과는 구분되는 것이라 했는데, 이 주장은 토지제도의 내부구조를 신분체제와 긴밀히 연관시켜 개진된 것이었다. 그 후 旗田巍는 〈高麗時代의 白丁〉(《朝鮮學報》 14, 1959)에서 이 주장을 더욱 세련시켜 職役에 따른 土地, 즉 田丁을 지급받는 丁戶의 존재를 내세워서 토지제도와 신분구조 사이의 유기적 관계를 한층 더 밝히 드러나게 하였다. 旗田巍의 본격적 토지제도 관계 업적은 그 후 公田制論의 비판을 중심으로 한 일련의 연구로 나타나지만, 위의 논문을 통해 추출된 田丁이나 丁戶의 개념은 이후의 연구에 상당한 영향을 미쳤다.

분명한 사료 操作과 명료한 논지를 특징으로 하는 이 논문들은 큰 설득력을 지니는 것이었고, 고려 토지제도의 기저를 이루는 기본구조의 주요내용으로 제시된 田丁의 이론은 널리 통용되었던 것이다.

한편 국내학자들 또한 田柴科의 구조분석과 관련되는 연구를 활발하게 진행하였다. 李基白의 〈高麗京軍考〉(《李丙燾博士華甲記念論叢》, 1956)는 田柴科의 지급대상인 馬軍과 步軍의 존재에 주목하여 軍班氏族으로 지칭된 군인계층의 독자적 성격을 내세워 토지제도와 긴밀한 兵制의 새로운 측면에 조명을 가한 것이었다. 李基白은 그 후 〈高麗軍役考〉(《高麗兵制史硏究》, 1968)에서 軍人田을 다루었는데, 이것은 앞 논문에서 田柴科 규정에 지급대상으로 포함된 군인이 收租權者임을 내세워 高麗兵制가 府兵制가 아님을 주장했던 데 대해서, 姜晋哲이 〈高麗初期의 軍人田〉에서 비판한 것을 다시 반비판하면서, 軍人田이 京軍 모두에게 軍戶를 실제의 대상으로 하여 지급되었고, 그 經營은 養戶가 담당하여 半分取一의 租率로 軍人이 收租하였고, 軍人田은 軍役과 함께 軍班氏族을 토대로 그 범위 안에서 세습되도록 되어 있었지만, 軍人田은 실제로 규정과 같이 지급 운용되지 못하여 貧窮者가 증가하고 마침내 軍班이라고 불리던 군인신분층이 몰락하게 되었음을 논증하려 하였다. 軍人田의 문제는 아직까지 확실한 해결이 나지는 않았지만, 兵制의 입장에서 지금껏 막연히 믿어 오던 府兵制說을 비판하면서, 고려의 군인과 軍人田에 대하여 새로운 문제를 제기한 李基白의 연구는 軍人田뿐만 아니라 고려 토지제도 연구의 전반에 걸쳐 큰 자극과 도움을 주는 것이었다.

다음, 千寬宇는 〈閑人考〉(《社會科學》 2, 1958)를 발표하여 閑人의 정체

를 규명하려 했는데, 여기에서 田柴科에 대한 본격적인 분석작업이 시도되었다. 그리하여 景宗·穆宗·文宗田柴科의 지급대상이 종횡으로 검토되면서 東·西班 이외의 吏屬·軍人·鄕職·文散階·武散階가 구분 파악되고, 穆宗田柴科까지의 未及者의 실체가 밝혀졌을 뿐 아니라, 田柴科에 포함된 軍人田이 收租權에 立脚한 것이면서도 일반관리들에게 주어진 토지와는 별도로 이해되어야 할 것임을 지적하였다. 이 논문에서 당초 추구한 閑人의 실체에 대해서는 뒤에 유력한 이설이 제기되어 재검토되었지만, 고려 초기의 집권화 과정 및 田柴科에 대한 폭넓은 사료구사와 의미심장한 시사는 고려사 연구의 수준을 높이는 데 크게 기여하였다.

그 후, 李佑成이 발표한 〈閑人·白丁의 新解釋〉(《歷史學報》19, 1962)은 田柴科體制의 해명작업으로서 중요한 의미를 지니는 업적이었다. 이 논문은 閑人과 白丁이라는 신분계층을 토지제도의 측면에서 해명하려 한 것으로, 여기에서 거둔 큰 성과는 功蔭田柴가 五品 이상의 모든 관리에게 분급되는 토지임을 밝혀 五品 이상에게 주어지는 蔭敍 특혜와 照應되는 것임을 분명히 하였다는 점이다. 이것은 功蔭田柴가 고려 귀족사회에서 귀족관리의 중요한 경제적 기반이 되었다는 사실을 시사하는 바로서 이후의 고려사회 이해방향에 큰 영향을 미쳤다. 또한 이 논문에서는 閑人田에 대하여 功蔭田柴의 혜택을 못 받는 六品 관리의 자녀 가운데 未仕未嫁한 者들이 그 受給者임을 논증하여 새로 합리적 해석을 꾀하였다. 그리고 白丁을 추구하는 과정에서 土地와 役과 戶와의 관계를 깊이 천착하여 토지제도를 파악하는 예리한 시각을 보여 주기도 했다. 그리하여 이 논문은 구체적인 연구 성과와 방법 면에서 고려 토지제도 연구에 크게 기여한 셈이다. 그러나 이에 대하여는 뒤에 朴菖熙의 두 논문, 〈'高麗의 兩班功蔭田柴法'의 해석에 대한 再檢討〉(《梨花論叢》 22, 1973) 및 〈'閑人田'論에 대한 再檢討〉(《梨花論叢》 27, 1976)에서 반론이 제기되어 功蔭田柴는 九品 이상의 모든 관리 가운데 특별히 공훈이 있는 자에게 주어진 것이며, 閑人은 결코 六品 이하 관리의 未仕未嫁子女일 수 없다는 견해가 개진되기도 했다.

고려 田柴科體制의 해명을 위한 가장 중요한 연구 성과를 거둔 것은 姜晋哲과 武田幸男의 일련의 논문들이었다. 姜晋哲은, ① 〈高麗初期의 軍人田〉(《淑明女大論文集》 3, 1963), ② 〈高麗前期의 公田 · 私田과 그의 差率收租에 대하여〉(《歷史學報》 29, 1965), ③ 〈高麗時代의 農業經營形態—田柴科體制下의 公田의 경우〉(《韓國史硏究》 12, 1976) 및 ④ 〈韓國土地制度史 上〉(《韓國文化史大系 II》, 1965)의 여러 논고를 통하여 田柴科體制에 대한 연구를 발전시켰다. ①은 고려시대의 농민을 중심으로 하는 토지소유관계를 밝힌다는 의도 아래 姜晋哲이 농민계층이라고 생각하는 군인에게 주어진 토지, 즉 田柴科 속의 軍人田의 실체를 추적한 것으로서, 田柴科 一般 및 府兵制에까지 관심을 기울인 폭넓은 연구이다.

이 논문에서 주목되는 내용은 軍人田이란 府兵制에 입각하여 농민에게 급여된 토지이지만, 그것은 농민들이 대대로 보유해 내려 온 田土를 토지국유제의 원칙에 의해 軍人田의 명목으로 공인 · 재확인한 것에 지나지 않는다는 것, 軍人田의 경영은 군인〔正丁〕 자신의 1家와 養戶 2家, 모두 3家에 의한 공동경작의 형태를 띠어 1/2租率에 의하여 所出의 半을 輸糧하는 것이었는데, 그 가운데 半은 다시 正丁의 가족에 주어지므로, 國庫에 수입되는 것은 公田租率과 같은 1/4이고, 따라서 군인 및 養戶에게도 1/4만이 주어지는 셈이라는 것, 그리고 軍人田의 受給者인 軍班氏族은 軍役把握의 대상이 된 지역〔村落〕에 거주하는 혈연적 집단, 즉 小共同體이므로 軍人田은 지급·경영상 집단적 성격을 강하게 지닌다는 것 등이다.

여기서 軍人田이라는 특정한 地目을 考究 대상으로 삼았고, 이를 토지제도 전반, 더 나아가 收取體制 全般에 대한 유기적 파악 속에서 추구한 것은 높이 평가받을 만한 연구 방법이었다. 그러나 다른 한편 공동체적 후진성이 강조되고 추정에 의존하는 것이 많아 실증 면에서 상당한 불안이 내포되어 있다. 이 논문을 통하여 軍人田을 둘러싼 많은 문제점이 드러나게 되었지만, 兵制의 내용이 더욱 확실하게 되어 定說이 확립되기까지 軍人田의 문제는 완전한 해결을 보기가 어려울 것이다.

②의 논문은 收租率의 차이를 중심으로 公田·私田의 問題를 다룬 것으로 종래 租의 歸屬에 따라 公田·私田이 구분 지어진다는 소박한 견해를 비판하고, 租率·經營形態·歷史的 背景의 여러 면에서 각각 상이한 내용과 형태를 지니는 것이 公田과 私田임을 강조하였다. 특히 고려시대를 통하여 公田租率은 1/4, 私田租率은 1/2이었음을 분명히 했고, 公田을 구체적 地目으로 이해하려 하면서 모든 토지가 公田과 私田으로 網羅되는 게 아니라, 民田 및 莊·處가 별도의 것으로 존재했다는 점과, 公田은 直接經營의 形態를 띤데 대해서 私田은 小作制에 입각한 경영을 하고 있었다는 점을 부각시켰다. 그리하여 이 논문은 뒤에 서술할 公田制論의 비판·극복 과정에서 상당한 구

실을 했던 것으로 생각되며 田柴科體制下에서의 모든 토지의 경영형태에 대해 두루 관심을 표시한 것도 상당히 평가받을 만한 것이라고 하겠다.

姜晋哲의 ③의 논문은 고려시대 公田의 경영형태를 살펴본 것으로, ②의 논문이 나온 뒤 旗田巍가 발표한 〈高麗의 公田〉에서 밝혀진 公田의 내용에 입각해서, 一科公田, 二科公田, 三科公田별로 그 경영방식을 검토하였다. 그러나 이 논문에서는 기본적으로 田柴科體制 내에서는 지주적 토지지배의 양상이 크게 나타나지 않는다는 입장에 의거하고 있어서, 三科公田(民田 및 '莊'·'處'田)은 거의 대부분이 자가 경영에 의거했고, 二科公田(公廨田, 屯田, 學田) 및 一科公田(王室御料地)은 直營制 經營과 佃戶制 經營이 併行되지만 直營制 經營이 우세하였다는 결론으로 이끌어지고 있다. 이 같은 주장은 姜晋哲이 당초 〈韓國史의 時代區分에 대한 一試論〉(《震檀學報》29·30, 1966)에서 개진한 바 있는 高麗古代論, 즉 武臣亂 이전의 고려사회는 고대사회로서 그 논거 가운데 하나가 토지지배의 未熟性이라는 주장과 서로 연결되는 바로서, 실제로 이 논문에서도 民田에서의 自家 경영은 고대적인 토지지배관계의 성격을 띠는 것이며, 二科 및 一科公田에서의 佃戶制도 일반적 의미의 小作制와는 다른 非中世的 토지지배관계라고 하고 있다.

이와 같은 토지경영형태의 성격 추구는 그 자체가 값지고 흥미로운 것이지만, 문제는 실증보다 논리가 앞서서는 안 되겠다는 것이다. 앞에서 언급한 ②의 논문에서도 경영형태에 관한 설명 속에 고식적인 면이 없지 않았지만, ③의 논문에 이르러서는 고려전기의 佃戶制를 부인하거나, 佃戶制를 특수한 佃戶制로 설명하기 위한 무리한 사료인용과 애매한 논리전개가 눈에 띄게 나타난다. 이 점 음미할 문제라고 여겨진다. 하지만 이 논문은 오랫동안 이 방면 연구를 토대로 한 상당한 수준의 것이고, '莊'·'處'田을 民田과 같은 성격의 토지로 보려는 안목 속에서 예리한 통찰력의 일단을 살피게 해 준다.

姜晋哲의 ④의 논저, 즉 〈韓國土地制度史 上〉은 삼국시대로부터 고려시대까지의 토지제도사 개설로, 千寬宇의 〈韓國土地制度史 下〉(《韓國文化史大系 II》, 1965)와 더불어 한국토지제도사의 通史를 이루는 것이다. 여기서는 고려의 토지제도를 前期土地制度의 성립과 내용, 전기 토지제도의 성격 및 후기 토지제도로 나누어 서술하였는데, 1960년대 중엽까지의 연구 성과가 대체로 망라·종합되었으며 토지국유론을 비판하고 그 均田制의 실시를 부정하는 등 새롭고 흥미로운 내용도 포함되어 있다. 그러나 고려 후기 부분은 개별적 연구 성과의 부족 때문에 다소 빈약하게 된 감도 없지 않다. 전반적으로 살필 때 이 논저는 그동안의 고려 토지제도 연구 성과의 집성이라 하겠다. 그리하여 姜晋哲의 고려 토지제도 연구에 대한 기여는 이 책을 통하여 한층 더 두드러지게 되었던 것이다.

고려 토지제도 해명에 커다란 업적을 이룩한 武田幸男은, ① 〈高麗·李朝時代의 邑吏田〉(《朝鮮學報》 39·40, 1966), ② 〈高麗時代에 있어서 通度寺의 寺領支配〉(《東洋史硏究》 25-1, 1966), ③ 〈高麗時代의 口分田과 永業田〉(《社會經濟史學》 33-7, 1967), ④ 〈高麗朝에 있어서 功蔭田柴法의 意義〉(《仁井田陞博士追悼論文集》 1, 1967), ⑤ 〈高麗 田丁의 再檢討〉(《朝鮮史硏究會論文集》 8, 1971) 등 많은 논문을 발표하였다. ①은 고려 초기 이래 조선 세종 27년까지 존속한 邑吏田, 즉 국가가 향리에게 분급한 토지에

대한 구명을 시도한 논문으로, 邑吏田은 고려 成宗 2년에 처음 창설되었고, 田柴科나 祿科田 같은 토지제도와는 계열을 달리하는 것이었으며, 그 구체적 내용은 公廨田인 州·府·郡·縣·館·驛田 가운데 2-5結로 규정되어 있는 長田이 곧 戶長에게 지급된 邑吏田이라는 사실을 통해 알 수 있다고 하였다.

②는 通度寺 事蹟記의 분석을 통해 고려시대 通度寺의 토지 및 그에 딸린 인간과 촌락에 대한 지배관계를 살핀 연구로서, 寺領의 주위에 塔置된 長生標를 수호하기 위하여 배치된 直干은 寺院으로부터 家代田·位田·位畓을 分給받은 賤民的 존재라는 점, 寺領 내에는 몇 개의 촌락이 존재했지만 집단적으로 지배되는 천민촌락으로서의 茶所의 존재로 보아 通度寺의 寺領支配는 결코 勞動地代 단계의 封建農奴에 의한 봉건적 경영관계는 아니었다는 점을 주장하였다.

③은 高麗의 口分田과 永業田을 全時代에 걸쳐 토지제도 전체와 관련시켜 다룬 논문이다. 여기에서 제시된 중요한 점은, 口分田은 전기와 후기로 구분되어 상이한 내용을 지니는 것이며, 永業田은 곧 田柴科를 가리키는 것으로서 (功蔭田柴가 포함될 가능성도 인정함), 前期口分田과 永業田과는 상호보족관계에 놓여 있으면서 田柴科體制의 중요한 내용을 이룬다는 사실, 그리고 13세기를 경계로 永業田은 後期口分田으로 轉化되므로 고려토지제도사의 발전은 田柴科→後期口分田→科田의 계통으로 이해할 수 있다는 사실 등이다.

④는 고려의 功蔭田柴가 중국을 중심으로 한 律令文化圈의 구조를 알려주는 一素材가 된다는 넓은 시야 속에서 쓰여진 논문이다. 즉 고려의 功蔭田柴

가 五品 이상의 兩班을 지급대상으로 하였고, 子孫에게 傳給되도록 되어 있었음을 확인하고, 이것이 唐의 官人永業田과 日本 古代의 位田·功田과 공통되는 점이 많음을 들어, 唐의 것이 모범이 되어 고려·일본에 성립되었을 것이라고 추정하였다. 더 나아가 중국의 律令制가 실제로 신라·고려에 큰 영향을 미쳤던 점을 지적하면서, 이 같은 中國律令의 한국·일본에의 직접적 영향을 말해 주는 구체적 사례로서 고려 功蔭田柴의 역사적 의의를 중요시하였다.

⑤는 ③에서도 제시한 바 있는 田丁에 대한 새로운 견해를 확충·체계화하고, 足丁·半丁의 문제까지 취급한 흥미있는 논문이다. 이에 의하면 田丁은 邑吏·其人·兩班·閑人·胥吏 등에게 分給한 一定區劃의 토지인데 결국 田柴科制나 邑吏田制와 같은 국가적 토지제에 의해 개인을 대상으로 지급된 토지라는 것이며, 田丁連立은 田丁을 媒介로 被給層이 連結遞代됨을 뜻하는 것으로서 子→孫→親族의 우선순위에 따르지만 他階層間의 連立도 가능했다는 것이다. 그리고 足丁은 田丁이 규정대로 다 지급된 것, 즉 滿額被給地를, 半丁은 그와 달리 未滿額被給地를 뜻한다고 하였다.

위에서 살핀 일련의 논문들 내용으로 보아 武田幸男의 고려 토지제도에 대한 관심의 폭과 연구범위가 매우 넓은 것임을 알 수 있다. 실제로 그는 다른 분야에서도 상당한 업적을 쌓은 바 있어서 토지제도를 사회 전반과의 관련 아래 연구하여 큰 성과를 거둘 수 있었다고 생각된다. 그의 논문들을 통하여 드러난 특징은 사료분석과 논증이 정확하고 명료하다는 점일 것이다. 그러한 때문에 실증을 토대로 하는 역사적 성격의 추구가 성공적으로 많은 문제의 제기로 이어질 수 있었던 것 같다. 특히 永業田과 口分田을 상호 보완관계로 파악했다든가, 足丁·半丁의 문제를 포함하여 田丁에 대한 새로운 해석을 꾀했다든가 하는 것은 중요한 문제제기로서, 田柴科體制의 내용과 성격 구명에 크게 공헌한 그의 연구 성과를 더욱 돋보이게 해 주는 것이었다고 하겠다. 그러나 武田의 논문에서는 때때로 대담한 착상이 이루어지고, 그것이 사실과 동떨어진 것으로 생각되는 결론으로 이어지는 경우도 없지 않으니, 邑吏田을 다루면서 고려전기에 鄕吏가 長吏로 불리워졌다 하여 長田을 戶長田으로 파악하여 邑吏田의 실체로 이해한 경우가 그 例가 아닌가 한다.

그 밖에 고려 토지제도를 다룬 흥미로운 것으로 金容燮의 〈高麗時代의 量田制〉(《東方學志》16, 1975)가 있다. 고려시대의 量田과 量案의 實際와 그 변동 및 토지지배와의 관계를 추구하면서 高麗初에는 結이 頃과 同一視되다가 末期에는 結이 頃에서 離脫하여 結의 實積이 縮小되면서 結負法으로 向하는 量田制가 확립된다는 것, 이 같은 量田制의 변화는 農法의 發達과 土地分給制의 痲痺로 인한 土地結數의 증가 필요성에 기인한다는 것, 그리고 量田制에서 토지지배의 주체를 파악하여 이를 量案臺帳에 올리는 것이 중요했는데, 실제로 貴族·僧侶·平民·賤民 등 모든 사회계층이 소유의 주체가 되어 量案에 오를 수 있었고, 그들에게는 자유로운 경영권이 법으로 인정되어 있어서 완전한 의미에서의 사적 토지소유의 인정을 받았다는 것 등을 중요한 논점으로 제시하였다.

고려시대의 量田制는 지금껏 별로 관심의 대상이 되지 않았고 또 관계 사료도 매우 부족한데, 새로 이 문제를 다루어 상당한 성과를 거둘 수 있었던 것은 주목할 만한 일이라고 하겠다. 특히 고려시대의 農學·農法의 발달에 대한 구체적 논증으로부터 量案을 통한 私的 土地所有에 의한 토지배분의 확인에 이르기까지 토지제도 전반에 걸쳐 폭넓은 관심 아래 문제제기를 해 주고 있기 때문에, 이 논문은 고려 토지제도 연구에 큰 자극을 줄 업적이라 하겠다. 그러나 고려 후기 量田制 變動의 주장은 좀더 충분한 논거를 마련하는 것이 당면 과제라고 생각된다.

이상에서 살핀 1945년 이후의 田柴科體制에 대한 연구 성과들을 종합하여 살필 때, 가장 중요한 특징은 토지제도를 신분체제와의 관련 아래 추구하여 크게 성공하고 있다는 점이다. 田柴科 자체를 포함하여 중요한 많은 地目들이 그 被給者의 신분과 관련하여 연구됨으로써, 토지제도 자체뿐만 아니라 토지를 매개로 하는 사회관계의 여러 측면이 밝혀질 수 있었던 것이다. 다음으로는 토지의 실태를 파악하려는 노력이 경영이나 상속의 측면에서 시도되고, 다음에 서술할 소유관계와도 관련하여 추구되었다는 점인데, 이를 통하여 고려 토지제도의 실체가 크게 드러날 수 있었다고 생각된다. 끝으로 田柴科體制의 성격을 구명하려는 많은 노력이 있었지만, 현재의 단계로서는 아직 고려 토지제도의 전반적인 구조해명이나 성격규정은 힘든 일이 아닐까 여겨진다.

### 4. 土地國有制論의 극복

한국 토지제도사 연구에서 크게 관심거리가 되었던 것은 토지국유제론을 둘러싼 문제들이었다. 토지제도에서 중요한 것은 소유형태에 관한 문제인데, 일찍이 한국 전통시대의 토지소유형태는 國有制의 원칙에 입각한 것이었다는 견해가 통념화되었었다. 그리하여 토지국유제론 자체는 문제시되지 않고

국유제의 내용을 구명한다는 단계에 많은 관심이 기울여지는 형편이었던 것이다. 그러나 오늘날에 이르러 토지국유제론은 사실과 어긋나는 주장이란 것이 널리 인식되게 되었고, 이에 이르기까지 고려 토지제도 연구가 크게 기여했다는 점은 주목할 사실이다.

고려시대의 토지제도가 公田制 또는 土地國有制에 의한 것이었다는 주장은 周藤吉之·深谷敏鐵 등에 의하여 정설로 확립되어 있었다. 1945년 이후 이 같은 국유제론은 有井智德의 〈高麗朝初期에 있어서의 公田制—특히 均田制를 中心으로 하여〉(《朝鮮學報》 13, 1958)에서 새로 제기되었다. 이 논문은 종래의 연구들을 종합 검토하여 고려의 토지제도는 동일한 토지에 管理處分權·收租權·耕作權이 따로 작용하는 독특한 것이지만, 국가의 관리처분권이 가장 우월하다는 점에서 公田制, 즉 土地國有制라 하여, 深谷敏鐵의 종래 주장을 다시 강조하였다. 그리고 耕作權의 側面에서 살필 때 모든 農民에게 授田하는 均田制가 高麗時代에 성립 시행되었음을 논증하려 하였다. 《高麗史》에 散見되는 民田 關係史料와 《高麗圖經》이 중요한 근거로 제시되었다. 아무튼 이 논문은 해방 후에 均田制의 시행을 본격적으로 주장하면서 公田制論을 재확인하려 했다는 점에서 상당한 의미를 지니는 것이었다.

이 같은 均田制論을 바탕으로 하는 公田制論은 深谷敏鐵의 〈高麗時代의 民田에 대한 考察〉(《史學雜誌》 69-1, 1960)에서 상당한 동조를 받았다. 深谷은 고려의 民田을 耕作權에 기초를 둔 토지지배로 이해하였는데 이 같은 民田의 均給이 곧 고려 均田制의 내용이라고 주장하였다. 물론 이 같은 주장의 밑바탕에는 토지에 대한 국가의 강력한 干與·支配를 뜻하는 토지국유제론의 입장이 깔려 있었다. 그리하여 고려 토지제도에 있어서의 公田制論은 새로 均田制와 관련하여 주장되는 형세를 띠었던 것이다.

그러다가 公田制論에 대한 회의·비판이 제기되게 되었다. 李相佰의《韓國史 近世前期篇》(1962)에서 토지국유란 하나의 목표요 擬制에 불과한 것으로, 본질적으로 토지의 사유가 부인되지 않았음을 지적하였다. 이러한 가운데 李佑成의〈新羅時代의 王土思想과 公田－大崇福寺碑 및 鳳巖寺智證碑의 一考〉(《趙明基博士華甲紀念佛教史學論叢》, 1965)가 발표되었던 바, 신라시대에 왕의 陵域 문제로 토지를 收用할 때, 王土라고는 하나 公田이 아니기 때문에 가격을 치러야 했던 점에서 사유지의 존재가 확인되었다. 이로써 귀족이나 농민이 자기의사에 의해 처리할 수 있는 토지가 있었음이 드러났고 公田制論의 중요한 바탕이 되는 王土思想은 관념에 지나지 않는다는 점이 밝혀졌다. 따라서 이 논문은 公田制論 비판에 중요한 계기를 마련해 준 것으로 생각된다.

이때 李佑成은 다시〈高麗의 永業田〉(《歷史學報》28, 1965)을 발표하여 본격적으로 고려시대의 토지제도에 내재하는 사유의 실제를 적출 제시함으로써 公田制論 비판의 길을 열어 놓았다. 이 논문에서는 高麗 田柴科體制 속의 토지를 受田者가 죽은 뒤에 국가에 반납되는 토지, 즉 納公土地와 자손대대로 상속되는 토지, 즉 傳遞土地로 나누고, 이 가운데 후자가 永業田으로서 실질적으로는 사유지였음을 논증하였다. 그에 의하면 永業田에는 兩班永業田(功蔭田柴)과 향리 및 군인의 永業田이 있었는데 이 토지들은 經營·收取의 측면에서 서로 약간씩 다른 점이 있기는 하지만 無期永代的 성격을 지닌다는 점에서 공통되며, 無期永代的 성격이란 곧 사유적 성격을 의미한다는 것이다. 그리하여 신라시대 사유지의 계승인 이 永業田은 고려시대의 역사적 현실에 비추어 구체적으로 파악할 때 본질적으로 사유지인 私田이라고 결론지었다.

이 논문은 일반 田柴科까지도 고찰의 대상으로 삼아 고려 초기 토지제도의 존재양태를 다각적으로 분석·연구함으로써 많은 성과를 거두었다. 田柴科의 경영을 村留 二三品軍의 집단적 노동에 의한 것으로 파악한다든가 고려시대에 均田制가 시행되었다는 견해에 대한 간명한 비판 등이 그것이다. 그러나 이 논문이 끼친 공헌은 고려시대 토지제도상의 公田制論을 정면에서 실증적으로 비판 부정하였다는 점에서 찾아야 할 것이다. 여기에서 제시된 永業田의 경영관계나 賣買處分에 대한 주장은 사료의 부족 때문에 미흡한 점이 없지 않지만 그 토지를 사유지로 이해한 근본방향은 정당한 것이었고, 따라서 이 논문은 公田制論 批判에 일대 전기를 가져온 업적이었다고 하겠다.

바로 이 무렵에 姜晋哲의 〈韓國土地制度史 上〉 및 千寬宇의 〈韓國土地制度史 下〉가 발표되었는데 모두 公田制論에 비판적 입장을 취하였다. 前者의 경우 고려시대의 토지국유의 원칙이란 재정적·법제적 擬制에 불과하며, 이같이 현실과 부합되지 않는 토지국유론이 당시 주장된 것은 토지를 매개로 하는 특수한 수취체계 때문이었다고 했다. 또한 姜晋哲은 〈高麗前期의 公田·私田과 그의 差率收租에 대하여〉에서 公田을 特定한 地目으로 이해하는 한편 私田은 그 자체에 역사적 성격에 의해 사유지적 성격이 큰 토지였으며, 이들과는 별도로 農民保有地인 民田이 존재했음을 주장함으로써 종래의 소박한 公田制論으로는 고려의 토지소유관계가 합리적으로 설명될 수 없다는 것을 시사하였다. 그리고 有井智德의 〈土地所有關係－公田論批判〉(《朝鮮史入門》, 1966)에서는 한국사를 통하여 토지국유론, 즉 公田論은 비판·극복되어야 할 명제임을 확실히 하여 이 분야 연구에 상당한 자극을 주었다. 이와 같은 추이 속에서 마침내 旗田巍의 일련의 연구가 발표되어 公田制論 비판·극복에 하나의 이정표를 마련하기에 이르렀다.

旗田巍는 公田制論 批判을 목표로 한 본격적 토지제도 연구에 앞서, 〈朝鮮土地制度史의 硏究文獻－朝鮮總督府(和田一郎 擔當) '朝鮮의 土地制度及地稅制度調査報告書'를 中心으로 하여〉(《아시아·아프리카文獻調査報告》55, '中國·東아시아 I', 1964)를 發表하여, 韓國 土地制度 硏究史上 최초의 체계적 저술로서 큰 영향을 미쳤고, 특히 公田制論의 出發處이기도 한 《朝鮮土地制度及地稅制度調査報告書》를 검토·비판하였다. 여기에서 이 책이 조선을 식민지화하기 위하여 조선의 농민으로부터 토지를 수탈하려는 조선총독부의 입장에서 씌어졌고, 이 같은 사정과 관련하여 公田制論이 내세워지게 되었다고 하였다. 이는 公田制論이 비판받아야 할 것임을 암시한 논문이었다.

旗田巍의 公田制論 비판은 〈李朝初期의 公田〉(《朝鮮史硏究會論文集》3, 1967)으로부터 시작되었다. 이 논문에서 조선 초기의 公田은 王土로서의 公田(第I型), 국가기관의 직영지로서의 公田(第II型), 국가기관의 收租地로서의 公田(第III型)으로 구분하고, 第III型 公田의 내부에 노비를 내세우는 경영이나 並作半收制와 같은 사적 토지소유관계가 성립되어 있음을 논증하였다. 그리하여 조선 초기의 公田은 第II型의 경우만 국가 또는 국가기관에 의해 지배될 뿐 그 밖의 경우는 실제로 존재하지 않는 허구적인 것이거나(第I型), 단순한 收稅地로서 그 내부에는 국가와는 무관한 사적 소유관계가 성립하는 것이므로(第III型), 公田이라는 용어에 집착하여 公田制論을 주장하는 것이 얼마나 사실과 동떨어진 것인가를 분명히 하였다.

旗田巍는 이어서 〈高麗의 公田〉(《史學雜誌》 77-4, 1968)을 발표하였는데 이 논문은 오랜 동안의 난제였던 고려시대의 공 · 사전 문제를 일단 해결하고 아울러 公田制論을 본격적으로 비판·극복한 매우 귀중한 업적이었다. 그 내용을 살피면, 고려의 公田은 一科公田(王室御料地), 二科公田(國家機關의 附屬地), 三科公田(國庫收租地, 곧 民田)의 三類型으로 분류·파악된다는 것이다. 그리고 고려 말기에 이르면 一科 및 二科公田이 三科公田에 통합·흡수되어 國庫收租地의 일부로서 존재하게 된다고 하였다. 또한 租率이 1/4인 公田租 는 地代가 아니라 地稅로 파악되어야 하며, 따라서 三科公田은 국가가 地代를 취하는 토지가 아니라 단순한 課稅地라는 것이다.

이 같은 성과는 다음의 몇 가지 점에서 특기할 만한 것이었다. 첫째로, 公田을 3類型으로 구분되는 구체적 地目으로 파악하여 합리적으로 설명할 수 있게 했다는 것이다. 이로써 公田의 실체가 밝혀지고 그 개념이 명백해진 셈이다. 둘째로, 公田의 租를 地代가 아닌 地稅로 이해했다는 점이다. 이것은 公田의 성격이 국가의 지배와는 무관한 사실상의 民有地였음을 드러나게 하는데 가장 중요한 관건인 것이다. 그리하여 公田制論은 도저히 성립될 수 없는 것임을 성공적으로 논파할 수 있었다. 이 논문에서 구사된 치밀하고 세련된 연구 방법과 더불어 그 결론은 고려 토지제도 연구를 크게 전진시킨 것으로, 연구사에서 오래 기억될 것이라고 여겨진다.

旗田巍는 또한 〈高麗의 民田에 대하여〉(《朝鮮學報》48, 1968)와 〈高麗時代에 있어서 均田制의 有無〉(《朝鮮學報》49, 1968)를 잇따라 발표하여 그의 公田制論 비판의 논거를 더욱 굳게 하였다. 前者는 지금까지 논란이 많은 고려의 民田에 대한 사료를 재검토하여, 고려시대에 兩界를 포함하여 전국에 걸쳐 존재하였고 국가의 公租·公課를 부담하는 징세의 대상으로서 농민대중, 즉 白丁이 保持하였던 土地가 곧 民田이라고 하였다. 後者는 고려시대에 토지제도로서 均田制가 실시되었는가의 여부를 검토한 것으로, 고려시대에는 租·庸·調의 부담과는 별도의 차원에 있는 職役의 부과자에게만 給田하였음을 확인하는 한편 종래 均田制의 시행을 뒷받침하는 것으로 여겨졌던 사료들을 새로 검토하여 均田制의 존재를 부인하였다. 일반 農民層인 白丁의 土地로서의 民田이 광범위하게 존재하였고, 토지를 매개로 전 농민이 국가에 예속되는 均田制가 존재하지 않았다는 것은 곧 公田制論 부인의 중요한 논거가 될 수 있었던 것이다. 다만 民田에 대해서는 뒤에 有井智德의 〈高麗朝에 있어서 民田의 所有關係에 대하여〉(《朝鮮史研究會論文集》8, 1971)가 발표되어 民田이란 兩班·平民을 가리지 않고 국민 일반이 지니는 토지로서 耕作·貸與·賣買·子孫에의 傳給 등 諸權利를 뜻하는 소유권의 보장을 중심내용으로 한다는 새로운 견해가 제기되었음을 부기해 둔다.

旗田巍의 또 하나의 중요한 업적은 〈新羅·高麗의 田券〉(《史學雜誌》79-3, 1970)이다. 이 논문은 지금까지 전혀 관심 밖에 놓여 있던 신라·고려시대의 田券(地券)을 금석문과 고문서 속에서 찾아내어 분석 · 검토한 것으로, 신라시대의 開仙寺石燈記, 고려시대의 三日浦埋香碑 및 조선 건국 당시 太祖 李成桂의 土地賜與文書가 토지의 매매 · 寄進 · 賜與를 말해 주는 중요한 田券으로 밝혀지고 그러한 가운데 이 시기 토지소유관계의 생생한 내용이 제시되었다. 이 같은 田券은 토지사유의 反映으로서 일찍이 신라시대부터 고려시대에 걸쳐 토지의 사유가 널리 존재했음을 말하며, 특히 田券에 記載되어 있는 四標의 토지소유자를 살필 때, 신라시대에는 주로 지배층이었음에 비해서, 고려시대에는 白丁 · 農民이 나타나는 점으로 보아 토지의 사유가 점차로 확대되고 있다는 것을 뜻한다고 하여 중요시하였다.

이 연구는 公田制論의 비판 · 극복을 향한 道程에서 커다란 활력을 불어넣어 주는 뜻 깊은 것이었다. 새로운 역사적 사실로서의 신라 · 고려의 田券問題의 제기 · 해명은 旗田巍의 노숙한 관점과 치밀한 연구가 아니면 이루어지기 어려웠으리라 여겨진다. 특히 公田制論의 잘못을 착실한 실증을 통하여 한 문제 한 문제씩 풀어나가는 견실한 연구태도는 높이 평가받을 만한 것이라고 하겠다.

이상 李佑成과 旗田巍의 업적을 중심으로 하여 公田制論의 비판 극복을 위한 연구내용을 살펴보았다. 대체로 연구의 방향은 실제로 토지의 사유가 보장되고 존재하였다는 것을 실증하는 한편 公田이 公田制論과 연관되는 국가지배의 토지를 뜻하지는 않는다는 점을 證明하는 것이었다고 할 수 있겠다. 그리하여 오늘날에는 대부분이 公田制論을 否定하게 될 정도로 상당한 연구 성과를 거둔 것이 사실이다. 그러나 1930년대부터 믿어 온 公田制論의 완전한 극복을 위해서는 앞으로 보다 많은 노력이 필요하리라 여겨진다. 지금까지의 연구방향에 따라 연구를 심화시키되, 사유의 실제가 더욱 널리 드러나고, 公田制論이 표방되었던 사회적 배경이 제대로 설명될 수 있는 단계까지 도달해야 할 것이다. 또한 收取體制와 관련하여 地代의 문제가 명확히 해결되는 것도 公田制論 극복을 위한 필수의 요건이리라 여겨진다.

## 5. 農莊 문제의 제기

고려사회는 武臣亂을 전후하여 상당한 변화를 겪는 것으로 이해되고 있다. 토지제도 역시 農莊의 발달, 또는 私田의 확대 현상이 두드러지게 나타나면서 새로운 양상을 드러내게 되는데, 이 같은 고려 후기의 토지제도에 대한 연구는 다른 각도에서 주목되어야 할 문제라고 여겨진다.

일찍이 周藤吉之는 〈麗末鮮初에 있어서의 農莊에 就하여〉(《靑丘學叢》 17, 1934)를 발표하여 고려 후기에 형성되어 조선 전기 世宗代 이후 크게 발달하는 農莊의 문제를 제기하였다. 이 논문에서는 조선 초의 農莊이 주로 다루어졌지만, 고려 후기의 경우도 많은 사료가 동원되어 農莊 성립의 요인과 그 실태가 추구되었다. 고려 후기에 토지제도가 문란해지면서 逋逃의 淵藪로서 발달하는 農莊은 자연히 徭役과 貢賦를 부담하지 않는 존재로 대두되지만, 그 안에 祠堂·書堂·佛寺가 건립되고 長利를 놓는 등 문화적 경제적 기능을 크게 지녔으며, 또한 農莊의 관리경영이 노예 또는 佃戶에 의하여 이루어졌음이 밝혀졌다. 이 논문은 토지 관계의 연구로서는 가장 선구적인 것이면서 農莊이라는 큰 문제를 연구대상으로 삼아 사료를 풍부하게 구사하여 그 윤곽을 제시했다는 점 자체가 획기적 의미를 갖는 것이라고 하겠다. 다만 農莊으로 제시된 많은 사례 가운데는 농장이라고 보기 어려운 경우가 상당히 있고, 또한 농장의 존재가 많이 나열되었을 뿐 구체적 내용이나 성격이 깊이 천착되지 못했다는 아쉬움이 있다.

農莊의 문제와 관련하여 旗田巍의 〈高麗時代의 王室의 莊園—莊·處〉(《歷史學研究》 246, 1960)가 있다. 이 논문은 고려 초부터 있었던 왕실재정의 기초로서의 莊·處를 다루었고, 특히 이들이 縣보다 下位이기는 하지만 郡縣制度의 일환을 이루고 있었다는 점을 중시하는 시각에서 문제에 접근하고 있다. 그리하여 신라 祿邑의 系譜에 연결되며 고려의 郡縣制度 정비과정을 통하여 형성된 莊·處는 전국에 걸쳐 존재하였고, 그에 속한 인간들은 혈연적 유대를 통하여 단체로 왕실에 부담을 갖고 있었는데, 조선에 들어와 행정구획화된 郡縣制가 성립되면서 莊·處는 소멸되는 것이며, 따라서 이 莊·處는 고려 후기에 사적 토지소유의 발전 과정에서 나타나는 農莊과는 전혀 다른 성격의 것임을 주장하였다. 그러나 이 같은 莊·處의 존재와 관련하여 忠烈王代 이후의 많은 사료가 분석·검토되어, 租·庸·調의 부담형태에 변화가 생긴 佃戶, 處干의 존재가 드러나는 것을 비롯해 農莊과 관련된 토지제도의 여러 측면이 밝혀지게 되었다.

고려 후기의 농장에 관한 연구는 宋炳基의 〈高麗時代의 農莊〉(《韓國史研究》 3, 1969)에서 본격적으로 시도되었다. 농장의 성립을 土地兼併·人口集中으로 집약하여 무신집권기 이후 고려말엽까지의 진행과정과 賜與·賜牌·奪占·寄進·開墾·投托 등 諸類型을 살피고, 농장의 분포상황 및 그 내부구조를 검토하였다. 그리하여 농장 내의 농민을 奴婢·佃戶 및 佃戶에 준하는 농민 등 3층으로 구분하였고, 그들의 부담은 田柴科體制하의 농민의 경우보다 가벼운 것이었으므로 농장제도는 농민의 경제적 地位를 향상시켜 주는 것이라고 하였다.

이 연구를 통하여 고려 후기에 활발했던 토지겸병과 수취체제의 혼란이 생생하게 드러나고 농장의 문제점도 다각도로 제시될 수 있었던 것은 귀중한 성과였다. 그러나 많은 사료가 동원되면서도 유기적으로 분석되지 못한 아쉬움이 있고, 따라서 농장의 실체 구명에는 미흡했다고 생각된다. 또한 서양 중세의 농장을 기준삼아 不輸不入의 특권을 따졌던 것인데 이 같은 연구의 관점도 적지 않은 문제점을 지니는 것으로 생각된다.

그 후 姜晋哲의 〈高麗의 農莊에 대한 問題意識〉(《朝鮮學報》74, 1975)이 발표되었다. 그러나 이것은 농민에 대한 국가적 지배로 특징지어지는 田柴科體制가 붕괴되면서 무신정권 이후 私的 地主에 의한 농민지배의 형태로서 새로 대두되는 것이 농장이라는 점을 지적하면서 이 같은 시각에서 고려 토지제도의 발전을 살펴야 할 것임을 강조한 문제제기이지, 실증적 연구는 아니다. 따라서 이것은 일종의 가설·제안인 셈이지만 고려 후기의 농장이 지니고 있는 중요성의 일단이 뚜렷이 제시되었다는 점에서 흥미롭다고 하겠다.

고려 후기에는 농장의 경우와는 다른 국가적 土地分給制도 改編·存續되는데, 이것이 바로 祿科田이다. 祿科田에 대해서는 새롭게 관심이 기울어지게 되어 深谷敏鐵의 〈高麗祿科田考〉(《朝鮮學報》48, 1968)와 閔賢九의 〈高麗의 祿科田〉(《歷史學報》53·54, 1972)이 발표되었다. 深谷은 田柴科

體制가 붕괴되어 국고의 虛竭이 초래되면서 祿俸制가 붕괴되고, 이에 따라 관인생활의 궁박이 심해지자 京畿八縣에 祿科田이 설치되는 경위를 살피고, 祿科田이 변천되는 사정을 검토함으로써 그 개략적 내용을 밝혔으며, 祿科田의 역사적 위치에 대해서는 田柴科와 科田을 잇는 中間的·過渡的·彌縫的인 것이라고 규정하였다. 이 논문은 토지제도에 대해 많은 연구를 해 온 深谷의 老鍊한 솜씨로 무리 없이 쓰여진 祿科田에 대한 선구적 업적으로서, 특히 田柴科와 科田을 잇는 과도적 존재로 祿科田을 지적한 것은 卓見이었다고 하겠다.

閔賢九의 논문은 祿科田의 중요성에 비추어 深谷의 연구는 미흡하다는 입장에서 祿科田의 성립·내용 및 의의를 새로 살핀 것이다. 여기에서는 녹과전의 실태 및 다른 토지와의 관련성을 구명하는 데 致力하여 祿科田은 田柴科를 대신하는 새로운 토지제도로 성립되어 田柴科를 繼受하는 국가적 土地分給制度로서의 위치를 드러내 주고 있다는 점, 그러나 祿科田은 兩班官吏만을 관심의 대상으로 삼아 만들어졌고, 科田法이 성립될 때 그것으로 계승되지만, 종래 田柴科 속에 포함되던 軍人田·閑人田은 원래의 기능과 동떨어진 채 功蔭田柴와 더불어 口分田으로 파악되면서 별도로 존속되다가 끝내 소멸되고 만다는 점이 중시되고 있다. 祿科田을 고려 후기의 주축적 토지제도로 파악하여 그 위치를 확실히 하고, 祿科田과 병존한 口分田과의 관련성을 밝혀 祿科田의 성립을 국가적 토지분급제와 役이 유리되는 단서로 본 것이 홍미롭지만, 농장이 크게 발달하던 당시에 祿科田의 존재와 의의가 다소 과도하게 강조된 느낌이 든다.

고려 후기의 토지제도는 결국 농장으로 대표되는 사적 토지지배와 祿科田

· 口分田과 같은 국가적 分給地에 대하여 아울러 관심을 갖는 일이 필요하리라 여겨진다. 물론 농장의 발달은 단순히 고려 후기에 관한 문제가 아니라 한국 토지 제도사를 통하여 가장 주목되어야 할 현상으로 公田制論이나 封建社會論과도 깊은 관련을 지니는 것이다. 그러나 일정한 선입견이나 논리를 앞세우거나 서양 중세의 농장을 지나치게 염두에 둘 때 바람직한 결과를 얻기 힘들 것이며, 또한 당시 엄존한 祿科田과 같은 국가적 分給地를 홀시해서도 안 될 것이다. 그리고 고려 후기는 무신집권기로부터 元의 정치적 간섭기에 걸쳐 정치적 사회적으로 변화가 많고 복잡한 시대이기 때문에 정치의 상황에 대한 정확한 이해를 지니고 토지제도문제에 접근하는 것도 緊切한 일이라고 생각된다.

## 6. 맺음말

지금까지 고려 토지제도의 연구를 몇 단락으로 나누어 개관하였다. 그리하여 1930년대에 시작된 초창기의 연구는 白南雲 · 周藤吉之 · 深谷敏鐵의 큰 성과를 통하여 상당한 수준을 보여 주면서 발전하였고, 1945년 이후에는 田柴科體制의 구조를 신분체제와 관련하여 보다 내면적으로 파악하려는 연구경향이 나타나 姜晋哲과 武田幸男에 의해 큰 성과가 거두어졌음을 살폈다. 또한 초기연구에서 土地國有制, 즉 公田制로 파악되어 定說化되었던 土地所有關係는 1960년대 중엽 李佑成의 새로운 방향제시와 旗田巍의 실증적 연구에 의해 새 각도에서 고찰되어 國有制論을 비판 극복할 단계에까지 이르렀으며 이와는 별도로 고려 후기의 토지제도도 농장문제를 중심으로 상당히 연구되었음을 훑어보았다. 이 같은 연구 성과는 고려 사회경제사분야에 커다란 조명을 가하여 사회성격 구명에 단단한 기초를 마련해 주는 것이었다.

그러나 고려 토지제도 연구는 다음 두 가지 점에 대한 검토를 필요로 하는 게 아닌가 한다. 첫째로 사료문제로서 지금까지의 연구를 통해《高麗史》나《高麗圖經》에 있는 중요한 기록은 대개 적출되어 검토된 바 있으므로 고려 토지제도사 연구는 사료 면에서 벽에 부딪친 감이 없지 않다. 그러나 이 같은 점은 金石文이나 文集과 같은 동시대 자료는 물론《朝鮮王朝實錄》과 같은 後代史料를 통해 상당한 해결을 볼 수 있을 것 같다. 특히,《朝鮮王朝實錄》의 초기 부분에는 고려의 토지제도에 대한 설명적 기사가 많기 때문에 잘 이용만 할 수 있다면《朝鮮王朝實錄》의 사료 가운데에는 결정적 구실을 할 게 적지 않을 것이다. 둘째로는 연구 방법에 관한 것인데, 연역적 도식적 방법을 멀리하고 실증적 방법의 중요성이 좀더 강조되어야 하겠다는 점이다. 토지제도는 사회의 구조나 성격과 밀착되는 것이고, 따라서 시대구분 문제와도 깊은 관련을 지니는바, 고려 토지제도의 내용·성격의 파악을 통해 고려사회의 성격이나 시대구분상의 위치를 파악해야 할 것임에도 불구하고, 이 같은 순서가 전도된 가운데 연구가 이루어지는 경우도 없지 않다. 또한 서양과 무리한 비교를 하고 서양의 典型·完全에 대한 고려의 변형·미숙을 내세우는 경우도 있다. 이러한 방법과 입장은 역사 본질에 비추어 비판받아야 할 것이며 사실과 실증의 중요성이 재음미되어야 할 것이다. 이상 두 가지 점에 대한 반성은 앞날의 고려 토지제도 연구의 발전을 위해 매우 緊切한 것이 아닌가 한다.

# V. 書評을 통해 본 韓國史學의 모습

# 발전적인 韓國史像의 확립—《韓國史新論》

李基白 著, 一潮閣, 1967. 3 ( 改正版 1976. 9)

## 1. 韓國史學의 성장과 《韓國史新論》의 탄생

근대 한국사학은 험난한 길을 걸으면서 성장해 왔다. 국권을 빼앗긴 상태에서 日帝 御用史家들의 식민주의사학에 대항하면서 민족주의사학, 사회경제사학 및 실증사학이 형성·발전되었던 것이다. 1945년의 민족해방은 한국사학의 발전에 획기적 계기를 마련하는 것이었지만, 남북분단의 모순과 혼돈은 동시에 한국사학의 전개에 커다란 제동을 가하는 것이기도 했다. 그러나 의욕적인 연구 활동이 이루어지고, 올바른 韓國史像을 추구하려는 시도가 활발한 가운데, 李丙燾의 《朝鮮史大觀》(1948)이 출간되어 10여 년 동안 매우 큰 영향을 미칠 수 있었다.

그 후 1960년대에 접어들면서 한국사학에 중요한 방향 전환이 이루어졌다. 그것은 지난날 일제 어용학자들의 그릇된 식민주의적 한국사관을 철저하게 비판하고, 동시에 한국사를 주체적으로 인식하고, 발전적으로 파악하는 것이었다. 이와 같은 새로운 방향 제시는 해방 직후에 진출한 신세대의 한국사학자에 의해 주도되었으며, 이러한 움직임은 자연히 새로운 韓國史像을 모색·정립시키려는 노력으로 발전되었다. 그 결과로 얻어진 가장 값진 성과가 바로 《韓國史新論》의 탄생인 것이다. 그러므로 이 책은 근대 한국사학의 성장과 그에 대한 반성을 바탕으로 하여 이루어진 결정이라 하겠다.

저자 李基白은 1947년에 서울대학교 史學科를 졸업한 이래 한국고대사와 고려시대사연구에 전력해서 여러 권의 전문연구서를 펴낸 바 있다. 그러나 그는 일찍부터 한국사를 올바른 시각에서 파악하여 그 全體系를 재구성하는 커다란 일에 관심을 기울여 왔고, 마침내 1961년에 〈日帝의 植民主義的 韓國史觀 批判〉을 서론으로 하는 참신한 개설서 《國史新論》을 간행하기에 이르렀다. 이 서론은 半島的 性格論·事大主義論·停滯性論 등 종래 한국사의 성격처럼 논의되어 온 것들이 실상은 일제 어용학자들의 왜곡과 서양인들의 우월감에 연유하는 부당한 것임을 설파함으로써 1960년대에 한국사학의 새로운 방향을 제시해 준 역사적인 글이었다(이 글은 이기백의 史論集《民族과 歷史》, 一潮閣, 1971에 재수록되어 있음). 얼마 후 이기백은 일제의 식민주의적 한국사관이 부당할 뿐만 아니라, 서양사를 토대로 한 이론으로는 한국사를 잴 수 없다는 견지에서 한국사의 주체적 인식을 주창하는 그의 입장을 새로운 韓國史像의 제시로 구현시켰던 것이니, 그것이 바로 1967년 《韓國史新論》의 저술·출간이었다.

견실한 실증을 중시하면서 특정한 시대의 전문분야에서 커다란 학문적 성과를 거두는 동시에 이렇듯 한국사 전반에 걸치는 체계화 작업에 큰 매듭을 짓기까지의 저자 이기백의 노력은 '학문적 고투', 그것이었다. 이렇게 해서 탄생된 《한국사신론》은 곧 진가를 인정받아 가장 많이 읽히는 한국사 개설서로 되었고, 1976년 개정판을 통해 그동안의 새 연구 성과가 반영되어 상당한 增補가 이루어진 이래 오늘날까지 斯界의 가장 권위 있는 저작으로서 그 부동의 위치를 견지하면서 올바른 한국사의 이해를 위해 크게 기여하고 있다.

## 2. 발전적인 歷史像의 구축과 槪說書로서의 충실성·신뢰성

《한국사신론》 改正版은 '韓國史의 새로운 理解'라는 이름의 緖章과 각각 시대를 나타내는 16개 장과 '韓國史의 發展과 支配勢力'이라는 終章, 그리고 歷代王室世系·參考書目 등의 부록으로 구성되어 있다. 국판 456면에 걸치는 본문 대부분은 구석기시대로부터 1960년의 4월 혁명에 이르기까지의 한국사의 발전을 서술하는 데 할애되고 있지만, 각 항목별로 본문에 뒤이어 마련되어 있는 참고논저가 눈에 띄는 특색을 이루고 있다. 그 밖에 많은 지도와 도표가 곁들어져 있다.

그러나 이 책이 높게 평가되는 所以는 그 내용에서 찾아야 할 것이다. 첫째로 《한국사신론》은 독특한 체계에 의해 한국사를 발전적으로 파악하는 데 성공하고 있다는 점을 지적할 수 있다. 종래 한국사는 王朝別 時代區分法에 의해 서술의 체계가 잡히게 되어 자연히 王朝循環說의 테두리를 벗어나기 어려웠다. 그런데, 이 책에서는 왕조의 흥망과는 별도로 지배세력과 사회체제의 변천을 기준으로 하여 한국사를 16시대로 구분지어 파악함으로써 시대와 시대 사이의 역사적 이행을 서술하는 데 발전의 논리를 합리적으로 구사할 수 있는 길을 열어 놓은 것이다. 그리하여 지배세력을 중심으로 하여 한국사의 내재적 발전이 두드러지게 드러났으며, 지금까지 애매하게 쇠망과 혼란의 시기로 이해되었던 王朝交替期는 주목되는 발전의 시기로 부각되게 되었다. 지배세력이라는 일정한 기준에 입각하여 자연스럽게 한국사의 체계를 발전적인 것으로 재구성할 수 있었음은 특기할 일이 아닐 수 없는 것이다.

둘째로 이 책은 정확한 사실에 입각한 온당한 해석에 致力함으로써 신뢰도를 높이고 있다는 점을 들 수 있다. 한국사의 경우처럼 미개척분야가 많아서 연구가 뒤져 있을 때, 정확한 사실의 파악은 역사서술에 있어서 생명과도 같은 것이지만, 이러한 점이 소홀히 여겨지는 경향이 없지 않았다. 그러나 《한국사신론》은 개설서가 지니는 제약의 범위 안에서 가능한 한 풍부한 사실을 취급하되, 일단 서술의 대상이 된 사실에 대하여는 엄격하게 정확성을 기하려고 애쓰고 있는 것이다. 그리고 한걸음 더 나아가, 확인된 사실들을 바탕으로 적극적 해석을 꾀하고 있다. 이러한 자세와 노력은 평이한 어휘와 간결한 문체를 구사하는 논리적 서술에 뒷받침받으면서 이 책의 신뢰도와 품위를 높이는 데 크게 기여하는 것이라 하겠다.

셋째로 이 책은 지금까지의 한국사학의 개별적 연구 성과를 가장 충실하게 반영하고 있다는 점을 중요시해야 할 것이다. 근래 비교적 활발한 연구 활동이 이루어져 많은 논저가 쏟아져 나오는 한국사학의 경우, 그것을 얼마나 충실하게 소화하여 내용에 반영시키는가가 개설서의 충실성을 가늠하는 가장 중요한 관건이 될 것이다. 그런 점에서 《한국사신론》이 가장 충실하고 양심적인 저작이라는 사실을 부인하는 사람은 아무도 없을 것이다.

그 밖에도 이 책에서 한국의 문화가 풍부한 내용으로 서술되고 있다든가, 뒤에 부록으로 되어있는 60면에 걸치는 참고서목이 간명한 해설과 더불어 훌륭한 韓國史研究入門의 구실을 해 준다는 등 지적할 바는 적지 않다. 하지만 가장 중요한 점은 《한국사신론》이 험난한 길을 걸으면서 성장해 온 한국사학이 민족해방을 맞아 해방 직후에 배출된 신세대의 한국사학자에 의해 開花되는 가운데 거둔 가장 값진 성과로서 발전적인 韓國史像의 정당한 모습을 되찾게 한 기념물이란 사실일 것이다.

끝으로 이 책은 武田幸男에 의해 日譯되어 출간된 이후, 英語版, 中國語版이 잇따라 나오면서 세계 각국에 널리 보급되게 되었음을 부언해 둔다.

# 유럽에 등장한 첫 韓國史 槪說書—《韓國史*Histoire de la Corée*》

Li Ogg, Paris : Presses Universitaires de France, 1969.

## 1. 머리말

지난 1969년 李玉이 파리에서 프랑스어로 《韓國史*Histoire de la Corée*》를 著述·出刊하였다. 이옥은 연세대학교를 졸업하고 모교에서 교편을 잡다가 1955년에 渡佛하여 동양어학교를 거쳐 소르본 대학에서 韓國史와 韓國語를 敎授하였다. 특히 프랑스에 있는 한국 最近世史 관계 자료의 발굴에 관심을 가진 그는 때때로 그 성과를 한국에 알려 오기도 하는 등 국내 학계와의 접촉도 꾸준히 유지하였다. 그가 유명한 'Que sais-je?' 총서의 하나로 《韓國史》를 내놓게 되기까지에는 아그노에르(C. Haguenauer)의 도움이 적지 않았던 모양이지만, 평소 꾸준히 硏究·敎授해 온 그로서는 역량 발휘의 기회를 얻은 것이다.

이 책은 일반 프랑스인(주로 대학생)을 위한 교양서적이고, 또 그 분량도 문고판 128쪽에 불과하지만, 그 출간이 지니는 意義는 적지 않다. 첫째로 지금까지 韓國史槪說이 출간된 적이 거의 없었던 유럽 지역에서 20세기에 들어 최초로 이 지역의 言語로 선을 보이게 된 한국사가 바로 이 책이라는 점이다. 둘째로는, 천주교의 포교를 통해 프랑스인 신부가 한국에 발을 내디딘 이래 프랑스인의 한국사연구는 몇 가지 부문에서 주목할 만한 성과를 거두었고, 그 결과는 한국인의 한국사연구에 상당한 공헌을 했던 것인데, 달레(C. Charles Dallet)의 《韓國敎會史*L' Histoire de l'Église de Corée*》가 출간된 지 약 1세기가 지난 오늘날 한국인 학자가 프랑스인을 위해 프랑스에서 한국사를 저술하게 되었다는 점이다. 즉 한국사가 세계인의 韓國史로서 그 인식주체의 범위를 넓혀 가고 있으며, 한국사의 연구는 물론 외국에 대한 소개도 한국인 학자의 주도 아래 이루어지게 되었다는 사실이 이 책의 출간을 통해 더욱 뚜렷해진 것이다. 이와 같은 의의를 되새기며 이 책에 대해 간단히 소개하고 몇 가지 느낀 점을 말하고자 한다.

## 2. 체제와 내용

이 책은 각기 시대를 나타내는 다음의 7장으로 나누어져 있다.

제1장 上古

제2장 (韓)半島 內 새로운 국가들의 성립 (기원전 1세기-서기 7세기)

제3장 新羅의 全盛 (650-918)

제4장 高麗時代 (918-1392)

제5장 朝鮮時代 (1392-1910)

제6장 日本의 支配 (1910-1945)

제7장 1945년 이후의 韓國

제1장은 先史時代, 檀君과 箕子, 衛滿朝鮮 및 漢郡縣 등 4節로 구분되어 三國以前까지를 다루고 있으며, 三國時代를 취급하는 제2장에서는 高句麗 沃沮와 東濊, 三韓, 百濟, 新羅의 興起를 각각 차례로 서술하고 나서 삼국의 抗爭을 설명하고, 끝으로 이 시대 문화의 발전을 취급하였다. 제3장에서는 신라의 삼국통일에 따른 행정·군사상의 재편성, 사회경제조직, 그리고 문화 양상을 다루고 있는데, 渤海는 제대로 취급되지 않았다. 제4장은 〈新羅의 衰亡과 高麗의 成立〉으로부터 〈高麗의 衰亡〉에 이르기까지 11개의 절로서 이루어져 있는데, 그 사이에서 대외관계, 행정조직, 군사조직, 사회조직, 토지와 경제, 문화 그리고 국내정세변화(貴族의 跋扈와 武臣亂), 蒙古侵入, 몽고 영향 등이 차례로 다루어지고 있다. 朝鮮時代를 다루는 제5장은 행정의 재편성, 사회와 경제, 학문과 예술의 발전, 사상적·정치적 대립의 격화(士禍, 黨爭), 倭亂과 胡亂, 實學, 西洋思潮와 기독교의 流入, 경제 사정의 악화, 外國列强의 介入, 朝鮮의 衰亡 순서로 전개되고 있다. 제6장과 제7장은 절로서 구분되지 않은 채 일제시대와 해방이후를 각각 다루고 있다. 특히 제6장은 이 책에서 가장 성공적인 부분으로 일본의 식민정책과 한국인의 저항이 잘 서술되어 있다.

종래의 王朝別 時代區分法을 따르고 있는 이 책 가운데에는 적은 지면이긴 하지만 韓國史上의 주요사실들이 비교적 요령있게 설명되어 있으며, 이를 뒷받침해 주는 많은 인명과 자료가 나타나고 있다. 대체로 역사적 사실의 제시로서 始終한 느낌이 들긴 하지만, 한국사를 처음 대하는 외국 사람들에게는 나름대로 入門書의 구실을 할 수 있을 것이다.

이 책에서 특색 있게 여겨지는 점은 곳곳에서 原史料를 번역하여 인용하고 있다는 것이다. 책의 분량이 적음에도 불구하고 小活字로 된 補充項을 활용하면서, 또는 3·1독립선언문 같은 것은 직접 본문 가운데에서 원사료를 제시하고 있는 것이다. 이는 한국사를 처음 접하는 외국인들에 대해 충분한 설득력을 갖도록 하는 데 큰 도움이 될 것이다. 또 조선의 예술을 설명하면서 黃眞伊의 時調와 鄭松江의 歌辭 일부를, 다소 무리하긴 해도, 韓國音을 로마자로 음차하여 싣고 다시 뜻에 따라 佛譯하여 소개한 것도, 자칫하면 중국이라는 커다란 덩어리에 말려들기 쉬운 한국의 역사와 문화를 있는 그대로 서술하고 그 실제를 제시하려고 한 저자 이옥의 노력을 보여 준다고 여겨진다.

본문 뒤에는 부록으로서 歐文으로 된 한국사 관계 문헌을 싣고 있는데, 한국사에 대해 보다 깊은 관심을 갖는 유럽의 독자들에게 좋은 길잡이가 될 것이다.

## 3. 몇 가지 문제점

이 책의 출간이 커다란 뜻을 지니고 있고, 또한 저자가 여러 면에서 많은 노력을 기울였다고 해서, 이 책이 결코 비판받을 여지가 없다는 것을 뜻하지는 않는다. 먼저 지적할 것은 저자는 한국사의 서술에서 무엇이 다루어져야 할 것인가에 대해 충분한 배려가 없었던 것 같다는 점이다. 이러한 점은 對外關係를 다루는 자세에서 가장 두드러지게 나타난다. 가령 乙支文德의 薩水大捷은 승패의 설명이 곁들이지 않은 채 '隋의 第一次遠征(612)'이란 말만으로 서술되었을 뿐 아니라, 新羅의 삼국통일까지의 경과설명도 隋唐의 외교정책을 우위에 놓고 다룬 느낌이 드는 것이라든지, 몽고침입에 대한 광범위한 고려인의 항쟁이 제대로 취급되지 않았고, 임진왜란 때의 義兵活動이 전혀 언급되지 않았다는 점 등이 뚜렷한 예이다. 한국사를 다루는 만큼 한국 입장이 중심이 되어야 한다는 점, 또 한국사가 한국의 國民史 또는 民族史로서 다루어져야 한다면 外部로부터의 挑戰보다는 그에 대한 內部의 應戰이 한국사의 실질적 내용을 이루어야 할 것이라는 점, 따라서 열 장의 형식적 경과설명보다는 한 줄의 실질적 내용 파악이 더 값진 것일 수 있다는 점 등이 음미되어야 할 것 같다.

두 번째로 한국사가 발전적 입장에서 파악되지 않고 있다는 점이 눈길을 끈다. 우선 왕조별 시대구분법의 채택이 발전적 파악에 대한 큰 제약이 되고 있다. 게다가 실학을 다루고 있으면서도 실학의 사회경제적 측면이 외면당하고 있으며, 조선 후기의 경제사정을 취급하고 있으면서도 壬辰倭亂 이후의 耕地減少, 稅制改編, 官吏의 腐敗, 民亂을 서술하였을 뿐, 商業과 手工業의 부문에 나타나는 새로운 경향은 거론되지 않고 있는 것이다. 또 '몽고영향'이라는 절에서, 11세기에 처음으로 중국에 알려진 금속활자가 14세기 후반에 고려에 소개되었을 것이라고 설명한 것은 한국 문화의 독창성에 대한 인식 부족 때문이 아닌가 생각된다.

셋째로 몇 가지 중요한 사실이 탈락되었거나, 무리하게 서술되었다는 점을 지적하게 된다. 渤海를 한국사에서 제외한 것은 결코 타당하지 않으며, 甲午更張이 전혀 언급되지 않은 것도 적지 않은 결함이다. 또한 朝鮮初期, 특히 世宗代의 四郡·六鎭의 설치(1432-1449)를 통한 북방영역의 확장은 다루지 않고, 17세기의 胡亂을 설명하면서 1453년의 李澄玉亂과 1467년의 李施愛

亂을 들어 北方의 취약성을 내세운 것도 납득이 가지 않는다. 朝鮮時代의 儒學을 다루면서 主理派와 主氣派를 간략히 설명하고 다음 절에서 초기의 士林派와 勳舊派의 관계를 主理 主氣의 대립으로 본 것도 온당치 않은 견해로 생각된다.

## 4. 맺음말

앞에서 지적한 몇 가지 문제점은 이 책이 외국에서 씌어졌기 때문에 자료의 수집에 애로가 많았고, 국내에서의 최근의 연구 성과를 빨리 받아들이기가 어려웠으리란 것을 생각할 때 이 책의 著者만을 나무랄 성격의 것은 아니다. 또 보다 근본적으로는 오늘날의 한국사의 연구수준과도 깊은 관계가 있는 것이다. 따라서 우리는 약간의 불만이 없는 바 아니나 어려운 조건 속에서 뜻깊은 이 책의 출간을 가능케 한 저자의 노력을 높이 평가하고자 하며, 이 책이 유럽인의 韓國史 入門에 도움이 될 것이란 점을 의심치 않는다. 이 책이 앞으로 더욱 增補되고, 또한 교양의 단계를 지나 전문적인 한국사의 通史가 프랑스에서 프랑스어로 출간될 날이 빨리 오기를 간절히 바란다.

# 한국사의 三分法的 시대구분론에 대한 철저한 비판
## ―《韓國史 時代區分論》 車河淳 · 李基東 · 李賢惠 · 李樹健 · 洪承基 著, 도서출판 소화, 1995. 4.

### 1. 한국사 時代區分論에의 새로운 접근

한국사의 시대구분 문제는 커다란 관심의 대상이 되어 왔다. 연속적인 역사의 발전을 체계적으로 인식하기 위하여 우리는 그것을 몇 개의 토막으로 단락지어 접근하지 않을 수 없지만, 그 기준을 단순한 年代的 시간에서 구하지 않는 한, 그 일은 결코 용이한 것일 수 없는 것이다. 특히 오랫동안 깊은 성찰 없이 왕조를 단위로 이해하여 온 한국사의 경우, 거기에서 벗어나 실질적인 역사 발전의 내용이 담긴 시대구분을 시도하는 과정에서 그것은 일면 긴요하면서도 동시에 많은 문제점을 수반하는 복잡하고 어려운 일임이 드러나게 되었다. 그러한 가운데에서도 한국사의 시대구분에 대한 논의는 끊임없이 계속되었다.

그런데, 이 문제에 대하여 중요한 획을 그을 수 있는 흥미 있는 논저가 얼마 전에 출간되었다. 한림과학원총서 가운데 하나로 나온《한국사 시대구분론》이 그것인데, 원로 사학자 李基白을 연구책임자로 하고, 그 밖의 다섯 연구자가 참여한 공동연구의 결산으로 꾸며진 것이다. 공동연구라고 하지만, 참여자는 각기 독자적으로 별개의 논문들을 집필하고 있는 바, 총론 격으로 차하순이 시대구분의 이론적 문제를 살피고, 이기동이 지금까지의 '한국사 시대구분론'에 대해 研究史的 검토를 하였으며, 이어서 分類史의 방식으로 이현혜, 이수건, 홍승기가 각각 경제사, 사회사, 정치사 부분에서 별도의 시대구분을 모색하는 각론을 분담 집필하였다.

이 연구를 결산하면서 '해당분야의 전문가'라고 말할 수 있는 많은 사학자들이 함께 참석하여 각개의 논문들에 대해 논평 토의하는 세미나를 개최하였던 바, 그 속기록이 뒤에 실려 있다. 그것을 보면, 연구책임자 이기백의 사회로 진행된 이 모임에는 한국사 및 동양사, 서양사 분야의 사학자 10명이 토론자로서 이 논의에 가담하여 흥미로운 酬酌을 전개시키고 있는데, 그 부분이 분량상, 책의 20%를 차지한다. 이처럼 공동연구이면서도 천편일률적인 형식에서 벗어나 자유스럽고 다양한 모습을 띠고 있음이 깊은 인상을 준다.

## 2. 三分法的 시대구분론에 대한 理論的 研究史的 비판

《한국사 시대구분론》의 내용을 살피면, 먼저 역사이론의 측면에서 면밀한 검토를 가해서 시대구분의 타당성과 효용성을 확인하는 동시에 그 한계성을 분명히 하고 있음이 주목된다. 이것은 이 연구에 참여한 유일한 서양사학자인 차하순의 논문 〈시대구분의 이론과 실제〉에서 이루어지고 있다. 시간의 본질로부터 역사 이해의 일반화 문제에 이르는 일련의 고찰을 통하여 역사적 변화의 축적성과 연속성을 근거로 시대구분의 타당성을 분명히 밝히고 있는데,

이로써 시대구분 논의 자체가 입론의 바탕을 굳힐 수 있게 되었다. 역사적 사실을 크게 손상시키는 무리한 시대구분론에 접할 때마다 우리는 때때로 시대구분 자체를 회의적으로 생각하여 그 타당성에 의문을 품게 되는 경우도 없지 않지만, 이제 그러한 의심은 씻어 버릴 수 있게 되었다고 여겨진다.

그러나 시대구분은 궁극적으로 역사인식의 수단이지 역사 그 자체는 아니다. 우리는 역사를 체계적으로 이해하기 위한 유용한 개념의 틀로서 시대구분을 이용하는 것이라고 말할 수 있다. 그러므로 시대구분은 作業假說로서의 의미를 지니며, 따라서 어떠한 시대구분도 결코 최종적인 것은 아니고, 항상 수정의 가능성을 갖는다는 것이다. 이와 같은 이론적 검토의 결과는 앞으로 한국사의 시대구분 문제에 접근할 때 반드시 유념해야 할 바라고 하겠다.

다음으로 이 책의 내용 가운데 두드러진 것이 지금껏 큰 영향력을 발휘해 온 三分法的 시대구분론에 대한 철저한 비판이다. 이 점에 대하여 차하순은 서양에서 르네상스 휴머니스트들에 의해 시작되어 17세기에 정착된 삼분법이 오늘날 상당한 모순과 문제점을 노정시켜 크게 비판받고 있음을 지적하였다. 그 문제점으로서는 古代·中世·近代의 삼분법에서 시간이 흐르고 연구가 진척됨에 따라 중세의 始點과 終點이 흔들리고, 특히 근대의 長期化에 따라 現代라는 시기가 추가되어 四分法으로 변형되었을 뿐 아니라 현대의 출발점을 어느 시기로 잡는가가 다시 문제로 제기된 것을 들었다. 더 나아가 근본적으로 삼분법이 서양문명권을 넘어서 모든 역사에 보편적으로 적용될 수 있는가가 의문으로 제기되었다는 것이다. 그러므로 서양에서 삼분법은 부분적으로 활용될 뿐 대다수 역사가들로부터 외면당하고 있음을 강조하였다.

그런데 이 삼분법에 대한 통렬한 비판은 이기동의 〈한국사 시대구분의 여러 유형과 문제점〉에서 행하여졌다. 여기에서 한국사의 시대구분론에 맹위를 떨치는 삼분법은 르네상스 휴머니스트에 의해 창안된 다음 마르크스의 유물사관에 의해 크게 보강 받아 고대 노예제사회, 중세 봉건제사회, 근대 자본제사회로 定式化된 내용의 것임을 분명히 한 다음, 여러 측면에서 이를 비판하였다.

우선 이 史的 唯物論은 그 자체로 보아 포괄적이고 체계적인 것이지만, 그것은 어디까지나 유럽사회의 발전을 토대로 만들어진 이론이라는 것이다. 게다가 이것은 사회혁명을 추진하기 위한 실천적 이론이므로, 다양한 역사적 사실을 무시한 채 公式主義, 敎條主義에 빠질 위험성을 지닌다. 따라서 유물사관에 입각하여 한국사를 연구하고 시대구분을 시도할 때, 자연히 역사를 관철하는 일정한 법칙을 내세워 거기에 역사 사실을 짜 맞추는 양태를 띠게 되며, 그 결과 사실을 왜곡시키고 많은 모순과 오류를 자아내게 되는 것이다.

이 같은 실례를 中世移行論에서 찾고 있음이 흥미롭다. 유물사관에 입각하여 한국사에 삼분법을 적용해서 시대구분을 한 사례가 많지만, 구체적으로 시기를 구획하는 데에는 여러 견해가 엇갈리고 있다. 그것이 가장 두드러진 경우가 언제부터 중세의 기점으로 잡을 수 있는가 하는 중세 이행의 시기에 대한 주장인데, 모두 네 가지 견해가 제기되어 있으며, 그 가운데 극단적으로 삼국시대 초기로 보는 설과 15세기 조선 초기를 중세사회 정립기로 보는 설 사이에는 1,500년이나 되는 놀라운 격차를 보이는 것이다. 이것은 중세 봉건제사회의 징표와 관련하여 토지 소유관계, 농민의 성격, 稅制의 의미 등에 대한 견해 차이에 기인하는 것이지만, 같은 尺度, 동일한 公式을 갖고서도 얼마나 동떨어진 결과에 도달할 수 있는가를 보여 주는 극명한 사례인 동시에 삼분법적 시대구분론의 空虛한 일면을 나타낸다고 하겠다.

삼분법에 대한 이상과 같은 철저한 비판은 국내외 학계의 동향을 널리 추적하면서 치밀하게 개진되고 있어서 깊은 설득력을 갖고 있다. 실상 지금까지 세계사적 보편 법칙을 내세워 한국사에 광범위한 영향을 미쳐 온 유물사관을 정면에서 비판한 사례가 별로 흔하지 않았다. 그러므로 이러한 논의는 시대구분의 문제를 벗어나 한국사 연구 전반에 상당한 영향을 미칠 것으로 여겨진다. 구체적 사실과 어긋나는 이론의 일방적 적용이 역사 연구를 근본적으로 왜곡시키는 것임을 생각할 때, 여기에서 이루어진 삼분법적 시대구분론에 대한 통렬한 비판은 이 책에서 가장 돋보이는 부분이고, 우리 학계 일부에 만연되어 있는 歐美 이론의 盲信에 대한 본격적인 문제제기라 하겠다.

## 3. 다양한 韓國史 時代區分의 시도

이 책에서는 시대구분론에 대한 이론적 및 연구사적 검토에 뒤이어 분류사적으로 여러 분야에서 독자적인 시대구분을 시도하였다. 경제사 분야에서 이현혜는 〈한국 농업기술 발전의 諸時期〉를 통해 한국의 농업기술 발전단계를 長期休耕, 중기휴경, 단기휴경, 一年一作, 일년 다작의 다섯으로 나누어 보았다. 사회사 분야에서 이수건은 〈고려·조선시대 지배세력 변천의 제시기〉를 집필하여, 한국사를 지배세력을 기준으로 고대 귀족사회, 중세 사족사회, 근대 시민사회의 세 시기로 가른다는 구상 아래, 10세기부터 19세기 후반까지의 士族社會를 형성기, 성장기, 재편기, 확대기, 해체기로 세분하여 상론하였다.

한편, 정치사 분야의 홍승기는 〈한국 정치발전의 제시기〉에서 한국의 정치적 발전을 부족장정치, 왕족정치, 전제정치, 문벌귀족정치, 육조체제 하의 양반 정치, 당파 중심의 양반 정치의 여섯 단계로 구분하였다. 이와 같은 독자적 시대구분의 시도는 그 분야에서의 연구상 쟁점을 부각시키며 일관된 기준 아래 그 발전 과정을 구획지어 보았다는 점에서 한국사의 체계적 인식의 심화를 목표로 하는 시대구분론 원래의 취지에 부합되는 값진 작업이었다고 할 수 있다.

물론 이 책에서 아쉬운 점도 없지 않다. 세 분야에 한정된 각론의 범위를 넓혀 사상이나 문화의 방면까지 취급했다면, 좀더 흥미 있는 결과를 얻을 수 있지 않았을까. 세 분야에서의 독자적 시대구분도 거기에서 얻은 상이한 결론들을 어떤 방식으로든지 接合點을 찾아 종합해 봄으로써 보다 거시적인 한국사 시대구분의 틀을 모색해 볼 수는 없었을까. 그러나, 이러한 생각은 아마도 지나친 욕심일 것이다. 그 보다는 한국사상 연래의 쟁점인 시대구분 문제에 대해 이만큼 그 핵심에 접근할 수 있게 된 데 대해 그동안의 한국사학의 성장을 치하해야 하지 않을까 하는 느낌이 든다. 특히 뒤에 실린 토론 속기록을 보면, 이 책은 한국사뿐만 아니라 동양사, 서양사를 포함하여 우리 역사학의 커다란 성장을 말해 준다고 할 수 있을 것이다.

# 韓國史學의 方法的 基礎—《韓國史學의 方向》

李基白 著, 一潮閣, 1978. 9.

## 1. 머리말

《韓國史新論》의 저자로 널리 알려져 있는 李基白이 다시금 《韓國史學의 方向》을 펴냈다. 그는 實證的 研究를 토대로 한 한국사의 체계화에 주력하여 古代史와 高麗史에 대한 중후한 업적들을 내오는 한편, 韓國史와 韓國史學의 기분 문제들에 대한 성찰을 계속해 오면서 많은 史論들을 발표해 왔다. 특히 그가 1961년에 《國史新論》을 내면서 그 서론으로 발표한 〈植民主義的 韓國史觀批判〉(《民族과 歷史》에 再收錄)은 당시까지도 일제의 식민주의적 사관의 미몽에서 완전히 깨어나지 못했던 韓國史學에 일대 전기를 마련해 준 획기적 사론이었으며, 그 후 1971년에 출간한 첫 번째 史論集 《民族과 歷史》(一潮閣)가 종래 한국사에 대한 그릇된 인식을 타파하고, 한국사를 역사적으로 정당하게 이해하도록 하는 데 커다란 공헌을 했던 것임은 널리 알려져 있는 사실이다. 그런데, 이번에 뒤이어 韓國史學의 발전을 위한 새로운 관점의 모색이라는 적극적인 자세로 두 번째 史論集《韓國史學의 方向》을 내놓게 된 것이다.

## 2. 史學史的 검토를 통한 韓國史學의 方向 모색

이 책은, I. 韓國史學의 傳統, II. 近代韓國史學의 成長, III. 現代韓國史學의 방향, IV. 韓國史의 體系的 理解 등 4部門에 걸친 15편의 글로 이루어져 있다. 그 내용은 다양하고 광범위하지만, 한마디로 말하여 史學史的 검토를 바탕으로 한 韓國史學의 방향 모색이 이 책의 主旨라고 말할 수 있다. 이 점은 저자의 다음과 같은 설명으로 확실해진다.

> 편의상 이를 네 부분으로 나누어서 정리하였으나, 요컨대 전반부는 史學史的 검토와 반성을 한 것이며, 후반부는 새로운 韓國史學의 발전을 위한 이론적인 및 실제적인 모색을 시도한 것이다. 그러나 어느 것이든 그 모두가 오늘의 韓國史學이 나아가야 할 방향에 대한 깊은 관심을 나타낸 것들이기 때문에, 책 제목을 《韓國史學의 方向》이라고 붙였다(머리말).

그러면, 그 구체적인 내용은 어떤 것인가. 먼저, 이 책의 주요 내용을 부문별로 개관할 필요가 있을 것 같다.

제I부는 韓國史學의 傳統으로서 〈金大問의 史學〉 및 《三國史記》, 《三國遺事》, 《高麗史》를 내세워 신라시대로부터 조선 초기에 걸친 史學史的 고찰을 한 것이다. 그에 의하면, 통일신라시대에 專制王權과 결부된 유교를 배격하면서 삼국시대로부터의 신라 전통을 계승·발전시킨다는 입장에서 新

羅史의 저술에 힘썼던 金大問의 사학은 역사적 사실에 대한 객관적 서술, 합리적 해석을 꾀할 수 있는 상당한 수준의 것이었다. 그 후, 유교적 정치 이념하의 고려시대에 들어오면, 유교를 토대로 한 도덕적 合理主義史觀에 입각한 金富軾의 《三國史記》가 편찬되는데, 《三國史記》에 반영된 姑息主義나 依他主義는 북진 정책이 좌절되고 퇴영적인 풍조가 조장되던 편찬 당시(12세기)의 시대적 여건에 기인하는 바로서 비판의 대상이 되어 마땅하지만, 그 사관과 서술은 보다 발전된 단계의 것으로 이해하지 않으면 안 된다. 한편 고려 후기에 와서, 풍미하던 유교의 합리주의 사관을 비판하면서 비합리적인 神異史觀을 표방한 一然의 《三國遺事》가 나타나는바, 이것은 史學史的인 위치로 볼 때 전진적이기보다는 오히려 복고적인 것으로 파악된다. 오늘날, 높은 史料的 가치, 近代史學에서의 유교적 합리주의 사관에 대한 비판과의 相通性 및 민족적 자주성의 강조라는 관점에서 《三國遺事》를 높이 평가하지만, 이는 앞서 말한 사학사적 의의와는 별개의 문제인 것이다. 다음, 조선시대에 와서 상당한 난항 끝에 《高麗史》가 편찬되어, 조선 왕조를 건국한 사대부 계층의 고려 왕조에 대한 이해가 정리되지만, 기본적으로는 《三國史記》에서와 마찬가지로 유교에 바탕을 둔 도덕적 합리주의 사관에 입각하고 있다. 이상과 같은 한국의 전통 사학은 19세기 후반기의 격변을 겪고, 새로운 영향을 받으면서 20세기 전반기의 근대 사학에 이어지는 것으로 여겨진다.

제II부는 근대 한국사학의 성장을 民族主義史學·社會經濟史學·實證史學 및 이들의 비판 종합으로서의 新民族主義史學을 중심으로 하여 다룬 것이다. 그에 따르면, 한국사의 발전의 근본을 정신적인 것에서 찾으려 한 민족주의 사학이나, 물질적 생산력의 발전을 한국사 발전의 근본으로 하면서 계급의 존재를 중요시한 유물사관 중심의 사회경제사학이나, 아무 선입견 없이 각자의 전공 분야에서 한국사를 체계적으로 이해해 보려고 한 실증사학이나 모두 일정한 특징과 한계를 갖지만, 각기 그 나름의 역할과 공헌을 했다. 보다 높은 차원의 종합적인 韓國史學 건설을 위해서는 이 학파들의 전통을 비판적으로 계승·발전하는 것이 필요했는데, 이 같은 노력은 文一平과 孫晋泰에 의해 경주되었다. 특히, 孫晋泰는 실증사학을 토대로 하여 사회경제사학과 민족주의사학을 흡수하여 독창적인 신민족주의 사관을 주창하였다. 신민족주의사학은 민족의 균등한 행복과 민족 사이의 친선을 실현시킨다는 강한 현재적 사명을 바탕에 깔고, 史實의 비판 종합을 통한 이론과 방법의 터득에 사학의 至高 目的을 설정함으로써 종래 韓國史學의 세 학파 입장을 종합·지양하는 새로운 차원을 마련한 것이다. 그러므로 孫晋泰의 新民族主義史觀은 약간의 제약을 지니기는 하지만, 현대 韓國史學의 발전을 위한 도약대가 되어야 할 값진 것이라 할 수 있다.

한편, 이 같은 孫晋泰의 경우와는 반대로, 李仁榮은 해방 이후 민족주의사학·사회경제사학·실증사학을 모두 비판하고 새로운 역사학을 건설하려고 했지만, '民族的 世界觀에 입각한 世界史的 韓國史'를 주장하면서 실제로는 停滯性과 他律性을 한국사의 기본 성격으로 이해함으로써 일제의 식민주의 사관을 다시 받아들이는 비극을 초래하였다. 이 경우는 일제시대에 얻은 지식과 해방과 더불어 관심에 오른 새로운 이론이 조화되지 않는 데에서 기인했던 바로서, 오늘날까지 韓國史學界 일각에 남아 위험한 요인으로 작용하고 있을 가능성이 있는 것이다.

이상과 같은 한국 근대사학의 학파와 경향에 대해서는 근래 상당한 관심이 기울여지고 있다. 1960년대에 일제 식민주의 사학에 대한 철저한 비판이 행하여지고, 그 무렵부터 이들 학파에 대한 적지 않은 검토와 반성이 이루어지고 있지만, 아직 깊은 연구는 많지 않은 편이다. 오늘날의 韓國史學이 지향해야 할 올바른 방향 설정을 위해서도 20세기 전반기의 韓國史學에 대한 보다 깊은 인식이 필요한 것이다.

제III부는 이제까지의 傳統時代 및 근대의 韓國史學에 대한 史學史的 검토를 기반으로 해서 현대 韓國史學의 방향을 이론적 측면에서 다룬 것이다. 그 요지를 보면, 첫째가 한국사의 보편성과 특수성에 대한 올바른 인식의 문제이다. 지금껏 민족주의사학과 사회경제사학에서는 각각 한국사의 특수성과 보편성을 일방적으로 강조하여 한국사에 대한 정당한 이해를 불가능하게 만들었다. 가장 바람직한 것은 한국사의 보편성과 특수성을 조화시켜 이해하는 일이다. 그렇다면, 한국사의 보편성과 특수성 그 자체는 어떻게 생각해야 할 것인가. 모든 역사를 한결같이 지배하는 보편적 법칙들이 있다고 생각한다. 이들 多元的인 법칙들은 여러 민족의 역사에 구체적으로 작용할 때 그 결합되는 양상이 상이함으로 해서 민족사의 특수성이 나타나게 되는 것이다. 그러므로 한국사의 특수성이라는 것도 보편적인 역사 법칙과 무관한 것은 아니며, 세계사적 보편성이라 하여 外國史의 이론을 한국사에 일방적으로 적용할 수도 없는 일이다. 다른 나라에서 얻은 법칙들을, 구체적인 사실과 일치할 때 한국사에 주저 없이 적용하는 한편, 한국사 자체를 체계화하여 법칙을 찾아낸다는 자세가 필요하다. 결국, 한국사의 특수성을 보편적인 법칙과의 관계 속에서 밝히는 것이 한국사를 올바로 이해하는 길이 된다고 하겠다.

둘째로, 한국사 이해에서의 현재성 문제에 대하여 정당한 입장을 취하는 일이다. 역사학에 있어서의 현재라면 역사가 발전해 나가는 일정한 과정 속의 현재를 뜻하며, 따라서 韓國史上의 현재도 단순히 그와 가까운 시대와 연결되어 있는 현재가 아니라 한국사의 오랜 발전 속의 한 시점으로서의 현재인 것이다. 그러므로 현재를 가장 올바로 이해하는 길은 한국사의 큰 흐름을 체계적으로 이해하는 것이다. 한국사에 있어서의 현재성에 대한 非歷史的인 이해태도는 韓國史學의 학문적 독립성까지도 손상시킬 수 있는 것이므로 각별히 주의해야 할 일이다.

셋째로, 현대 韓國史學이 지향해야 할 구체적인 방향의 문제이다. 우선, 한국사의 흐름 속에서 역사를 움직이는 사회적 세력으로서의 인간 집단의 존재를 발견함으로써 韓國史學에서의 인간 부재 현상을 극복할 것이며, 다음으로 일정한 기준에 의한 한국사의 체계적 정리를 통해 한국사의 대세를 파악함으로써 史實들에 대한 역사적 평가가 뒷받침 받을 수 있도록 할 것이며, 끝으로, 객관적 사실의 존중, 比較史學의 방법이용, 學說史를 염두에 둔 연구 범위의 명시 등을 주요 내용으로 하는 연구 방법의 반성이 있어야 할 것이다. 이 같은 구체적인 문제점들은 앞에서 지적한 이론적인 문제들과 더불어 새로운 韓國史學의 방향 모색에 가장 기본적인 요건이 된다고 하겠다.

제IV부는 몇 가지 部面에서의 한국사의 체계적 이해를 위한 구체적 연구 성과를 제시한 것으로, 앞에서의 이론적인 검토에 뒤이어 바람직한 韓國史學

의 방향 모색을 위한 실제적인 例證의 구실을 하는 한편 韓國史 이론화의 가능성을 보여 주고 있는 것이다. 즉 韓國政治史, 韓國兵制史 및 韓國社會發展史가 일정한 관점 아래 체계적으로 서술되고 있는데, 한결같이 사회 세력으로서의 인간 집단의 변화를 기준삼아 문제에 접근하고 있으며, 그를 통해 한국사의 발전에 대한 독자적인 이론을 제시하기에 이르고 있다.

특히, 韓國社會發展史를 개관하여 사회 발전의 대세로서, 원시 사회로부터 城邑國家를 거쳐 삼국시대에 이르기까지 지배 세력의 범위는 좁혀져서 통일 신라기에는 왕권이 專制化하여 권력이 군왕 한 사람에게 집중되기에 이르렀다가, 그 이후 반대로 지배 세력의 저변이 점차 확대되어 고려 문벌귀족사회, 조선 양반사회를 지나 마침내 3·1운동 이후 온 국민이 정치에 참여할 권리를 갖게 되는 방향으로 발전하여 간다는 큰 흐름을 제시하였다. 이어서 이와 같은 지배 세력의 변천 방식은 처음 지배 세력을 형성한 여러 세력들 중에서 보다 유력한 세력이 독점적으로 권력을 향유하는 방향으로 좁혀 들어가지만, 통일 신라 이후는 지배 세력의 바로 밑 계층이 새로운 지배 세력으로 등장하곤 하여 점점 지배 세력의 사회적 기반이 확대되어 가는 형세를 이루는 것으로 파악하였는데, 이 같은 사회 발전의 大勢論은 저자가 선입견 없이 한국 사회의 발전을 독자적으로 체계화함으로써 얻은 결론이라고 할 수 있다. 이것은 그 자체가 하나의 이론으로서 다른 나라의 경우에도 도움을 줄 수 있는 역사 발전의 법칙으로서의 성격을 띠는 것이라 하겠다.

### 3. 한국사학의 학문적 독립성과 역사적 관점의 강조

지금까지 다소 장황한 대로 이 책의 내용을 살펴봄으로써 저자 이기백이 史學史的 바탕 위에서 韓國史學의 방향을 밀도 깊게 모색한 구체적 내용은 어느 정도 알게 되었으리라 믿는다. 그러나, 우리가 좀더 분명히 할 점은 이 책을 통하여 보다 값지게 생각해야 할 문제점은 어떤 것들인가 하는 것이다.

첫째로, 이 책은 한국사학의 새로운 방법적 기초를 제시하였다는 점에서 평가받아야 하리라 여겨진다. 史學史的 검토를 통해 근대 韓國史學의 3學派의 종합 지양의 국면을 제시하고, 이론적인 고찰을 통해 한국사의 보편성과 특수성의 조화를 설명하고, 실제적인 연구·서술을 통해 역사를 움직이는 사회 세력으로서의 인간 집단의 존재를 기준삼고 대세의 파악에 유의하여 성공적으로 한국사의 중요한 측면이 체계화되고 이론화될 수 있음을 보여 줌으로써 새로운 韓國史學의 방향과 방법을 설득력 있게 제시할 수 있었던 것이다. 실증을 기초로 삼되, 동시에 이론과 의미가 추구되어야 하며, 한국사를 한국의 민족사로 파악하되, 보편성과 특수성의 정당한 이해의 바탕 위에서 세계사와의 긴밀한 관계가 유의되어야 하며, 연구의 구체적인 대상으로 항상 인간을 중요시하되, 사회와의 관련 아래서 사회적 세력으로서의 인간 집단을 문제삼을 것 등을 중요 골자로 한다고 여겨지는 이 책에서의 구체적인 韓國史學의 새로운 方法論은 우리 학계가 공유해야 할 값진 것이라 하겠다.

둘째로, 이 책은 韓國史學의 학문적 독립성을 명시하였다는 점에서 또한 중요시되어야 할 것 같다. 즉, 방법상으로 역사에 있어서의 법칙의 다원성을 내세워 그 결합 양상의 차이의 구현이 상이한 各 國史 또는 各 民族史로 나타나는 것이라고 함으로써 한국사와 세계사와의 관계는 상대적 관계임을 확실히 하였고, 더 나아가서 한국사 자체의 체계화를 통해 보편성을 띠는 역사 이론의 摘出 가능성을 보여 주었던 것이다. 다른 한편, 사회과학이나 철학과는 엄격히 구분되는 韓國史學의 임무와 한계를 분명히 함으로써 韓國史學의 독립성과 권위를 지키려는 확고한 입장을 나타냈는데, 이에 대하여는 저자 이기백의 다음과 같은 주장을 직접 살피는 것이 좋겠다.

> 필자는 정확한 역사적 사실에 뒷받침된 한국사의 발전에 대한 체계적 인식을 제시하는 것이 韓國史學의 임무라고 믿고 있다. 그리고 역사가는 그렇게 얻은 결론을 眞理의 이름으로 제시해야 할 것이다. 그것은 객관적인 학문적 연구의 결과로 얻어진 결론이긴 하지만, 政治·經濟·社會·文化의 여러 면에서 현재에 많은 示唆를 던져 줄 것이다. 현재에 대한 歷史學의 발언은 이러한 학문의 권위로써 행해져야 할 것이다. 이로써 역사학의 임무는 달성된다고 하겠다(p. 151).

셋째로, 이 책은 시종해서 역사적인 관점을 강조하고, 그 토대 위에서 모든 논의를 진행시키고 있다는 점을 음미해 볼 필요가 있다. 실제로, 《三國史記》와 《三國遺事》를 검토하면서, 역사적 의의와 현대적 의의를 엄격히 구분하여 고찰하였으며, 객관적 사실의 중요성을 누누이 강조하고 시간을 초월한 인간의 본질이나 인간의 활동을 논하는 것은 역사학과 무관한 것임을 말하기도 했다. 특히 보는 사람의 현재적 입장이라는 절대적 기준 위에서 과거를 이해하려는 태도를 배격하면서, 이 문제를 별도로 다루기까지 했거니와, 이와 관련된 다음과 같은 저자의 주장이 특별히 주목되는 것이다.

종종 역사가들은 현대를 통해서 과거를 본다는 말을 한다. 그런 점이 전혀 없는 것은 아니다. 적어도 지나간 역사 속에서 역사가가 가지는 관심의 대상을 현대의 상황이 결정해 주는 경우가 많다. 그러나 만일 현대를 보는 눈으로 과거를 보는 뜻이라면, 이것은 때로 時流에 아첨하는 御用史家를 배출할 가능성을 배제하지 못한다. 오히려 眞理는 반대편에 있다고 믿는다. 즉 韓國史의 대세 속에서 현대를 이해하고 판단해야 옳다고 믿는다(p. 162).

이와 같이 이 책을 일관하는 역사적 입장, 역사적 사고방식은 어떤 의미를 지니는가. 그것은 어찌 보면 이 책의 저자가 역사가로서 온당한 입장을 지키고 있다는 평범한 사실을 말해 주는 데 지나지 않는 것일는지도 모른다. 그러나 오늘날 韓國史學에는 反歷史的 立場, 非歷史的 思考方式이 안팎으로 횡행하고 있다. 이러한 상황이 韓國史學을 위기로 몰아가는 경향조차 없지 않다. 이 같은 가운데 이 책이 역사적인 입장을 견지하고 나타나서 많은 영향력을 미칠 수 있게 되었다는 것은 韓國史學의 건재, 더 나아가 그 무한한 발전 가능성을 뜻한다고 보아 좋을 것이다.

그 밖에도, 관점에 따라서 이 책의 여러 측면이 얘기될 수 있을 것이다. 그렇다면 이 책에서 아쉬운 점은 발견되지 않는가. 한국의 史學史를 개관한다는 입장에 설 때, 조선 후기 실학시대의 사학이라든가, 근대 사학 바로 앞의 19세기 사학에 대한 논급이 보충되면, 더욱 바람직한 것이 되지 않았겠는가. 또한 이 책에서 강조된 比較史學의 방법에 대해서 보다 구체성 있는 설명이 있을 수도 있지 않았을까. 그리고 역사적 사실에 대하여 이 책 저자의 견해와 널리 알려져 있는 E. H. 카의 견해와의 관계가 상세하게 설명될 수는 없었을까. 하지만, 이러한 점들은 이 책이 궁극적으로 뜻하는 바와 연관시킬 때 사소한 요구 사항에 지나지 않는다고 생각된다.

## 4. 맺음말

1945년 이후 30여 년이 지나는 동안 많은 迂餘曲折을 겪으면서 韓國史學은 상당한 성장을 했다. 그러나 현재 한국 사학은 어떤 면에서는 큰 시련 속에 처해 있다고 말할 수 있다. 이 속에서, 한국 사학이 결코 民族이나 現實이란 명목 아래 眞理가 아닌 것을 위해 봉사하게 될 수는 없다는 점을 명백히 하면서, 시종 歷史的 입장에 입각하여 한국 사학의 방향을 모색 제시한 것이 이 책이다. 그러므로 우리는 이 책을 통하여 학문으로서의 한국 사학이 지향해야 할 올바른 방향이 무엇인가를 다시 생각해 보게 될 뿐 아니라, 한 중진 韓國史學者의 良心과 識見, 그리고 眞理를 향한 不屈의 意志를 접하게 되는 것이다.

# 高麗 科擧制度史의 體系化
## —《高麗科擧制度史硏究》 許興植 著, 一潮閣, 1981.

## 1. 머리말

1970년대 이후 高麗時代史의 연구가 활발하게 이루어지고 있는데, 그 가운데 科擧制에 대한 논저들도 끊임없이 나타나고 있다. 科擧는 高麗初에 도입된 이래 甲午更張으로 폐지되기까지 중요한 기능을 발휘했던 인재등용방식으로서 한국사를 통하여 가장 주목되는 정치·행정제도였음은 모두가 잘 아는 바이다. 이 같은 과거제는 사회사적으로도 지배층의 충원이라는 측면에서 상당한 중요성을 지니고 있거니와, 한국 과거제도사의 前半을 차지한다고 할 고려시대의 경우 과거제가 정치적 측면에서뿐만 아니라 사회적 측면에서도 상당한 관심의 대상이 되기에 이르렀음은 당연한 일이라 하겠다.

이러한 고려시대의 과거제 연구에서 획기적 성과를 거둔 勞作으로 許興植의 《高麗科擧制度史硏究》가 있다. 이것은 고려 과거제를 여러 방면에서 체계적으로 연구하여 얻은 결과를 집성한 것으로, 오래도록 이 분야 유일의 연구서로서 두드러진 위치를 차지하였다. 그러므로 이 책이 지니는 값어치와 의미는 커다란 것인데, 그럼에도 불구하고 이것이 刊行된 지 여러 해가 지나기까지 본격적으로 소개 논의된 바 없음은 유감스러운 일이 아닐 수 없다. 이에 이 글을 통해 《高麗科擧制度史硏究》를 널리 소개 논의함으로써 앞으로 이 분야의 활발한 연구에 조그마한 자극이라도 되기를 바라는 바, 먼저 고려 과거제 연구의 내력을 간단히 훑고, 다음에 이 책의 내용과 특징을 검토하려고 한다.

## 2. 고려 科擧制 硏究史의 개략

고려 과거제의 연구에 있어서 최초의 선구적 업적이 曺佐鎬의 〈麗代의 科擧制度〉(《歷史學報》 10, 1958)라는 점에 대하여는 별다른 이의가 없을 것이다. 이 논문은 고려의 과거제 전체를 다룬 것으로 다소 방만한 느낌을 주지만, 製述科·明經科·雜科로 三大別되는 고려시대 과거제도의 骨格을 밝혀 주었을 뿐 아니라, 豫備試驗(國子監試)→本試驗(東堂監試)의 科擧節次 및 座主·門生 관계로 대변되는 당시 과거의 여러 측면을 일깨워 준 중요한 勞作이었다. 이 논문에 뒤이어 고려 과거제가 처음 도입되는 정치적 배경과 관련하여 金龍德의 〈高麗 光宗代의 科擧制度 問題〉(《中央大論文集》 4, 1959)가 발표되었지만, 그 후 한 동안 이에 대한 연구를 찾아볼 수 없었다. 그러다가 姜喜雄의 〈高麗 科擧制度의 導入에 대한 小考〉(《韓國의 傳統과 變遷》, 1973)가 나왔는데, 이 논문은 과거제가 성공적으로 도입되는 과정을 집중적으로 추적한 것으로서, 치밀한 자료 분석과 밀도 높은 서술을 통해 상당한 성과를 거둔 연구였다.

그 무렵, 즉 1970년대 초엽에 고려사회의 성격 문제를 둘러싼 논의가 이루어지게 되었으며, 그 속에서 科擧와 蔭敍에 대한 관심이 높아지게 되었다. 朴菖熙는 〈高麗時代 '官僚制'에 대한 考察〉(《歷史學報》 58, 1973)에서 고려사회를 관료제사회라고 주장하면서 그 중요한 논거를 과거제의 실시와 그를 통한 科擧官僚의 형성과 성장에 두고, 고려시대의 정치적 지도자 가운데 압도적 다수는 과거 출신자였다고 하였다. 이에 대하여 金毅圭의 〈高麗官人社會의 性格에 대한 試考〉(《歷史學報》 58, 1973)에서는 고려의 지배층은 蔭敍로 대변되는 귀족적 요소와 과거로 대변되는 관료적 요소의 二重性을 지니지만, 前者의 비중이 더욱 크다고 하였다.

한편, 李基白은 〈高麗 貴族社會의 形成〉(《한국사》 4, 1974)을 통해 이 논의에 적극적으로 참여하여 고려 귀족사회설을 옹호하는 입장을 취하였거니와 위의 논문 속에서 고려 초기 과거제의 실시 상황을 분석 검토하면서 그 정치적·사회적 성격을 살핀 바 있다. 이 같은 일련의 논의는 약간의 방법상 문제점을 지니는 것이었음에도 불구하고, 고려사회의 구조와 성격 문제와 관련하여 과거제의 연구를 크게 자극하는 것이었다.

이때부터 고려과거제를 집중적으로 연구하는 許興植에 의하여 논문들이 잇따라 발표되었다. 〈高麗 科擧制度의 檢討〉(《韓國史研究》 10, 1974)로부터 시작하여, 〈高麗의 禮部試의 諸業別出題와 及第者의 進出〉(《白山學報》 20, 1976), 〈高麗의 國子監試와 이를 통한 身分流動〉(《韓國史研究》 12, 1976), 〈高麗의 僧科制度와 그 機能〉(《歷史教育》 19, 1976), 〈高麗의 科擧와 門蔭制度와의 比較〉, 《韓國史研究》 27, 1979) 등의 數篇이 발표되었

는데, 이것들을 바탕으로 이루어진 것이 바로 《高麗科擧制度史硏究》이다. 이에 대하여서는 뒤에서 자세히 살필 터이지만, 위의 논문 제목만을 보더라도 고려 과거제가 다각도에서 고려사회와의 긴밀한 연관 아래 다루어지고 있음을 알 수 있다.

許興植의 연구를 전후하여 그 밖의 많은 사람들이 고려 과거제에 관심을 갖고 이 문제를 다루었다. 趙東元의 〈麗代 科擧의 豫備考試와 本考試에 대한 考察〉(《圓光大論文集》8, 1974)은 고려 과거제에서의 절차 문제를 중심으로 하면서 전반적 鳥瞰을 하려 한 것이고, 李成茂의 《韓國의 科擧制度》(1976)에서도 高麗時代의 科擧制度가 포괄적으로 서술된 바 있다. 周藤吉之는 〈高麗初期の科擧制と實相との關係〉(《江上波夫敎授古稀紀念論集》'歷史篇', 1980)는 고려 과거제를 宋의 과거제와의 연관 아래 파악하면서 그 합격자의 중용 사례를 통하여 관료제의 중요한 支柱로서의 고려 과거제의 의의를 강조하였다. 또한 李成茂의 〈韓國의 科擧制와 그 特性—高麗·朝鮮前期를 中心으로〉(《科擧》, 1981)는 한국 과거제를 거시적으로 살펴 그 역사적 성격을 추적한 것으로서, 고려 과거제를 專制王權 확립을 위한 개방적 관료제의 강화와 연관하여 이해하였다. 그리고 吳星의 〈高麗 光宗代의 科擧合格者〉(《高麗光宗硏究》, 1981)는 光宗의 개혁정치와 과거의 기능을 살펴본 것이다.

뒤이어 발표된 柳浩錫의 〈高麗時代의 國子監試에 대한 再檢討〉(《歷史學報》103, 1984)는 고려 과거제에서의 절차 문제를 염두에 두면서 國子監試에 대하여 새로 고찰한 논문이다. 이에 의하면, 國子監試가 本試驗인 禮部試

(曺佐鎬교수는 東堂監試라고 했음)의 예비시험이었다는 曺佐鎬·趙東元·許興植 제씨의 설은 妥當치 않다는 것으로, 國子監 入學 자격시험인 國子監試 이외에 별도의 監試가 예비시험으로 존재하였다는 것이 柳浩錫의 주장이다. 이 같은 주장은 고려 과거제의 全體系에 관련되는 새 견해로서 앞으로 활발한 논의의 단서가 되면서 구체적 연구를 크게 자극하리라 기대된다.

이상에서 살핀 바와 같이 고려 과거제에 대한 연구는 꾸준히 진척되어 왔다. 曺佐鎬의 선구적 업적에 뒤이어 개별적 연구와 종합적 성격 검토가 함께 행하여져 왔으며, 정치제도사적인 관점에서 출발하여 사회사적 관점으로 연구의 시야가 넓혀지기도 하였다. 앞으로 이 문제는 새로운 방법이 모색되면서 더욱 활발하게 연구될 것이다. 이와 같은 연구사적 개관과 전망을 염두에 두고 《高麗科擧制度史硏究》를 살피기로 한다.

## 3. 고려 科擧制에 대한 총체적 접근과 주요 내용

《高麗科擧制度史硏究》는 본문을 이루는 7편의 논문과 부록 2편으로 구성되어 있다. 본문은 앞에 소개한 바 있는 저자 許興植의 고려 과거제에 대한 일련의 논문들을 재정리하고, 또 새로 집필하여 함께 배열한 것인데 그 내용은, (I) 高麗 科擧制度의 成立과 發展, (II) 高麗 科擧의 應試資格, (III) 高麗 禮部試의 諸業別 出題와 及第者의 進出, (IV) 高麗의 國子監試와 이를 통한 鄕吏의 身分上昇, (V) 高麗의 僧科制度와 그 機能, (VI) 高麗의 科擧와 門蔭과의 比較, (VII) 選擧志 選場의 分析 등으로 되어 있다. 이와 같이 7편의 글로 이루어진 이 책의 구성에 대하여 저자 자신은 다음과 같이 술회하고 있다.

> 첫째 정치사에서 본 制度史로서, 둘째 자격과 신분을 관련지은 사회제도의 일부로서, 셋째 學風과 관련지은 學術史의 일부로서, 넷째 支配層과 被支配層을 연결시키는 사회적 기능에 대해서, 다섯째 당시의 國敎였던 佛敎와 관련 있는 부분에 대해서, 여섯째 科擧制度가 현재 학계에 浮上된 고려 사회의 성격에 대한 상반된 견해의 해결에 어느 정도 도움을 줄 수 있는가 접근시켜 보았고, 마지막으로 科擧施行에 가장 풍부한 年代記的 資料를 분석하여 及第者數와 官員數의 상관성을 규명할 기초를 마련해 보았다(序, pp. iii-iv).

즉, 이 책을 이루는 각편의 논문들은 정치제도사·사회제도·학술사 등 각기 여러 측면에 주목하여 쓰여진 것으로 고려 과거제에 대한 종합적 고찰을 꾀하였다는 것이다. 실제로, 고려 과거제 그 자체의 해명을 시도하면서 고려사회와 유리되지 않은 채 다방면에서 여러 가지 문제와 대결한 고심의 흔적을 이 책 곳곳에서 찾아볼 수 있다. 따라서 이 책이 논문집이면서도 일정한 체계를 지니는 저술이라는 점을 아무도 부인할 수 없을 것이다.

제I편은 고려 과거제의 역사적 개관인데, 우선 주목되는 내용은 고려 과거제 성립의 기반을 新羅下代 이래 '知識人의 형성'과 인재등용제의 모순에서 추구하고 있다는 점이다. 六頭品 출신의 渡唐 유학생들이 骨品制에 대한 반성을 일으키는 한편, 지방의 土豪들과 결합하면서 그 활동을 촉진시켰던 것인데, 고려가 후삼국을 통일한 다음, 五代末·宋初에 유학생의 감소로 文翰官의 부족 사태에 당면하게 되었고, 따라서 국내 지식인을 흡수하지 않을 수 없었으며, 이것이 과거제 실시의 필요성을 절실하게 만들었다는 것이다. 또한, 이미 오래전부터 중앙과 지방에 교육기관이 설치되어 人材의 양성이 이루어지

고 있었으며, 따라서

> 과거 시행이 가능할 수 있는 사회적 기반이 통일신라 이후 전승·발전되어 중앙과 지방을 막론하고 갖추어져 있었음을 알 수 있다(p. 14)

고 주장하고 있는 것이다.

新羅下代 六頭品의 동향은 널리 주목되어 온 바 있지만, 그로부터 과거제 성립에 이르기까지의 경과를 추적한 것은 이 책 저자의 넓은 안목을 보여 주는 것이라 하겠다. 그러나, 《高麗史》〈選擧志 2〉, 崇奬之典, 成宗 6년 3월의 下敎에 나타나는 '進士'와 '諸生'을 각각 鄕貢進士와 國學生으로 보아 당시 지방의 교육수준이 중앙보다 높았다고 해석한 것은 재고의 여지가 있다고 여겨지는 바, 뒤에서 제IV편을 살피면서 다시 논급하려고 한다.

고려 과거제는 중기에 이르러 확립되어 최종고시와 자격고시가 분화되고, 私學의 성립과 관련하여 文臣을 양성하는 과거는 더욱 중요시되었는데, 무신집권기에 覆試가 실시되지 않아 王權의 개입이 없어짐에 따라서 考試官의 권한이 크게 확대되어 座主와 門生 사이의 유대가 강화되는 새로운 양상이 나타나는 것으로 보았다. 그 결과 과거를 통해 門閥이 형성되고, 이 같은 과거의 중요성 때문에 그 합격자 등록인 桂籍의 유행을 보기에 이르렀던 바, 權溥가 知貢擧, 同知貢擧 및 壯元及第者의 姓名을 모아 편찬한 《桂苑錄》의 부록인 〈座主門生掌試圖〉에 대하여 설명하는 가운데 저자 허흥식은,

> 覆試가 폐지된 다음 知貢擧의 권한이 가장 컸었던 高宗 이후 120여년 동안에

> 과거로 형성된 문벌을 보여 준다는 의미도 크다고 하겠다(p. 42)

라고 하였다. 이와 같은 주장은, 종래 座主門生制를 高麗 全盛期의 과거제와 연결 지어 생각하고, 오히려 高麗 문벌귀족사회는 무신란을 계기로 붕괴되는 것으로 보아 온 이해와는 상당한 거리를 지니는바 고려사회의 역사적 발전을 새로 파악하는데 적지 않은 도움을 줄 문제제기로 여겨진다.

제II편은 고려 과거제에 있어서의 절차와 응시자격을 다룬 것이다. 이것은 고려 과거제의 체계를 어떻게 세워 이해할 것인가 하는 매우 중요한 사항인 셈인데, 제I편도 이것과 관련되어 있다. 여기에서 이 책 저자는 《高麗史》〈選擧志〉에 보이는 관계규정들을 살펴 本考試인 禮部試(편의상 著者의 주장대로 東堂監試 대신 이 用語를 쓴다)에 응시할 자격이 있는 것은 '국자감시에 합격한 다음 國學에서 다시 수학한 자와 또 하나는 在官者'(p. 61)의 두 부류이었음을 들고, 《高麗史》는 물론 그 밖에 金石文, 文集, 《麗朝科擧事蹟》 등의 자료를 통해 實例들을 검출함으로써 이를 증명하려고 했다. 이 문제에 대한 최종적인 견해는 다음과 같은 도표를 통해 제시되고 있다(p. 89).

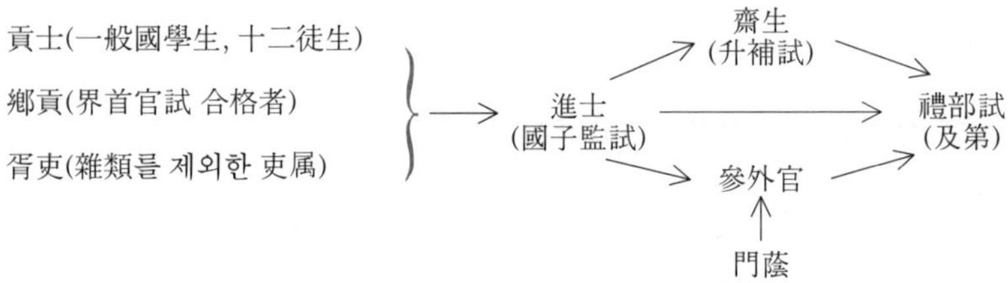


이 도표는 교육제도나 신분체제와의 관련 아래 고려 과거제의 全體系를 집약적으로 보여 주는 것으로 지금까지 찾아볼 수 없었던 포괄적이며 종합적

인 내용을 담고 있다. 이러한 체계화의 시도가 이 방면의 연구에 커다란 진전을 뜻하는 것임은 더 말할 나위도 없다. 특히 여기에서 저자가 새로운 관계자료를 발굴하고 분석하는 데 쏟은 정력은 놀라운 바 있거니와 이 같은 측면에서의 공헌은 높이 평가되어야 할 것이다.

그러나 위에 제시된 저자 허홍식의 견해와 그에 도달하기까지의 논의과정에는 좀더 검토해 볼 여지가 있는 것 같다. 첫째, 鄕貢이 國子監試를 거쳐 進士가 된 다음 禮部試에 응시한다는 것이 문제 된다. 만일 그렇다면, 鄕貢進士는 國子監試를 통해 進士가 되는 때부터 이미 鄕貢進士란 칭호를 버리고 보다 명예스러운 進士로 행세하는 것이 자연스럽지 않을까. 그러나 그들은 한결같이 鄕貢進士로서 禮部試에 응시하고 있다. 그러므로 各 地方의 界首官이 鄕貢進士를 뽑고, 그들은 禮部試에 응시하기에 앞서 國子監에서 시험을 치러야 하지만, 그 시험은 國子監試와는 구분되는 것으로 이해해 온 종래의 견해가 당시의 실제와 가까운 것이 아닌가 한다.

둘째로 在官者의 응시 문제이다. 이 책에서는 蔭敍를 통해 관직을 얻은 자가 예비시험으로서의 國子監試 합격자와 마찬가지의 비중을 지니는 禮部試 응시 자격자로 파악하였는데, 그 점이 미심쩍은 것이다. 아마도 前者의 경우를 보편적인 것으로 보기는 힘들 것 같다는 얘기이다. 우선 이 책의 저자는 《高麗史》〈選擧志 1〉, '科目條'에 있는 睿宗 5년 9월의 判文을 무리하게 해석함으로써 그와 같은 견해를 지니게 되었다고 생각된다. 이 사료는 고려 과거제를 구명하는 데 가장 중요한 관건이 되는 바로서, 이 책에서도 10번 가까이 인용되고 있다. 즉, '製述明經諸業新擧者 屬國子監三年 仕滿三百日者 各業監試

許赴'의 '仕滿三百日者'를 國子監에 들어가 3年에 걸쳐 300日 居館한 자로 보지 않고, 그것과는 별도로 入仕하여 300일 이상 在官한 자로 해석하였는데 (pp. 28, 60), 이것은 도저히 순탄한 해석으로 받아들여질 수 없으며, 지금까지 어떤 연구자도 이렇게 해석한 바 없는 것이다.

또한 많은 墓誌銘을 검토하여 사례를 추출하는 데에도 문제가 있었던 것 같다. 묘지명에는 그 사람의 傳記 자료가 들어있지만, 반드시 과거와 관련된 모든 사실을 빠짐없이 기록하고 있는 것은 아니다. 어떤 경우에는 예비시험의 합격을 언급하지 않을 수도 있고, 또는 관직을 지녔던 사실을 무시한 채 禮部試 합격만을 표시할 수도 있을 것이다. 실제로 《韓國金石文追補》를 살펴보면, 李公著·劉邦儀·吳仁正의 경우 그 墓誌銘에는 國子監試, 國學, 또는 蔭敍에 대한 언급이 전혀 없이 곧바로 禮部試에 합격한 사실만이 나타나는데, 이들의 사례는 이 책에서 언급되지 않고 있다. 따라서 묘지명을 분석하여, 禮部試에 응시하기까지의 코스를 類型化하는 것은 상당한 한계를 지니는 것이며, 특히 資料上 在官者로서 禮部試에 응시하는 것으로 나타나는 경우, 예비시험 합격을 생략할 수도 있는 것이므로 다시 생각해 볼 여지가 많은 것이다.

이러한 점들을 살필 때, 고려 과거제에 있어서의 절차 및 응시자격의 문제는 중요하고 어려운 것인 만큼, 좀더 신중하면서도 철저한 검토가 이루어졌더라면 하는 아쉬움이 있다. 그러나 일단 여기에서 세워 놓은 체계는 중시하면서 그것을 보완·수정하는 후속 연구가 이루어지는 것이 바람직할 터이고, 그 경우 國子監試가 중요한 문제가 될 것이다. 그런 점에서 앞에 소개한 柳浩錫의 연구는 주목되는 것이라 하겠다.

제III편은 本試驗인 禮部試에 대하여 그 출제 경향과 합격자 진출을 중심으로 다룬 것인데, 제IV편의 國子監試 및 제V편의 僧科와 더불어 과거제의 각론으로서의 성격을 지닌다고도 말할 수 있다. 여기에서 먼저 製述業의 出題科目의 변천을 살펴 학풍의 추이를 훑어보려 했고, 이어서 합격자의 진출 문제를 다루었다. 그 가운데 製述業 及第者의 진출과 관련하여,

> 그런데, 選場을 살펴보면, 대체로 그 선발인원이나 시행 시기는 정해져 있지 않다. 이것으로 科擧는 인적 수요에 따라 실시된 것으로 생각되며, 高麗後期나 朝鮮時代와는 대조적인 것이다. 다시 말하면, 高麗前期의 禮部試는 需要될 것을 약속받은 登用考試의 성격이 후기보다 훨씬 짙었음을 짐작할 수 있다(p. 100)

라고 한 것은 어느 정도 사실과 가까운 지적인 듯하면서도 문제를 지니고 있다. 이 책의 뒷부분에서 表를 통해 나타나는 바와 같이(pp. 252-253) 文宗 이후, 특히 고려 과거제에 있어 '隆盛極致期'라는 睿宗-毅宗年間은 대체로 1.5년마다 製述·明經業이 실시되고 있고, 合格者도 每回 약 30명씩 배출되고 있다. 또한 及第者의 누적현상도 이 책 저자의 계산에 따를 때(p. 258) 睿宗·仁宗·毅宗初에 이미 400명을 넘고 있는데, 그렇다면, 그들 가운데 상당수는 관리로 등용될 수 없었음을 뜻하는 것이 아닌가. 이러한 사실은 高麗前期의 禮部試가 선발인원이나 시행시기가 일정치 않았고, 인적 수요에 따라 그때그때 실시된 등용고시의 성격을 지닌다고 하여 후기와 구분 지으려 하는 입장과는 부합되지 않는 것 같다. 이는 엄밀하게 따질 때, 아직 고려 과거제의 실시에 대해 首尾一貫된 체계적 이해에 도달되어 있지 못한 것이 아닌가 하는 의구심

을 불러일으킬 수 있을 것이다.

여기에서 커다란 성과를 거둔 것은 明法業을 비롯한 雜業의 여러 과목들을 고찰한 바라고 여겨진다. 그 시험과목으로 나타나는 書名들과 합격자들을 구체적으로 분석·추적함으로써 고려 과거제에 있어서의 잡업의 실체를 상당히 밝혀낼 수 있었던 것이다. 아울러 雜業 各業의 시험과목으로 나타나는 書名에 대하여,

> 출제에 쓰였던 典籍에서 특히 중요시되는 것은 당시의 중국에서조차 稀貴書나 逸書가 많았다는 점이며, 특히 醫書와 함께 地理業에 많았다(p. 122)

고 하면서, 고려에서 풍부한 典籍을 이용하여 과거를 실시하였고, 이것이 과학기술상으로 東洋의 전통을 유지하는 데 기여한 것이었음을 지적한 것은 주목되는 바라고 하겠다.

제IV편은 國子監試를 다루었다. 國子監試는 그 자체 本試驗은 아니지만, 고려 과거제에서 차지하는 비중은 작지 않은데, 著者는 國子監試를 朝鮮時代의 小科와 연결되는 바로서, 예부시와 함께 '科擧制度의 二元的 形成을 가능하게 한'(p. 126) 것으로 이해하였다. 이처럼 國子監試를 豫備試驗으로 보는 견해는 이미 고려 과거제의 역사적 발전을 개관하는 제I편에서 개진하였거니와, 여기에서는 종래 禮部試와 國子監試가 자주 혼동된 것이 있었다 하여 그 명칭들을 검토하면서 國子監試의 실체를 확실하게 하려고 했다. 특히 강조된 바는 國子監試의 합격자가 進士이고, 따라서 進士科란 곧 國子監試

를 뜻한다는 점, 그리고 禮部試의 合格者를 기록한 《高麗史》〈選擧志 1〉, 選場의 '取進士 賜○○○及第'에 나타나는 進士는 鄕貢進士를 포함하여 '禮部試에 응시하려는 者'(p. 142)의 뜻을 지니는 넓은 의미의 進士를 가리키는 것이지, 禮部試에 합격됨으로써 進士의 칭호를 받게 되는 것은 아니라는 것이다. 결국 지금껏 本試驗의 製述業을 進士科라고도 보아 온 것은 잘못이므로 고쳐야 한다는 주장이다.

그러나, 이 같은 주장이 그대로 받아들여지는 데에는 난점이 없지 않은 듯하다. 무엇보다도 앞에 제시한 《高麗史》의 '取進士'를 '禮部試에 응시하려는 者를 뽑았다'라고 해석할 경우 부자연스러운 느낌이 든다. 또한 제I편을 살피면서 지적한 바이지만, 《高麗史》〈選擧志 2〉, 崇奬之典, 成宗 6년 3월의 下敎에 보이는 進士와 諸生을 鄕貢進士와 國學生으로 간주하는 것도 설득력이 없는 만큼 進士의 존재가 여전히 문제로 남는다. 그리고 묘지명들을 살피면, 禮部試 합격을 '中進士第'(崔惟淸), '登進士第'(金存中), '擧進士及第'(鄭沆) 등 進士라는 용어를 넣어 표현한 예가 아주 많이 보이는데, 이러한 경우를 어떻게 설명할 것인가.

이 책에서 '擧進士'를 한결같이 '士가 되었다', 또는 '進士로 뽑혔다'라고 하여 進士가 된 것으로 해석하였지만, 때로는 '進士에 應擧하였다'라고 해석하지 않으면 안 될 경우도 있다. 예컨대 李公壽 墓誌銘에 보이는 '早入國子監試後以父ㅁ爲良醞令 非其好也 去而擧進士中大安二年及第焉'(《韓國金石文追補》, p. 101)은 '入國子監試'가 있으므로 이 책 저자의 입장을 따르더라도 '擧進士'를 다시 '進士로 뽑혔다'라고는 할 수 없을 것이다. 이 책에서는 사료는 두 번 인용되었지만, 한 번은 '擧進士'의 3자가 原文과 釋文에서 빠졌고(p. 86), 또 한 번은 釋文에서 빠졌기 때문에 이 구절을 저자 허홍식이 어떻게 해석하는지 알 수 없는 것이 유감인데, 역시 '進士에 應擧하여'로 해석하는 것이 타당할 것이며, 內容上으로는 '進士科에 擧者가 되어'로 이해할 수도 있는 것이 아닐까.

그런데, 進士科가 豫備試驗으로서의 國子監試를 지칭하는 것이 명백하다고 여기지는 사료들은 모두 고려 후기, 그것도 忠肅王代 이후의 것들이다(p. 131). 그렇다면 이 문제는 고려 과거제의 변천이라는 시각에서 재검토함으로써 어떤 해결의 실마리를 찾을 수는 없을까. 이에 대한 논의는 이미 오래전부터 있어 온 만큼(《東洋學》5, 1975, pp. 694-700 참조), 곧 모두가 수긍할 수 있는 귀결점을 찾아야 할 것이다.

한편, 國子監試는 鄕貢進士를 중요한 응시 대상자로 삼는다고 하여 여기에서 國子監試를 통한 鄕吏層의 身分上昇을 살피려 했다. 그것은 '鄕貢進士는 戶長을 중심으로 副戶正 이상의 子孫이 독점하다시피한 것'(p. 151)이라는 견해에 입각한 것인데, 高麗 歷代의 鄕貢進士 19人을 摘出하고, 그 밖에 地方 吏의 신분으로 及第한 것으로 나타나는 사람들도 대개 鄕貢進士를 거쳤으리라고 推斷하여 다음과 같이 주장하였다.

> 戶長層을 중심한 副戶正 이상의 子弟는 胥吏나 또는 中央의 教育機關에 入學하였던 예도 있으나, 대체로 지방의 界首官이 있는 4都護·8牧의 界首官試를 거친 鄕貢이 國子監試를 거쳐 禮部試에 응시하는 것이 보편화된 과정일 것이다. 牧·州·府·郡·縣·鎭의 戶長層을 중심으로 副戶正까지 國子監試를 통하여 활발

한 身分上昇이 일어나고 있었다고 하겠다(p. 155).

이러한 관점과 접근방식은 과거제 연구의 시야를 社會史의 방향으로까지 확대시켜 준 값진 것이었다고 여겨진다. 그리고 鄕貢進士를 중심으로 하는 地方鄕吏社會의 一面을 조명해 줄 수 있었다는 점에서 구체적인 성과도 거두었다고 하겠다. 그러나 國子監試와 鄕貢進士의 國子監에서의 시험을 별개로 이해할 경우, 위와 같은 주장은 근본부터 흔들린다는 점을 유의할 필요가 있을 것이다.

제V편은 科擧制의 특수한 部面인 僧科를 다루었다. 이것은 불교와 더욱 긴밀하게 관련되는 문제이지만, 저자의 불교에 대한 소양과 科擧制를 두루 검토하겠다는 의욕이 이 책에 高麗 僧科制度가 포함될 수 있게 해 주었을 것이다. 중요한 내용을 살피면, 高麗 僧科의 成立을 後三國時代 이래 계속된 國家의 佛敎 및 高僧들에 대한 포용정책의 결과로 이해하고, 그것은 僧階가 制度化되는 것과 표리관계에 있다고 하면서, 成立時期를 일반 科擧制와 같은 光宗 9년으로 잡았다. 또한, 주로 金石文들로부터 자료를 추출하여 42회에 달하는 僧科 실시의 사례를 적출하였는데, 이것은 많은 노력의 결과로서 상당한 평가를 받아야 할 것이다.

한편 僧科의 합격자는 僧階를 받고, 寺剎의 住持로 파견되었다 하여 僧科의 기능을 僧政과의 관련 아래 이해하였다. 그러나 승려의 인사행정은 일반 관료체계 속에 포함되었으며, 僧錄司는 僧籍을 관장하고 불교행사를 주선하는 역할을 하는 정도에 지나지 않았다는 주장은 새로운 것이기는 하지만 좀더 검토해 볼 여지가 있을 것 같다. 전반적으로 보아 중요한 문제를 처음 본격적으로 다룬 야심적인 글이지만, 高麗佛敎史 전반에 걸쳐 관심을 표시하고, 난해한 漢文 사료들을 해석하는 것은 힘겨운 일이었고, 그 가운데 적지 않은 무리가 개재되었던 것이 아닌가 한다.

제VI편은 지금까지의 고찰을 통하여 얻은 성과로써 科擧制와 蔭敍制의 相關關係를 살펴본 것으로, 이 책 가운데 가장 체계적이고 무게 있는 부분이라고 여겨진다. 특기할 것은, 蔭敍에 대해서도 새로운 사례들을 많이 摘出해 내면서 본격적인 검토를 하였는데,

> 門蔭에도 여러 가지 구분이 존재하고 있었다. 〔…〕 따라서 모든 경우를 포함한 넓은 의미의 蔭敍와 좁은 의미로 大夫 이상 官人 자손의 蔭敍를 구분해야 할 것이다(p. 210)

라 하여 蔭敍를 두 가지로 나누어 이해할 것을 주장한 것은 중요한 문제제기로서 그 후 蔭敍의 연구에 상당한 자극과 시사를 주었던 것이다.

저자 허흥식이 과거와 음서를 여러 측면에서 비교하여 얻은 결론은 과거우위론이었다. 과거와 음서를 비교하여 사회의 성격을 단정짓는 데에 의문을 표시하고, 또 이 두 가지는 대립적인 요소로 존재하였던 것은 아니라는 입장을 밝히면서도, 그는 특히 文翰官과 國子監 學官이 科擧 합격자의 독점물이었다는 점을 지적하면서 蔭敍는 科擧보다 위축될 수밖에 없었음을 강조했다. 그리하여, 科擧는 자연히 門閥의 형성에도 절대적 작용을 하였다고 보아,

> 대체로 고려 중기의 門閥이란 禮部試 及第者가 일으킨 家門에서 계속된 及第者가 나올 때 형성되고 있었다고 보여지며, 門蔭으로 家門이 확대된 때는 훨씬 적고, 門閥의 융성한 규모도 科擧로 융성한 것보다 훨씬 작은 셈이다(p. 228)

라고 주장하였다. 이러한 견해는 저자의 광범위한 과거제 연구를 바탕으로 한 다각도의 검토에 기초한 것이므로 상당한 무게를 지니는 것으로서 당시의 현실을 상당히 근사하게 말해 준다고 하겠다.

그러나, 음서도 과거와 더불어 가장 떳떳한 출세의 길이었을 뿐 아니라 數多한 宰相을 배출시키고 있으며, 유력한 문벌의 형성과 발전에 중요한 구실을 했던 것도 명확한 사실이다. 그렇다면, 이 두 가지를 계량적으로 비교하기보다는 著者 자신이 주장하는 바 "개인이 官人으로 진출하는 데에 있어서 항상 보완작용을 해 주고 있었다"(p. 236)는 취지를 더 확대시켜 이 兩大 入仕方式이 공존하면서 상호보완적 기능을 발휘할 수 있게 해 준 고려사회의 성격을 보다 깊게 추구할 수는 없었을까 하는 욕심이 들게 된다. 아무튼 여기에서 과거제 연구의 성과를 통해 고려사회의 성격과 관련된 논의에 적극적으로 참여하여 발언한 것은 바람직한 연구방향을 제시해 준 것이었으며, 결론적으로 제시된 과거우위론은 깊이 음미되어야 할 것이다.

제VII편은 高麗 科擧(禮部試)의 實施年代, 試驗官과 壯元及第者의 姓名 및 合格者數가 기록되어 있는 《高麗史》〈選擧志 1〉, '選場條'를 다각도로 분석·검토한 것이다. 여기에서 돋보이는 것은 《國朝榜目》 속의 〈前朝科擧事蹟〉, 《高麗列朝登科目》, 《海東榜目》 등 비슷한 계통의 여러 가지 高麗登科錄을 발굴 소개한 저자 허흥식의 학문적 공로라 하겠다. 이것들을 종합하고, 그 밖에 금석문 등 일차자료들을 참고하여 작성한 〈高麗禮部試登科錄〉이 부록으로 실려 있는데, 이것은 앞으로 고려 과거제 연구에 귀중한 자료로 이용될 수 있을 것이다. 그러나 이것은 자료의 성격을 띄는 만큼, 정확성에 유의하면서 신중하게 작성했더라면 하는 아쉬움을 주는데, 趙浚이 恭愍王 6년 4월과 恭愍王 23년 4월의 두 榜에 함께 나온다든가(후자가 옳을 것이다), 尹徵古의 경우 '成宗末登第'란 기사를 근거로 成宗 15년 3월의 榜에 단정적으로 포함시킨 점 등이 눈에 띄기 때문이다.

## 4. 새로운 학문적 성과와 특징

앞에서 《高麗科擧制度史硏究》에 대하여 중요한 내용을 살피면서 간간이 문제점들도 지적하였다. 이것들을 종합하면서 이 책의 성격과 특징을 몇 가지 지적하고자 한다.

첫째로, 高麗 과거제의 체계적 이해를 위한 최초의 본격적 연구로서 크게 기여했다는 점이다. 앞에서 일별한 바와 같이 종래에도 고려 과거제에 대한 관심이 적지 않아서 曺佐鎬의 것을 비롯하여 여러 편의 논문이 발표된 바 있지만, 종적으로는 그 역사적 발전을 추구하고, 횡적으로는 節次·應試資格 및 禮部試·國子監試·僧科를 다루는 등 이 문제를 종합적으로 다룬 이 책과 비견될 수 없을 것이다. 물론 이 책에서 추구하여 이룩한 고려 과거제의 像은 많은 문제점을 지닌 불완전한 것으로, 앞으로의 후속적 연구에 의해 보완되고 수정되어야 하리라 생각된다. 그러나 그것은 아직도 초기 단계에 있는 이 방면 연구의 실태를 고려할 때 당연한 것일는지도 모른다. 따라서 고려 과거제에 대한 최초의 본격적 연구서로서 이 책이 지니는 의미는 정당하게 평가 받아야 할 것이다.

둘째로, 많은 자료의 발굴과 소개가 이 책의 두드러진 특징을 이룬다는 점이다. 저자 허흥식은 지금까지 별로 관심의 대상이 되지 않았던 〈麗朝科擧事蹟〉을 비롯한 몇 가지의 고려시대 登科錄을 찾아냈고, 楊以時와 李白修의 紅牌들을 소개했는가 하면, 禹倬의 文集인 《尙賢錄》의 末尾에 있는 庚寅榜에 주목하기도 했다. 이와 같은 새로운 자료의 발굴은 과거제를 중심으로 하여 고려사회의 여러 측면을 밝히는 데 크게 도움을 주는 일인 것이다. 그뿐 아니라, 이 책에서는 문집과 금석문을 철저하게 조사하여 수많은 과거의 사례를 찾아내어 분석의 대상으로 삼고 있는데, 이는 지금껏 《高麗史》에만 주로 의존하다시피 한 고려 과거제 연구의 자료적 기반을 크게 확충시켰음을 뜻한다. 아마도 이러한 자료 면에서 보여 준 저자의 집착과 노력은 이 책을 통하여 가장 값지게 평가 받아야 할 대목이라 할 수 있을 것이다.

셋째로, 방법상 고려 과거제의 연구를 사회사적 국면으로 발전시켰다는 점을 지적할 수 있다. 종래의 연구는 대체로 制度史의 범위를 크게 벗어나지 못하는 것이었다. 그런데, 이 연구서에서는 科擧의 운용과 관련하여 고려사회의 구조에 상당한 조명을 가했던 것이다. 특히 응시자격을 다지고, 鄕貢進士의 進出을 검토하는 과정에서 여러 신분계층과 그 유동관계가 논의되었으며, 궁극적으로는 과거제와 음서제와의 비교를 통해 고려사회의 성격 문제에 접근하려고 했다. 이처럼 고려 과거제도사를 사회사의 일환으로서 추구하려고 한 자세는 이 방면의 연구를 한 차원 높이는 방향으로 기여한 것으로 평가 받을 수 있을 것이다.

끝으로, 이상과 같은 장점 또는 공헌에도 불구하고, 이 책은 상당한 취약성과 문제점을 지닌다는 것도 부인할 수 없다는 점이다. 우선 지적한 것은 정확성의 결여이다. 연대의 착오로 인한 부정확한 서술이 여러 군데 나타나는가 하면, 용어의 의미가 바르지 않게 파악된 경우도 있으며, 사료가 오역되어 제시된 곳도 적지 않다. 그 가운데에는 논지에 별 영향이 없는 것도 있지만, 그렇지만은 않은 경우들도 있다. 이 같은 정확성의 결여가 이 책의 취약점이 되고 있다.

또한 사료의 제시가 보다 명백하고 성실했더라면 하는 아쉬움도 있다. 특히 한문으로 된 사료를 번역하여 제시하는 과정에서 상당한 문제점이 노출되었는데, 생략 여부가 불분명한 채 의역되었는가 하면, 본시험이라고 생각되는 용어는 모두 '禮部試'로 바꾸어 놓고 있다. 연구논문에서 모든 자료는 되도록 원형에 가깝게 제시하는 것이 바람직하며, 설사 일정한 결론으로 이끄는데 장애가 되는 것이라도 숨김없이 드러내어 논의의 대상으로 삼아야 할 것이다.

그리고 이 책을 통해 독단과 비약의 느낌을 주거나, 논리의 전개상 首尾一貫되지 않는 대목도 상당히 눈에 띈다. 특히 苦言하지 않을 수 없는 것은 관계되는 선행업적에 대하여 무관심하거나 인색한 듯한 느낌을 준다는 점인데, 적어도 曺佐鎬·李基白·金映遂의 관계논저는 몇 군데에서 선행업적으로서 정당하게 거론되어야 했을 것이다. 선행업적에 대한 성실한 註記는 학문상으로는 물론이요, 윤리상으로도 반드시 필요한 것임은 더 말할 나위도 없다.

이상에서 《高麗科擧制度史硏究》의 성격과 특징을 말하면서 이 책에서 느껴지는 다소의 불만도 토로했지만, 그것이 이 책의 진가를 손상시키지는 않을 것이다. 이 力書는 1981년 斗溪學術賞과 韓國日報出版文化賞(著述部門)을 아울러 수상하는 진귀한 기록을 수립했다는 점을 살피더라도 그 聲價가 어떠한 것이었던가를 짐작할 수 있으리라 생각한다.

# 조선시대 史學史 연구의 개척—《朝鮮前期史學史研究》

韓永愚 著, 서울대학교출판부, 1981.

## 1. 머리말

韓國史學史에 대한 관심이 커지게 된 것은 1970년대에 들어선 다음부터가 아닌가 생각된다. 韓國史學의 發展에 따라 여러 측면에서 방법적 반성을 하게 되고, 주요 史書들에 대한 종합적 비판을 하는 과정에서 史學史에 관한 관심이 고조되고, 이 분야를 본격적으로 연구하는 학자들이 나타나게 되었던 것이다. 그리하여, 鄭求福의 〈東國史略에 對한 史學史的 考察〉(《歷史學報》68, 1975)을 비롯한 朝鮮時代 史學史에 관한 일련의 논문들이 발표되고, 비록 대담형식이긴 하지만, 李基白의 사회로 진행된 토론의 結集으로서 《우리 歷史를 어떻게 볼 것인가》(三星文化財團, 1976)가 한국사학사의 개설서로서의 내용을 갖추고 출간될 수 있었다. 그런데, 새롭게 韓永愚의 《朝鮮前期史學史研究》가 이 분야 최초의 본격적 연구서로서 간행되었으니, 이는 그동안의 값진 성과의 결실로서 학계가 함께 경하할 일이라 하겠다.

저자 한영우는 조선시대를 연구하는 한국사학자로서 그동안 社會經濟史와 思想史 분야에서 여러 가지 주목되는 업적을 낸 바 있음은 널리 알려진 사실이다. 그는 조선시대의 史書가 '朝鮮時代史의 문맥'에서 검토되는 것이 바람직하다는 느낌에서, 그동안 조선시대를 공부해 온 경험을 사학사 연구에 활용해 본다는 생각을 갖고 이 연구에 착수했다고 하거니와, 이렇게 해서 〈朝鮮初期의 歷史敍述과 歷史認識〉(《韓國學報》 7, 1977)을 발표한 이래 꾸준히 조선 전기 사학사에 관한 논문들을 공표해 왔다. 그러다가 이번에 지금까지 발표한 논문들을 종합 정리하고 체계화시켜서 《朝鮮前期史學史硏究》로 펴낸 것이다. 그러므로 이 책은 韓國史學史 관계로서는 최초의 연구서일 뿐 아니라, 저자 한영우의 지금까지의 조선시대에 대한 연구 성과가 폭넓게 밑바탕에 깔려 있는 것이라는 점에서 주목될 만한 것이라고 하겠다.

## 2. 15세기의 官撰史書와 16세기 士林의 私撰史書

이 책의 編次는 다음과 같다.

緖論

第一章 15世紀 官撰 史書 편찬의 추이

第二章 《高麗史》와 《高麗史節要》의 比較

第三章 《東國通鑑》의 編纂 경위와 歷史敍述

第四章 16世紀 士林의 道學的 歷史敍述

위의 편차에서 쉽게 드러나는 바와 같이 第1章으로부터 第3章까지는 官撰

史書를 통하여 15세기를 다루고, 第4章에서는 士林의 私撰史書를 통하여 16세기를 다룸으로써 조선 전기 200년 동안의 사학사를 집약적으로 검토하고 있다. 이 같은 15세기와 16세기의 구분은 사학사적으로 시대구분이 가능하다는 견해를 바탕으로 한 것이며, 그 연구의 시각에 있어서도 15세기 사서에서는 君臣關係에, 16세기 사서에서는 朋黨關係에 각각 초점을 맞추어 編史精神의 차이를 이해하려고 노력했다는 것이다.

우선, 第1章은 太祖代로부터 太宗代, 世宗·文宗代, 世祖代를 거쳐 成宗代에 이르기까지의 歷史編纂, 歷史敍述을 王代別로 훑어본 것이다.

그 속에서, 《高麗國史》, 《東國史略》, 《東國世年歌》, 《高麗史》, 《高麗史節要》, 《應制詩註》, 《三國史節要》, 《東國通鑑》 등 여러 사서들의 편찬과 그 서술내용에 대한 분석·검토가 이루어지고 있는데, 특히 유교가 통치이념으로 표방되는 가운데에서도 정치 實權의 소재, 국가의 정책방향, 대외관계에서의 事大의 정도에 따라 많은 정치적 갈등이 노정되고, 이와 관련하여 도교, 불교, 민간신앙 등 이른바 異端文化를 포용하는 정도에 차등이 생기게 됨에 따라서 역사인식이 다른 형태로 나타나는 것을 중요시하면서 민족지향적인 世宗과 世祖의 역사인식을 높이 평가하는 입장을 취하였다.

第2章은 이미 앞 章에서 부분적으로 다루어진 《高麗史》와 《高麗史節要》를 보다 깊이 이해하기 위하여 두 사서를 비교 검토한 것인데, 그 편찬의 주체와 체재 및 역사인식의 내용을 중심으로 비교한 결과, 《高麗史》는 親王的인 사서임에 반하여 《高麗史節要》는 親臣的인 사서라는 결론에 도달하고 있다. 그러나 다른 한편, 두 사서는 당시 실용주의적 문화풍토 위에서 거의

같은 시기에 비슷한 편찬진용에 의해 만들어졌으므로, 王道와 覇道, 義理와 功利, 事大와 自主가 조화되고, 性理學 이외의 이단에 대해서도 비교적 관용하는 입장을 취한다는 점에서 공통점을 지니는 것으로 보았다.

第3章은 《東國通鑑》에 대한 정밀한 사학사적 검토를 가한 것이다. 그리하여, 이 사서는 당초 專制王權의 강화와 失地(滿洲地域)의 회복을 기도한 世祖가 古記類들을 이용하여 脫規範的인 웅대한 民族史를 편찬한다는 목표 아래 그 편찬이 착수되었던 것이지만, 많은 우여곡절을 겪어 成宗 16년에 이르러서 마침내 勳臣과 士林(嶺南士林)의 합작인 《新編東國通鑑》으로 완성, 撰進된다는 것을 먼저 밝히고, 다음으로 역사서술은 檀君朝鮮으로부터 高麗末까지를 다루되, 箕子, 馬韓, 新羅統一을 부각시키면서 中國에 대한 至誠事大와 節義를 숭상하는 입장을 취하고 있다는 점을 들어, 道學至上·新羅中心의 士林的 역사인식이 투영된 것임을 강조하였다.

第4章은 16세기에 편찬되는 士林의 私撰史書들을 고찰한 것이다. 지금까지 다룬 官撰史書들은 15세기의 中央集權的 官僚制國家의 절충적 지배이념 아래에서 만들어진 것들이지만, 16세기에 들어와서는 士林勢力이 정치세력으로 대두하여 朱子學만을 용납하는 사상적 배타성을 띠는 가운데 程朱學的·道學的 史觀에 입각하여 中國史를 이해하고, 국사를 중국 문화의 지방적 전개로서 인식하게 되는 바, 이 같은 尊華事大意識과 道學을 基底로 하는 私撰史書들이 저술된다고 하면서, 朴祥의 《東國史略》, 柳希齡의 《標題音註東國史略》, 朴世茂의 《童蒙先習》을 개별적으로 검토하고, 끝으로 李珥의 史論을 살피고 있다. 그리하여 畿湖地方 출신의 改良主義者들인 이들의

국사인식은 공리와 패도를 거부하고, 도학과 의리를 숭상한다는 입장에서 15세기 勳臣들의 官撰史書에 반영된 역사인식과 다르고, 節義나 異端 문제에 있어서 지나치게 경직된 평가를 피하고 어느 정도 관용하는 입장을 취한다는 점에서는 《東國通鑑》에 반영된 嶺南士林의 역사인식과도 부분적 차이가 드러난다는 점을 지적하고, 그러한 가운데 다소 이색적이고 檀君朝鮮의 정치와 문화를 새롭게 이해한 柳希齡의 歷史認識 및 士林 공통의 道學的 歷史認識을 이론화하고 체계화한 李珥의 존재는 일정한 긍정적 의미를 가지는 것으로 평가하였다.

이 책은 緖論에서 사학사의 연구과제로서 사서에 담기는 編史精神 내지 史觀을 중요시하여, 특히 사상사와의 연관을 강조했던 것인데, 이상의 고찰을 통하여 15세기는 朱子學을 최고 이념으로 하면서 漢唐儒學, 道敎, 佛敎, 民間信仰이 종속되는 思想體系를 형성하여, 歷史敍述面에서는 다양성과 절충성을 띠어, 국사의 민족사적 개성과 中華文化的 普遍性을 아울러 발견하는 성과를 거둘 수 있었다 하여 크게 평가하였다. 그러나 16세기는 朱子學의 深化와 功利思想의 배격을 통하여 王道, 忠節, 義理가 강조되고, 理氣 心性의 高尙한 思辨哲學이 발달하면서, 歷史認識도 中國史를 朱子의 正統論에 입각하여 이해하고, 國史도 尊華思想을 바탕으로 하여 小中華의 역사로 인식함으로써 국사의 개별적 측면보다는 中華(儒敎)文化圈으로서의 보편성이 강조되고, 따라서 유교문화와 대립되는 固有文化가 극도로 夷狄視되고 이단시되게 되었던 것이라는 결론에 도달하고 있다.

## 3. 역사 편찬의 政治性과 北方 중심의 역사인식

이 책은 조선 전기의 사학사를 史書中心으로 살피되, 전반기의 官撰史書와 후반기의 私撰史書로 大別하여 검토함으로써 새롭게 체계화시키고 있다는 점이 먼저 눈에 띄는 특징이라 하겠다. 앞에서 살핀 바와 같이, 대체로 경국대전 체제가 갖추어지는 과정과 시기를 같이하는 전반의 100년을 官撰史書의 편찬을 중심으로 검토하면서 사학사의 흐름을 通觀하고, 그 다음 100년을 士林의 대두와 관련 지으면서 私撰史書의 編著者와 그 내용을 중심으로 當代史學의 성격을 추구하였는데, 그 가운데 《應制詩註》를 비롯한 몇 가지 관계 文籍들이 새로 본격적인 검토의 대상이 되었는가 하면, 《東國通鑑》과 같은 방대한 사서가 여러 측면에서 정밀하게 분석 考究되기도 하였다. 이와 같은 새로운 체계의 수립과 사서의 발굴, 검토는 그 자체로서 큰 의미를 지니는 바, 이 시기 사학사의 골격을 세우는 데 이 책이 상당한 공헌을 하고 있음을 뜻하는 것이라고 하겠다.

다음으로 이 책의 두드러진 특징으로 歷史編纂에 작용하는 정치성을 크게 중요시하고 있다는 점을 지적할 수 있다. 좀더 분명히 얘기한다면, 역사편찬의 목적을 주로 정치적 이유에서 추구하여 관찬사서의 경우 왕권강화책으로서의 측면을 강조하고, 사서의 성격을 그 편찬자의 정치적 성향과 직결시켜 이해하려고 하고 있는 것이다.

> 河崙 등에 의하여 수행된 《고려국사》의 개찬도 실은 太宗 자신과 非革命派 人士들을 두호하려는 太宗政權의 自己 合理化의 수단이었다(p. 79).

이러한 점에서 權近의 역사의식이 半島中心의 소극적 上古史 인식을 가진 것이요, 事大와 綱常의 名分論이 철저한 것이라 하더라도 太宗初의 역사적 상황에서는 政治安定에 긍정적으로 기여하였다(p. 33).

결국 자신의 王位 찬탈을 正當化하고 專制王權을 강화하는 입장에서 國史를 君主中心의 脫規範的 民族史體系로 재구성하려 했던 世祖의 《東國通鑑》 편찬 작업은 〔…〕 完成을 보지 못한 가운데 중단되고 말았던 것이다(p. 154).

위의 引用文들은 각기 太宗代의 《高麗國史》 개찬, 權近 所撰의 《東國史略》 및 世祖의 《東國通鑑》 편찬에 관한 것들이거니와, 역사편찬의 동기에서뿐만 아니라 그 성과 면에서도 정치적 의의를 중요시하는 입장을 잘 드러내주고 있다.

新王朝에 들어와서 高麗史를 정리하는 문제는 그렇게 간단한 것이 아니었다. 그것은 李王室과 革命派 士大夫, 그리고 革命에 가담하지 않은 士大夫의 세 政治세력 간의 政治的 主導權을 둘러싼 갈등에서 비롯된 것이었다. 〔…〕 이러한 世宗 末年의 政治的 狀況은 《高麗史》의 難産을 가져온 직접적 요인이 되었다. 文宗代에 완성된 《高麗史》와 《高麗史節要》는 外形上으로는 서로 補完관계를 가지는 듯하면서도, 內面的으로는 君臣간의 상충된 利害關係가 反映된 史書가 되었다(pp. 133-134).

《고려사》의 편찬과정과 《고려사》와 《고려사절요》의 관계를 설명하는 가운데에도 정치적 갈등과 이해관계를 중요시하고 있는데, 특히 《고려사》를

親王的 史書로, 《고려사절요》를 親臣的 史書로 성격을 규정하고 있음은 앞에서 지적한 바와 같다.

이와 같이 역사편찬에 작용하는 정치성을 중요시하는 입장은 저자가,

> 政治史가 궁극적으로 思想史 및 社會史를 포괄한다는 사실을 유념한 까닭이다 (p. 12)

라고 말하고 있는 바와 같이, 사학사를 정치사와 단순히 연관시키는 게 아니라, 정치사에 직접적으로 포괄되는 존재로서 파악하고 이해하는 바에 연유한다고 생각된다. 그리하여, 역사편찬과 관련하여 조선 초기의 數多한 정치적 사건과 대립관계가 여러 각도에서 제시 설명되고 있으며, 이 같은 정치적 이해관계에 따라 역사인식과 역사서술이 相異한 형태로 구현되는 것을 밝혀 드러내려고 노력하고 있는 것이다. 이처럼 정치사적 측면에서 사학사를 이해하고 설명하려는 입장이 이 책의 커다란 특색을 이룬다고 하겠다.

또한 이 책은 사학사와 사상사를 밀착시키려 하면서 사관의 중요성을 강조하여, 특히 국사서술에서 북방〔滿洲地域〕에 대한 관심도 내지 파악방식이 어떠했는가를 그 사서의 성격 판별의 가장 중요한 요소로 이해하고 있다는 점이 특징적이다.

> 史學史가 思想史와 유리될 수 없는 것은 編史의 정체성, 즉 史觀이 개재하는 까닭이다. 編史의 客觀的 側面, 즉 資料의 有無나 信憑性의 문제도 史學史研究에서 고려의 대상이 되어야 하겠으나, 그 역시 史觀의 영향을 받는 까닭에 史學史연구

에서 일차적으로 중요한 것은 史觀의 문제가 아닌가 한다(p. 9).

緖論의 한 구절인 윗글에 의하면, 編史의 주체성으로서의 사관은 사학사에서 가장 중요한 考究의 대상이 된다는 것이다. 그런데, 이 책의 내용을 살피면 여기에서 말하는 사관은 역사발전에 대한 어떤 역사철학적 견해가 아니라, 주로 국사의 체계에 대한 이해방향을 뜻하는 포괄적 의미를 지닌 것임을 알 수 있다. 그리하여 檀君朝鮮과 箕子朝鮮의 비중, 三韓의 出自, 漢四郡의 위치, 新羅의 三國統一의 의의 등 주로 古代史에 있어서의 몇 가지 중요한 문제들이 어떻게 다루어졌는가에 큰 관심을 갖고, 이를 통하여 '民族의本籍地'인 北方〔滿洲地域〕을 중심으로 삼는 고대사 인식을 하고 있는가의 여부를 살피고, 더 나아가 국사를 중국에 대하여 얼마나 독자적인 것으로 생각하였는가를 판별하려 하였다.

이와 같은 입장에서 《帝王韻記》, 《東國世年歌》, 《應制時註》, 《標題音註東國史略》의 역사인식을 독자적, 북방중심적이라 하여 높이 평가하고, 《三國史記》, 《東國史略》, 《三國史節要》, 《東國通鑑》과 16세기의 거의 모든 사서들의 경우 그와 상반되는 것으로 파악하였다. 그런데, 이러한 차이는 그 사서의 사상적 배경이 유학〔朱子學〕중심적인가 또는 도교, 佛敎, 민간신앙 등도 포용하는가에 연유한다는 것으로, 이 책에서는 주자학에 비판적이며, 그 반면 도교에 대해서는 특히 긍정적으로 높이 평가하는 입장이 곳곳에서 표출되고 있는 것이다. 그러면, 북방〔滿洲〕 중심의 고대사 인식을 그토록 중요시하면서 주자학적 이데올로기를 비판하는 까닭은 무엇인가.

따라서 古記類를 가지고 歷史를 서술한다는 것은 歷史를 神秘化시키는 단점을 갖는 동시에, 君主의 權威를 높이고, 民族의 一體感을 조성하는 데는 매우 유리한 이데올로기로서 작용하게 마련이다. 특히 韓國史의 경우, 上古史를 美化시키는 것은 잃어버린 滿洲 땅에 대한 회고의 情을 북돋아 주는 기능도 갖는다. 그것은 民族史의 現住所가 半島로 위축되어 大陸의 本籍地를 상실한 데서 오는 특수성과 관련이 있다. 따라서 上古史에 대한 상세한 지식은 곧 民族의 本籍地에 대한 인식으로 연결되고, 그것은 다시 失地回復의 念을 불러일으키는 심리적 자극제가 된다(p. 143).

결국 민족의 일체감을 조성하고, 특히, 잃어버린 만주 땅에 대한 회고의 정을 북돋아 주어 失地回復의 念을 불러일으킨다는 점에서 非儒敎的인 古記類를 바탕으로 역사를 서술하여 北方 중심의 고대사 인식을 하는 것이 뜻있는 것임을 술회하고 있는 셈이다. 여기에서 우리는 역사인식의 방향을 어떤 실천적 가치와 연관 지으려는 듯한 인상을 받게 되거니와, 위에서 살핀 관점과 입장은 丹齋 申采浩의 民族主義史學에서의 그것과 相通 되는 점이 적지 않은 것으로 여겨진다. 이 점이야말로 이 책에서 가장 주목되어야 할 게 아닐까 한다.

以上 이 책의 윤곽을 살피고, 그 두드러진 특징을 지적했지만, 그 속에 함축된 多岐한 내용과 의도를 충분히 소개하는 데에는 미흡하였을 것으로 여겨진다. 그러나 이 책이 조선 전기 200년 동안의 역사를 通觀하는 안목을 갖고 사학사를 밀도 깊게 고찰한 勞作으로서, 한편으로는 정치사적 측면을 중시하고, 다른 한편으로는 사관의 중요성을 강조하면서 특히 주자학적 관점에서의 역사서술을 비판하고, 북방(만주지역)에 대한 관심도를 중요시함으로써 커다

란 특징을 나타내 주는 것임을 알 수 있게 되었으리라 믿는다.

## 4. 史學史의 방법에 대한 몇 가지 문제점

이 책에 대하여 몇 가지 문제점을 중심으로 논의한다면, 첫째로 사학사의 연구 대상과 방법에 대한 약간의 검토가 필요하지 않을까 생각된다. 저자 한영우는 사학사에서 "編史의 객관적 측면, 즉 자료의 有無나 신빙성의 문제"보다는 사관의 문제가 일차적으로 중요하다는 입장을 취했음을 스스로 밝히고 있으며, 실제로 이러한 입장은 이 책을 통하여 견지되고 있다. 바로 이 점이 좀더 숙고되어야 할 게 아닐까.

사학사는 두 말할 필요도 없이 역사학의 성립과 발달을 추구하는 것이다. 그리고 역사학은 독립된 학문으로서 객관적 사실, 역사적 진실의 구명과 서술을 그 바탕으로 삼는다. 전근대에 있어서 역사학은 經學, 또는 문학에 예속적이었다든가, 역사인식에 있어서 절대적 객관이란 불가능한 것이라든가 하는 논의와는 관계없이 역사학 그 자체의 최소 범위의 기본성격은 변동될 수 없는 것이 아닌가 한다. 그렇다면, 사학사에서는 역사학이 하나의 독립된 학문으로서 발전할 수 있는 바탕을 주목하면서, 이용된 사료의 신빙성이나, 논증의 과학성, 또는 서술의 객관성에 중점을 두고 연구하는 것이 중요하지 않을까. 이 책에서 저자가 "編史의 객관적 측면"이라고 한 듯싶은 이러한 요소들은 그 자체가 곧 역사학의 학문적 존립을 위한 전제가 되는 것이기 때문이다.

이 책에서 이른바 사관이라 한 역사인식의 주관성이 중요한 것임은 물론이고, 특히 역사학 자체의 독특한 성격에 비추어 사학사가 단순히 학술사의 일환으로 파악되는 것은 바람직하지 못하다고 하더라도, 그 방법적 측면의 중요성을 忽視할 때, 사학사는 그 자체의 의의를 상실할 위험성이 뒤따를 가능성이 크다고 여겨진다. 이 책을 통하여 방법상의 문제를 거론하지 않은 채 漢郡縣을 滿洲에 比定했다든가, 檀君朝鮮과 高句麗를 부각시키려 했다는 理由로 《應制時註》를 비롯한 일부 사서들을 높이 평가하려는 입장이 충분히 설득력 있게 받아들여지지 않는다는 점은, 이러한 점에서 깊이 음미되어야 할 것이다. 더욱이 최근에 國粹主義的 편향 때문에 한국사학의 학문적 존립이 위협당하고 있는 실정에 비추어 보더라도, 사학사 연구에서는 객관성과 과학성을 중시하면서 방법적 측면을 중요한 기준으로 삼는 것이 필요하리라고 생각한다.

이와 관련하여, 이 책에서 사학사를 검토함에 있어서 정치사적 측면을 중시하여 여러 가지 흥미 있는 견해를 제시하고, 그것이 사학사 이해의 시야를 넓혀준 일면이 있어 특징적인 것으로 지적한 바 있지만, 이 점도 좀더 생각해 볼 여지는 있을 것 같다. 즉, 역사학이 원래 교훈적 의미를 갖고서 발달하였고, 특히 동양의 경우 역사를 정치의 거울〔鑑〕이라 하여 중요시했던 만큼, 사서의 편찬이 정치성을 띠는 것은 당연하지만, 정치적 이해관계가 사서편찬에 미치는 영향이 과도하게 강조되고, 미시적으로 파악된 정치사의 단면들이 한결같이 역사인식에 직결되는 것으로 볼 때, 오히려 사학사는 정치사 속에 분해되어 온당한 이해가 불가능하게 될 우려가 있는 것이다. 그러므로 사학사를 군신관계 또는 朋黨關係에 초점을 맞추어 본다는 것 자체가 생소한 느낌을 주는 것이며, 여기에서 많은 고심을 하면서 《고려사》와 《고려사절요》를 비교해서 각기 親王的 史書와 親臣的 史書로 규정짓고 있는 결론이 널리 설득력 있게 느껴지지 않는다는 사실은 바로 이러한 점에서 해답을 얻을 수 있는 게 아닐까 한다. 요컨대, 사학사는 그 자체가 사상사 또는 정치사는 아닌 것이며, 오히려 學術史라는 측면이 중시될 필요가 있을 것 같다.

둘째로, 이 책에서 역사적 사실의 추정과 해석에 좀더 신중을 기하였더라면 하는 아쉬움이 든다는 점이다. 간단히 실례를 들면, 세조의 《동국통감》 편찬 의도에 대하여 설명하다가 다음과 같은 기술을 하고 있다.

(A) 世祖는 臣下의 입장에서 씌여진 《高麗史節要》에 대해서는 큰 불만을 품었고, 따라서 그 主撰者인 金宗瑞를 제거했을 뿐만 아니라, 이 책을 일체 참고하지 못하게 하였다(p. 142).

위의 서술에 의하면, 金宗瑞가 《고려사절요》의 主撰者이기 때문에 세조에게 제거될 정도로 세조는 《고려사절요》를 증오했으며, 적극적으로 이 책을 보지 못하게 금지시켰던 것으로 판단된다. 그런데, 이와 연관되는 서술을 찾아보면, 다음과 같은 부분들이 있다.

(B) 世祖 一代를 통하여 《高麗史節要》는 한번도 擧論된 일이 없으며, 《東國通鑑》의 수찬 과정에 있어서도 世祖代에는 《高麗史》는 참고되었으나, 《高麗史節要》는 참고되지 않았다(p. 49).

(C) 世祖가 《高麗史節要》를 기피한 것은 그 主撰者가 金宗瑞이기 때문인 것은 아닌 것 같다. 그 내용자체가 받아들여질 수 없는 성격을 가진 때문으로 보는 것이 더 온당한 해석이 될 것이다. 그것은 한마디로 世祖의 王權强化政策에 역행

되는 史書인 까닭이었다(p. 89).

이 글들을 종합하여 살피면, 《고려사절요》가 세조대에 거론된 일이 없다는 사실(이것도 정확히 얘기한다면, 아직 《세조실록》 등의 사료 속에서 관계기사를 찾을 수 없었다고 해야 할 것이지만)이 원래의 모습인 셈인데(B), 이것이 세조의 《고려사절요》 기피로 발전하여 그에 대한 해석이 붙여졌다가(C), 마침내는 세조의 적극적인 《고려사절요》 禁壓으로 비약되고 있는 것이다(A).

또한, 鄭道傳의 《高麗國史》 편찬에 대하여 논급하면서, 正名과 관련된 尊稱의 改書(宗→王, 朕→孤, 太子→世子 등)에 대하여 살피고는, 《朝鮮經國典》의 國號條에서 鄭道傳이 朝鮮이라는 國號를 거론하면서 李氏朝鮮을 箕子朝鮮의 후계자로 내세우고 있는 것에 대하여,

> 이상과 같은 여러 가지 사정을 고려할 때, 鄭道傳이 國號의 名分으로서 箕子朝鮮을 내세운 것이 과연 그들의 本心인가는 적이 의문이다(p. 23)

라 하여, 고려 말의 단군조선에 대한 인식 등 자주의식의 성장에 비추어 볼 때, 의심스러운 것임을 시사하면서,

> 鄭道傳의 國號論은 단순히 外交的 입장에서 씌여진 것이 아닌가 의심된다(p. 24)

란 견해를 피력하였다. 물론 조선건국초의 정치적 국면이 복잡하였고, 정치가로서의 鄭道傳이 결코 소박한 인물은 아니지만, 외교문서가 아니라 신왕조의 기틀을 잡는 法典 성격의 《朝鮮經國典》에서 한 주장을 본심이 아니라 하여

의심하는 것도 쉽게 받아들이기 어렵지만, 설사 본심이 아니라도 이처럼 文字化하여 공표한 만큼, 그것은 스스로가 책임져야 할 바로 그 자신의 견해란 점을 결코 간과할 수 없다고 생각된다.

그 밖에 《고려사》와 《고려사절요》를 비교하면서 분석·종합하는 데에도 무리한 듯싶은 해석이 보이며(pp. 105-106), 또한 뚜렷한 이유를 제시하지 않으면서 사료가 뜻하는 사실을 부인하는 등(p. 156) 눈길을 끄는 데가 적지 않다. 이러한 점들은 이 책의 저자가 사료와 사실을 다루고 해석을 꾀하는 과정에서 다소 성급했던 게 아닌가 하는 생각이 들게 만든다. 문제를 선정하고, 사료를 비판하고, 사실을 검증하고, 해석하는 것은 역사가가 해야 할 일이지만, 그 과정에는 엄정과 진지가 뒤따라야 할 것이다. 아무리 작은 사실이라도 그것은 역사의 진실을 말해 줄 열쇠로서 존중되어야 할 것이며, 역사의 해석은 문학에서의 허구와는 달리 역사가의 식견과 통찰력을 바탕으로 엄정하고 신중하게 내려져야 할 것이다. 그러므로 역사연구에 있어서는 보다 충실한 과정을 통한 올바른 결론 도출을 위해 커다란 문제에 대해서 성급한 결론을 유보시키는 것이 결코 부끄러운 일은 아니라고 생각한다.

셋째로, 이 책에서 관계되는 선행업적에 대하여 좀더 신중한 자세를 취하였더라도 좋았으리라는 느낌이 든다. 물론 관계되는 논문들을 일괄하여 적기도 하고, 간간이 註記한 경우도 있지만, 기왕에 많이 다루어진 사서의 경우 좀더 상세하게 論點 중심으로 주기하여 학술사적인 정리가 곁들여졌더라면 하는 아쉬움이 있고, 특히 정치사와 관련되는 서술에서는 종전까지의 通說과 저자의 새로운 주장이 좀더 분명히 구분되었으면 좋았을 것이다.

이 같은 선행업적에 대한 문제는 前代의 사서들에 관한 한 좀더 삭막해지는 感이 있다. 즉, 조선 초기의 사서를 검토하는 과정에서 고려시대에 이루어진 《三國史記》, 《三國遺事》, 《帝王韻記》 등에 대해서도 활발한 논의가 이루어지고 있는데, 그 속에서 주목되는 새로운 견해들이 피력되고 있는 것이다. 특히 눈에 띄는 것은 《三國遺事》에 대해서인데, 이 사서에서의 上古史 인식이 '中國人의 국가 활동이 上古史의 主流를 이루고 있는' 것이라고 규정짓고, 그 까닭을 撰述者 一然이 '中國側 記錄을 충분한 비판적 검토를 거치지 않은 채 참고한' 때문이라고 하고, 궁극적으로는 北方中心, 高句麗中心의 古代史觀을 성립시키지 않았다는 점에서 《三國史記》의 亞流的 性格을 지니는 것으로 이해하고 있는 것이다. 특히,

> 《三國遺事》는 三國以前의 上古史를 紀異編으로 몰아붙이고 王曆에서 빼버림으로써 적극적으로 三國史와 연결시키지 못하였으며, 더욱이 三韓을 中國系와 관련시켜서 이해함으로써 民族史의 體統을 큰 혼란에 빠뜨리고 말았다(p. 18)

라고 하여 극심한 비판을 가하고 있다. 《삼국유사》에 대해서는 崔南善 이래 많은 연구자들이 커다란 관심을 갖고 정밀한 검토를 해 왔거니와, 뒤이어 새로운 관점에서 새로운 견해를 피력하는 것은 무방하지만, 선행업적을 얼마나 깊이 음미한 끝에 얻어진 결론일 것인가 하는 점에서 다소 불안감을 감출 수 없는 것이다. 다시 말하면, 지금까지 수십 년 동안 많은 연구가 이루어져, 《삼국유사》에서의 古朝鮮條의 卷頭揭載를 통한 민족사의 체계수립, 一然의 광범한 자료수집 노력과 상당한 수준의 고증을 높이 평가하기에 이르렀던 것인

데, 이 같은 선행업적에 대한 진지한 검토와 논의가 곁들여지지 않은 채 《삼국유사》에 대해 이 같은 대담한 새 견해를 피력하는 것은 되새겨 볼 일이라고 여겨진다.

한편, 《帝王韻記》에 대해서는 上古史와 三國史가 단일혈통의 민족사로 단절 없이 적극적으로 연결되어 있다고 하여 높이 평가하면서, 기본적으로 도교적인 것으로 파악하고 있다. 또한 〈東明王篇〉도 도교적인 것으로 규정짓고 있는데, 종래 李承休나 李奎報 스스로의 말대로 그들 자신이나 그 所作의 기본 성격은 유교적인 것으로 이해되어 왔던 데 비추어, 뚜렷한 논거의 제시 없이 새로운 주장을 確乎하게 개진하는 것도 설득력을 떨어뜨리는 것이 아닐 수 없다. 요컨대, 형식면이나 내용면에서 선행업적이나 기왕의 통설에 대해 신중한 자세를 취했다면, 이 책의 내용은 더욱 충실하고 안정된 것이 될 수 있었을 것이라고 하겠다.

그 밖에, 이 책에서는 성격 규정이나 평가에 서두른 듯한 느낌을 주는 대목이 적지 않고, 논리에 투철을 기하려다 보니까 논리에 커다란 모순이 생기는 측면이 없지 않으니, 16세기 士林의 역사인식을 부정적으로 이해하면서도 李珥의 경우는 예외적으로 높이 평가하는 것이 일례가 아닌가 한다. 대체로 사상사적 측면에서 유교 내지 성리학〔朱子學〕을 비판하는 기준도 당대 사회의 실제와 기능에 두었다기보다는 후대, 아마도 민족주의사학자들이 활약한 開化期 이후의 시점을 중심삼아 설정된 것이라는 점도 문제로 지적될 수 있을 것이다.

## 5. 맺음말

지금까지 한영우의 《朝鮮前期史學史研究》에 대하여 그 윤곽을 소개하고, 몇 가지 특징을 지적한 다음, 評者의 견해를 약간 개진하였다. 그리하여, 이 분야에서의 개척적 업적이라고 할 이 책이 새로운 관점에서 15세기와 16세기를 각각 官撰史書의 편찬과 士林의 私撰史書를 중심으로 면밀한 검토를 하고 있는데, 기본적인 입장은 성리학에 비판적이고, 도교 내지는 神教를 높이 평가하면서 북방〔滿洲地域〕에 대한 역사인식의 형태를 가장 중요한 요소로 파악하는 것이어서 申采浩의 民族主義史學을 연상시키는 것임을 지적하였다. 그리고 사학사의 學術史로서의 측면이 다소 소홀하게 다루어졌다든가, 사실과 해석에 대한 엄정한 자세가 아쉽다든가, 또는 선행업적을 좀더 신중하게 다루었더라면 좋았을 것 같다는 소감도 피력하였다.

이러한 소개와 비평은 아마도 미흡하고 지나친 것이었는지도 모른다. 그럼에도 불구하고, 비교적 장황하게 이야기한 까닭은 중요한 시점에 간행된 이 책의 개척적 위치를 높이 사면서도 보다 알찬 이 분야의 후속 업적을 위해 소박한 문제제기라도 하기 위해서였던 것이다. 끝으로 이 책 저자의 노고를 거듭 치하드리고, 앞으로 같은 저자에 의해 이 방면의 중후한 업적이 속출되게 되기를 기원하는 바이다.

# 創意的 연구, 철저한 考證
## —《近世朝鮮史研究》 千寬宇 著, 一潮閣, 1979.

## 1. 머리말

千寬宇는 일반 사람들에게는 언론인으로 널리 알려져 있지만, 실상 그는 사학과 출신으로 한국사학 발전에 크게 공헌해 온 중진 역사학자인 것이다. 일찍이 〈磻溪 柳馨遠 研究〉(《歷史學報》 2-3, 1952-53)를 발표하여 해방 이후 처음으로 實學 문제를 제기함으로써 朝鮮後期史 연구를 새로운 경지에 접어들게 했으며, 1974년에는 史論集 《韓國史의 再發見》을 출간하여 韓國史의 거시적 통찰과 '사회의 간절한 물음'에 대답할 수 있는 韓國史學의 필요성을 역설하여 커다란 호응과 반향을 불러일으키는 등, 그는 구체적 업적을 통해 한국사학의 발전에 이바지해 왔다. 그는 한국 上古史에도 깊은 관심을 갖고 그 연구에 심혈을 기울이고 있거니와 그러한 가운데 그의 朝鮮時代史 분야에서의 연구 업적을 집약 정리하여 《近世朝鮮史研究》를 펴낸 것이다.

이 책은 지금까지 저자 천관우가 학술지에 발표해 온 논문들을 새롭게 다듬어서 체계화한 것으로서, 3부에 걸친 13편의 논고로 이루어져 있다. 제1부는 朝鮮前期의 軍事制度를 다룬 5편의 논문을, 제2부는 朝鮮前期의 土地制度에 대한 장편의 논고 1편을 각각 싣고 있으며, 제3부에는 朝鮮後期의 實學에 관한 大小 7편의 글이 들어 있다. 그러므로 이 책은 조선 전기와 후기의 군사·토지 및 실학에 대한 연구서이지만, 실제로는 그 취급의 시대가 고려 초로부터 근대에 걸쳐있고, 논급된 분야도 土地·財政·身分·制度·科學·思想 등 광범위한 것이어서 매우 浩瀚한 느낌을 준다. 우선 차례대로 소개하기로 한다.

## 2. 조선 초기 軍制 연구의 개척

제1부의 앞에 있는 〈閑人考〉(1958년 論文發表. 이하 年代 표시는 論文 발표 시기임)와 〈麗末鮮初의 閑良〉(1956)은 군사 제도와 긴밀한 연관을 갖는 신분층인 高麗의 閑人과 朝鮮의 閑良을 구명한 것이다. 그리하여 閑人이란 고려 초 지방 통제 강화의 추이 속에서 鄕豪 가운데 일부(低位의 鄕職者)로부터 형성된 신분층인데, 군사적 요원으로서의 자질을 가지고 평시에 편제상으로만 존재하는 州縣軍의 하급 간부로서, 일반의 農兵과 다른 戰鬪能力을 가진 武人이라고 논증하였으며, 朝鮮의 閑良은 前銜品官 및 그 신분에 속하는 자로서 武人과 文人이 모두 포함되며, 소임이 있는 자와 없는 자가 있으나, 무릇 軍田을 分給 받는 자는 馬兵으로서 일정 기간의 赴京宿衛 의무를 지며, 지방의 유력자로서 형식적이나마 국가의 중대사에 중의를 대표하는 계층의 하나였음을 밝혀냈다.

그 다음의 논문 3편, 〈朝鮮 初期 五衛의 形成〉(1962), 〈朝鮮 初期 五衛의

兵種〉(1964) 및 〈五衛와 朝鮮初期의 국방체제〉(1964)는 朝鮮前期 군사 제도의 기간을 이루었던 五衛의 정체를 밝힌 일련의 論稿이다. 그 요지를 종합하면, ① 五衛는 世祖 6년에 형성되며, 그 軍階級도 世祖 12년에 고정된다. ②《經國大典》에는 五衛가 兵種別·出身地方別의 이중 조직으로 나타나지만, 실제로는 兵種別 조직이 기본이 되는 것이며, 출신지방별은 형식적인 것이다. 그리고 ③ 五衛에 소속되는 병종들을 검토하여, 기능보다 신분에 의해 구분된 그들을, 첫째, 試取에 의해 편입되는 직업 군인의 兵種, 둘째, 試取에 의하지 아니하고 신분상의 특전으로 편입되는 병종, 셋째, 良民의 의무 병역인 正兵 등으로 대별할 수 있다. ④ 正兵은 番上하는 兵種이나, 실제로 番上하는 일이 불규칙하여 五衛의 중심이 되기 힘들기 때문에 五衛의 전투력은 試取에 의한 직업 군인들을 기축으로 하였다. 또한 ⑤ 조선의 국방 체제 전체로 보면, 京軍이라 부를 만한 五衛보다는 그와 별개인 鎭軍·守城軍·船軍 등이 큰 비중을 차지하며, 이들과 正兵을 합쳐 四大兵種이라 할 만하다. ⑥ 兵役면에서 볼 때, 조선 사회에서 16세 이상 60세 이하의 장정은, 武官 또는 軍이 되거나, 軍의 保가 되거나, 그것도 아니면 형식상의 편제나마 雜色軍에 편입되기로 되어 있어 그런 의미에서 國民皆兵이라고 할 수 있다는 것이다.

이상과 같은 내용을 지니는 일련의 논고들은 어떤 의미를 갖는가. 우리는 군사 제도라 하면, 흔히 사회상의 특수 문제라고 생각하기 쉽다. 그러나 前近代社會에서 軍役 관계는 어떤 형태로든지 사회의 모든 신분 계층과 연관되는 심각한 문제일 뿐 아니라 국가의 재정과도 그대로 직결되는 것이요, 군사적 명령 체계는 정치권력의 집중 형식과 밀접한 관련을 갖고 있으며, 전반적인 국방 조직은 곧 국가의 통치 체제의 중요한 단면을 반영하는 것이다. 그러므로 군사 제도는 신분·재정·정치·국방의 여러 측면에서 매우 중요한 문제를 제기해 주는 분야이다. 역사학에서 각 시대의 사회 구조에 대한 정확한 파악과 그 변화·발전에 대한 정당한 이해를 가장 중요한 문제로 삼는 것이라면, 군사 제도의 분야는 역사 연구에 있어서 中核的 과제가 되지 않을 수 없는 것이다. 그럼에도 불구하고, 朝鮮 軍事制度는 과거에 단편적 연구가 있었을 뿐, 전반적으로는 거의 백지 상태로 방치되어 있었다. 이와 같은 사정 속에서 1960년대 초에 위의 五衛에 대한 일련의 논문이 발표됨으로써 조선 군사 제도가 체계적으로 밝혀질 수 있는 계기가 마련되었던 것이다. 특히 五衛 형성의 구체적 경위, 五衛 관계 諸兵種의 내용과 성격, 그리고 五衛의 국방상 위치를 밝힘으로써 朝鮮 軍制의 해명에 선구적인 공헌을 했고, 그 후의 연구에 커다란 영향을 미쳤던 것이다.

한편, 五衛에 대한 논문들에 앞서 1950년대 중엽에 처음 연구·발표된 閑人과 閑良의 경우, 군사 제도와의 관련을 떠나서도 그들 자체로서 매우 중요한 사회 계층이었던 만큼, 이들 논고도 크게 주목을 받았었다. 閑人은 그 후 '六品 이하 官人의 자녀로서 未仕未嫁인 자가 閑人'이라는 李佑成의 異說이 제기되어 논의가 계속되었지만, 〈閑人考〉에서 추적한 고려 초의 지방 세력과 그에 대한 통제책 및 그와 연관된 토지 제도·지방 제도에 대한 연구 성과는 당시 고려사 연구에 귀중한 디딤돌을 마련했었다. 또한, 閑良은 科田法에서의 土地受給對象으로 주목의 대상이 되었었지만, 지방 사회에서의 유력자로서의 한량의 존재는 사회사적으로 여러 문제와 연관되는 중요한 것임이 점차 인식되기에 이르렀고, 그리하여, 뒤의 많은 연구자들이 새로운 연구를 통해 한량의 실체에 접근하려 했지만, '麗末鮮初의 閑良'에서 구축된 골격에는 별다른 변함이 없었다는 점은 음미될 만한 일이라 하겠다. 아무튼, 크게 군사 문제로 포괄될 수 있는 제1부의 논문 5편은 朝鮮初期社會의 중요한 측면을 새롭게 제시해 준 업적으로 길이 기억되리라 생각된다.

## 3. 科田法 연구에 보이는 實證性과 創意性

제2부를 이루는 〈科田法과 그 崩壞—朝鮮初期土地制度一班〉(1965)이라는 장편의 논고는 科田法을 중심으로 해서 《經國大典》 반포에 이르기까지의 조선 초기의 토지 제도를 역사적으로 훑어본 것이다. 원래 《韓國土地制度史》의 일부로 집필된 것이기 때문에 개설적인 성격을 띠고 있지만, 이 책의 저자는 이때까지의 기존 업적을 충실하게 종합하면서도 자신의 독자적 견해를 많이 가미하여 科田法의 시말을 폭넓게 체계적으로 이해할 수 있게 해 주었다.

그 내용을 간략히 살펴보면, 科田法이 제정되는 배경과 경위를 고찰하고 과전법의 구체적 내용을 여러 측면에서 분석·검토한 다음, 이 같은 과전법이 太宗·世宗代의 土地私有의 공인과 竝作半收의 유행으로 인하여 붕괴되는 실제를 토지유형별로 추적하여 農莊의 발달을 살피는 데에까지 미치고 있으며, 또한 田稅制의 추이를 結負制 및 世宗代의 貢法을 통해 살피고, 量田에 대해서도 논급하고 있다.

이 논고를 통해 가장 인상적인 것은 토지제도를 넓은 시야 속에서 정밀하게 파악하면서도 구체성이 강하다는 점이다. 토지 제도를 정치 상황·재정 관계

·신분 제도와 관련시켜 넓게 파악하면서 세세한 地目·度量衡 관계 등에 이르기까지 면밀하게 서술하면서도, 토지제도사 연구에서 흔히 발견되는 난삽한 이론이나 용어에 구애받지 않고 구체적이면서도 평이하게 토지 제도의 실상을 제시하고 있는 것이다. 이 점은 조선 사회에 대한 저자 천관우의 해박한 지식과 굳건한 실증적 기초를 바탕으로 한 연구 자세의 소산이라 하겠다.

다음으로, 이 논고에서 土地所有形態論의 측면에서 土地國有制論을 완전히 부인하였다는 점을 음미해 볼 필요가 있다. 여기에서 저자는 "매우 概念的인 國有의 뜻에서라면 모르되, 一部의 例外土地, 例外期間을 내놓고는 일반적으로 私有가 원칙이었다고 볼 것이다"(p. 149)라고 명언하고 있거니와, 일찍이 舊稿에서도 土地國有制論이 擬制임을 내세워 이를 비판한 바 있는 것이다. 종래 한국토지제도사에 있어 토지국유제론이 아무런 비판 없이 받아들여졌었고, 이 같은 이해 방식이 한국사의 올바른 이해를 크게 저해해 왔었다. 그러다가 1960년대 중엽 이후 公田制論 또는 土地國有制論의 비판·극복을 위한 시도가 이루어져 한국 사회경제사 분야에서 가장 주목할 성과를 거두었거니와 이 같은 토지국유제론의 비판·극복에 기여한 선구자의 한 분으로서의 저자 천관우의 업적과 이 논고〔舊稿〕의 존재를 잊을 수 없는 것이다. 이제 토지국유제론의 오류를 완전히 씻고, 충실한 내용을 갖춘 한국토지제도사의 주요 부분이 이 책을 통하여 제시되게 된 것은 뜻 깊은 일이 아닐 수 없다.

또한, 여기에서 종래의 연구자들이 《經國大典》 속의 '自耕無稅', '無稅', '各自收稅'의 세 경우가 모든 토지를 망라하는 것으로 이해했던 잘못을 정정하여 오히려, 위의 것들은 국가가 특별히 토지를 折給하여 法令에 수록할 필요가 있는 것에 지나지 않으며, 실제로는 그 밖의 公田, 즉 一般民田이 커다란 비중을 차지한다는 것을 밝힘으로써 조선 토지 제도 이해에 새로운 길을 열어 놓았다는 점(이 같은 견해는 당초 〈磻溪 柳馨遠 研究〉에서 개진했었다)도 지적하고 넘어가야 할 점이다. 끝으로, 이 논고가 그 취급 시기의 하한을 《經國大典》 반포에 잡고 있는데, 이 책 저자의 朝鮮社會에 대한 해박한 지식을 바탕으로 그 후의 朝鮮土地制度도 밝히 드러날 수 있게 되기를 바라는 많은 사람들이 이 점에 대하여 아쉬워 한다는 점을 지적해 둔다.

## 4. 實學 연구의 획기적 성과

이 책의 제3부에는 實學 관계의 논고 7편이 실려 있다. 그 가운데 〈磻溪 柳馨遠 研究〉(1952-53)와 〈磻溪 柳馨遠 研究 疑補〉(1958)는 저자가 磻溪 柳馨遠의 정책론을 연구하여 처음 實學의 문제를 제기했던 논문과 그것을 부분적으로 보완했던 것이며, 〈洪大容의 實學思想〉(1958)과 〈洪大容地轉說의 再檢討〉(1965)는 조선 후기의 또 다른 實學者인 湛軒 洪大容의 사상과 특히 그의 地轉說을 다룬 논고이며, 〈實學의 概念是非〉(1958), 〈朝鮮後期 實學의 概念 再檢討〉(1967), 〈實學 概念 成立에 관한 史學史的 考察〉(1969)은 저자가 처음 實學의 문제를 제기한 다음, 조선 후기의 신 학풍을 실학이라고 지칭하는 것이 타당치 못하다는 견해가 제기되어, 이른바 '實學의 概念論爭'이 제기되자, 저자의 원래 견해를 분명히 하고 그 입론을 강화시키는 과정에서 씌어진 것이다.

〈磻溪 柳馨遠 研究 —實學發生에서 본 李朝社會의 一 斷面〉은 저자 천관

우의 대학 졸업 논문으로서, 《磻溪隨錄》의 분석을 통하여 土地制度·收取體制·政治組織 등 전 국가 체계에 걸친 반계 유형원의 사회 개혁안을 적출·검토하고, 이 같은 방대한 스케일의 혁신사상을 낳은 조선 후기 사회의 새로운 여건과 新思潮 발생을 지적하여 자유성·과학성·현실성으로 성격을 규정지을 수 있는 실학의 발생을 논파한 유명한 논문이다. 一大 雄篇이라고 할 이 논문은 구체적으로 어떤 점에서 높이 평가받을 수 있었던 것인가. 첫째, 朝鮮社會의 여러 측면에 대한 체계적 이해를 들 수 있다. 반계의 개혁안을 제시하기에 앞서 각 부문별로 당시 조선 사회의 실태를 서술하고 있는데, 그 내용이 아직까지 접할 수 없었던 체계성과 종합성을 지니는 것이었다. 둘째로, 반계의 사상을 정확히 체계적으로 제시할 수 있었던 점이다. 방대한 체계의 《磻溪隨錄》의 내용을 전반적으로 이해하여 체계적으로 제시하고 비판을 가한다는 것은 결코 용이한 일은 아니었던 것이다. 셋째로, 실학의 발생을 논파한 점이다. 종래 암흑기와도 같이 생각했던 조선 후기 사회에 실학이라는 새로운 조명을 가함으로써 새로운 사실의 적출은 물론, 이 시기에 대한 새로운 파악 방식을 가능케 했던 것이다. 그리하여 이 논문을 효시로 한 해방 이후의 실학 관계 논문이 수백을 헤아리게 되었고, 이 분야에서의 성과를 韓國史學에서 가장 뜻 깊은 것으로 평가하게 된 것이다.

洪大容을 연구한 두 논문에서는, 洪大容이 학문적으로 박학한 가운데 陽明學에 상당한 소양을 갖고 空理空論을 비판하면서, 수학·천문학·지리학 등 자연과학에 능통하였을 뿐 아니라, 조선중심의 北學論을 주장하여 새로운 민족의식을 보여 주었고, 身分打破論을 주요 내용으로 하는 독자적인 정책론을 주장하였음을 제시하여 그의 實學者로서의 면모를 보여 주는 한편, 그의 유명한 地轉說이 불완전하고 독창이 아니라고 하더라도 그 나름대로의 의미를 갖는다는 점을 지적하였다.

실학의 개념에 관한 3편의 논문에서 저자 천관우는 자기 주장에 대한 반대견해, 즉 名辭論的 구명을 통해서 실학이란 修己治人을 목표로 하는 儒學 바로 그것으로서 조선조에서는 性理學을 지칭하며, 따라서 조선 후기의 신 학풍을 실학이라고 부르는 것이 타당치 않다고 하는 견해를 반박하였다. 조선 후기의 신 학풍을 실학이라고 부른 것은 1930년대부터이며, 이 같은 새로운 실학개념의 성립은 1910년대부터 시작된 것임을 드는 한편, 이 같은 신개념 성립의 배경으로는 舊學問과 新學問의 과도기에 근대화와 민족주의를 조화시켜 생각하는 입장에서 전통 사상 가운데서 그 사상적 원류를 찾으려 했을 때, 역시 조선 후기의 新學風·新儒學과 그 학자들을 대상으로 하지 않을 수 없었고, 이를 虛와 대조적인 實로 이해하여 실학으로 지칭하게 되었음을 들고 있다.

이상 소개한 논고들은 〈磻溪 柳馨遠 研究〉에서 시작한 저자 천관우가 거두어들인 실학 연구의 귀중한 수확들이며, 이것들로 인하여 朝鮮後期史의 서술은 새롭고 살찌게 될 수 있었던 것이다. 史學史上 길이 기억될 그의 實學 연구는 그 자체가 깊이 음미될 만한 것이라고 하겠다.

## 5. 맺음말

지금까지 이 책의 내용을 훑어보면서 논문별로 특징과 의의에 대해서도 간간이 논급해 왔다. 저자 천관우의 실학 관계 연구 업적은 매우 중요하고 값진 것으로 널리 알려져 왔지만, 또한 그의 朝鮮初期 兵制 및 土地制度 관계의 연구 업적도 못지않게 중요한 것임을 알게 되었으리라 믿는다. 그러면, 이 책 전체를 통하여 지적할 수 있는 성격은 어떤 것일까.

첫째, 이 책은 철저한 實證的 基盤위에서 씌어진 것임을 들지 않을 수 없다. 이 책에 수록된 모든 논문은 철저한 考證을 바탕으로 하여 구체적 사실의 해명을 꾀하는 것들이며, 이를 위하여 수많은 史料가 광범위하게 採取되어 풍부히 인용되고 있는 것이다. 이 같은 실증적 기반 위에 서 있기 때문에 이 책에 수록된 논문들은 오랫동안 신용되고 생명력을 가질 수 있는 것이라고 하겠다.

둘째, 이 책은 創意的 硏究의 결집이라 말할 수 있다. 이 책의 저자는 實學의 연구에서, 또한 軍事 制度의 연구에서 언제나 새로운 문제를 연구 대상으로 삼아, 저자 특유의 방법—철저한 실증과 거시적 파악을 병행하는—으로 이를 해결하곤 했던 것이다. 그러므로 이 책에 수록된 논문들이 한결같이 내용상 신선하면서도 동시에 개척적 업적으로서 높이 평가받게 되는 것은 당연한 일이라고 하겠다.

셋째로, 이 책을 통하여 거둔 성과가 朝鮮時代硏究에 있어 획기적인 것임을 다시 한 번 분명히 할 필요가 있다. 그 구체적인 내용은 다시 설명할 겨를이 없지만, 여기서 이룩한 결실이 朝鮮時代史의 많은 공백을 메우고, 그 이해의 시야를 크게 넓혀 준 것이라는 점에 대하여는 아무도 이의를 제기할 수 없을 것이다. 그러므로 이 책은 방법이나 성과의 면에서 현대 韓國史學의 최고수준을 반영한다고 단언할 수 있을 것 같다.

그 밖에 이 책에 나타나는 저자의 학문적 謙虛心도 인상적이다. 그의 선구적 연구에 힘입어 뒷날 많은 관련 논저들이 뒤따라 나왔었는데, 저자 천관우는 이 책을 내면서 그것들을 일일이 註記하고 있으며, 특히 그 가운데 저자와 다른 견해를 개진한 경우 그 구체적 내용을 적어 독자의 판단에 맡기고 있는 것이다. 또한, 그는 이 책을 내면서 부분적으로는 가능한 한 많은 수정을 가해서 새롭고 정확한 내용을 담으려고 노력했음이 看取되는데, 이 같은 사실은 이 책이 기왕의 논문을 모은 단순한 論文集이 아닌 새로운 研究書로서의 면모를 보여 주는 것이라고 하겠다.

이 책의 출간은 朝鮮時代史 분야에서 근래 드문 盛事임에 틀림없다. 韓國史 전공자는 물론, 韓國史에 관심 갖는 인접 분야의 사람들도 반드시 가까이 해야 할 책이라고 하겠다. 끝으로, 朝鮮時代에 대한 이 책 저자의 연구가 계속되어 여기에서 다룬 軍事制度·土地制度 및 實學이 각각 별개의 책으로 확대 독립될 날이 있기를 後學의 한 사람으로서 간절히 바라는 바이다.

# Ⅵ. 韓國史學의 전망

# 韓國史學의 전통과 과제

지금까지 한국사학이 걸어온 길과 학문적 기반을 닦은 학자들, 그리고 고려시대를 중심으로 한국사 연구의 진행상황과 성과에 대해 편린을 더듬어 보고, 몇 가지 論著에 대한 소개와 비판도 곁들이면서 조그마한 성찰을 시도하였다. 그러나 이 글들은 긴 시기에 걸쳐 제각기 쓰여졌고, 망라적인 것이 아니며, 近現代史에는 발길이 미치지 못했다는 점에서, 여기에 제시된 韓國史學의 史學史的 틀이나 硏究史的 추이·성과는 불완전하고 제한적인 것이었다. 이와 같은 한계성을 지님에도 불구하고 이것이 他山之石의 의미를 지닐 수 있으리라 생각하면서, 앞에서 다룬 내용을 종합하여 마무리 짓고자 한다. 다만, 여기에서 다룬 번다한 내용을 그대로 요약하는 대신, 현대 한국사학의 성장·발전과 그 성과, 그리고 당면과제를 중심으로 간략하게 재정리하는 방식을 취할 터인데, 필요할 겨우 미처 論及하지 못했던 점들도 덧붙이면서 管見을 개진하게 될 것이다.

## 현대 한국사학의 성립과 발전

현대 한국사학은 그 성립의 출발점을 1945년의 해방으로 삼아, 1948년 대한민국 정부의 수립을 거쳐 1960년대의 4·19와 5·16의 변혁을 겪으면서 확립 발전한다고 할 수 있다. 韓國史가 民族史의 차원을 넘어 그것을 自國史로 여기는 국민을 인식주체로 삼게 되었고, 자유민주주의 체제 아래 한국인 학자가 주도하는 학문으로 한국사학이 거듭나게 되었으며, 여러 대학에 史學科가 설치되어 학문연구와 학자양성의 제도적 기틀이 마련되었다. 그리고 일제 식민주의적 史觀을 비판하고, 주체적 발전적 韓國史像을 구축함으로써 한국사와 한국사학이 제 모습을 찾고 세계 속에 존재를 드러낼 수 있었다.

한국사학이 해방과 더불어 새로운 출발을 할 수 있었던 것은 19세기 말부터 日帝壓制期에 걸쳐 근대 한국사학이 성립 성장하여 학문적 전통을 수립한 때문이었다. 民族主義史學, 社會經濟史學, 實證史學으로 구분되는 3계열의 학파가 일제의 침략에 맞서고, 한국사의 보편성을 내세우고, 순수한 연구를 통한 학술적 항쟁을 벌였던 것인데, 그 속에서 축적된 연구의 방법과 성과가 바탕을 이루었던 것이다. 그러므로 현대 한국사학은 근대 한국사학의 전통을 계승하여 거듭난 것이라 할 수 있다.

현대 한국사학의 성립에 직접적 영향을 끼친 것은 震檀學會로 대변되는 實證史學이었다. 이 계열에 드는 학자들은 대부분 舊韓末에 태어나 전통적인 儒學 중심의 漢學的 소양을 갖추고 일본 대학에서 근대 역사학을 전공하고 한국의 역사와 문화를 연구하였는데, 한국인으로서의 사명감을 지니면서도 '순수 학구적' 입장을 견지하였다. 그들은 국문의 《震檀學報》를 창간하여 연구 성과를 발표하면서 '세계적 수준'의 자신감을 지녔었다. 해방이 되고 빈사상태에 빠졌던 한국어와 한국사가 되살아나자, 그들은 자연스럽게 한국사학의 새로운 출발에 중심 역할을 담당하였다. 진단학회의 학문적 기반 때문에 韓國史學은 해방 직후 韓國語學과 더불어 다른 학문 분야와 비교해 한걸음 앞서서 새 출발을 할 수 있었다.

그러나 새롭게 형성된 현대 한국사학의 초창기 속사정은 복잡하였고, 그 발전과정은 순탄치 못했다. 격렬한 左·右 대립, 南·北의 분단, 6·25동란으로 이어지는 분열과 相爭의 격동 속에서 한국사학은 크게 위축되었다. 많은 학자가 越北하거나 拉北당하였고, 이념대립의 한가운데 자리 잡은 唯物史觀은 아예 금기시되기에 이르렀다. 이러한 가운데에서도 해방 후 제1세대에 속하는 한국사학자들이 새롭게 배출되었고, 학회를 중심으로 학술활동이 전개되었다. 해방과 거의 동시에 震檀學會가 재건되고, 歷史學會가 결성되고(1952년), 韓國史學會도 창설되었는데(1957년), 1958년에 진단학회와 역사학회가 처음 全國歷史學大會를 공동 개최하여 새 전통을 수립한 것이 당시 힘들게 이루어진 한국사학 발전의 일면을 보여준다고 할 수 있다.

한국사학은 1960년의 4·19혁명과 1961년의 5·16군사쿠데타를 겪고 활기찬 발전을 이룩하였다. 4·19와 5·16은 민주주의라는 대목에서는 상반되는 것이었으나 민족주의를 지향한다는 점에서 공통성을 지녔기 때문에 당시 한국사회는 곧 안정을 되찾아 소강상태를 이룰 수 있었고, 강력한 민족주의 思潮가 한국사학에 활력을 불어넣었다. 朴正熙 정부가 이룩한 비약적인 경제발전도 민족적 자긍심을 높여 주었다. 한국사는 民族史로서 이해되고, 일제 植民

主義 史觀에 대한 통렬한 비판과 주체적 발전적 한국사 인식이 강조되었다. 온 사회에 한국사 열기가 가득하였고, 정부도 적극적 관심을 표시하는 가운데 한국사학은 큰 발전을 이룩하였다. 전문적 학회로 韓國史硏究會가 설립되고(1967년), 국사편찬위원회에서 《한국사》(전 25권)을 편찬 간행하였다(1973-1978년). 이 시기에 한국은 國際歷史學委員會에 정식 會員國으로 가입되었다.

한국사학은 1980년대 이후 새로운 도전에 당면하였다. 新軍部政權의 출현으로 군사독재가 강화되고, 그에 대응한 민주화 운동이 격렬했으며, 舊소련이 붕괴되고 냉전체제가 해소되는 기운 속에서 남·북한의 화해가 진전되었다. 마침내 1993년에 文民政府가 들어서고, 민주적 정권교체가 이루어졌고, 2000년에는 남·북 정상회담이 개최되기까지 한국 사회는 실로 커다란 소용돌이 속에서 격동하는 모습을 보였는데, 한국사학이 그로부터 큰 영향을 받았다.

우선 신군부정권의 지원을 받은 소위 在野史家들이 國粹主義的 입장에서 上古史論爭을 유발시키며 한국사학을 압박하였다. 또한 민주화 운동과 연계하여 소장학자들이 實踐史學을 내세우면서 기성의 한국사학을 비판하였으며, 오랫동안 금기시된 唯物史觀이 民衆史學의 형태로 표면화되었는데, 두 가지 움직임은 서로 밀접한 관련을 지니는 것이었다. 이러한 가운데 소장학자들을 주축으로 한국역사연구회가 결성되었고(1988년), 남북통일 문제와 관련하여 '民族統一史觀'이 주창된 바 있다. 이와 같은 새로운 움직임은 한국사학 전체에 큰 충격을 주고 방법론을 둘러싼 대립과 갈등을 초래하였으나, 크게 보아 한국사학에 활력을 주면서 장래의 발전을 위한 모색의 길을 튼 것으로 간주할 수 있는 것이었다.

그러나 기성의 한국사학에 대한 과도한 비판이 현대 한국사학의 기반 자체를 약화시키는 것이고, 민족과 현실 문제에 대한 과잉된 집착과 관심이 학문적 객관성을 저해하고 역사를 政論化시키는 과오를 범한다는 지적은 많은 공감을 얻었다. 그동안 한국사학은 1980년대 이후 연구자가 급격히 증가하고, 연구성과도 폭발적으로 양산되어, 2002년 한 해에 著書 1,481권, 論文 2,238편이 발표되기에 이르렀는데, 이러한 성장은 앞서 지적한 여러 가지 도전과 새로운 모색 속에서 성취된 것이지만, 그것이 질적인 발전으로 이어지기 위해서는 많은 과제를 안고 있다고 여겨진다.

현대 한국사학의 형성과 발전은 많은 학자들의 학문적 공헌을 통해 이루어졌다. 한국사학이 현대적 학문으로 거듭날 수 있었던 기반을 진단학회를 중심으로 하는 실증사학에서 찾을 경우, 李丙燾(1896-1989)는 마땅히 가장 두드러진 학문적 공로자로 평가받아야 할 것이다. 그는 일찍이 漢學을 익혀 儒學의 소양이 깊은 위에 新學問을 배우고, 일본 早稻田大學 史學及社會學科에 진학하여 현대 역사학의 방법을 배웠다. 그는 일제시기에 잠시 중등학교와 朝鮮史編修會에서 일했으나, 해방되기까지 약 20년간을 '專業硏究者'로 한국사 연구에만 몰두하면서, 진단학회의 설립과 《震檀學報》 발간에 헌신하였다. 古代史, 地理圖讖, 儒學史 부면에서 독창적이며 수준 높은 연구 성과를 쌓은 그는 해방 이후 새로운 한국사학의 탄생에 중심역할을 하였다. 70년간 연구생활을 이끌면서 韓國史學에 방대한 업적을 쌓고 후진양성에 크게 공헌한 그의 진면목을 깨닫는다면 아무도 그에 대한 畏敬心을 쉽게 떨쳐버릴 수 없을 것이다.

해방 이후의 제1세대 韓國史學者로서 새롭게 학문적 기초를 쌓은 존재로서 韓㳓劤(1915-1999)과 李基白(1924-2004)이 주목된다. 그들은 일본의 대학을 중퇴하고 해방 직후 새로이 開校한 한국의 대학에서 史學科를 졸업하고 함께 학술활동을 벌였으나, 한국사를 전공한 동기와 연구의 대상으로 삼은 시대가 달랐고, 연구의 방향에 있어서도 한우근이 구체적 연구에 치중하여 방대한 연구서를 낸 데 비해, 이기백에게는 槪說書와 史論集의 저작이 큰 비중을 차지한다. 그럼에도 불구하고, 그들은 정치적 사회적 격동 속에서도 오로지 순수한 한국사 연구의 '외길'만을 걸었고, 방법상 實證의 중요성을 강조하여 스스로 典範을 보이는 가운데 독창적이며 탁월한 업적을 쌓았다는 점에서 공통점을 지닌다. 그들이 보인 학자로서의 연구 자세와 구체적인 학문의 성과는 현대 한국사학이 여러 가지 난관 속에서도 逸脫을 범하지 않으며 지속적인 발전을 이룩하는 밑바탕이 되었다고 말할 수 있다.

이상에서 다룬 이병도, 한우근, 이기백 이외에 주목해야 할 한국사학자는 매우 많다. 우선 일제 압제하의 힘든 여건 아래 꿋꿋이 한국의 역사와 문화를 연구한 사람들과 남북의 분단으로 학계에서 사라진 이들을 떠올릴 수 있지만, 또한 해방 이후 열악한 여건 아래 꾸준한 연구를 쌓아 현대 한국사학의 전통 수립에 밑거름이 된 존재들 다수를 상기할 수 있다. 위의 세 분이 보여준 足跡을 통해 이들 선구적 한국사학자들의 학문적 공헌을 되새길 수 있을 것이다.

**한국사학의 성과**

현대 한국사학은 60년이라는 연륜을 지니며 많은 성과를 거두었다. 고려시대의 경우에 나타나는 것처럼 초창기에는 일제시기에 이룩된 성과를 계승·정리하다가 다음 단계에서 주요 부문의 개척적 연구가 이루어지고 그 시대의 사회적 성격에 본격적으로 접근하였다. 그리고 다음 단계에 많은 연구자의 등장과 풍성한 논저의 출현을 통해 연구가 확충·분화되는 모습을 보여 주었으며, 그 과정에서 한국사 전체를 체계화하려는 시도가 계속되었다. 연구의 과정과 형태를 보면, 일정한 문제의식 아래 구체적 연구가 이루어지고, 그 성과가 종합되어 개설서가 씌어지지만, 중도에 역사인식과 연구방법에 대한 부단한 모색이 이루어져 史論集으로 나타나기도 했는데, 앞에서 살핀 한우근이나 이기백의 論著들, 또는 書評에서 다룬 다양한 책들을 통해 그러한 실례를 엿볼 수 있다. 그리하여 현대 한국사학의 성과는 초창기를 지나 구체적 연구가 진전되면서 축적될 수 있었고, 그것이 개설서를 통해 새로운 歷史像의 구축으로 구현되는 형식을 나타냈던 것으로 볼 수 있다.

이러한 관점에서 살필 때, 한국사학의 성과는 1945년 이후 1979년까지와 1980년 이후로 구분된다고 여겨진다. 앞 시기 약 35년간 한국사학이 초창기와 발전기를 보내며 새롭고 개척적 연구를 축적하였고 그것을 폭넓은 학계의 共感속에서 주체적 발전적 韓國史像의 구축으로 일단락 지을 수 있었다. 그 이후의 약 25년간은 실로 수많은 연구가 다양하게 이루어져 엄청난 성과가 쌓였지만, 역사인식과 연구방법을 둘러싼 고민 때문에 아직 그것들을 수렴하여 체계화시켜서 새로운 歷史像을 제시하는 단계에는 미치지 못한 상황이라고 판단되고, 따라서 큰 의미의 모색기라고 여겨진다.

초창기에 거둔 괄목할 만한 성과는 진단학회가 1959년부터 1965년에 걸쳐 각기 李丙燾·李相佰·李瑄根을 著者로 해 편찬·간행한 《韓國史》(전 7권)로서, 그때까지의 연구 성과가 집대성된 큰 규모의 한국사 개설이었다. 그 이후 발전기를 거치며 고대사 분야에서는 구석기시대의 발견, 별도의 청동기시대와 독자적인 청동기문화권의 설정, 무령왕릉 발굴을 통한 백제사의 재인식, 그리고 신라 골품제사회의 구조와 정치형태의 구명 등이 중요한 연구 성과로 주목된다. 고려시대는 귀족사회론으로 집약될 수 있는 정치, 경제, 사회 부문의 연구가 활발히 이루어져 큰 결실을 맺는 한편 여러 분야에서 중국과 내용이 다른 고려 제도의 독자성을 강조하는 연구가 수행되어 주목을 받은 경우도 적지 않았다. 고려후기로부터 조선 건국에 이르는 정치적 사회적 변화를 이해하는 틀로서 新興士大夫說이 제기되어 큰 영향을 미쳤다.

조선후기 實學의 연구와 그 성과는 가위 현대 한국사학이 거둔 가장 주목할 만한 것으로 평가되어 왔다. 초창기에 시작된 실학 연구는 종래 침체된 늪처럼 여겨졌던 조선후기를 새롭게 보게 만들면서, 이 시기 경제사, 사회사, 사상사 분야의 새 연구를 촉진시켰다. 그리하여 수준 높은 많은 논저가 나와 흔히 內在的 發展論으로 얘기되는 커다란 연구 성과를 거둘 수 있었다. 開港期 이후의 근대사는 甲申政變과 갑오경장이 중시되는 가운데 개화세력과 개화운동, 더 나아가 독립협회에 대한 중요한 연구업적이 쌓이게 되었다. 특정한 시대를 벗어나 토지제도에서 公田論을 비판하고 사적 토지소유를 강조하거나, 불교와 유교에서 그 정치적 사회적 기능을 중시하는 연구가 널리 이루어져 큰 성과를 거두기도 했다.

이와 같은 연구 성과의 집적이 주체적 발전적 韓國史像의 구축으로 결실을 맺었다. 먼저 이기백은 《韓國史新論》(1967년)을 통해 일제 식민주의 사학을 통렬히 비판하면서 한국사의 전개과정을 주체성과 내재적 발전론의 기조

위에서 체계화하였는데, 이 시기의 연구 성과를 더욱 충실히 받아들여, 새로운 한국사상을 세련시킨 것은 《改正版 韓國史新論》(1976년)에 이르러서였다. 비슷한 시기에 한우근은 《韓國通史》(1970년)를 저술하여 객관적이며 민족의 주체성이 중시되는 새로운 체계의 한국사를 제시했고, 얼마 뒤에 나온 邊太燮의 《韓國史通論》(1986년)에서는 한국사의 자율적인 발전을 강조했지만, 모두 이 시기의 발전적 한국사상 구축의 흐름을 반영하는 것이었다. 이와 관련하여 주목되는 것은, 국사편찬위원회가 한국의 통사로서 《한국사》(전 25권)를 1973년부터 1978년에 걸쳐 학계의 역량을 집중해서 편찬해 냈는데, 이 책은 편찬물이 지니는 적지 않은 문제점을 노출시키면서도 민족의 주체성과 내재적 발전을 강조한다는 주지에 따라 비교적 체계있게 짜여졌고 신빙성 있는 내용을 갖출 수 있었던 것이다. 요컨대 이 시기의 연구 성과는 이처럼 작고 큰 개설서에 반영되어 새로운 歷史像 구축으로 이어졌던 셈이다.

1980년 이후 한국사학은 복잡하고 다양한 모습을 보이며 유례없이 많은 연구 성과를 量産하였다. 그것을 특징적인 사항을 중심으로 간략이 훑는다면, 우선 이 시기 大勢를 이루는 바로서, 종전의 연구 방향과 틀을 그대로 유지하며, 새로운 고찰을 통해 한국사 이해의 폭을 넓히고 성과를 쌓아간 것을 들 수 있다. 古代史의 경우, 국가의 형성과 古朝鮮의 실체가 천착되고, 伽倻史와 渤海史가 주의에 올랐으며, 고려시대는 후기, 특히 元 干涉期의 연구가 활기를 띠었고, 뒤늦게 貴族社會說 논쟁이 재연되기도 했다. 조선시대는 양반과 신분제를 다룬 論著가 잇따라 나오고 良賤論을 둘러싼 논쟁이 벌어졌으며, 士林과 鄕村社會에 대한 관심이 政治史 연구로 이어져 黨爭 문제가 다각도로 검토되는가 하면, 實學 연구와 내재적 발전론이 비판에 오르는 등 각 시대의 다양한 연구가 이루어졌다.

다음으로 새로운 방향의 모색과 더불어 기존의 연구 방법과 성과를 비판하고 관심의 영역을 넓히며 실천사학을 표방한 진보적 입장의 편에서 여러 가지 성과를 거둔 점이 주목된다. 民衆史學論의 대두와 더불어 뚜렷이 나타난 새 움직임은 修正主義史觀의 영향이 가세되면서 연구의 관심을 주로 近現代史 쪽으로 모으며, 특히 運動史 방면에 주목되는 많은 성과를 냈다. 이들의 진보적 한국사 연구의 일면을 나타내는 것으로 《해방전후사의 인식》(제1권-제6권, 1979-1989년)이 손꼽히기도 하는데, 사회과학자도 다수 집필에 참여한 이 책은 南韓, 즉 大韓民國을 비판하고 北韓을 두둔하는 입장을 나타내며, 그 저변에는 대체로 唯物史觀의 實踐性과 運動性이 깔려 있는 것으로 분석되었다.

이어서 이 시기 한국사학의 성과로서 주목할 사항은 연구 자료의 수집과 정리라고 할 수 있다. 여러 기관에서 여러 가지 형태의 자료정리 사업을 하였고, 학자들이 개인적으로도 노력을 기울여 획기적 성과를 거두었다. 일찍이 民族文化推進會와 世宗大王紀念事業會의 古典 國譯事業이 큰 성과를 거두었고, 서울대학교도서관과 한국학중앙연구원의 古文書 수집 정리도 큰 의미를 지니는 것이었다. 특히 《朝鮮王朝實錄》이 번역되어 국사편찬위원회가 전산화를 통해 누구나 쉽게 그 내용에 접할 수 있게 한 것은 한국사 접근에 새 획을 긋게 하였다. 또한 개인의 힘으로 金石文과 古文書가 정리되고, 海外所在 자료가 수집·편찬되었고, 譯註 작업도 활발히 이루어졌는데, 이러한 자료정리사업의 진전은 장차의 한국사학을 위해 礎石을 쌓는 것이었다.

이 시기에 몇 가지 주목되는 개설서가 나왔다. 개인이 저술한 것으로 韓永愚의 《다시 찾는 우리 역사》(1997년)가 있는데, '새로운 시각과 형식'을 표방하며 풍부한 내용을 담고 있으나 종래보다 매우 강화된 민족주의적 관점이 눈길을 끈다. 한길사 편찬위원회가 낸 《한국사》(전 27권, 1994년)와 국사편찬위원회의 《(신편)한국사》(전 52권, 1993-2002년)는 많은 집필자가 참여한 巨帙의 편찬서였다. 前者는 '진보사학적 연구경향 및 업적'을 크게 받아들이고, '분단체제적 역사인식의 틀'에서 벗어나도록 한다는 표방아래 특히 근현대사에 치중하고 北韓史에도 크게 배려하였으며, 後者는 같은 기관에서 20년 만에 새롭게 낸 通史로서, 그 동안의 연구 성과가 반영되었고, 종전보다 분량이 2배로 늘어난 큰 책이지만, 통일성과 체계성에서 종전에 비해 방만하고 미약한 모습을 보여주었다. 이 개설서들은 그 기저에 강력한 민족주의적 自尊意識이나 進步的 志向이 자리하고 있다거나, 또는 객관적 인식을 내세우며 별다른 특색을 보여주지 않는다는 개성과 특징을 지니지만, 이 시기 한국사학이 지니는 갈등과 고민을 수렴하여 널리 공감할 수 있는 새로운 歷史像을 구축하는 데에는 도달할 수 없었다는 점에서 공통점을 지닌다고 하겠다.

**한국사학의 당면과제**

현대 한국사학의 전개과정을 통하여 커다란 발전이 이룩되고 많은 성과가 나왔지만, 그것이 여러 가지 문제점을 안고 있다는 점을 결코 외면할 수 없다. 그것들은 장차 한국사학의 큰 발전을 위해 반드시 짚고 넘어가야 할 사안이라 할 수 있는데, 이미 앞의 여러 글 속에서 산만하게 제시된 내용을 종합 정리하고 부분적으로는 보충하면서, 한국사학의 당면과제로서 몇 가지 점을 제시하고자 한다.

첫째로 한국사학의 學問性에 대한 끊임없는 성찰과 반성이 필요하다고 생각한다. 이미 여러 번 언급한 바와 같이 한국사학은 1980년 이후 방법론을 둘러싼 대립과 갈등을 겪으며 새로운 모색기에 들어섰다고 여겨지지만, 그것은 실상 민족주의 사학의 전통 속에 담긴 국수주의적 성향과 민중사학의 실천성을 앞세운 행동주의가 기성의 한국사학을 압박하는 형국을 띠었고 그 정도가 한국사학의 학문성을 위협한다는 우려를 자아내기에 족한 것이었다. 그러한 점은 뒤에 점차로 해소되었지만, 민족의 문제, 그리고 현실과 실천성의 문제는 여전히 한국사학의 주요 話頭를 차지하고 있다.

민족주의는 한국사학에서 중요한 구실을 해왔고, 오늘의 시점에서도 그 의미를 부정하는 경우는 극히 드물 것이다. 그러나 민족을 내세워 엄연한 역사의 사실을 호도하거나 왜곡하는 일은 학문의 세계에서 결코 용인될 수 없다. 또한 역사학에서 현재와 현실에 대한 이해와 관심은 필수적이다. 그러나, 현실의 인식을 외면한 骨董적 유희가 역사로서 인정될 수 없듯이, 역사를 현실에 끌어들여 政論化하고 그것을 정치·사회 운동에 직결시키는 것은 분명히 학문으로서의 역사학을 逸脫한다고 보아야 할 것이다.

오늘날 한국사학은 과거와 현재를 연계시키는 역사학의 학문적 특성과 한국사가 걸어온 복잡 다단한 道程 때문에 학문성 자체에 위협을 받고 있다. 이제 민족주의사학과 唯物史觀은 그 역할과 한계를 인식하면서 한국사학의 다양성 속에서 그 위치를 지키되, 史料를 근거로 實證을 방법적 기반으로 삼는 역사학의 학문성에 손상을 입힌다는 우려에서 벗어나도록 해야 될 것이다.

실증사학을 주축으로 하는 기성의 한국사학도 한국사 體系化 작업의 미흡성과 근현대사 연구의 不振에 대한 인식과 반성을 기초로 한국사학이 학문적으로 뿌리를 굳히는 데 진력해야 할 터이고, 그 과정에서 부지런히 東洋史學과 西洋史學 의 도움을 받아야 하리라 생각한다.

둘째로 한국사학은 비판적 풍토의 조성과 연구 수준의 향상에 힘써야 할 것이다. 학문 연구에서 비판의 중요성은 새삼스러이 말할 필요도 없거니와, 근래 한국사학에서는 수많은 연구서가 쏟아져 나오지만 그 가운데 엄정한 학술적 검정과 비판의 대상에 오르는 경우는 매우 적고, 설사 비평이 가해지더라도 형식적인 찬사에 머무는 경우가 많다. 이것은 다른 면에서 살필 때, 연구자들은 논문을 쓰고 책을 내는 데에는 적극적이지만, 書評이나 비평논문을 쓰는 일은 기피하는 추세가 강하다는 점을 보여주는 것이다.

이러한 경향은 비평문화가 성숙되지 못한 일반적 여건 속에서 이해할 수도 있지만, 한국사학이 빠른 성장을 이룩하며 量的 팽창을 하는 가운데 외형적인 成果主義에 파묻혀 質과 水準의 관리에 소홀했던 데에서 원인을 찾을 수도 있을 것이다. 게다가 學緣이나 地緣을 비롯한 緣故 관계와 이해 문제가 올바르고 활발한 비판의 분위기를 움츠리게 만드는 점도 부인할 수 없다. 이와 같은 풍토 속에서 훌륭한 연구 성과가 제대로 드러나지 못하고 수준 이하의 연구결과물이 횡행한다는 우려가 나타나기에 이르렀다.

문제의 해결은 연구자의 논문작성에서 자신의 독창적 연구와 선행 업적과의 경계를 분명히 하는 자기비판에서 출발하여, 서평이나 비평논문의 중요성을 연구자가 깨닫고, 학계가 객관적으로 인정하여 평가해주는 방향으로 이어지고, 학술잡지 편집자는 연구 논문 이상으로 비평 성격의 글에 큰 비중을 두어 크게 권장하는 데에까지 나아가면서 적극적 방책이 강구되어야 할 것이다. 물론 비판의 분위기를 진작시키려는 학계의 공감대 확산이 무엇보다 중요하리라 여겨진다.

이 같은 비판의 문제는 한국사학의 수준 향상과 연결된다. 엄정한 검증을 거침으로써 학문적 수준이 높아질 수 있다는 뜻이다. 물론 수준이란 것이 애매하고 불확실한 면을 지니지만, 역사학의 학문 기준을 생각할 수 있고, 세계의 학계와 비교할 수도 있으며, 무엇보다도 그 동안 쌓아 올린 한국사학의 성과를 통해서도 수준 향상의 방향을 가늠할 수 있을 것이다. 다양하고 자유롭게 문제에 접근하되, 철저한 실증의 기초 위에서 독창적 성과를 거두어 내용과 형식 모두 합당하다는 평가를 받을 때, 그 연구는 적어도 수준작은 될 수 있고, 그 중요도, 창의성, 설득력이 더해짐으로써 수준 향상의 평가를 받게 될 터인데, 거기에서 더 나아가 한국사 연구의 성과가 그대로 세계사 이해에 도움을 주게 되는 경우가 많아져야 하리라 생각한다.

셋째로 한국사학은 국제적 학술교류를 활성화시켜야 할 것이다. 국제화와 세계화가 강조됨에 따라 학문 모든 분야에서 국제교류가 강조되는 것보다는 더 절실하게 한국사학이 그것을 필요로 한다고 여겨지는데, 그 까닭은 독특한 성립과 발전의 과정을 통해 강한 민족주의적 영향 아래 자연스럽게 형성된 한국사학의 배타성과 폐쇄성을 극복하는 일이 긴요하기 때문이다. 한국사학은 이제 일제 식민주의 사학의 피해의식에서 아주 벗어나 세계와 함께 호흡하면서 유연해질 단계에 도달했다고 여겨진다.

국제학술교류라 하지만, 그 가운데에는 두 가지 내용이 포함되어야 한다. 하나는 국제 학계와의 상호교류를 통해 연구 성과를 서로 알려 공유하고, 더불어 공동으로 연구하고 토론하면서 한국사학의 場을 국제화시키는 것이다. 이것을 통해 한국사학은 그 존재를 뚜렷이 하고, 스스로의 안목을 넓히며 세련될 수 있을 것이다. 다른 하나는 한국사의 참모습을 세계에 바르게 알리기 위한 홍보적 성격의 국제 활동이다. 오랫동안 한국사의 존재가 몰각되었고, 특히 중국과 일본에 가리어 한국의 문화가 그릇되게 평가되었던 점에 비추어 이 일은 매우 중요하다고 여겨지지만, 여태까지 학계에서는 거의 관심과 도움을 줄 수 없었던 것이다. 이러한 국제 학술활동에 한국사학은 적극적으로 나서되, 그것이 올바른 내용을 갖추도록 철저하게 점검하는 일이 중요하다.

이 문제와 관련하여 북한 역사학과의 교류가 현안으로 제기된다. 불행하게도 현대 한국사학은 북한과 단절된 상태에서 성장 발전하였고, 북한에서의 한국사 연구는 학문성을 인정하기 힘든 역사인식과 방법에 입각해 딴판으로 이루어져왔음이 근래 밝혀지기에 이르렀다. 따라서 북한 역사학의 성과는 고고학적 발굴이나 문헌정리의 결과물로 나타난 사료를 참용할 수 있는 정도가 아닌가 생각된다. 그러므로 역사분야에서의 南·北 學者間 교류는 그 자체 통일운동으로서의 성격을 지니는 것으로서 정식 학술교류와는 상당한 거리가 있다고 여겨진다. 그러나 이 문제는 한국사학이 안고 있는 무거운 과제라 하겠다.

넷째로, 한국사학의 대중화와 역사교육에 대해서도 연구자와 학계는 관심을 기울일 계제에 이르렀다고 생각한다. 그 동안 한국사학은 전문적 연구에 매달려왔기 때문에 일반 국민의 역사에 대한 갈증을 풀어주는 일에 눈을 돌릴 여유가 없었고, 또한 연구의 축적이란 점에서도 미진한 데가 있었던 것이 사실이다. 그러한 때문에 한국사학은 국민대중과 유리되었고, 불충실하고 잘못된 내용의 歷史드라마類가 기승을 부릴 수 있었다. 이것이 곧 일반 대중이 그릇된 역사인식을 지니는 데 크게 작용했던 것이다.

이에 대처하여 한국사학은 1980년대부터 관심을 기울이기 시작해서 현재에 이르러서는 교양잡지의 발간이나 또는 기획 단행본의 제작 형태 등으로 괄목할 만한 성과를 거두고 있다. 그러나 아직도 미흡한 단계이고, 좀 더 힘을 기울여야 할 여지가 많다고 여겨진다. 무엇보다도 전문적 연구와 병행하여 언제든지 대중화 작업에 동참할 수 있다는 연구자 각자의 자세가 중요하고, 충분한 검토를 통해 정확하고 믿음성 있는 내용을 제시해야 할 것이다. 결국 대중에게 만족할 만한 봉사를 하기 위해서는 한국사학의 수준 향상이 필요하다는 점을 깨닫게 되는 것이다.

역사교육의 문제는 오랫동안 거의 전문 분야 학회와 연구자에 맡겨 왔으나 그 중요성에 비추어 한국사학이 적극 나서서 방향의 설정과 내용 점검에 힘을 보태야 할 시점에 도달한 것 같다. 한국사를 바라보는 시각의 설정이나 근현대사의 복잡다단한 사실의 이해는 깊은 성찰과 정확한 고찰을 필요로 하는 만큼, 그것이 역사 교과서에 바르게 반영되고, 역사교사에게 정확한 지침으로 전달되도록 한국사학의 입장에서는 학회 측이 논의와 점검의 기회를 자주 마련하고, 연구자는 집필과 검토와 연수에 참여하여 적극적인 동시에 신중한 자세를 취하도록 해야 하리라 여겨진다. 한국사학은 이제 전문적 연구에만 매달릴 수 없는 새로운 도전에 부닥친 것이다.

이처럼 현대 한국사학은 힘든 과정을 겪으며 성장 발전하였고, 그러한 가운데 학문적 전통이 수립될 수 있었다. 그동안 중요한 연구 성과를 거두어 주체적 발전적 韓國史像을 구축하였고, 한걸음 더 나아가 연구를 심화시키고 그 수준을 높여, 世界 속의 韓國史學으로 도약할 수 있도록 새로운 모색과 노력이 계속되는 중이라 할 수 있다. 이와 같은 장래의 큰 발전을 위하여 한국사학은 여러 가지 과제를 안고 있지만, 무엇보다도 중요한 것은 역사학의 本領을 지켜 학문적 逸脫을 범하지 않으면서 研究第一主義에 입각해 실적을 쌓아가는 일이라 하겠다.

# 21세기 韓國史學의 知的 話頭

## 展望에 대신하여

21세기를 맞으면서 우리는 각종 언론매체의 자극을 받아 커다란 감회와 흥분의 감정에 쌓여 있다. 그렇다고 해서 21세기에 접어들자마자 새로운 역사가 시작되고, 한국사 연구에 눈부신 변화가 나타나는 것은 아니다. 그러나 세기가 바뀌는 역사적 시간의 흐름 속에서 한국사학의 방향과 과제를 가늠해 보는 일은 그 자체로서 결코 무의미하지는 않으리라 생각한다.

한국사학이 당면한 문제는 방법론의 반성일 터이고, 그것은 당분간 중요한 현안으로 관심의 대상이 될 것이다. 20세기 중엽 일제로부터 해방을 맞이하면서 새롭게 형성된 현대 한국사학은 그 동안 여러 분야에서 많은 연구 성과를 거두었으나, 일면으로는 일제 식민주의사학의 비판과 주체적 발전적 歷史像의 구축을 내세우며 폐쇄된 학문의 울타리 안에 안주하는 모습을 나타내는가 하면, 다른 면으로는 강한 이념지향성을 보이며 實踐史學을 표방하는 가운데 실증을 경시하고 역사 자체를 政論化시키는 일탈을 범하기도 하였다. 그리하여 양적으로 크게 집적된 연구 성과가 그대로 질적인 성숙으로 연결되지 못한 채 방만하고 경색된 학계 분위기를 현출시키기도 하였다.

한국사학은 독특한 성장배경을 지니고, 그 나름대로 특수성을 띠지만, 역사학이 지니는 보편적 방법을 외면할 수는 없을 것이다. 그러한 점에서, 민족주의 사학과 유물사관에 대한 자제와 비판이 필요하리라 여겨진다. 민족주의가 그동안 한국사학 발전에 활력을 준 것은 사실이지만, 오늘날 그것이 역사적 진실을 훼손시키는 작용을 한다는 우려를 낳고 있다. 유물사관도 한국사학의 지평을 넓혀준 공적을 아무도 부인할 수 없지만 그것이 지니는 문제점과 한계성도 명백하다고 하겠다. 그러므로 민족문제에 대한 과도한 집착을 지양하고 도식적 접근방법에서 벗어나, 철저한 실증을 토대로 사실을 찾아 해석을 도모하고, 그 축적 위에서 재구성과 체계화를 추구하는 역사학의 기본적 연구방법에 충실함으로써 한국사학의 학문성을 제고시키는 일이 緊切하다고 여겨진다.

한국사학의 다양한 연구과제 가운데 이미 지나간 세기로 간주되는 20세기의 근·현대사가 많은 연구자의 관심을 끌 것 같다. 19세기 후반기로부터 시작하여 20세기를 거쳐 21세기로 이어지는 시기는 韓國史上 유례가 드문 대변혁기로서, 일제의 식민지 지배와 남·북의 분단이라는 뼈아픈 상처를 안겨 주었으며, 특히 植民地시기에 대한 이해와 관련하여 근래 植民地近代化論을 둘러싼 격렬한 논쟁이 전개되고 있는 점을 감안할 때, 장차 한국 근·현대사의 실체와 성격에 접근하려는 연구는 증대될 것이다. 그러나 이 방면의 연구가 크게 진척되기 위해서는 새로운 자료의 발굴 정리와, 경직된 역사관을 뛰어넘는 식견 높은 연구자의 배출을 필요로 한다고 생각된다.

韓國 前近代史의 경우, 그 동안 국가의 통치체제와 사회경제적 구조에 대한 관심이 컸던 만큼, 앞으로는 地方史, 分類史, 生活史, 女性史, 環境史의 측면에서 다양한 연구가 이루어지리라 예상된다. 이 같은 경향은 이미 한국사학에서 거론되는 포스트모더니즘의 연구 경향과도 연관될 터이지만, 그것보다는 한국사 연구에 있어서 새로운 활로의 개척이라는 면에서 이해될 수 있을 것이다. 또 한 가지 거론될 수 있는 과제는 대외관계사 연구의 강화이다. 오랫동안 한국사 연구가 내재적 발전에 큰 관심을 쏟는 가운데 상대적으로 소홀히 여겨졌던 전근대 한국의 대외관계에 대한 연구는, 균형 잡힌 한국사 인식의 틀을 가다듬고, 특히 세계화, 국제화의 흐름 속에서 그 자신의 올바른 위치 설정을 위해서, 새로운 관심 아래 적극적으로 추진되리라 예상된다.

21세기의 한국사학은 안으로는 동양사학, 서양사학과의 연계를 더욱 긴밀히 하여 공통된 역사학의 장을 넓히고, 밖으로는 세계 역사학계와 활발하게 교류하여 스스로를 세련시키고 위치를 굳히게 되리라 여겨진다. 새로운 세기의 어느 시점에 북한의 역사학과 직접 맞부딪치는 중요하고 어려운 사태에 직면할 터이지만, 자유민주체제를 근간으로 성장 발전한 한국사학의 학문적 저력이 결국 그것을 극복하고 새로운 지평을 열 수 있을 것이다. 그리하여 한국사학이 다시금 거듭나서 여러 분야에서 수많은 연구 성과가 다채롭게 나타나고, 그것들을 올바르게 비판, 종합하여 한국사의 내용을 더욱 풍성하고 알차게 만드는 동시에, 그것이 세계의 역사를 살찌우고 그 연구에 도움을 주게 되는 일이 가까운 장래에 이루어지리라 기대되는 것이다.

# 인명 찾아보기

# 韓國史學의 성과와 전망

초판 발행 2006년 8월 25일
초판 2쇄 2008년 10월 20일

지은이 閔賢九

펴낸곳 고려대학교출판부
www.kupress.com
kupress@korea.ac.kr
136-701 서울특별시 성북구 안암동
02-3290-4230, 4232
Fax 923-6311

찍은곳 한국컴퓨터인쇄정보

ISBN 978-89-7641-584-4 93910

값 17,000원